浙 江 智 库 系 列 丛 书

中国城市科学研究系列报告

中国公用事业发展报告

2020

王俊豪　等著

中 国 建 筑 工 业 出 版 社

图书在版编目(CIP)数据

中国公用事业发展报告．2020 / 王俊豪等著．— 北京：中国建筑工业出版社，2021.4
（浙江智库系列丛书．中国城市科学研究系列报告）
ISBN 978-7-112-26008-9

Ⅰ．①中… Ⅱ．①王… Ⅲ．①公用事业－发展－研究报告－中国－2020 Ⅳ．①F299.24

中国版本图书馆 CIP 数据核字(2021)第 049141 号

《中国公用事业发展报告 2020》全面概括了中国公用事业投资与建设、生产与供应以及基本成效；详细地介绍了城市供水、排水与污水处理、垃圾处理、天然气、电力、电信、铁路等七大行业的投资建设、生产供应及发展成效，并从监管与治理机构、进入监管与治理、价格监管与治理以及质量监管与治理四个方面对上述行业的监管体制改革进行研究；本报告还就公用事业综合性及各行业的主要法规政策做了解读，并提供了行业典型案例分析。

责任编辑：石枫华　李　杰　张　瑞
责任校对：芦欣甜

浙江智库系列丛书
中国城市科学研究系列报告
中国公用事业发展报告 2020
王俊豪　等著
*
中国建筑工业出版社出版、发行（北京海淀三里河路 9 号）
各地新华书店、建筑书店经销
北京红光制版公司制版
北京京华铭诚工贸有限公司印刷
*
开本：787 毫米×1092 毫米　1/16　印张：26¼　字数：510 千字
2021 年 4 月第一版　　2021 年 4 月第一次印刷
定价：**96.00** 元
ISBN 978-7-112-26008-9
（37268）

指 导 委 员 会

主　　任：仇保兴

委　　员：（以姓氏笔画为序）

刘贺明　江必新　邱　东　张小宏　张卓元　邵益生

林桂军　金　碚　周志忍　秦　虹　徐文龙　高培勇

郭克莎　章林伟　谭荣尧　薛　澜

撰稿单位和主要撰稿人

撰 稿 单 位：浙江财经大学中国政府管制研究院

主要撰稿人：王俊豪　李云雁　王　岭　朱晓艳　王建明　张　雷

甄艺凯　陈　松　张肇中

支 持 单 位

住房和城乡建设部城市建设司

中国城镇供水排水协会

中国城市燃气协会

中国城市环境卫生协会

中国城市科学研究会城市公用事业改革与监管专业委员会

中国能源研究会能源监管专业委员会

中国工业经济学会产业监管专业委员会

经 费 资 助

浙江省新型重点专业智库“中国政府监管与公共政策研究院”

浙江省2011协同创新中心“浙江财经大学城市公用事业政府监管协同创新中心”

服务国家特殊需求博士人才培养项目“浙江财经大学城市公用事业政府监管博士人才培养项目”

浙江省重点创新团队“管制理论与政策研究团队”

序

公用事业是由为居民生产生活提供必需的普遍服务的众多行业组成的集合，行业涉及面广、行业间跨度较大。本书主要研究供水、排水与污水处理、垃圾处理、天然气、电力、电信、铁路运输等公用事业中最为重要的核心行业。公用事业在经济发展和社会生活中具有基础性地位，主要表现在：公用事业所提供的产品和服务是生产部门进行生产和人们生活的基础性条件，公用事业不但为制造业、加工业、商业和服务业等各行业的生产活动提供必要的供水、供气、电力、电信、铁路运输等基础条件，也为居民提供必要的生活基础。同时，公用事业所提供的产品和服务的价格构成了其他行业产品和服务的成本，其性能和价格的变化，必然对其他行业产生连锁反应。因此，公用事业的基础性，意味着公用事业具有先导性，要发展国民经济，提高人民生活水平，就要求优先发展公用事业。

改革开放以来，伴随高速经济增长和城市化快速推进，我国公用事业在不断深化改革过程中也取得了快速发展。特别是党的十八大以来，我国更加重视经济的高质量发展，为了更好地满足人民对美好生活的追求，对公用事业发展既提出了数量要求，更强调高质量发展要求。为了从动态上反映我国公用事业发展的实际情况、法规政策环境和行业企业所做的改革探索，我们从 2015 年开始撰写出版《中国城市公用事业年度发展报告》，2019 年以来的年度发展报告，除了保持原来的篇章结构外，增加了电信、铁路运输两章，并将研究报告的名称更改为《中国公用事业发展报告》。本报告研究范围更广，希望为公用事业相关政府部门、研究机构和行业企业提供参考。

本报告的结构框架可分为以下四部分：

第一部分为总论，由第一章组成，从总体上分析了七个主要公用事业投资与建设、生产与供应、发展的基本成效以及政府监管与治理。

第二部分为行业报告，由第二章至第八章组成，这是本报告的主体，详细讨论了城市供水、排水与污水处理、垃圾处理、天然气、电力、电信、铁路运输等七大行业投资建设、生产供应、发展成效，同时分析了各行业的监管体制。

第三部分为第九章，是一个相对独立的部分，主要是对公用事业主要法规政策进行解读，内容包括公用事业综合性（跨行业）法规政策解读和重要行业的法规政策解读。最后还对综合性（跨行业）法规政策和重要行业的法规政策名称做了列表，以便读者查阅。

第四部分为第十章，也是一个相对独立的部分，分析公用事业典型案例，根据具体案例的特点，分析内容包括案例（项目）背景、项目运作状况、存在问题、经验借鉴（启示）。这些案例主要包括 PPP、市场化改革等方面的典型案例，这将有助于政府有关部门和学术界研究公用事业相关问题、了解公用事业典型案例。

本书是集体智慧的结晶和多方支持的成果。本人首先对撰写并出版本书提出建议和要求，对本书的框架结构和重要内容提出修改意见。本书的指导委员会成员（以姓氏笔画为序）主要有中国城市燃气协会理事长、住房和城乡建设部城市建设司原巡视员刘贺明，全国人大宪法和法律委员会副主任要员、中南大学江必新教授，北京师范大学国民核算研究院院长邱东教授，住房和城乡建设部城市建设司张小宏司长，中国社会科学院学部委员、经济研究所原所长张卓元研究员，中国城市规划设计研究院原党委书记邵益生研究员，对外经济贸易大学原副校长林桂军教授，中国社会科学院学部委员、工业经济研究所原所长金碚研究员，北京大学政府管理学院原党委书记、副院长周志忍教授，中国人民大学国家发展与战略研究院城市更新研究中心主任秦虹研究员，中国城市环境卫生协会徐文龙理事长，中国社会科学院副院长、学部委员高培勇教授，中国社科院经济政策研究中心主任、国务院研究室原司长郭克莎研究员，中国城镇供水排水协会会长、住房和城乡建设部城市建设司原副司长章林伟，中国城市科学研究会副理事长、国家能源局原监管总监谭荣尧研究员，清华大学苏世民书院院长薛澜教授等，各位领导和专家对本书给予了大力支持，并提出了不少建设性的意见建议。撰写本书需要大量的文献资料和调研工作，本书的顺利完成还得益于中国城镇供水排水协会、中国城市燃气协会、中国城市环境卫生协会等单位的大力支持，提供了许多实际资料。一年多来，浙江财经大学中国政府管制研究院在王俊豪教授的带领下，十多位研究人员为本书调研、撰稿、修改定稿做了大量的工作，投入了许多时间和精力。没有大家的通力合作就不可能完成本书。最后，本书能在较短的时间内高质量出版还得益于中国建筑工业出版社的大力支持。

本书是浙江省新型重点专业智库“中国政府监管与公共政策研究院”、浙江省 2011 协同创新中心“浙江财经大学城市公用事业政府监管协同创新中心”、服务国家特殊需求博士人才培养项目“浙江财经大学城市公用事业政府监管博士人才培养项目”和浙江省重点创新团队“管制理论与政策研究团队”的资助成果。同时，本书也是住房和城乡建设部支持的服务国家特殊需求博士人才培养项目“城市公用事业政府监管博士人才培养项目”的研究成果。

由于本书涉及的行业较多，研究内容十分丰富，而完成时间相对较短，同时，撰写中国公用事业年度发展报告，在许多方面具有探索性，尽管我们做了最大努力，但难免存在不少缺陷，敬请专家学者和广大读者批评指正。

国务院参事
住房和城乡建设部原副部长
中国城市科学研究会理事长

2020 年 9 月 10 日

目　录

第一章　总　　论

改革开放四十年以来，我国城镇化和工业化实现了快速的发展，在这一过程中城市公用事业无论是数量还是质量都呈现出跨越式发展的态势，这其中基础设施的投资与建设以及城市公用事业政府监管体制改革发挥了重要作用。随着我国公用事业基础设施的建设和发展，公用事业供给能力大幅提升，对城市居民生产和生活提供了重要保障。但在公用事业发展过程中，一些问题在一定程度上制约了公用事业的持续健康发展。从总量上来看，中国公用事业基础设施的发展十分迅速，但与快速城镇化相比仍存在一定的缺口。从结构上来看，区域之间、城市内部公用事业基础设施发展不平衡问题依然存在。为了解决这些问题，需要创新体制机制，通过多种制度体系创新，促进公用事业的总量发展与均衡布局。

第一节　公用事业投资与建设

一、供水行业投资与建设

自1978年改革开放伊始到2018年，四十年间，我国市政设施固定资产投资总额由14.15亿元增至20123.18亿元，增长1421倍，供水行业固定资产投资由1978年的3.4亿元增至2018年的543.04亿元，增长158.7倍。2018年我国东部地区城市供水行业固定资产投资额为334.07亿元，相比2017年的308.11亿元增长8.43%，中部地区固定资产投资额为118.08亿元，相比2017年下降34.9%，西部地区的固定资产投资额为90.89亿元，相比2017年下降30.32%，西部地区城市供水行业固定资产投资连续两年下滑。2018年我国城市供水行业固定资产投资总额相比2017年有所下降，其中中部和西部地区投资额下降明显，而东部地区供水行业固定资产投资额略有上升，导致东部地区固定资产投资占比由50%上升至61%，中西部地区投资占比持续下降，这进一步加大了东部地区与中西部地区的差距。

综上所述，改革开放以来我国通过系列投资推动了城市供水行业的投资与建设，使得城市供水行业综合生产能力和管道设施获得了快速提升，但在快速发展过程中也存在区域发展不平衡、结构上不太合理的问题，以及融资渠道与融资结构相对单一、投融资效率不高的问题，这其中既有发展过程的因素，也有制度的因素。为此，需要优化布局，推进城市供水行业投资与建设规模与结构，大力提升城市供水行业的运营服务能力。

二、排水与污水处理行业投资与建设

改革开放四十年，是城市排水与污水处理行业快速发展的四十年，在城市排水设施方面的投资从改革初期的不足2亿元增长到2018年的1529.86亿元，较改革开放初期投资额增长了近765倍。污泥处理设施的投资更是从无到有，2018年的投资额更是突破了30亿元。与设施投资增长相伴生的，全国排水、污水处理及再生利用方面的建设稳步推进，污水处理能力快速增长，再生水利用规模不断扩大。

2018年，我国城市排水与污水处理行业的固定资产投资总额达2368.9亿元，其中排水设施投资占比最高，达1529.9亿元，污水处理、污泥处理和再生水利用设施的固定资产投资分别为760.5亿元、36.5亿元和42.1亿元，各项占比分别占行业投资总额的64.58%、32.1%、1.54%和1.78%。相较于2017年，我国城市排水设施投资增加了186万元，排水设施投资始终保持着较为稳定的增长。城市污水处理和再生水利用设施已基本覆盖了所有设市城市，设施投资基本稳定，甚至在2017年呈小幅下降趋势，2018年较2017年增加了12.4亿元，增幅为41.75%。设施投资也主要以改造更新为主。在污泥处理设施投资方面，2018年投资规模较2017年有所增加，为36.5亿元，超越2013年达到新的投资高峰，然而与我国污水处理设施规模相比，污泥处理处置设施的投资仍有待进一步加强。

从各类投资的地区间分布看，东部地区①的固定资产投资遥遥领先，排水、污水处理、污泥处理、再生水利用等设施的投资额分别为925.16亿元、496.35亿元、30.33亿元和28.85亿元，分别占到了全国各类投资总额的60.47%、65.27%、83.17%和68.48%。对比2017年，各项投资占比总体呈增加趋势，最高污泥处置投资占比增幅达26.3%，排水和污水处理投资占比也有不同程度的增加，仅再生水利用投资占比呈下降趋势，降幅为1.52%；中部地区②在排水、污水处理、污泥处理、再生水利用方面的投资分别为393.36亿元、176.78亿元、3.96亿元、7.12亿元，分别占全国投资的25.71%、23.25%、10.87%和16.9%，对比2017年，各项投资占比总体呈下降趋势，其中污泥处置投资占比下降了20.41%，排水和污水处理投资占比也有不同程度的下降，再生水利用投资占比小幅增加了1.42%；西部地区③在排水、污水处理、污泥处理、再生水利用方面的投资分别为211.35亿元、87.35亿元、2.17亿元和6.16亿元，占全国的13.81%、11.49%、5.95%和14.62%，不论绝对数还是相对数都较小，对比2017年，排水、污水处理和再生水利用投资占比均有不同程度的小幅上升，相对来说，污泥处置投资则降幅较大，达5.42%。

2018年，全国已建成排水管道68.35万公里，建成污水处理厂2321座，日均处理能力达1.69亿立方米，较1980年分别增长了31倍、66倍和241倍。同

---

① 东部地区包括12个省、直辖市、自治区，分别是辽宁、北京、天津、河北、山东、江苏、上海、浙江、福建、广东、广西、海南。

② 中部地区包括山西、内蒙古、吉林、黑龙江、安徽、江西、河南、湖北、湖南等9个省、自治区。

③ 西部地区指陕西、甘肃、青海、宁夏、新疆、四川、重庆、云南、贵州、西藏10个省、直辖市、自治区。

时，2018 年全国再生水利用量达 854507 万立方米，较 2017 年增长了 19.8%。在区域分布上，与投资情况类似，城镇排水与污水处理设施建设也是东部占比较大，中部和西部略少。东、中、西部地区已建成排水管道分别为 413527 公里、166045 公里和 103910 公里，建成污水处理厂分别为 1258 座、594 座和 469 座。

三、垃圾处理行业投资与建设

随着我国城市人口的不断增长和经济社会的不断发展，城市生活垃圾总量以每年 5%～8%的增速累计，全国 2/3 的城市身陷“垃圾围城”的困境。城市生活垃圾堆积的过程中，微生物分解垃圾后会产生甲烷、二氧化碳等温室气体，垃圾中的重金属等固体废弃物可能引发土壤污染，有害物质随降水进入水源后又可能引发水资源污染，因此城市垃圾已成为社会生活的公害，严重影响人民日益增长的优美生态环境需要。党的十九大报告明确指出，“我们要建设的现代化是人与自然和谐共生的现代化，既要创造更多物质财富和精神财富以满足人民日益增长的美好生活需要，也要提供更多优质生态产品以满足人民日益增长的优美生态环境需要”。“我们要像对待生命一样对待生态环境。”

党的十九大报告中也首次提出“三大攻坚战”的新表述，“污染防治”作为三大攻坚战之一，将环境问题提到全面建成小康社会能否得到人民认可的高度。我国的环保固定资产投资继续稳步增长，2018 年全国城市市容环境卫生固定资产投资额为 470.5 亿元，同十年前 316.47 亿元相比有较大增幅。2018 年，垃圾处理领域的城市固定资产投资额为 298.5 亿元，2018 年城市垃圾卫生填埋场数量为 663 个，比 2017 年增加 9 座，比 2009 年新增 216 座。

从我国各省市运营中的垃圾填埋场分布情况可知，国内的垃圾填埋场主要集中分布在人口相对集中、密度较大的地区，如广东、河北、河南、山东等地；发达城市有逐渐减少的趋势。北京、上海等经济相对发达的城市制定了原生垃圾零填埋的指导目标，并在建造大量的垃圾焚烧设施。截至 2018 年底，我国城市生活垃圾焚烧设施 331 座，比 2017 年新增 45 座。随着城市垃圾处理行业投资的加快，城市垃圾处理行业基础设施的能力和服务水平大幅提高。垃圾焚烧设施全部投入运行后，预计国内未来的焚烧能力将大幅提升，相对地，有危害性的垃圾填埋处理方式比重将大大降低。然而，我国 2018 年目前生活垃圾处理仍以垃圾填埋方式为主，填埋方式所占比例约为 60%，焚烧方式所占比例约为 38%，而其他方式只占 2%。

此外，国家进一步鼓励创新运营模式和体制机制，鼓励公众、社会资本参与垃圾处理基础设施建设，创新模式协同发展。财政部于 2020 年 2 月 6 日发布

《关于疫情防控期间开展政府采购活动有关事项的通知》（财办库〔2020〕29号），其中指出：作为紧急采购项目，按照《财政部办公厅关于疫情防控采购便利化的通知》（财办库〔2020〕23号）的规定执行，有力缓解了PPP投资项目前期项目立项（备案、核准、审批）、招标采购等流程的推进进度，为投资项目的实施提供了高效的积极保障，力争最大程度上降低疫情对投资项目前期工作以及后续投资运行的影响。

四、天然气行业投资与建设

2019年3月19日，中央全面深化改革委员会第七次会议审议通过了《石油天然气管网运营机制改革实施意见》，明确要求组建国有资本控股、投资主体多元化的石油天然气管网公司，推动形成上游油气资源多主体多渠道供应、中间统一管网高效集输、下游销售市场充分竞争的油气市场体系。天然气体制改革将重构行业价值链，为天然气行业提供大量的投资机会。2019年，我国油气勘查开采投资大幅增长，勘查投资达到历史最高。自然资源部发布的《全国石油天然气资源勘查开采情况通报（2019年度）》发布的信息显示，2018年天然气新增探明地质储量8090.92亿立方米，同比下降2.7%。其中，新增探明地质储量大于1000亿立方米的盆地有2个，分别为鄂尔多斯盆地和四川盆地。新增探明地质储量大于1000亿立方米的气田有3个，分别为鄂尔多斯盆地的靖边气田和苏里格气田以及四川盆地的安岳气田。油气开采继续呈现“油稳气增”态势，原油产量稳中有增，天然气产量较快增长；油气资源管理改革稳步推进，油气地质调查工作取得重要进展。截至2018年末，我国累计建设油气长输管道里程数为13.6万公里，其中，天然气管道累计达到7.9万公里，干线管网总输气能力超过3100亿立方米。天然气基础设施建设持续大力推进，其中最大的亮点是中俄东线输气管道投产通气。2019年12月2日，俄罗斯天然气入境黑龙江，标志着中俄天然气管道成功建成投运。中俄输气管道投产，意味着我国西北、西南、东北和沿海四大天然气进口通道全面建成，形成多元化气源供应，有效提升天然气安全保障。截至2019年底，我国已建成LNG接收站22座，接收能力9035万吨/年。2019年城市燃气行业投资有所加快，全国燃气生产和供应业固定资产投资增速为18.1%，相比上年同期加快11.7个百分点。行业占全社会固定资产投资额的比重有所提高，由2018年的0.37%上升到0.50%。预计未来燃气行业投资增速会进一步加速。目前，在天然气基础设施，特别是储气库建设方面，政府已经确定比较明确的目标，将撬动巨大的社会资本投入。

在2019年，我国通过一系列改革举措大力推动天然气行业的投资与建设，使得天然气行业的生产能力和天然气运输能力获得了快速提升，但也存在区域发展不平衡、生产和运输能力不匹配、各环节改革进程不一致等问题，需要从产业链整体协调出发，进一步优化布局，推进天然气行业全面快速发展。

五、电力行业投资与建设

改革开放后，电力投资力度持续加大，电源及电网建设速度逐年加快。但近年来，受宏观经济的影响，电力行业投资与建设有所放缓，同比有所下滑。

2009～2019 年间，全国电力基本建设投资累计完成 86495 亿元，年均投资 7863 亿元。2010～2016 年全国电力工程投资总额保持增长势头，但 2017 年调头下滑，打断了连续 7 年保持增长的势头，全国电力工程投资 8014 亿元，同比减少 9.5%。与 2017 年相比，2018 年全国电力工程投资略有回升，2019 年则略有下降。

从电力投资结构来看，2019 年全年，全国电源工程建设完成投资 3283 亿元，同比增长 17.8%，全国电网工程投资 3139 亿元，同比下降 41.6%，结束了连续 6 年电网工程投资超过电源工程投资的局面。

从电力建设结构来看，截至 2019 年底，全国全口径发电装机容量 201006 万千瓦，比上年增长 5.8%。其中，水电 35804 万千瓦，比上年增长 1.5%（抽水蓄能 3029 万千瓦，比上年增长 1.0%）；火电 118957 万千瓦，比上年增长 4.0%（煤电 104063 万千瓦，比上年增长 3.2%；气电 9024 万千瓦，比上年增长 7.7%）；核电 4874 万千瓦，比上年增长 9.1%；并网风电 20915 万千瓦，比上年增长 13.5%；并网太阳能发电 20418 万千瓦，比上年增长 17.1%。随着新的发电机组相继投产，全国发电设备容量继续平稳增长，且新能源发电装机容量占比不断提高。

全国电网工程建设新增交流 110 千伏及以上输电线路长度和变电设备容量 57935 千米和 31915 万千伏安，分别比上年增长 1.7%和 2.9%。全年新投产 4 条特高压输电线路，其合计输电线路长度和变电容量分别为 5432 千米和 3900 万千伏安。

六、电信行业投资与建设

2008～2018 年间，我国电信行业固定资产投资累计完成 40106 亿元，年均增加 2.18%，各年投资规模处于 3000 亿～4525 亿元范围内。我国电信业固定资产投资主要集中在投资规模最大的前三项分项投资上，依次为移动电信固定资产投资、传输类固定资产投资以及互联网及数据通信投资。2008～2018 年三者累计共完成投资额 30224.1 亿元，占总固定资产投资累计完成额的 77.3%以上。分地区来看，我国电信业在移动电信以及互联网及数据通信固定资产投资中对西部地区有一定程度倾斜。

2008～2018 年间我国通信光缆建成长度保持较快平稳增长，年均增加 363.9 万公里，年均增速达 20.3%以上。2008～2018 年间我国移动电话基站建成数量保持较快增长，平均增速达 26.3%以上，年均建成 61.1 万座。移动电话语音信道和移动短消息中心容量在 2013～2014 年出现增长乏力，并在 2016～2017 年出现了负增长。2018 年我国电信业 xDSL 宽带接入端口数量仅为 0.11 亿个，而 FTTH/O 宽带接入端口则达到了 7.71 亿个，表明我国在 2013～2018 年的五年时间内，基本完成了从 xDSL 向 FTTH/O 互联网传输技术的全面升级过渡。我国移动电话交换机容量逐年快速增加，年均增速达 8.7%。

七、铁路运输行业投资与建设

2019 年是中华人民共和国成立 70 周年，是全面建成小康社会关键之年，也是《交通强国建设纲要》印发实施之年。铁路行业以习近平新时代中国特色社会主义思想为指导，牢固树立以人民为中心的发展思想，坚持推动铁路高质量发展，坚持以铁路供给侧结构性改革为主线，深入实施服务决胜全面建成小康社会行动计划，服务交通强国建设。2019 年，全国铁路运输行业投资与建设快速发展，全国铁路固定资产投资完成 8029 亿元，其中国家铁路完成 7511 亿元；投产铁路新线 8489 公里，其中高铁 5474 公里。2019 年铁路行业积极推进铁路分类分层建设，进一步形成路企合作。全年铁路基建投资中地方政府和企业的资本金达到 2095 亿元，较 2016 年提高 31.3 个百分点。深化铁路建设模式改革，推进杭绍台铁路、杭温、盐通铁路等 EPC 项目，铁路建设市场化改革迈出重要步伐。

截至 2019 年底，全国铁路营业里程 13.9 万公里，比上年增长 6.1%，其中高铁营业里程达到 3.5 万公里。全国铁路路网密度 145.5 公里/万平方公里，增加 9.5 公里/万平方公里，京张高铁、京雄城际北京大兴机场段、昌赣高铁、成贵高铁、徐盐高铁、浩吉铁路等 51 条新线建成投产。2019 年，铁路行业持续推进贫困地区的铁路建设，14 个集中连片特困地区、革命老区、少数民族地区、边疆地区累计完成铁路基建投资 4175.8 亿元，占铁路基建投资总额的 75.9%；西部地区完成铁路基建投资 1588 亿元，占铁路基建投资的 28.9%。

近年来，铁路行业投资在基础设施投资比例日益加大，铁路投资建设已经成为稳增长、调结构的重要抓手，也是增加有效投资、扩大消费的重要举措，有利于推动新旧动能转换接续，促进经济结构调整，有利于扩大有效投资，保持经济平稳增长，是抵御经济下行压力的有效选择之一。

第二节　公用事业生产与供应

一、供水行业生产与供应

改革开放以来，我国无论是供水综合生产能力还是供水总量均呈现不断攀升趋势，1978 年供水综合生产能力为 2530.4 万立方米/日，1986 年实现大幅跨越，突破 10000 万立方米/日，到 1997 年超过 20000 万立方米/日，到 2018 年已增至 31211.84 万立方米/日，增长 11.33 倍，供水总量方面，1978 年供水量为 787507 万立方米，到 2018 年增长到了 6146244.14 万立方米，总体增加了约 6.8 倍。城市供水综合生产能力与供水总量增长趋势基本保持一致。

二、排水与污水处理行业生产与供应

截至 2018 年底，全国设市城市建成投入运行污水处理厂 2321 座，其中二、三级污水处理厂 2179 座，污水处理率高达 95.43%，污水处理能力达到了 1.69 亿立方米/日，处理量 486.3 亿立方米；县城累计建成污水处理厂 1598 座，其中二、三级污水处理厂 1429 座，污水处理率高达 91.16%，污水处理能力达到了 0.34 亿立方米/日，处理量 90.64 亿立方米。

分地区看，东、中、西部污水处理厂的分布极不均衡。截至 2018 年底，东部地区各省拥有的污水处理厂数量平均超 100 座，中、西部地区各省平均拥有的污水处理厂数量分别为 66 座和 46.9 座。由于污水处理量连年增长，伴生的污泥处理量也不断增加。2018 年，污泥处理总量 3420 万吨，较 2017 年增长了 171 万吨，涨幅 5%左右。随着土地资源的不断稀缺以及潜在土壤污染风险的不断加剧，近年来污泥填埋的比例逐年下降，2018 年污泥填埋的比例仅占 23.97%，越来越多的地区采用污泥焚烧发电和制肥的方式处置污泥，占比约两成。相对而言，建材处置等其他方式的污泥处理量占比相对较小，近年来维持在一成左右，但增长趋势明显。从分地区污泥无害化处理处置的情况看，2018 年东部地区污泥处理处置的总量遥遥领先，其次是中部地区，西部地区的污泥处理量最少，总量不及东部地区的一半。从污泥处理处置方式上看，东部地区以焚烧为主，其次是制肥，而中、西部地区以填埋为主，其次是制肥。

我国污水再生利用规模不断扩大。2018 年，全国污水再生利用规模已增至 3578 万立方米/日，再生利用总量增长至 854507 万立方米。东部地区的再生水利用规模和利用量明显优于中西部地区，东部地区的再生水规模约为中部地区的 4.6 倍，是西部地区的 13.7 倍之多；在再生水实际利用量上，东部地区是中部地区的 6.12 倍，是西部地区的 30.6 倍多。

三、垃圾处理行业生产与供应

我国城市垃圾无害化处理能力和处理量均在逐年增加。2018 年城市垃圾无害化处理能力达到 766195 吨/日，增幅为 12.69％。2018 年城市垃圾无害处理量为 22565.4 万吨，增幅 7.28％。具体来说，2018 年城市生活垃圾卫生填埋无害化处理能力为 364595 吨/日，生活垃圾焚烧无害化处理能力为 298062 吨/日，垃圾堆肥/综合处理无害化处理能力为 28102 吨/日；2018 年城市垃圾卫生填埋无害化处理量为 11706 万吨，垃圾焚烧无害化处理量为 10184.9 万吨，垃圾堆肥/综合处理无害化处理量为 674.5 万吨。

从 2009～2018 年城市垃圾卫生填埋无害化处理能力和处理量的发展状况，经过 10 年的发展，我国城市垃圾卫生填埋无害化处理能力从 273498 吨/日提升到 373498 吨/日，十年间增长了 36.6％，2018 年增长率为 3.5％；城市垃圾卫生填埋无害化处理量由 8898.6 万吨/年到 11706 万吨/年，十年间增长了 31.5％。从 2009～2018 年国内城市垃圾焚烧厂的无害化处理能力和焚烧垃圾量的发展看，国内的城市垃圾焚烧厂无害化处理能力实现将近 6 倍的能力扩充，从 2009 年的 71253 吨/日发展到 2018 年的 364595 吨/日，且每年的垃圾处理增长率也在逐步提升，近年来一直保持着较高的增长率，2018 年增长率达到了 22.3％；国内的城市垃圾焚烧厂无害化垃圾处理量也由 2009 年的 2022 万吨增加到 2018 年的 10184.9 万吨，保持了较高的增长速率。由 2018 年的数据可知，浙江、江苏、福建、天津、海南、安徽、云南等 7 个省市的生活垃圾无害化焚烧占比超过 50％，焚烧已成为上述地区垃圾无害化处理的主要方式。截至 2018 年底，生活垃圾焚烧发电已遍布全国 30 个省、直辖市、自治区。生活垃圾焚烧发电项目装机容量前十的省市（浙江、广东、山东、江苏、安徽、福建、四川、湖南、北京、河北）总装机容量为 696 万千瓦，约占全国总装机容量的 76％。垃圾焚烧发电量前十的省市（浙江、广东、江苏、山东、安徽、福建、四川、上海、湖南、北京）总发电量为 378 亿千瓦时，占全国总上网电量的 78％。

四、天然气行业生产与供应

2019 年国家着力优化城市燃气行业营商环境，创造良好公平市场，并进一步做好燃气安全管理工作；加快油气管网设施公平开放，促进油气市场多元化竞争；放开建筑区划红线内的燃气工程安装市场，营造公平市场秩序；同时天然气门站价因增值税税率调整相应下调，将增值税改革的红利全部让利于用户。在天然气需求方面，“煤改气”政策推进趋稳等因素导致天然气消费稳中趋缓，但 2020 年是打赢蓝天保卫战三年行动计划的决胜之年，天然气需求仍将继续保持较快增长，供应保障能力有望大幅提高，市场整体趋于宽松。

2019 年，我国天然气生产快速增长，且增速进一步提升。天然气产量 1736.2 亿立方米，增长 9.8%，增速较 2018 年同期提升 2.3 个百分点，连续 3 年增产超过 100 亿立方米。其中，致密砂岩气、页岩气和煤层气等非常规天然气产量占比超过 30%，增长 23.0%，拉动全部天然气产量增长 6.9 个百分点。

2019 年我国天然气进口保持较快增长，但增速相比 2018 年显著回落。2019 年，中国共进口天然气 1332.6×10^{8} 立方米，增幅 6.9%，较 2018 年下降了 25%，一改绝大多数年份进口量和进口增幅高速增长的态势。其中，进口 LNG 831.5×10^{8} 立方米，增幅为 12.2%；进口管道气 501.1×10^{8} 立方米，降幅为 0.8%。得益于进口增速的下滑以及国产气的快速增储上产，2019 年我国天然气对外依存度较 2018 年有所降低。中国天然气管道建设稳步推进，截至 2018 年底，中国天然气长输管道总里程近 7.9 万千米。截至 2019 年，我国共建设投产了 22 座 LNG 接收站（其中海南中油深南接收站为储备站，属二级转运站），年接收能力约为 7665×10^{4} t/a，还有 9 座正在扩容改造中，2021 年前全部完成后产能将提升约 3100×10^{4} t/a。此外，还有 20 余座在建和规划建设的 LNG 接收站工程，其投资方除三大石油公司外，还包括一些燃气企业和外资企业。在城市燃气消费中，天然气占比不断增加，到 2018 年已经达到 74.47%，城市燃气中天然气管道长度也不断增加。

综上所述，总体上我国天然气行业生产与供应呈快速增长的趋势，这一方面得益于上游勘探能力的提升，同时也和天然气管网快速发展有关。随着中国能源革命和城镇化的快速推进，对天然气行业的生产和供给将提出更高的要求。与此同时，天然气行业的生产与供应呈现出一定的区域发展不平衡性，在华东和华南等经济发达区域，天然气供应量大，但是这些区域的天然气资源缺乏。为此，需要加快 LNG 接收站和储气站建设，一方面消除天然气的供需缺口，另一方面促进天然气行业的区域平衡，形成与区域特征相适应的天然气行业生产与供应格局。

五、电力行业生产与供应

改革开放以来，我国电力行业生产与供应能力飞速发展，特别是2002年电力体制改革之后，电力供应短缺局面迅速扭转，电力生产运行安全也在快速增加。但是近年来，受宏观经济影响，电力行业出现产能过剩的情况。

电力行业生产方面，1990～2019年间，发电量逐年增加。2019年，全国全口径发电量为75034亿千瓦时，是1990年的12倍以上，与2018年相比，增长4.7%，但增速降低3.6个百分点。分区域发电差异一直较大。2019年发电量增速在10%以上的省市有4个，发电量负增长的地区亦有2个。与各省份发电量增长情况相比，发电量增速的地区差异更大，2019年发电量增速最高的区域西北是最低的区域华中的近5倍，但发电量西北却不及华中。

因发电装机容量快速增长，而电力需求增长缓慢，2005～2019年期间发电设备平均利用小时虽有起伏，但整体上呈下降态势。其中2013～2016年降幅最大。2017～2018年，受益于全社会用电量快速增长，以及发电装机增速放缓，全国发电设备平均利用小时数实现止跌回升。全年发电设备平均利用小时数分别为3790小时和3862小时，同比增长5小时和72小时。2019年全国发电设备平均利用小时数再次下降，而且降幅很大，全年发电设备平均利用小时数3469小时，同比下降393小时。

2006～2019年期间，供电煤耗水平逐步下降，下降幅度逐步减小。其中2017年以前，年度同比降幅在3克/千瓦时以上，2018～2019年没有延续前几年3克/千瓦时下降值，年度降幅均为1克/千瓦时。

2019年，全国未发生重大以上电力人身伤亡事故，没有发生水电站大坝漫坝、垮坝事故以及对社会有较大影响的电力安全事件。电力安全生产事故数量连续三年下降，电力建设领域安全状况明显好转，电力设备事故总量显著减少，大部分监管区域安全状况稳定。

电力行业供应方面，2005～2019年中国售电总量呈上升趋势，近年来受宏观经济转型的影响，售电量整体上有所减缓，2015年增长率较2014年下降，增速放缓明显，但2016年开始售电量回升明显。2019年全年售电量54049.00亿瓦时，同比增长5.89%。2019年全年新增交流110千伏及以上输电线路长度和变电设备容量57935千米和31915万千伏安，分别比上年增长1.7%和2.9%。全年新投产4条特高压输电线路，其合计输电线路长度和变电容量分别为5432千米和3900万千伏安。

六、电信行业生产与供应

2008～2018 年间，我国电信行业累计完成 227156.2 亿元业务量，年均增加 27.9%。2008～2018 年间，我国固定电话通话业务量以年均－15.2‰的速率逐年迅速减少，到 2017 年固话本地通话时长仅为 1499.5 亿分钟，较 2008 年减少了 80.9%。我国移动电话通话量经过 2007～2013 年的快速增长后，在 2015 年开始缓慢负增长，显现出增长乏力的迹象，这表明移动电话通话可能遭受了互联网通信的冲击。2010 年我国移动短信业务总量为 8277.5 亿条，到 2017 年下降至 6641.4 亿条，但 2018 年短信业务量又猛增至 11398.6 亿条，在短信业务总量中占比 90.2%。尽管短信业务量总体下滑，但“非点对点短信业务量”仍然处于快速增加中，表明“非点对点短信”在我国通信服务中仍具有重要价值和大量需求。2012 年我国移动互联网接入总流量仅为 8.8 亿 GB，人均接入流量 0.649GB，到 2018 年总量达到 709.0 亿 GB，人均接入流量达到 50.81GB，总量及人均量在五年内增长 26 倍以上。

2008～2018 年间，我国电信业固定电话用户以年均 5.5%的速度持续减少，至 2018 年减少至 1.92 亿户。而同一时期内，我国移动电话用户规模以年均 9.5%的速度持续快速扩大，十年累计增加 9.25 亿户，至 2018 年达到 15.66 亿户，按当年年末全国总人口计算，移动电话普及率达到 112 部/百人，标志着我国已完全实现“人均一部”的移动电话普及率。2008～2018 年间，我国互联网宽带接入用户逐年快速增加，年均增速达 17.4%，十年累计增加 3.25 亿户。FTTH 技术开始投放市场后，其用户占比急剧扩大，截至 2018 年达到 90.4%，表明 FTTH 互联网接入技术在我国已基本实现普及。

七、铁路运输行业运输与服务能力

铁路运输保障能力持续增强，近五年来我国客运量保持双位数增长，高铁占比已经超过六成。2019 年全国铁路旅客发送量为 36.60 亿人，比上年增长 8.4%；全国铁路旅客周转量完成 14706.64 亿人公里，比上年增长 4.0%。2019 年，全国铁路货运总发送量完成 43.89 亿吨，比上年增长 7.2%，全国铁路货运总周转量完成 30181.95 亿吨公里，比上年增长 4.3%。其中大宗货物运量占铁路货运总量的比例已经基本稳定保持在 90%以上。

2019 年深入实施铁路货运增量行动，完善西煤东输、北煤南运体系，积极推动疏港矿石“公转铁”运输，圆满完成专运、军运、特运及重点物资运输任务。进一步取消或降低货运相关收费，2018年、2019年以来累计降低社会物流成本358亿元。深入实施客运提质计划和复兴号品牌战略，推行高铁市场化“一日一图”，持续优化高铁客运产品结构，探索建立高铁票价市场化灵活调整机制，深化“厕所革命”和客站畅通工程，推进高铁电子客票、站车智能化服务和铁路与地铁安检互认，开展普速站车达标提质，完善重点群体旅客普惠性服务，不断改善旅客出行体验。复兴号保有量达到712组，累计发送旅客5亿人，平均客座率74.4%，较高铁平均客座率高出0.8个百分点。铁路服务能力取得较大进步，高铁运力稳步提升，高铁票价改革和“公转铁”显著提升铁路服务能力。

第三节　公用事业发展的基本成效

一、供水行业基本成效

随着改革开放的深入，中国城市供水行业进行了以产权改革、竞争改革和监管改革为特征的市场化改革道路。在市场化改革之前，我国城市供水企业实行国有化为主体的运作模式，企业由政府建，领导由政府定，资金由政府拨，这促进了中国城市供水行业的发展，但也加大了地方政府的财政负担，从而使得地方政府开始愈发思考城市供水行业的体制机制变革问题。

2009年我国劳动生产率为517.41立方米/(日·人)，到2018年劳动生产率已上涨到687.82立方米/(日·人)，2011～2018年期间供水行业劳动生产率总体上涨了27.28%，仅在2016年适当回落。总体而言，2009～2018年间，我国城市供水行业劳动生产率稳步提升。

2009年我国供水行业资产产出比为6.63立方米/(日·万元)，到2016年已下降到3.98立方米/(日·万元)，在2017年短暂回升后，2018年再次降至3.94立方米/(日·万元)，九年间总体下降59.47%。资本产出比下降直接反映的现象是尽管每年固定资产投入持续增加，供水综合生产能力却并没有相应的增幅，初始的固定资产投入逐步变为沉淀成本，无法直接转换为供水产能。

近十年以来我国人均供水能力出现了较大幅度的波动。2009年人均供水能力为0.52立方米/(日·人)，此后逐年下降，到2012年降至0.48立方米/(日·人)，总体下降了7.69%。此后，人均供水能力在波动中缓慢回升，经过了2018年较大幅度的提升后，人均供水能力增至0.51立方米/(日·人)，已接近2009

年水平。由此来看，相对于不断增长的城市人口，我国供水行业的供水能力增长动力不强。这说明随着城市人口数量的不断增加，供水行业可能面临供水不足的问题。

自 2009 年以来我国制水单位耗电量及送（配）水单位耗电量较为平稳，变化幅度不大。2009 年制水单位耗电量为 307.57 千瓦时/千立方米，2018 年为 300.04 千瓦时/千立方米，2009 年送（配）水单位耗电量为 339.94 千瓦时/千立方米，2018 年为 364.62 千瓦时/千立方米，尽管 2017 年以单位供水耗电量衡量的供水企业生产效率略有上升，但 2018 年又出现回落，十年间总体水平基本保持一致。

近三年来全国供水管网漏损水量逐年下降，已由 2016 年的 614970.67 万立方米下降至 2018 年的 568934.50 万立方米，三年来下降 7.49%。漏失水量方面，2016 年为 284718.01 万立方米，2017 年下降至 229060.43 万立方米，尽管 2018 年略回升至 253083.27 万立方米，总体仍下降 11.11%。

由此可见，随着我国城市供水行业民营化和市场化改革的推进，城市供水行业的投资力度和建设规模不断加大、生产供应能力不断增强。

二、排水与污水处理行业基本成效

城市排水与污水处理行业经过不断的深化改革，逐步形成了有效竞争的市场结构，大大增强了行业竞争力，促进了各地污水处理绩效稳步提升。2018 年，在全国近 5000 座污水处理厂中，国有企业占比 46.47%，事业单位占比 7.12%，民营企业占比 26.97%，中外合资企业占比 1.16%，外商独资企业占比 2.08%，政府和社会资本合作占比 3.24%，混合所有制企业占比 1.06%，还有 11.09% 为其他类型。

其次，行业竞争力逐步增强。通过市场竞争，污水处理企业逐步建立现代企业制度，生产管理、财务管理、人事管理等水平提高显著。随着专业化水务公司不断发展壮大，污水处理行业的整合重组已成为趋势，兼并重组初见成效。污水排放标准和生产工艺不断提高，二级、三级污水处理厂的座数和处理能力双双大幅增长。二级、三级污水处理厂的座数从 2006 年的 689 座增加到 2018 年的 2179 座，其处理能力也相应地从 2006 年的 5424.9 万立方米/日增长至 2018 年的 16022.6 万立方米/日。

再者，污水处理综合效益显著增强。全国人均污水处理量逐年提升，2001 全国人均污水处理能力为 0.07 立方米/(日·人)，到 2018 年已增长至 0.21 立方米/(日·人)，增长了 203%。污水处理厂的出水水质稳步提升，基本能保证污水处理厂稳定达到一级B出水标准。2018年，全国有97.34%的污水处理厂的出水水质达到一级B以上标准。其中，出水水质为一级A标准的污水处理厂已占到全国污水处理厂总数的63.1%，新增出水水质高于一级A的污水处理企业，占比7.81%。污水处理厂作为COD减排的重要手段，对COD的削减量持续增加。2018年，全国污水处理厂共削减COD 1419.1万吨，较2005年COD削减量增长了960多万吨，翻了两番多。

三、垃圾处理行业基本成效

垃圾清运量（密闭车清运量）是反映垃圾处理行业基本成效的指标之一。十年来，我国城市垃圾清运量（密闭车清运量）逐年上升，2018年城市垃圾清运量达到22802万吨，增长率为5.95%；城市道路清扫保洁面积和机械化清扫面积也反映了一个城市垃圾处理行业的基本成效。我国城市道路清扫保洁面积和机械化清扫面积整体上保持上升趋势，其中，在2018年清扫面积达到869329万平方米，增长率达到3.24%，增长率有所下降。

生活垃圾无害化处理率也是反映一个城市或县城垃圾处理行业基本成效的重要指标。随着垃圾行业的蓬勃发展，我国生活垃圾无害化处理率达到了相当高的水平。2009～2018年城市生活垃圾处理量和无害化处理量逐年上升；垃圾无害化处理率也相应地从2009年的71.4%上升到2018年的97.7%。

2018年，我国在垃圾分类和收集管理上也取得较大成效，截至2018年上半年，134家中央单位、27家驻京部队已开展生活垃圾分类，134家中央单位全部通过了验收，并建立了11个示范单位。全国各省直机关普遍推行生活垃圾分类，29个省（区、市）已完成省直机关生活垃圾强制分类目标。另外，一些地区率先建立了生活垃圾强制分类制度，包括福建、贵州、江西三个生态文明试验区在内的21个省（区、市）已经出台了生活垃圾分类实施方案。各直辖市、省会城市、计划单列市和部分地级城市（以下简称46个重点城市）着力推进生活垃圾分类投放、收集、运输和处理设施体系建设。其中，41个城市正在推进生活垃圾分类示范片区建设，14个城市已经出台生活垃圾分类地方性法规或规章。厦门、深圳、宁波、苏州、杭州、广州、上海等城市生活垃圾分类工作已取得初步成效。以厦门市为例，厦门市岛内全部小区、岛外68%的1000户以上小区已开展生活垃圾分类。

垃圾处理政策的出台持续推进，2019年46个试点城市启动垃圾分类，5年内全国实现垃圾分类全覆盖。对于民众，由提倡变为强制，法制确立处罚挂钩，自上而下全面推动；对于地方政府，新增垃圾分类工作成果考核，住房和城乡建设部打分，政绩考核下驱动力增强，此次垃圾分类的强制推行将对整个固废产业链产生深远影响。

四、天然气行业基本成效

我国天然气行业经过多年发展取得了重大成效，能源安全保障能力不断增强，形成了产供销完整体系。体制改革不断深化，监管体系逐步完善。

2019 年国内天然气产量达 1736.2 亿立方米，其中，页岩气产量为 143.6 亿立方米，天然气产量净增量中占比高达 25.8%，同时在天然气总产量中占比由 2018 年的 6.8%增至 2019 年的 8.3%，展示出旺盛的发展势头。① 其次，全球经济一体化同时加快了天然气市场的发展速度，我国已初步形成西北、东北、东南和西南天然气进口通道。进口 LNG 份额进一步扩大，超过管道气进口量。我国 LNG 进口来源地已扩充至 22 个国家。东南沿海成为中国进口 LNG 接收站建设最多的地区，LNG 接收站增加大大提增加了城市燃气供给能力。天然气管网互联互通取得前所未有的重要进展，掀开全国一张网建设的新篇章。2018 年，通过建设十余项管道联通工程，打通重要节点，真正实现了石油公司之间、南北区域之间的联合串换保供。

2014 年开始天然气行业市场化改革加速推进，2019 年先后推出数项天然气市场化改革的重大举措，加速深化市场体制改革。国家管网公司成立打破了长期以来我国天然气上中游产、运、销一体化运营的格局，为形成“全国一张网”和构建起上游多主体多渠道资源供应、中游管道高效运输、下游销售充分竞争的天然气市场化体系奠定了基础。因此，国家管网公司成立也标志着中国天然气市场化改革从此进入一个崭新的阶段。2019 年，国家部委接连发布数个油气矿权改革和放开油气勘探开采的重磅文件，标志着中国全面放开油气勘查和开采的市场准入；天然气价格改革继续深入，2019 年 11 月，在国家发展和改革委员会发布的《中央定价目录》（修订征求意见稿）中，取消了天然气门站价格，仅保留了油气管道运输价格。《中央定价目录》（修订征求意见稿）在“备注”中指出：“其他国产陆上管道天然气和 2014 年底前投产的进口管道天然气门站价格，暂按现行价格机制管理，视天然气市场化改革进程适时放开由市场形成。”可见，虽然天然气门站价格暂时存在，但迟早会取消。通过建立全国和区域交易中心体系，推进天然气现货市场建设。

天然气行业管道运输价格监管政策体系和改革实践探索，为行业市场化改革

① http：//www.mnr.gov.cn/sj/sjfw/kc_19263/zgkczybg/201910/t20191022_2473040.html.

奠定重要基础，国家油气管网公司也将推动天然气管道运输价格体系的进一步完善。在2019年5月由国家发展改革委、国家能源局、住房和城乡建设部及国家市场监管总局四部门联合发布《油气管网设施公平开放监管办法》，推动天然气长输管网向第三方公平开放，天然气行业政府监管治理机制不断完善。

五、电力行业基本成效

改革开放以来，随着经济体量的迅速扩大，我国电力行业开始高速发展，在发展速度、发展规模和发展质量方面取得了巨大成就，在全国联网、解决没有使用上电人口等方面取得了举世瞩目的成绩。

电力行业运行方面成效显著。2019年底，我国装机容量达到20.1亿千瓦，发电量73266亿千瓦时，分别是1978年的35倍和28倍以上。42年来我国电力工业从小到大，从弱到强，实现了跨越式快速发展。1978年我国35千伏以上输电线路维护长度仅为23万千米，变电设备容量为1.26亿千伏安，截至2019年底，全国35千伏及以上输电线路回路长度194万千米，是1978年的8.4倍，变电设备容量65亿千伏安，是1978年的51.59倍。

电源结构得到明显改善。改革开放初，我国电源构成仅有火电与水电，结构较为单一，经过42年的发展，截至2019年底，全国火电装机11.9亿千瓦，在全国装机中占比59.2%；水电装机3.56亿千瓦，占比17.73%；核电装机0.49亿千瓦，占比2.42%；风电装机2.1亿千瓦，占比10.45%；太阳能发电装机2.05亿千瓦，占比10.18%。

我国电力科技水平不断提升，出台了多项能源科技发展规划及配套政策，走出了一条引进、消化吸收、再创新的道路，能源技术自主创新能力和装备国产化水平显著提升。火电技术不断创新，达到世界领先水平。高效、清洁、低碳火电技术不断创新，相关技术研究达到国际领先水平。可再生能源发电技术已显著缩小了与国际先进水平的差距。水电、光伏、风电、核电等产业化技术和关键设备与世界发展同步。电网技术水平处于国际前列。掌握了具有国际领先水平的长距离、大容量、低损耗的特高压输电技术，我们运行着全球最大的电网，使之成为我国大范围资源优化配置的重要手段。电网的总体装备和运维水平处于国际前列。特高压输电技术处于引领地位。前沿数字技术与电力技术的融合正在成为新的科技创新方向。

电力消费持续增长。改革开放以来，经济结构对应的产业电量排序经历了从“二一三”到“二三一”，再到“三二一”的调整，电力消费弹性系数，也经历了由小于1到大于1继而降至小于1的“A”型发展。“十二五”以来，随着经济进入新常态，电力消费由粗放型高速增长向中高速转变，电力弹性系数降至1以下，即为了支撑经济增长1%，电力消费增速仅需增长0.8%，较“十五”和“十一五”电力消费弹性系数分别下降了0.5和0.3。

电力行业市场建设方面成效显著。电力行业坚持市场化的改革方向不动摇，市场作为资源配置的主导地位不断提升，也是推动电力工业快速发展的强大动力。在改革开放的大背景下，电力行业不断解放思想深化改革，经历了电力投资体制改革、政企分开、厂网分开、配售分开等改革。电力体制机制改革既是我国经济体制改革的重要组成部分，也是我国垄断行业走向竞争、迈向市场化的一种探索。电力领域每一次改革，都为电力行业以及社会经济激发出无穷活力，产生深远影响。在售电侧改革与电价改革、交易体制改革、发用电计划改革等协调推下，2019年电力市场建设加快，电力市场交易更加活跃。电力不仅支撑了我国工业的高速发展，满足了城市的消费，还大力服务于农村经济发展、农民生产生活。通过全面解决无电地区人口用电问题、大力推进城乡配电网建设改造和动力电全覆盖、加大电力扶贫工作力度，电力普遍服务水平显著提升。

电力行业节能减排成效显著。为缓解资源环境约束，应对全球气候变化，国家持续加大节能减排力度，将节能减排作为经济社会发展的约束性目标。42年来，电力行业持续致力于发输电技术以及污染物控制技术的创新发展，目前煤电机组发电效率、资源利用水平、污染物排放控制水平、二氧化碳排放控制水平等均达到世界先进水平，为国家生态文明建设和全国污染物减排、环境质量改善做出了积极贡献。截至2019年底，全国6000千瓦及以上火电厂供电标准煤耗307克/千瓦时，比1978年降低164克/千瓦时，煤电机组供电煤耗水平持续保持世界先进水平；电网线损率5.9%，比1978年降低3.74个百分点，居同等供电负荷密度国家先进水平。2019年，全国电力烟尘、二氧化硫、氮氧化物排放量分别约为18万吨、89万吨、93万吨，分别比上年下降约12.2%、9.7%、3.1%；以2005年为基准年，从2006～2019年，通过发展非化石能源、降低供电煤耗和线损率等措施，电力行业累计减少二氧化碳排放近200亿吨，有效减缓了电力行业二氧化碳排放总量的增长。其中，供电煤耗降低对电力行业二氧化碳减排贡献率为37.0%，非化石能源发展贡献率为61.0%。

六、电信行业基本成效

2009年我国电信业完成了第二次拆分重组后，奠定了“移动、电信、联通三足鼎立”的基本行业格局。经过十年发展，我国电信行业在资产投资积累、行业经济效益以及业务普及等各个方面，均取得了长足进步和显著成效。

在经济效益方面，2008～2018年间我国电信业业务总量保持快速增加，年均增速达27.9%，十年累计完成业务量227156.2亿元；与此同时，我国电信业收入以4.8%的年均速度逐年增加，并累计实现收入119295.8亿元；2008～2018年我国电信业增加值总体保持快速增加，11年累计实现增加值64770.9亿元，年均增加4.0%。与此同时，伴随电信业务总量持续扩大，我国电信业成本花费也在不断上升。2008～2018年间，我国电信业累计花费成本119295.8亿元，年均增加8.4%，高于年均收入增速3.6个百分点。

在固定资产方面，不同固定资产指标规模均以较快增速逐年扩大。2008～2018年间，我国电信行业固定资产原值以5.9%的年均增速逐年递增，规定资产总值以4.8%的年均增速逐年递增，固定资产净值以3.6%的年均增速逐年增加。尽管电信业增加值逐年增加，但其在当年GDP中占比逐年降低。2008～2018年间我国电信业累计实现利润17862.5亿元，年均增速仅为1.63%。2008～2018年，我国电信业固定资产折旧速度加快，新增固定资产比重持续下降。

在业务普及方面，2008～2018年我国移动电话普及率快速大幅提高，2013年我国移动电话普及率达到90.3部/百人，达到基本普及，2018年普及率进一步增加至112部/百人，为2008年普及率的2倍以上，表明移动电话在我国居民中已达到完全普及的状态。互联网固定宽带和移动互联网业务规模的迅速扩大，使我国互联网普及在2008～2018年间取得显著发展成效。2018年我国互联网普及率达到59.6%，也即平均每100人中有59.6人为互联网网民，为2008年的2.6倍。到2018年我国网民数量达到8.29亿人，网民数量年均增速达11.0%。移动电话和移动互联网通信的相继大规模普及，快速取代传统固定电话业务，到2018年固话普及率已下降至13.8部/百人，较2008年下降50%。

七、铁路运输行业基本成效

高铁路网实现跨越式发展，有力支撑经济增长。随着城镇化水平提高、城市群发展、人口和产业集聚，客运需求对交通基础设施承载能力提出了更高要求。尽快形成高速铁路、区际干线、城际铁路和既有线提速线路有机结合的快速铁路网络，有助于满足大流量、高密度、快速便捷的客运需求，为广大城乡居民提供大众化、全天候、便捷舒适的公共交通运输服务，同时拓展区域协调发展的空间。

铁路企业市场改革快步推进，2019年6月18日，经国务院批准同意，中国铁路总公司改制成立中国国家铁路集团有限公司，在北京挂牌，公司注册资本为人民币 17395 亿元，以铁路客货运输为主业，实行多元化经营。中国国家铁路集团有限公司的成立，增强了企业发展的内生动力、市场活力和抗风险能力，更好地服务国家战略和经济社会发展；有利于加快构建现代企业制度，完善法人治理结构，提升企业的经营管理水平和市场竞争力。

铁路企业经营效益进一步提升。国家铁路完成运输总收入 8180 亿元（落实国家减税降费让利 216 亿元），同比增收 468 亿元，增长 6.1%；完成经营开发收入 3623 亿元、同比增长 4.2%，综合创效 426 亿元。成本支出、债务规模、资产负债率得到有效控制，实现了各项经营目标。

绿色发展成效明显。单位运输工作量综合能耗 4 吨标准煤/百万换算吨公里，同比下降 1%，化学需氧量排放量控制在 1861 吨以内。两年来铁路货运增加的运量与公路完成同样货运量相比，节省标准煤 380 万吨，减少二氧化碳排放 934 万吨。

第四节　公用事业政府监管与治理

一、供水行业监管与治理

我国城市供水行业监管机构涉及水利、建设、国土、物价、发改、卫生等多个部门。我国城市供水行业监管机构是中央、省市区、城市、县城四级。由于城市供水行业监管工作涉及多个环节，不同环节按照监管职能的不同，形成多个主体共同监管的网格化监管格局。建设、水利、环保、卫生四大部门是我国城市供水行业政府监管的主要部门，通过部门协同监管共同推进我国城市供水行业发展。

当前我国城市供水行业已基本趋于成熟，基础设施建设较为完备，市场准入项目相对于其他行业较少。2013 年以来，国家对城市供水等城市公用事业的市场准入方式多以 PPP 项目为主。其中，具体模式是对新建城市供水项目采取 BOT 方式，而对已有城市供水项目采取 TOT 方式进行。在 PPP 过程中开始慎重对城市供水管网设施的开放。同时，通过企业整合、做大做强的方式，逐步提升区域供水企业的市场竞争力。

阶梯水价在各地积极推进，水价管理工作进入了法制化、规范化、合理化和科学化的轨道。但依然缺乏按照商品定价的法则制定水价以及形成与市场经济和城市供水行业技术经济特征相匹配的定价与调价机制。

供水安全关系着人民的身体健康和生命安全，国家日益重视对供水安全的监管与治理工作。当前城市饮用水水质安全标准由35项提高到了106项，基本与欧盟、美国持平，甚至部分指标高于欧盟、美国，这为我国饮用水安全提供重要保障。

二、排水与污水处理行业监管与治理

城市排水与污水处理行业是一个复杂的系统工程，涉及建设、环保、水利、卫生、国资、财政和发改等多个监管主体。2014年《城镇排水与污水处理条例》正式实施，国家通过行业立法的方式，明确了国务院住房城乡建设主管部门负责指导监督全国城镇排水与污水处理工作，但并没有明确省级及以下城镇排水与污水处理的主管部门，而是根据各地的实际情况，将城镇排水与污水处理的主管部门的设置交于各级人民政府自行确定，明确了“县级以上地方人民政府城镇排水与污水处理主管部门（以下简称城镇排水主管部门）负责本行政区域内城镇排水与污水处理的监督管理工作”。目前，除海南省以外，各省、自治区城镇排水与污水处理的行业监管均由住房和城乡建设主管部门负责；北京、天津、上海由水务局负责；重庆由市政管理委员会负责。在城市层面，绝大多数的监管机构设在住房和城乡建设部门，发改、财政、环保、水利等各个部门依据职责分工，通过部门协同监管共同推进城市排水与污水处理行业发展。

城镇排水与污水处理行业价格监管经历了福利供给、排水有偿使用费、污水处理费的变迁过程。2014年底，根据《水污染防治法》和《城镇排水与污水处理条例》的要求，财政部、发展和改革委员会、住房和城乡建设部联合颁布《污水处理费征收使用管理办法》（财税〔2014〕151号），以部门规章的形式确立了污水处理收费制度，明确将污水处理费和污水处理服务费做了明确区分。2018年出台的《关于创新和完善促进绿色发展价格机制的意见》，政府逐步放开定价权限，不断完善居民阶梯水价制度，进一步明确污水处理收费标准要补偿污水处理和污泥无害化处置的成本并合理盈利。

质量监管关系到城镇排水与污水处理行业健康、稳定的发展，关系到城市安全和环境安全。我国目前已制定、修订和实施一系列与排水与污水处理行业相关的国家标准和行业标准，包含污水处理、污泥处置、再生水利用、海绵城市、黑臭水体治理等多个领域，涉及排水标准、排水监测标准、规范和方法、工程技术标准、规范和规程、产品设备标准等方面，基本建立起涵盖工程规划、设计、施工、验收、运行全过程的标准规范体系，对规范排水与污水处理企业的生产行为，保障城市排水与污水处理服务质量起到了积极的引导作用。其次，我国不断建立健全质量监控体系，完善考核评估机制。目前，我国已建立覆盖全国的城市污水处理管理的信息化平台，实时监测污水处理厂的污染物排放情况和对周围环境的影响，并建立了日常检测、不定期抽查、定期评估和专项调查相结合的监督检查制度，弥补在线监测的不稳定性。

三、垃圾处理行业监管与治理

我国垃圾处理行业的政府监管与治理有关机构经历了一个从无到有，从零散到系统的过程。从早期的无特定监管机构，到后来的地方自主监管，再到中央和地方的协同监管；从只注重职能分工到政策工具的组合应用，再到加强监管绩效评价，监管体系愈加完善，职能配置更趋合理，充分反映了我国政府在生活垃圾处理行业监管能力的稳步提升。以创新、协调、绿色、开放、共享的发展理念为指导，按照生态文明建设总体要求，垃圾处理行业监管能力建设进入快速发展期。

当前我国垃圾处理行业的政府监管制度构成可分为垃圾处理设施的规划与投资建设监管制度、市场准入监管制度、收费和价格监管制度、运营规范监管制度、市场退出监管制度等。为了对城市垃圾处理行业进行有效监管，建设部颁布了多部监管法规，典型的如《城市生活垃圾管理办法》。这一法规制度用于监管我国垃圾处理行业的各项活动，为垃圾处理行业制度化、规范化和法律化奠定了基础。2015 年以来，我国垃圾处理行业的监管制度得到了创新性发展，主要体现在：①因地制宜夯实监管制度改革；②监管模式创新推动监管制度改革；③法律法规和标准体系完善保障监管制度改革。

国家发展改革委出台《关于创新和完善促进绿色发展价格机制的意见》（以下简称《意见》）提出 2020 年底前，全国城市及建制镇要全面建立生活垃圾处理收费制度，同时探索建立农村垃圾处理收费制度。按照《意见》的要求，发展和改革委员会鼓励各地创新垃圾处理收费模式，提高收缴率。要求全面建立覆盖成本并合理盈利的固体废物处理收费机制，加快建立有利于促进垃圾分类和减量化、资源化、无害化处理的激励约束机制。这也是国家层面首次明确提出垃圾计量收费模式。收费模式细分为：对非居民用户推行垃圾计量收费，并实行分类垃圾与混合垃圾差别化收费等政策，提高混合垃圾收费标准；对具备条件的居民用户，实行计量收费和差别化收费，加快推进垃圾分类。差别化收费的方式，意味着要让垃圾分类和减量的责任落到个人。

我国垃圾处理行业进入监管改革，主要体现在由过去政府垄断性供给逐步转向引入市场竞争，推行市场化发展上。由于生活垃圾处理服务的对象为居民，且处理的生活垃圾具有私人物品特性，这要求政府对该行业引入一定程度的市场机制，以多元化的参与模式，鼓励各类社会资本积极参与垃圾处理行业设施的投资、建设和经营，将更加符合并适应中国改革开放和社会主义市场经济建设潮流，也更符合目前政府和社会公众对垃圾处理的要求。

将垃圾处理行业由政府全权控制的形式转变为使民营企业参与进来，首先要考虑的一个问题就是对民营企业进入的监管与治理。垃圾处理行业进入监管与治理具有两重性，其一是由垃圾处理行业的技术经济特征所决定的，需要对新进入的垃圾处理企业实行严格的控制，从而避免在垃圾处理行业出现重复建设和过度竞争的状态；其二是对新进入的垃圾处理民营企业实行控制并不意味着禁止新企业进入垃圾处理行业，政府部门应该适时允许通过直接或间接的途径使得有资质、合适的垃圾处理民营企业进入，从而实现发挥竞争机制的作用。具体的监管与治理思路是根据不同的业务类型制定出不同的政策。需要注意的是，政府和社会资本合作（PPP）模式的广泛采用，需要政府变革进入监管模式，将政府和市场有机结合，不仅应关注如何将社会资本引入垃圾处理行业，更应关注市场化运营机构的运营效率和效果，以提升垃圾处理行业发展成效，尤其在不可抗力重大公共突发事件面前，政府方与社会资本方的充分沟通及完善的合同条款，是项目持续、稳健运营的保障。

垃圾处理行业的质量监管与治理尤其注重对可持续性问题的关注，需要正确处理短期与长期的关系。垃圾处理行业的质量监管与治理体现在：一是垃圾处理的源头把控，如生活垃圾的分类收集和管理的质量监控与治理；二是垃圾处理环节中行业产品标准的制定、垃圾处置效率提升、避免二次污染的监管与治理，如生活垃圾焚烧处理技术的提升、生活垃圾填埋二次污染控制、存量垃圾的质量监管与治理；三是再生资源回收利用水平的质量监管与治理。2020年1月，环境保护部印发《关于生活垃圾焚烧厂安装污染物排放自动监控设备和联网有关事项的通知》，要求垃圾焚烧企业于2020年9月30日前全面完成“装、树、联”三项任务，逾期仍未完成的垃圾焚烧企业将依法严肃处理。到2020年底，将建立较为完善的城镇生活垃圾处理监管治理体系。

四、天然气行业监管与治理

随着国家管网公司的成立和天然气管网的独立运营，我国将逐渐实现天然气行业的产、运、销分离，向上游油气资源多主体多渠道供应、中间统一管网高效集输、下游销售市场充分竞争的“X+1+X”治理体系转变，天然气行业的政府监管目标和主要内容也随之变化。

在监管机构方面，随着天然气市场化改革的不断深入，不同环节有不同监管机构模式。上游的油气勘探开采逐步引入市场竞争，主要由自然资源部管理。中游的天然气管网监管机构是国家能源局。2013 年国家能源局重组设立石油天然气司，将原电力监管委员会地方监管机构职能扩大至天然气领域，并增加行政执法职能等举措，构建了国家天然气行业监管机构制度。下游城市燃气采用的是国家与地方分层监管模式，主要监管机构是住房和城乡建设部、地方政府燃气管理部门，此外，中国城市燃气协会及各地方城市的燃气行业协会，作为燃气行业的自律机构，协助政府主管部门进行行业管理。

在价格监管方面，根据国家发展和改革委员会印发的《天然气管道运输价格管理办法（试行）》和《天然气管道运输定价成本监审办法（试行）》（以下简称“两个《办法》”），对管道运输的定价方法、监管对象、价格公布方式等进行了改革，并明确从 2017 年 1 月 1 日起实施。长输管网管输费和城市管网输配第一轮成本监审已经完成，但是制定过程缺乏独立性和透明度，且储气库等管网相关设施也缺乏配套的定价政策，进而造成社会资金缺乏投资动力。当前我国管网主要分为长距离输气管网、区域性输气管网，应结合各类管网特点设立有针对性的管输费价格形成机制。

在进入监管方面，受到产业链各环节之间存在的自然垄断性和技术特性各异的特点影响，相应的监管举措也各有不同。上游天然气勘探生产环节主要通过开辟竞争性领域和放松进入监管两个方面引入竞争机制。天然气管网系统主要包括油气长输（干线）管网和省级管网。国家管网公司的主要职责是负责全国油气干线管道、部分储气调峰设施的投资建设，负责干线管道互联互通及与社会管道联通，形成“全国一张网”，省级管网将通过体制改革和国家管网公司逐步融合。2019 年国家取消了外资进入城市燃气的负面清单，即全面放开城市燃气的进入监管。

2020 年全球发生新冠肺炎疫情，对我国天然气贸易和市场造成一定的影响。从国内市场来看，国内的天然气生产和进口量没有受到影响，但是由于国内天然气市场需求下降，LNG 存量增加，在一定程度上限制了国内的产能，需要科学规划国内天然气生产，保障供应，通过价格杠杆促进天然气市场需求。同时，积极谈判争取降低长期贸易合同 LNG 资源进口量、更合理的 LNG 价格降低资源采购成本。

五、电力行业监管与治理

我国市场化改革过程中，公用事业行业改革普遍吸收了当代经济学、法学的基本原则，顺应了时代潮流，纷纷进行了市场化改革。这其中以电力行业首当其冲，2003年电力体制改革之后，电监会成为监管电力行业的主角，它不仅承担着一般的经济职能，还承担着维护市场秩序的重任。但是电监会也仅仅维持十年，在机构改革“大部制”的背景下，2013年电力监管委员会即被撤销，其职责与2008年成立的国家能源局进行整合，成立新的国家能源局，由国家发展和改革委员会统筹管理。虽然电力行业监管在进行大刀阔斧的改革，但当前电力监管法律尚不健全，配套措施不到位，在实践中依然存在着监管漏洞。

近年来我国电力监管立法取得重大进步。现行《电力法》颁布实施以来，在促进电力改革与发展过程中发挥着重要的作用，是电力立法和电力监管立法体系中的核心，但实施10多年来，许多配套法规仍迟迟未能出台。不利于维护电力市场主体的合法权益和电力的安全运行。

我国电力监管职权配置存在职责不明，权责不一的分散现象。而对垄断性产业的监管是系统性极强的工作，电价审批、市场准入、投融资管理、成本监控等相关监管必须密切协同，才能取得预期的效果。我国电力监管体制仍然处于从计划管理体制向市场经济条件下现代监管体制过渡的阶段，存在管理主体多元化、职能分散等问题。

由于电力行业是具有公益性的特殊行业，而且具有高度专业化、系统化的要求，信息披露不充分、不对称，实现民主决策的可能性降低，所以就我国现在的电力信息披露而言还不充分，导致监管决策与实施民主程度不够。

电力监管部门，必须兼顾有关各方的利益，正确处理包括发电企业与电网企业之间的关系、电网企业与终端用户的关系及发电企业间的关系、不同类型的终端用户间的关系等。由于缺少监管的渠道，除了依法提请行政诉讼外，在项目审批、定价服务等制定过程中无法进行监督。对于如何避免监管机构滥用权力，对监管者的行为进行制约，对电力产业的投资者、竞争性服务供应商以及消费者意义重大。

从中华人民共和国成立之初到目前为止，电力行业监管机构改革可划分为三个阶段：无独立监管机构阶段、有独立监管机构阶段和大部制改革阶段。电力行业监管机构改革稍滞后于行业本身的改革，在很长的一段时间内，电力行业并无独立的监管机构，直到2003年中国电力监管委员会正式挂牌成立，标志着独立监管机构的出现，中国电力行业也被誉为是“最早探索政府行政部与监管机构职能分离（即“政监分离”）的代表性行业。

电力行业政府治理与电力行业价格改革密切相关，不同的电价改革阶段，电价监管特点也有很大的差异。中华人民共和国成立至今，电价改革大致可以分六个阶段，每个阶段的电价监管都有其特点。第一阶段：1985 年以前，国家执行指令性电价。1985 年之前，我国电力行业的特点就是发、输、配、售一体化，电源和电网全部都由政府出资建设，也并不存在发电和输、配电环节之间的上网电价。第二阶段：1985～1997 年，国家执行还本付息电价。1985 年是我国电价改革历程中里程碑式的一年。由于电力供应紧张局面逐渐凸显，国家开始实行多家办电、多渠道集资办电的政策，实行“老电老价”“新电新价”的政策，从而形成了“一厂一价”，甚至“一机一价”的局面。第三阶段：1997～2002 年，国家执行经营期电价。20 世纪 90 年代中后期，我国局部地区出现了电力供应大于需求的现象，这时还本付息电价政策逐渐显示出一些弊端。需要按社会平均先进成本定价的普遍规律，统一电力企业的资本金收益率水平，规范了电力行业的经营法则。第四阶段：2002 年“厂网分开”后“竞价上网”前，国家实施临时上网电价。2002 年，电力体制改革逐步推进，国家颁布临时上网电价管理办法，用于厂网分开后的电价管理。该政策允许原参与电网统一核算、没有单独上网电价的电厂可制定临时结算上网电价，借此保障了厂网分离后各类电厂的正常运营，继而为电力工业全面引入市场竞争机制做好必要的铺垫，起到承上启下的重要作用。第五阶段：2005 年，国家发布《国家发展改革委关于印发电价改革实施办法的通知》（发改价格〔2005〕514 号），制定了上网电价、输配电价和销售电价管理办法，将上网电价、销售电价与燃料价格挂钩。第六阶段：2014 年开始，国家陆续在深圳、蒙西等地开展输配电价改革试点，按照“管住中间、放开两头”的思路，输配电价由政府根据“准许成本加合理收益”分电压等级核定，用户或售电主体按照其接入的电网电压等级所对应的输配电价支付费用；公益性外的发售电价格由市场形成；电网企业履行保底供应商义务，确保无议价能力用户有电可用。

尽管随着电力市场化改革的推进，电力行业价格监管亦不断改革和加强，但由于改革尚浅加上行业本身在经济发展中的特殊性，使得我国电力行业价格监管比任何国家都要复杂，现阶段电价监管仍然存在许多问题。

六、电信行业监管与治理

电信业政府监管与治理机构的依法行政能力对行业的发展起着至关重要的作用。目前，我国电信行业监管与治理机构是工业和信息化部，采用的监管模式是证监合一模式，即工业和信息化部既是电信产业政策制定者，也是电信业的监督者。同时由于缺乏明确的法律地位，工业和信息化部只是国务院的一个工作部门，既受国务院的直接干预，又受到横向政府部门，如国家发展和改革委员会等直接制约，这使得工业和信息化部很难独立地实行综合性管制。

电信行业监管与治理是一项复杂而影响重大的系统工程，主要的监管与治理手段有：

（1）通过法制建设提升“依法行政”能力。2000年颁布实施《中华人民共和国电信条例》（以下简称《电信条例》），是电信法制建设中的一座重要里程碑，为电信业监管与治理部门依法行政提供了重要依据。为了进一步完善电信法律体系，加快《电信法》立法进程。2019年1月24日，电信法立法专家组第一次研讨会在北京召开，并已将电信法列入十三届全国人大常委会立法规划。通过立法加强政府监管与治理机构的独立性、法律地位、职责权限，为监管机构的执法行为提供相应的法律保障，提升电信监管的可预见性，从而从整体上提升电信监管水平。

（2）加强行业宏观指导力度，促进行业有序发展。信息和工业化部加强电信行业运行状况的监测分析，为适应行业转型、创新以及行业管理的需要，不断修改完善统计指标体系，根据需要开展有关专题调查和抽样调查。及时发布市场运行状况、竞争态势等重要信息，定期发布电信业运行状况季报、中报和年报，为电信业发展提供信息支撑。继续组织做好“一书一会”工作。加强对行业发展前沿性问题的研究，注重创新，每年定期发布《中国电信业发展指导》。全面启动“十四五”规划工作。通过“十四五”规划起草任务部署会，了解电信业存在的问题和痛点，找准发展方向和发力点，为起草规划提供思路依据，加大通信规划专家委员会对政府规划工作的支撑力度。

（3）放松进入监管，推动数网竞争。电信业进入监管改革，通过放松管制、引入竞争以及产业重组，逐渐呈现出数网竞争的格局。电信业发展主要包括三个阶段，第一阶段：放松管制、引入竞争，成立由中央直接管理的中国联通公司（1980～1998年）。第二阶段：产业重组和横向拆分阶段（1999～2008年），中国电信市场形成中国移动、中国电信、中国网通、中国联通、中国铁通五大运营企业加上中国卫星的“5＋1”格局。第三阶段：全业务重组阶段（2008年至今），电信业形成了中国电信、中国移动和中国联通三大运营商，呈现出数网全业务竞争局面。

（4）放松价格监管，促进市场竞争。为了适应电信市场发展的要求，20世纪90年代以来，电信业价格监管经历了政府定价到市场定价的转变。1994年，邮电部颁布《邮电部关于加强移动电话机管理和调整移动电话资费标准的通知》，电信价格管制转变为以政府指导价为主，市场调节价为辅的管制方式，给予企业一定的定价权。2014 年，工业和信息化部联合国家发展和改革委员会联合发布《关于电信业务资费实行市场调节价的通告》，结束了电信业价格资费监管的政府定价，全面实行市场调节价。1994 年至今，中国电信业价格管制变迁主要改革历程大致可分为引入市场调节价，给予企业一定的定价权、简化资费备案手续，切实下放定价权，部分电信业务实行资费上限管理，全面实行价格上限管理、全面实行市场调节价，促进市场竞争等阶段。

（5）加强质量监督，改善服务质量。为了促进我国电信事业健康、有序、快速发展，维护电信用户的合法权益，加强对电信业务经营者服务质量的监督管理，根据《中华人民共和国电信条例》及有关法律、行政法规的规定，先后颁布了《电信服务质量监督管理暂行办法》、《电信用户申诉处理暂行办法》、《电信服务质量通告制度》、《电信服务质量用户满意度指数评价制度》等办法和制度。为了进一步提高电信服务质量，维护电信用户的合法权利，保证电信服务和监管工作的系统化和规范化，2005 年起施行《电信服务规范》，《电信服务规范》对包括固定网本地及国内长途电信业务等 8 类服务制定了明确的规范标准。2016 年审议通过《电信用户申诉处理办法》，同时废止《电信用户申诉处理暂行办法》。

（6）规范电信设备进网审批工作。为了加强对电信设备的进网管理，保证电信网的安全畅通，贯彻国家的产业政策，维护国家利益和用户权益，根据国务院有关规定，2001 年 5 月 10 日信息产业部发布并实施《电信设备进网管理办法》。为规范电信新设备进网检测、试验工作，规范进网试用批文的审批、发放、管理程序，确保电信设备进网许可的权威性、公正性和一致性，信息产业部依据《电信设备进网管理办法》，制定《电信新设备进网试验管理暂行办法》。

（7）积极打造 5G 核心能力，推动 5G 应用创新。为深入贯彻落实习近平总书记关于推动 5G 网络加快发展的重要讲话精神，全力推进 5G 网络建设、应用推广和技术发展，充分发挥 5G 新型基础设施的规模效应和带动作用，支撑经济高质量发展。2020 年 3 月 24 日，工业和信息化部发布《工业和信息化部关于推动 5G 加快发展的通知》（工信部通信〔2020〕49 号）。通知内容主要包括：加快 5G 网络建设部署、丰富 5G 技术应用场景以及持续加大 5G 技术研发力度。

七、铁路运输行业监管与治理

铁路行业的监管主要指的是监管机构对于铁路行业监管的职责及其权利分配的方式和组织制度，其主要解决的是由谁来对铁路企业、铁路市场和铁路运输行业进行监管，监管机构之间的权力分配，由谁来对监管效果负责以及如何负责的问题。我国铁路监管体制变革经历了漫长的历史过程，随着铁道部改组为国家铁路局和中国铁路总公司，实行“政企分开”，行政职权划入交通运输部，我国铁路监管体制形成了新的发展格局。即交通运输部继续承担政策性监管的工作，而将价格监管等经济性监管、社会性监管中的安全监管等权限划转交通运输部下属的专业性监管机构——国家铁路局，社会性监管中的其他职能由其他综合监管机构行使。

目前，铁路行业三大监管机构并存，铁路监管通过对铁路运输行业的体制机制设计，实现“对铁路企业、铁路市场和铁路运输行业进行监管”的主体机构和组织建设，以及确保监管主体依法行使监管权力。我国负责铁路监管的专门性机构是国家铁路局，由交通运输部管理，行政级别为副部级，根据2013年《国务院机构改革和职能转变方案》由原中华人民共和国铁道部部分机构更名改组设置（其他机构保留于中国铁路总公司的上层），于2014年1月挂牌成立，同时，逐步对中国铁路建设投资公司等非运输类企业、全国18家铁路局和铁总本身进行公司制改革。2019年6月18日经国务院批准同意，中国铁路总公司改制成立中国国家铁路集团有限公司，并在北京挂牌。改制后成立的国铁集团为国家授权投资机构和国家控股公司，注册资本为人民币17395亿元，由中央管理，以铁路客货运输为主业，实行多元化经营。自此，我国形成了铁路行业三大监管机构并存的格局：交通运输部继续承担全局性政策性监管工作；国家铁路局作为专门性监管机构，承担主要的监管职责，并具有一定的独立性，负责价格监管等经济性监管以及社会性监管中的安全监管；社会性监管中的其他职能由其他综合监管机构行使。

第二章　供水行业发展报告

供水行业作为公用事业的重要和基本组成部分，一直以来是城市发展不可或缺的要素，直接关系到城市工商业的生产经营和居民生活。改革开放以来，我国经济飞速发展，与此同时城镇化进程也在迅速推进中，城市经济发展与城镇化过程中城市人口快速增长带来的用水需求均对城市供水行业发展提出了现实要求，而一直以来我国普遍存在的人均水资源相对缺乏问题又加剧了城市用水的供需矛盾。为了满足日益增长的城市用水需求，城市供水行业的发展问题也成为各级政府亟待解决的重要问题。要解决城市用水供需矛盾，需要进一步加强城市供水的生产和供应能力，进一步提高供水行业建设水平，而供水行业建设的推进需要充足的资金保障。近年来，我国城市供水行业民营化的进程为城市供水行业的投资与建设注入新的活力，但当前城市供水行业发展仍存在诸多问题。为了深入分析我国城市供水行业发展所面临的关键问题，以最终实现促进供水行业发展、保障城市用水需求的目标，本章将分别从供水行业的投资与建设、供水行业的生产与供应、供水行业的发展成效等几个方面，对我国城市供水行业的发展情况及存在问题进行全面分析。

第一节　供水行业投资与建设

城市供水行业建设是保障城市充足用水的基础，而投资则直接关系到供水行业建设的经济基础和资金来源。近年来，在城市供水行业民营化改革的带动下，我国城市供水行业的投资持续增加，城市供水设施建设也得到不断完善，但由于现有的国有资本为主体的投资结构尚未得到根本改变，多元融资结构尚未形成，供水行业投资与建设仍面临着诸多问题。本节将主要通过总量、增幅以及空间区域差异等维度，对城市供水行业的投资与建设的现状和存在的问题进行分析。

一、城市供水行业投资现状分析

为缓解融资压力，近年来我国城市供水行业开始逐步推进民营化进程，促进融资主体多元化。城市供水行业民营化也确实在一定程度上和一段时期内促进了供水行业投资的增加。然而我国城市供水行业仍然存在着投资主体单一、投资增速不足、区域间发展不平衡等各种问题。

（一）我国城市供水行业投资增长时序分析

改革开放以来，我国市政设施固定资产投资飞速增长，在市政设施投资的总体带动下，城市供水行业固定资产投资也实现大幅度跃升。由图 2-1 可以看出，自 1978 年改革开放伊始到 2018 年，四十年间，我国市政设施固定资产投资总额由 14.15 亿元增至 20123.18 亿元，增长 1421 倍，供水行业固定资产投资由 1978 年的 3.4 亿元增至 2018 年的 543.04 亿元，增长 158.7 倍。按照改革开放以来我国城市供水行业固定资产投资额的增长趋势，可以将我国城市供水行业投资划分为三个阶段，如图 2-1 中的虚线所示，1978～1991 年是行业发展起步阶段，各级地方政府是行业投资主体，在此期间城市供水行业固定资产投资由 4.7 亿元增至 30.2 亿元；1991～2005 年为供水行业成长阶段，特点是伴随着行业市场化进程，地方政府逐渐退出了行业的投资和运营，在这一阶段中我国城市供水行业固定资产投资正式跨越了百亿门槛；自 2005 年开始我国城市供水行业发展进入第三阶段，在这一阶段中由于投资动力不足、多元化融资模式尚未形成等原因导致了投资频繁波动，由图 2-1 可以看到，我国城市供水行业固定资产投资分别在 2006 年、2012 年、2014 年、2016 年和 2018 年出现阶段性回落，这也反映了城市供水行业融资渠道不足的现实问题。总体而言，改革开放四十年来，我国城市供水行业固定资产投资整体上大幅增长，但近年来由于投资主体和投资渠道相对单一、投资动力不足等问题，导致出现了短期内阶段性的小幅波动，而这也在一定程度上影响了我国城市供水行业的进一步发展。

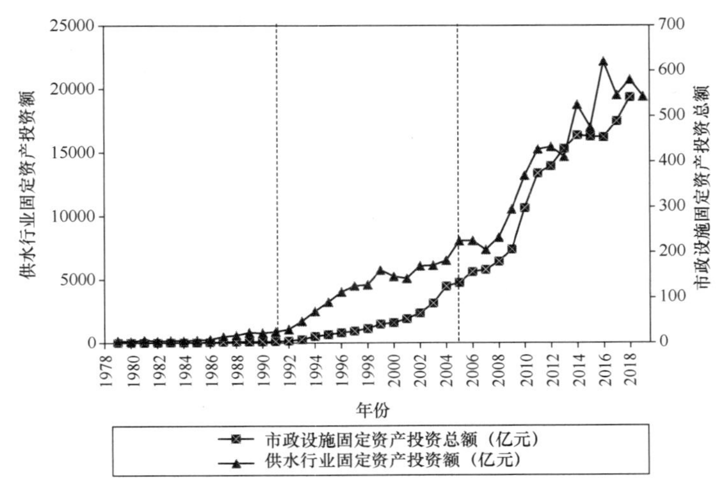

图 2-1　历年供水行业固定资产投资与市政设施建设固定资产投资总额比较
数据来源：《中国城市建设统计年鉴》(2018)，中国统计出版社，2019.

在考察我国城市供水行业固定资产总体增长趋势的基础上，亦可通过供水行业固定资产投资占市政设施建设投资的比例来分析我国城市供水行业投资的相对水平以及在市政设施建设当中的相对地位。由图 2-2 可以看出，尽管自 1978 年

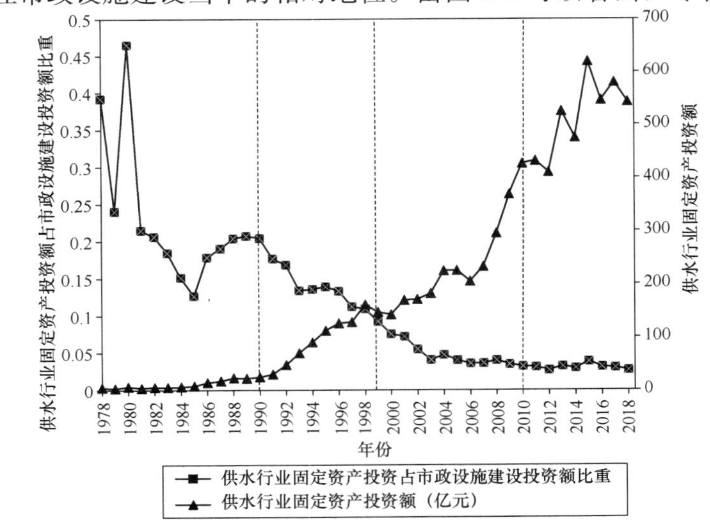

图 2-2　历年供水行业固定资产投资占市政设施建设投资额比重
数据来源：《中国城市建设统计年鉴》(2018)，中国统计出版社，2019.

以来我国城市供水行业投资总体水平持续提升，但随着我国市政设施建设的多样化发展，其他市政公用事业的发展速度超过了供水行业，导致供水行业固定资产投资占市政设施建设投资额比重逐年下降。如图 2-2 所示，我国城市供水行业固定资产投资占市政设施建设投资比重在 1980 年达到峰值 46.53％，自 1981 年以来稳定在 20％左右的水平，1990 年后供水行业固定资产投资占市政设施建设投资比重降至 20％以下，此后持续下降，2000 年后降至 10％以下，2010 年以后降至 3％左右。如图 2-3 亦可看出，自 1978 年以来，我国市政设施建设中，城市排水、轨道交通及园林绿化固定资产投资占比均有所上升，改革开放之初城市供水行业在所有市政设施建设中投资占比最高，此后投资占比逐年下降，目前已低于排水、轨道交通、园林绿化等领域投资占比。2018 年城市供水行业固定资产投资占比进一步下降，占市政公用设施建设投资比例也降至 2.7％，而城市排水资产投资额相较上一年则大幅上升，由 1343.6 亿元上升至 1529.9 亿元，占比由 6.95％上升至 7.6％。城市污水处理及其再生利用领域固定资产投资额由 2017 年的 450.8 亿元增至 806.2 亿元，增长近一倍。城市轨道交通固定资产投资由 2017 年的 5045.2 亿元增至 2018 年的 6046.9 亿元，增长超过 1000 亿元，投资占比由 26％增至 30％。以上数据一方面反映出伴随着我国经济的快速发展，城市居民生活质量不断提高，市政设施建设资金投入趋于多样化，市政公用设施建设投资重心不断转移，另一方面也反映出我国城市供水行业投资不足的现实。

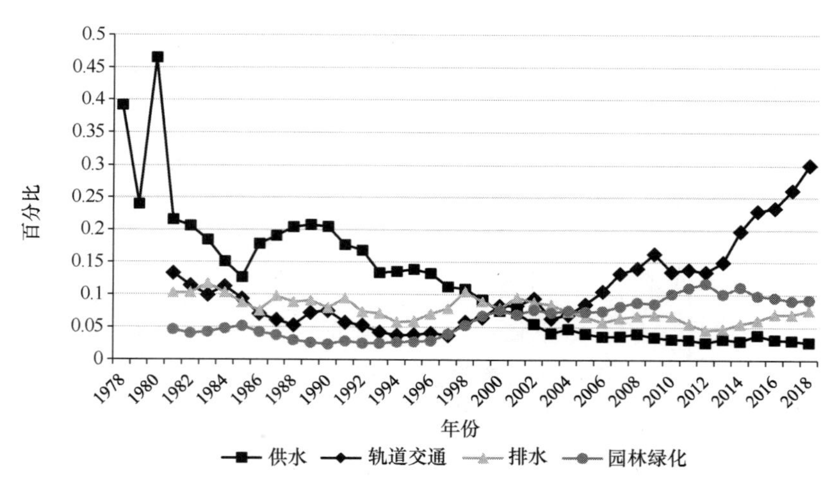

图 2-3　历年供水行业固定资产投资占比与其他市政公用事业行业比较

数据来源：《中国城市建设统计年鉴》(2018)，中国统计出版社，2019.

（二）城市供水行业投资空间区域分析

一直以来我国城市供水行业投资都存在着空间区域发展不平衡的问题，具体体现为东、中、西部地区供水行业投资差异明显。如图 2-4 所示，2018 年我国东部地区城市供水行业固定资产投资额为 334.07 亿元，相比 2017 年的 308.11 亿元增长 8.43%，中部地区固定资产投资额为 118.08 亿元，相比 2017 年下降 34.9%，西部地区的固定资产投资额 90.89 亿元，相比 2017 年下降 30.32%，西部地区城市供水行业固定资产投资连续 2 年下滑。2018 年我国城市供水行业固定资产投资总额相比 2017 年有所下降，其中中部和西部地区投资额下降明显，而东部地区供水行业固定资产投资额略有上升，导致东部地区固定资产投资占比由 50%上升至 61%，中西部地区投资占比持续下降，这进一步加大了东部地区与中西部地区的差距。通过以上数据可以发现，尽管近年来我国城市供水行业固定资产的投资额总体上不断增加，但区域间发展严重不平衡仍是当前城市供水行业投资面临的严重问题，东部地区投资过剩的同时中西部地区却面临投资供给不足的困难，究其原因，主要在于东部地区作为我国经济相对发达地区，经济体量相对较大，城市基础设施建设也具有相对优势，因而供水行业投资资金来源也相对充足，而中西部地区经济发展相对落后，人口密度相对较低，本身对供水行业发展和投资需求不足，资金来源与东部地区相比亦有较大差距。目前，我国城市供水行业固定资产投资的区域不平衡不仅没有得到缓解，近年来甚至呈现出进一步加剧的趋势，因此急需国家和地方政府通过出台相应政策为中西部地区城市供水行业投资注入新的活力，调整区域间投资比例，以实现我国城市供水行业的均衡发展。

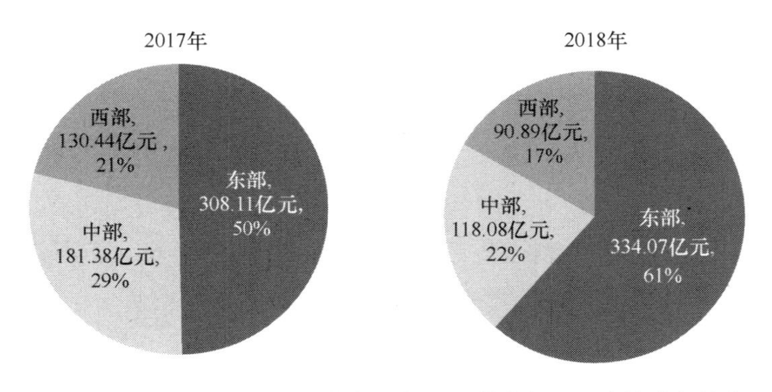

图 2-4　2017～2018 年我国东中西部地区供水行业固定资产投资额

数据来源：《中国城市建设统计年鉴》（2018），中国统计出版社，2019.

具体从各省份来看，由图 2-5 可以看出 2018 年江苏省仍为我国城市供水行业固定资产投资额最高的省份，2018 年投资额为 92.85 亿元，其次为浙江和福建，分别为 68.06 亿元和 45.07 亿元。以上三省为 2018 年我国各省中仅有的城市供水行业固定资产投资超过 40 亿元的省份。海南、上海、宁夏和西藏则为 2018 年各省中供水行业固定资产投资最低的省份，均未超过 1 亿元。2018 年我国城市供水行业各省市平均固定资产投资额为 17.52 亿元，其中江苏、浙江、福建、北京、山东、广东、四川、安徽、湖北、河南十个省市固定资产投资额超过平均值，其中固定资产投资前六位的省市均来自东部地区，这进一步印证了我国城市供水行业固定资产投资空间区域分布不平衡的现状。

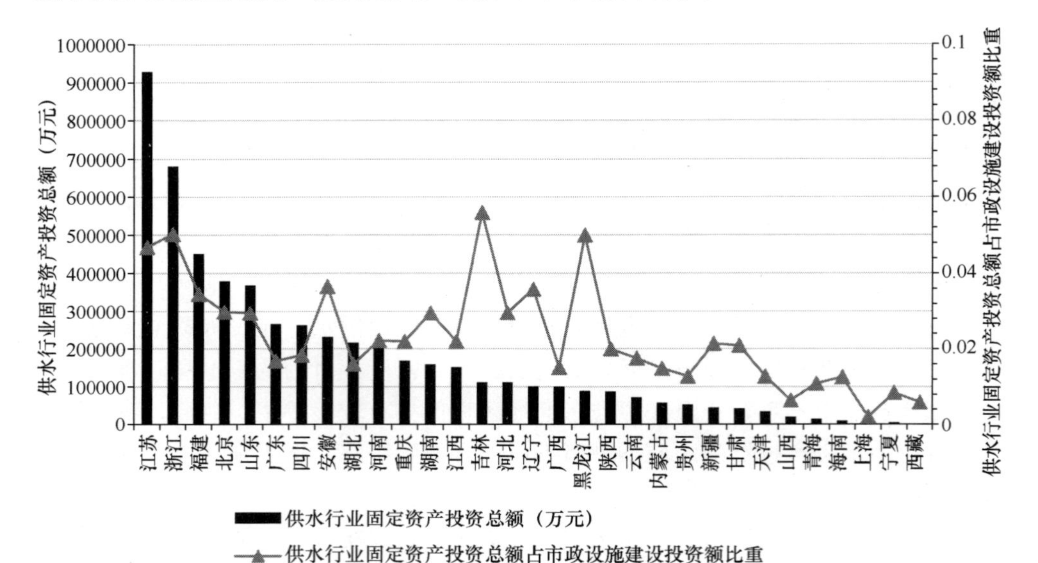

图 2-5　2018 年各地区供水行业固定资产投资额及投资额占市政设施建设投资额比重

数据来源：《中国城市建设统计年鉴》（2018），中国统计出版社，2019.

通过图 2-6 可以进一步分析 2018 年我国各省城市供水行业固定资产投资相比前一年度的变化情况。在各省份中，江苏省固定资产投资额降幅最大，相比 2017 年下降 21.72 亿元，但仍位列全国各省供水行业固定资产投资额之首。浙江省增幅最大，相比 2017 年投资额增长 26 亿元，福建省增长 18.7 亿元，浙江和福建省也是 2018 年仅有的供水行业固定资产投资增长超过 10 亿元的省份。在 2018 年实现供水行业固定资产投资增长的 12 个省份中，共有 4 个省市来自东部地区，3 个省份来自中部地区，5 个省份来自西部地区。在固定资产投资额降幅较大的几个省市中，同时包括了上海、山东等东部地区省市和内蒙古、新疆、甘肃等西部地区省份。2017 年度中，甘肃、内蒙古、新疆、四川等西部地区省份供水行业固定资产投资增长较为显著，但以上地区除四川外，2018 年度固定资产投资均出现了明显

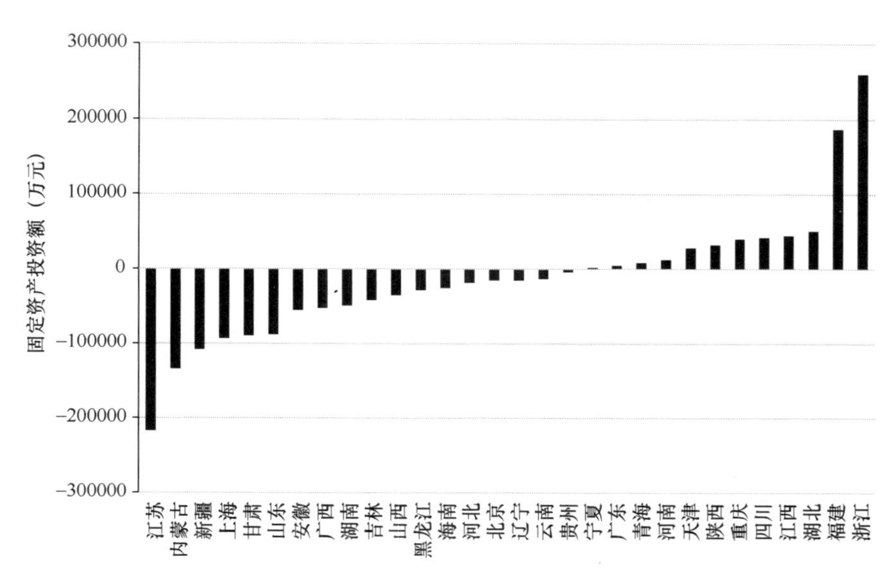

图 2-6 2018 年各省供水行业固定资产投资相较上年变化

数据来源：《中国城市建设统计年鉴》（2018），中国统计出版社，2019.

下滑趋势，这说明我国中西部地区省份要实现供水行业固定资产投资持续增长，扭转区域间投资不平衡的局面，尚存在诸多困难，任重道远。

（三）供水行业投融资增速相对落后于城市化发展进程

改革开放以来，我国社会经济的飞速发展进一步带动了城市化进程，人口快速向城市转移的过程中，城市规模不断扩大，也为城市基础设施建设带来了巨大压力。这就对城市供水行业的发展提出了更高的要求，即城市供水行业发展水平要与城市化水平相匹配，而城市供水行业投融资正是供水行业发展的经济基础和先决条件。

图 2-7 将我国宏观经济增长与城市供水行业投资进行了比对。如图 2-7 所示，自改革开放以来，我国经济发展取得了巨大成就，GDP 多年来持续快速增长，到 2018 年已突破 9 万亿元。然而我国城市供水行业固定资产投资的增速明显低于 GDP 增速，供水行业固定资产投资占 GDP 比重近二十余年来整体呈下降趋势。尽管在 1991～2001 年期间，我国曾经历一段 GDP 与供水行业固定资产投资共同快速增长阶段，在此期间我国城市供水行业固定资产投资占 GDP 的比重也不断增加。但 2001 年以后，我国城市供水行业固定资产投资增速逐渐落后于经济总体增速，城市供水行业固定资产投资占 GDP 的比重连年下降，截至 2018 年，供水行业固定资产投资占 GDP 比重仅为 0.06%。以上数据说明我国城市供

水行业仍存在投资不足的现实问题，在经济飞速发展的背景下，供水行业的投资建设与经济发展的速度存在落差，供水质量与生活质量开始出现矛盾的背离。

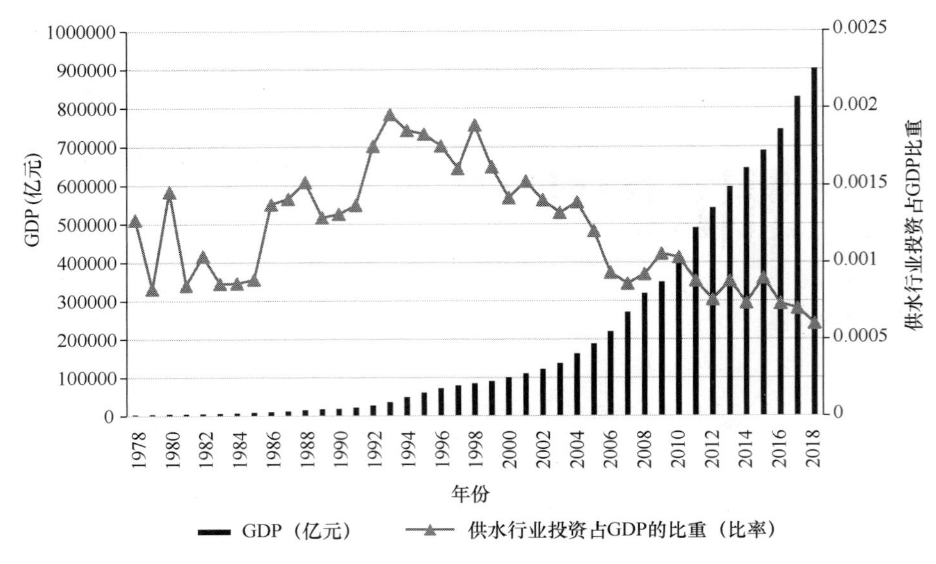

图 2-7　历年供水行业固定资产投资占 GDP 的比重

数据来源：《中国城市建设统计年鉴》（2018），中国统计出版社，2019.

图 2-8 则对城市化程度与城市供水行业固定资产投资占 GDP 比重进行了对比。如图 2-8 显示，改革开放以来，我国城市化率呈现持续上升的趋势，1978

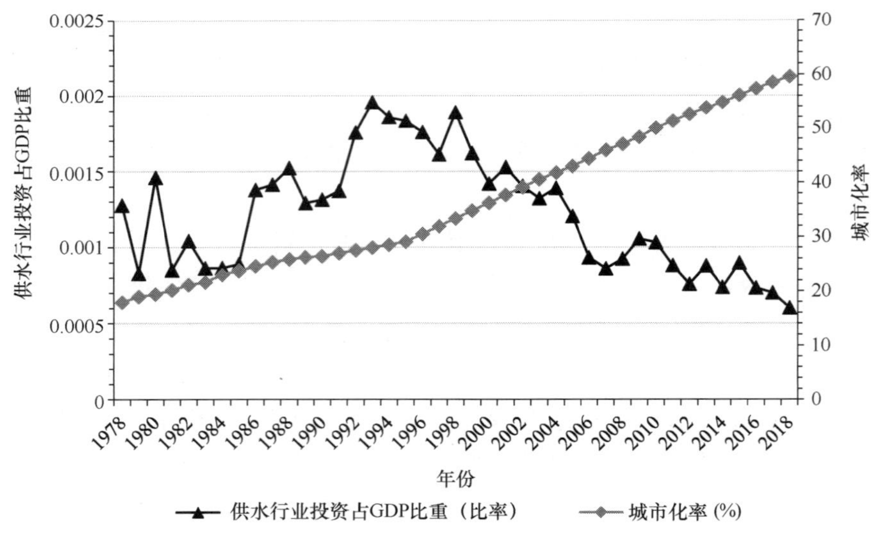

图 2-8　历年供水行业固定资产投资占 GDP 比重与城市化率比较

数据来源：《中国城市建设统计年鉴》、《中国统计年鉴》（2018），中国统计出版社，2019.

年我国城市人口占我国总人口的比重仅为17.92%，2011年首次突破50%，到2018年已增至59.58%。城市化进程的不断推进带来城市人口的快速增长和城市用水需求的不断加大。2000年是我国城市供水行业投资的一个重要转折点，2000年以后，我国城市供水行业固定资产投资占GDP比重开始逐步下降，供水行业的投资增长速度也越来越不能与城市化进程相适应，面对大量农村人口向城市迁移所带来的城市用水需求缺口，城市供水行业的投资与建设却因多重因素制约难以满足不断增长的城市用水需求。

二、城市供水行业投资问题分析

改革开放以来，我国城市供水行业市场化成效显著，社会资本被逐渐引入城市供水行业，为供水行业带来了更充足的资金来源，城市供水行业固定资产投资不断增加，供水行业市场经济体制逐渐形成。但是城市供水行业在投、融资领域依然存在着一些问题，具体体现在以下几个方面：

（一）融资渠道与融资结构相对单一

供水行业的自然垄断性、规模经济性和关联经济性等技术和经济特征决定了该行业资产专用性强、沉淀成本高、初始建设和更新改造投入成本巨大，因此供水行业长期以来主要依靠政府投资拨款运营，国有资本在供水行业长期中占据主导地位。近年来，在城市供水行业民营化和市场化的背景下，我国供水行业开始实行投、融资体制改革，以企业为主体的项目融资和政策性融资逐渐成为城市水务行业投、融资的主要形式，民营企业、外资企业开始参与到我国城市供水行业的建设和运营当中。近年来，我国城市供水行业常见的融资模式主要包括BOT、TOT、PPP及PFI等形式。

尽管我国城市供水行业的民营化和投、融资体制改革在一定程度上改变了已有的行业投融资结构，但是，由于在我国城市供水行业中国有企业长期作为投融资主体，国有经济长期处于支配地位，且不同区域之间改革进程不同步、发展不平衡，从全国整体情况来看，城市供水行业的投融资结构仍显单一，民营企业在短期内难以实现独立经营，多元化的市场投融资主体格局尚未形成。

城市供水行业投融资结构单一的局面短期内难以改变的现实背后反映出的是一些深层次体制问题，具体体现为：在国家宏观财税体制上，由于中央政府保持强大的控制力，相应的地方政府融资能力不足；在资本市场上，则体现为融资金融工具单一、投资保障相对薄弱等问题。

（二）投融资效率不高

城市供水行业投融资体制改革的根本目的是拓宽融资渠道、提高行业经营效率、提升供水能力保障。当前在行业民营化和市场化的背景下，我国城市供水行业投、融资规模虽然以各种方式不断扩大，但投、融资效率却并不理想。投、融资效率难以达到预期的主要原因是企业经营效益不高，成本难以回收。由于城市供水行业初始建设和改建投入成本巨大，相当一部分供水项目投资甚巨，资金回流也面临着较大压力，一些供水企业以超出原值数倍的价格出售资产，最终却只能微利、保本甚至亏损经营，这又进一步给下游消费者和公共财政造成压力。鉴于此，在城市供水行业投融资中，不应仅仅关注前端融资收益，更应关注下游价格成本，方能形成项目经营的良性循环，真正提高行业融资效率。

三、城市供水行业的建设现状分析

城市供水是城市正常运行的基本保障之一，满足城市工业生产和居民生活用水需求，供水行业建设水平直接决定了城市供水的生产供应能力。本节主要通过城市供水综合生产能力及供水管道长度等指标综合分析我国城市供水行业建设现状。

（一）城市供水综合生产能力现状

本部分首先以城市供水综合生产能力来反映城市供水建设的整体情况。由图 2-9 可以看出，自改革开放以来我国城市供水综合生产能力不断提升。由于从

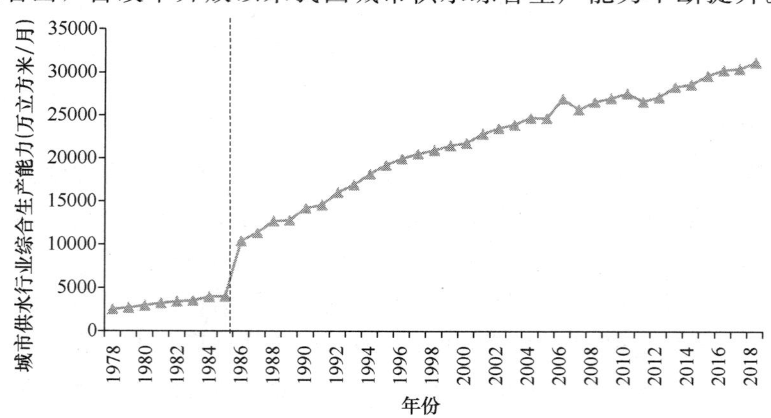

图 2-9　1978～2018 年城市供水行业综合生产能力变化情况

数据来源：《中国城市建设统计年鉴》（2018），中国统计出版社，2019.

注：1978～1985 年综合供水生产能力为系统内数。

1986 年开始统计口径发生变化，本节以 1986 年作为分界点对前后两阶段的我国城市供水综合生产能力进行对比。1978～1985 年，我国城市供水行业综合生产能力由 2530.4 万立方米/日增至 4019.7 万立方米/日，总体增长 58.86%，年平均增长 8.41%。1986 年以后我国城市供水综合生产能力总体上维持较快增长，只在 2005 年、2007 年和 2011 年三个年度出现短暂下滑。1986～2018 年三十余年间城市供水综合生产能力总体上升 199.89%，年平均增长 6.25%，到 2018 年我国城市供水综合生产能力已增长至 31211.84 万立方米/日，改革开放四十年来我国城市供水行业建设取得了显著成效。

图 2-10 则反映了我国城市供水综合生产能力的地区间差异。由于地区供水行业投融资水平一定程度上反映了供水综合能力，我国各省和地区的城市供水行业综合生产能力也存在着较为明显的区域差异。如图 2-10 所示，我国城市供水综合生产能力较高的省份也主要集中在东部地区。其中，广东、江苏和北京等三个东部省市城市供水综合生产能力超过 3000 万立方米/日，其中广东为 3524.39 万立方米/日，位列全国第一位；江苏为 3491.18 万立方米/日，位列全国第二；北京仍位列第三，为 3198.87 万立方米/日。城市供水行业综合生产能力排名后三位的分别是海南、青海和西藏，分别为 196.80 万立方米/日、102.81 万立方米/日和 68.21 立方米/日。2018 年，全国共有 11 个省份供水综合生产能力超过 1000 万立方米/日，其中包含 7 个东部地区省份，3 个中部地区省份和 1 个西部地区省份。

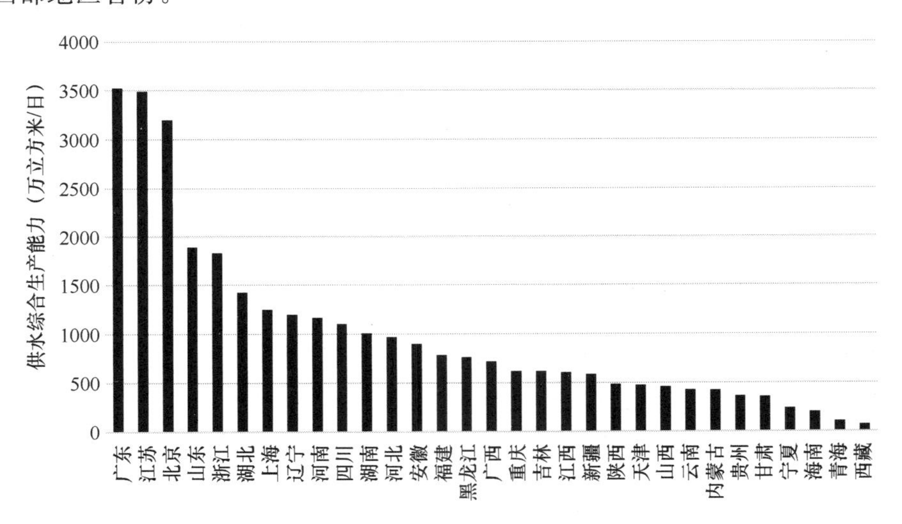

图 2-10　2018 年中国省际城市供水行业综合生产能力

数据来源：《中国城市建设统计年鉴》（2018），中国统计出版社，2019.

图 2-11 反映了 2018 年我国各省供水综合生产能力相较 2017 年的变化情况。相比 2017 年，北京市 2018 年城市供水综合生产能力提升最多，提升 1020.13 万立方米/日，遥遥领先于其他省份，除北京外其他各省市供水综合生产能力提升均不超过 100 万立方米/日。广东省城市供水综合生产能力下降最多，下降 546.87 万立方米/日，降幅为 13.43%。2018 年共有 12 个省份城市供水综合生产能力相比 2017 年有所下降，其中 5 个省份来自西部地区，6 个省份来自西部地区，仅 1 个省份来自东部。因此总体而言，2018 年度我国各省和地区供水行业综合生产能力差异相比上一年度有进一步扩大的趋势，东部地区供水综合生产能力相对进一步增强，中西部地区供水综合生产能力则一定程度上年呈现出倒退趋势。

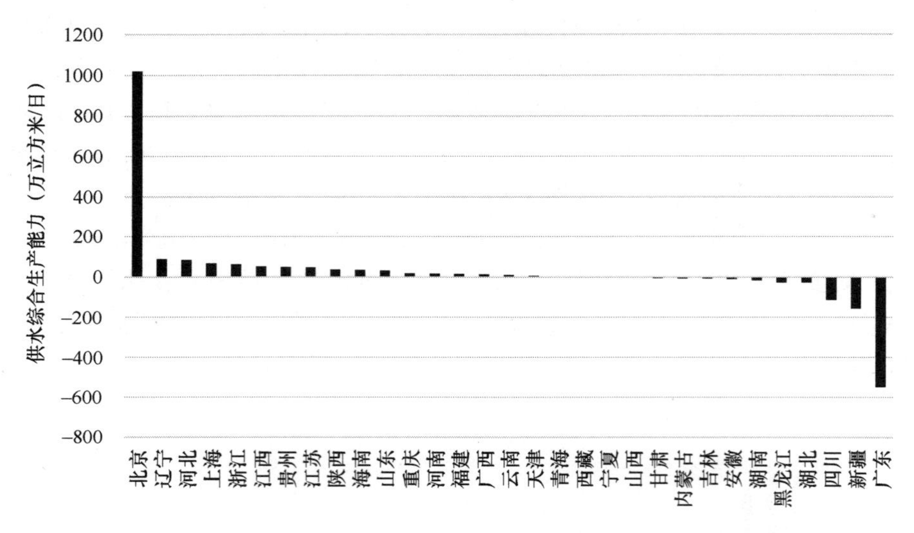

图 2-11　2018 年各省（区、市）供水综合生产能力相较上年变化

数据来源：《中国城市建设统计年鉴》（2018），中国统计出版社，2019.

（二）城市供水管道建设情况

本节通过城市供水管道建设进一步反映我国城市供水行业的建设情况。如图 2-12 所示，由于 1996 年统计口径发生变化，我们以该年度为分界点分析我国城市供水管道的建设情况。1978 年当年我国城市供水管道总长度为 35984 公里，1995 年增长为 138701 公里，共增加 3.85 倍。1996 年新统计口径下我国城市供水管道长度为 202613 公里，到 2018 年已增长到了 865017 公里，相比 1978 年总体增加 23.04 倍，平均每年增加 19034.28 公里，相比 1996 年总体增长 2.94 倍，平均每年增加 20725.84 公里。

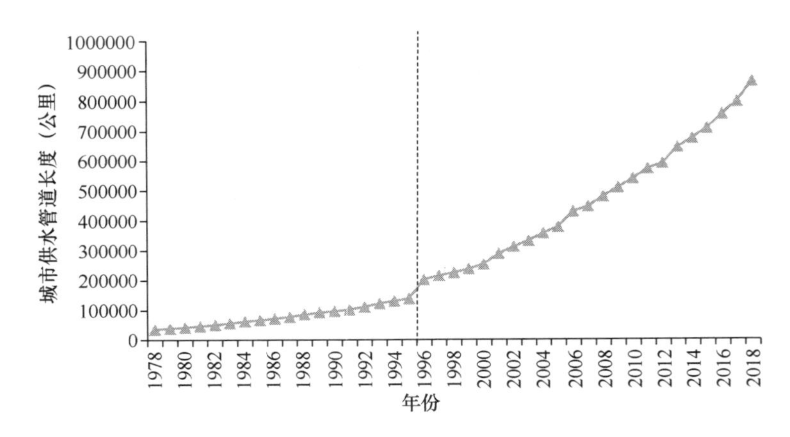

图 2-12　1978～2018 年城市供水管道长度

数据来源：《中国城市建设统计年鉴》(2018)，中国统计出版社，2019.

注：1978～1995 年供水管道长度为系统内数据。

图 2-13 反映了 2018 年我国各省（区、市）供水行业管道建设情况的区域间差异。如图 2-13 所示，截至 2018 年全国共有四个省份供水管道长度超过 50000 公里，分别为广东、江苏、浙江和山东，以上四个省份全部为东部地区省份，其中广东和江苏供水管道长度超过 100000 公里。2017 年供水管道长度在 10000 公里的共 7 个省份，截至 2018 年仅有海南、甘肃、宁夏、青海和西藏五个省份供水管道长度不足 10000 公里，其中除地理面积较小的海南外全部为西部省份，东西部供水管道建设也存在着巨大差距。

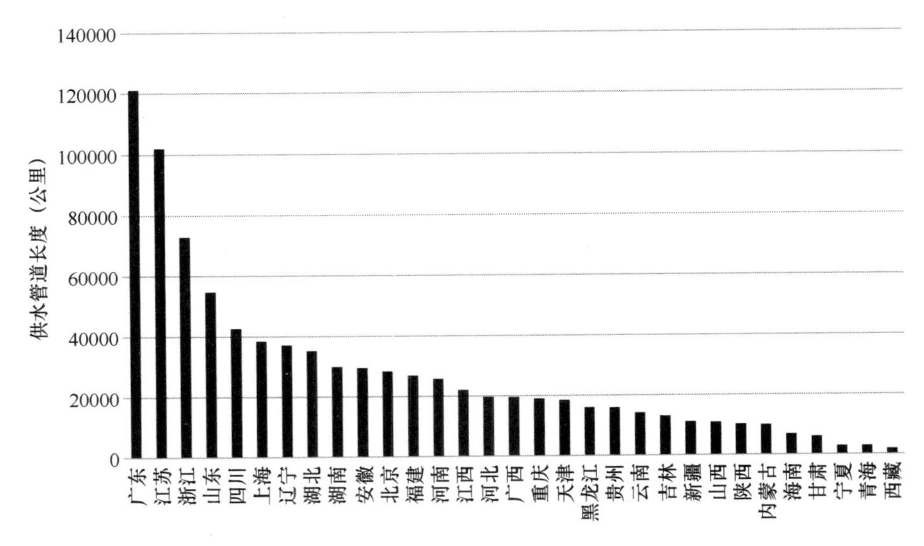

图 2-13　2018 年省际城市供水管道长度

数据来源：《中国城市建设统计年鉴》(2018)，中国统计出版社，2019.

图 2-14 则反映了 2018 年我国各省供水管道长度的增量建设情况。2018 年全国各省中新增供水管道长度最多的仍为广东省，共新增 17819.89 公里供水管道，广东在连续多年稳居全国供水管道长度首位的同时，2018 年新建设管道也遥遥领先其他各地。此外，江苏、福建、湖南、浙江等地新增供水管道长度也均位居前列。2018 年新增供水管道长度不足 200 公里省份包括黑龙江、西藏、青海、天津和宁夏，其中宁夏相比 2017 年出现了供水管道长度负增长的情况。综上可以看出，我国城市供水行业供水管道建设亦体现出了明显的区域差异，东部地区由于经济相对发达，投资充足，供水行业基础设施建设相较西部也更为完善，而西部地区经济发展相对落后，供水行业建设相对滞后，同时由于地理原因干旱缺水，又存在对城市用水的极大需求，形成了供水需求与供给倒挂，供需矛盾亟待解决。

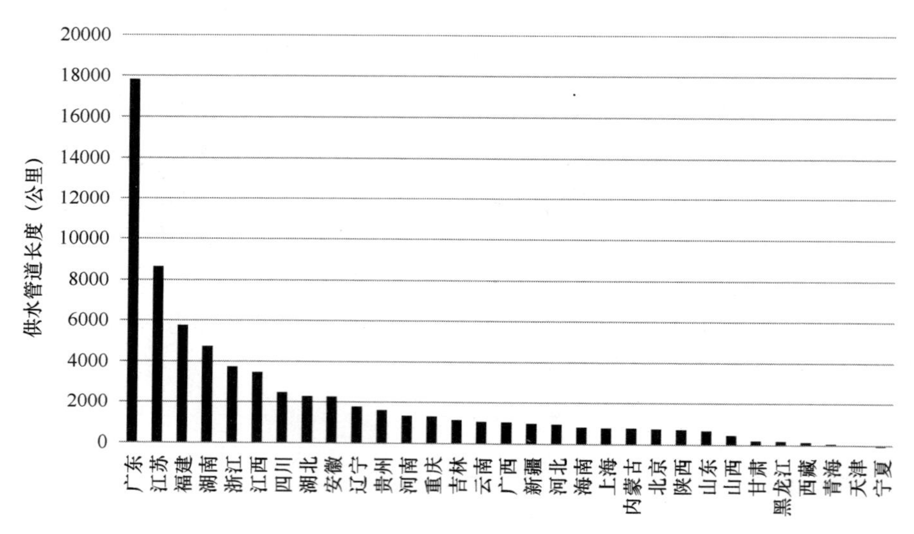

图 2-14　2018 年各省新增供水管道长度

数据来源：《中国城市建设统计年鉴》（2018），中国统计出版社，2019.

考虑到各省地域面积存在较大差异，单纯通过供水管道长度可能无法准确判断该省份的实际供水行业建设水平，本节将城市供水管道密度定义为单位建成区面积的供水管道长度，进一步地通过建成区供水管道密度分析各省供水行业建设情况。如图 2-15 所示，上海、江苏、浙江、北京、海南、广东五省市近年来供水管道密度一直较高，2018 年全国范围内上海地区供水管道密度最高，为 31.03 公里/平方公里，仍是全国唯一供水管道密度超过 30 公里/平方公里的省和地区，但由于 2018 年上海市新增供水管道长度相对较少，当年上海市供水管道密度相较 2017 年有所下降。尽管海南省 2018 年供水管道长度仅为 6812.03 公里，但由于海南省地域面积较小，其供水管道密度实际上位居全国前列，海南省作为东部地区省份其供水行业建设依然相对领先。因而供水管道密度是相对于供水管道长度而言更能体现区域城市供水行业建设水平的指标。由图 2-15 可以看出，由于考虑了建成区面积因素，全国各省供水管道密度分布相对集中，大多数地区供水管道密度在 10～20 公里/平方公里之间，超过 20 公里/平方公里的为上海、浙江、江苏和广东四个省市，建成区供水管道密度低于 10 公里/平方公里的省区市包括山西、河南、河北、黑龙江、吉林、新疆、内蒙古、陕西、甘肃、宁夏等，均为中西部地区省份。由此可以看出，我国各省份供水管道密度的区域间差异与供水管道长度情况相似，仍呈现出东部地区明显领先于中西部地区的局面，东部经济相对发达省份由于城市供水行业的投资力度较大，供水管道密度相应也明显高于中西部地区。

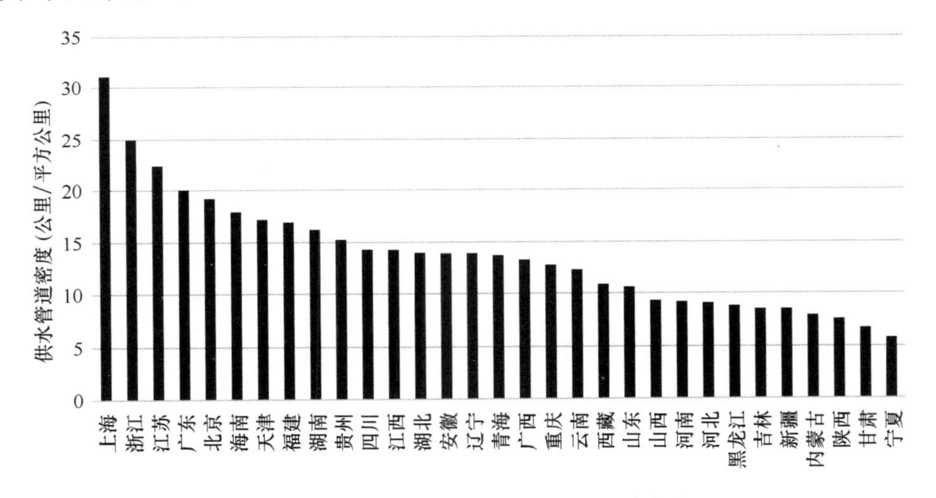

图 2-15 2018 年省际建成区供水管道密度

数据来源：《中国城市建设统计年鉴》(2018)，中国统计出版社，2019.

四、城市供水行业建设问题分析

尽管近年来我国城市供水行业投资力度不断加大，行业建设逐步推进，但仍存在诸多问题。主要体现在以下几个方面：

（一）供水管道建设水平有待进一步提升

本章采用供水管道建设情况作为反映城市供水行业建设水平的重要指标。尽管随着我国城市化进程和城市供水行业建设的推进，我国各省供水管道长度持续增加，但城市供水管道建设要完全匹配和适应城市发展和城市人口用水的需求仍有较大的改进空间。图 2-16 展示了改革开放四十年来我国每年新增供水管道长度占管道总长度的比重，以此来反映当年供水管道的新增幅度。如图 2-16 所示，四十年来我国新增城市供水管道长度占管道总长度的比例一直处于较为平稳的水平，也即我国城市供水管道建设整体呈匀速增长趋势。以 1996 年为界，1996 年以前，我国平均每年新增供水管道长度占管道总长度的比重约为 7.62%，1996 年当年新增供水管道长度为历年最高，超过管道总长度 30%。1996 年以后，在我国城市化水平急剧提高的背景下，城市供水行业新增管道长度占管道总长度的比重却并未有显著提升，甚至在许多年份呈现出下降趋势，平均每年新增管道长度占管道总长度的比重仅为 7.51%，低于 1996 年以前平均水平。由此可见，在城市用水需求激增的情况下，我国城市供水管道新增速度却逐步放缓，新增城市供水管道建设仍未能满足城市化发展需要。

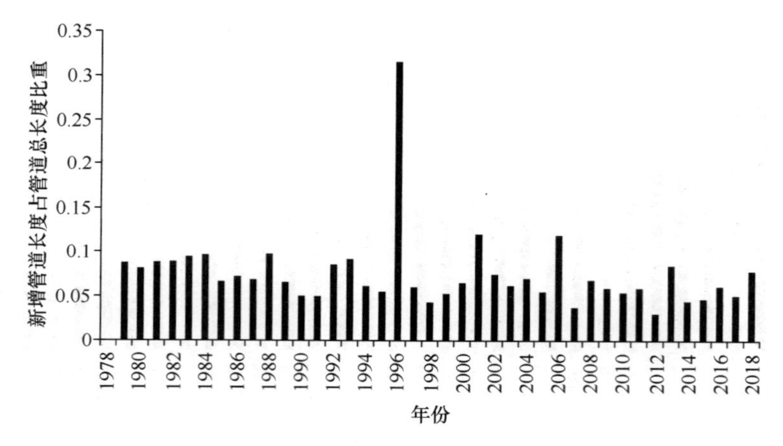

图 2-16　历年城市新增管道长度占管道总长度比重

数据来源：《中国城市建设统计年鉴》(2018)，中国统计出版社，2019.

注：1978～1995 年供水管道长度为系统内数据。

图 2-17 通过对比 2018 年各省新增供水管道长度与当年供水行业固定资产投资来说明供水行业投资资金的利用率情况。2018 年所有省份中，广东省新增供水管道长度最多，江苏省供水行业新增固定资产投资最多，东部省份中，江苏、浙江两省新增供水管道长度与固定资产投资额均位居前列，说明两省城市供水行业投资力度和管道建设均处于较高水平，投资利用率也较为理想。另外，青海、西藏、甘肃等西部地区由于供水行业投资不足，新增供水管道长度也相对较为落后。北京和山东两地供水行业固定资产投资额位居前五，但新增供水管道长度较少，其中一个原因是两地现存供水管道总长度较长，供水管道建设需求较低，因

此供水行业投资较少比例用于新管道建设。

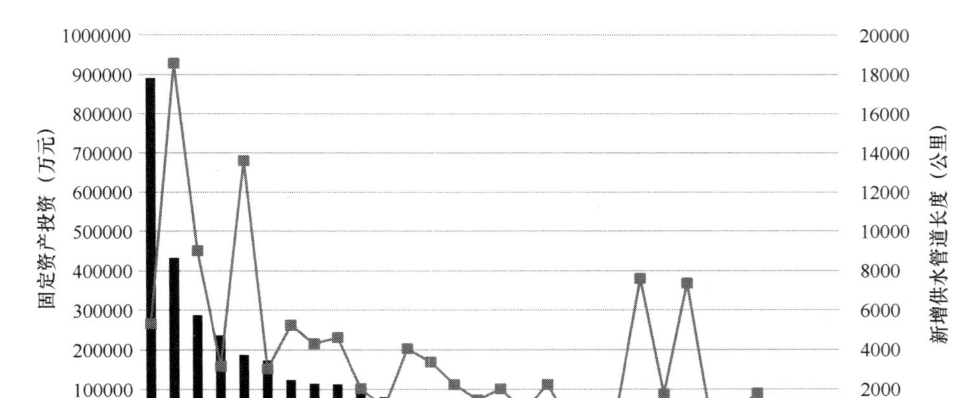

图 2-17 2018 年各省新增供水管道长度与供水行业固定资产投资

数据来源：《中国城市建设统计年鉴》（2018），中国统计出版社，2019.

（二）供水设施建设水平区域间差异明显

我国城市供水行业投资与建设均存在着显著的区域间不平衡问题，具体体现为不同地区供水管道建设和人均供水量方面的较大差异。如图 2-18 所示，2018 年我国东、中、西部地区供水管道建设长度存在较为明显的差异。东部地区供水管道长度为 526261.45 公里，相比上一年增长 8.59%；中部地区供水管道长度为 203325.81 公里，相比上一年增长 22.12%；西部地区供水管道长度为 156459.22 公里，相比上一年增长 6.99%。可以看到，尽管 2017 年我国中部地区供水管道建设出现暂时性倒退，在 2018 年中部地区供水管道长度却实现了最大幅度的增长。西部地区尽管在 2018 年供水管道长度仍然增长幅度最小，但增幅与东部地区差距不大。目前，东部地区供水管道长度仍大幅超过中、西部地区总和，东、中、西部地区供水管道长度比例分别为 59%、23%和 18%，比例相比 2017 年没有明显变化。总体而言，我国城市供水行业建设区域间发展不平衡现象仍较为明显。人均供水量方面，如图 2-19 所示，东部地区 2018 年人均供水量达到了 132.08 万立方米/人，相比上一年下降 1.78%，连续两年有所下滑；中部地区为 110.12 万立方米/人，相比 2017 年下降 2.53%，西部地区为 112.08 万立方米/人，相比 2017 年下降 1.35%。由于供水管道建设的大幅提升，中部地区人均供水量也是 2018 年唯一实现环比增长的区域。但总体上，东、中、西部地区人均供水能力相比上一年度无明显变化。由于行业建设能力的差异，我国中、西部地区供水能力与东部地区相比还存在一定的差距。

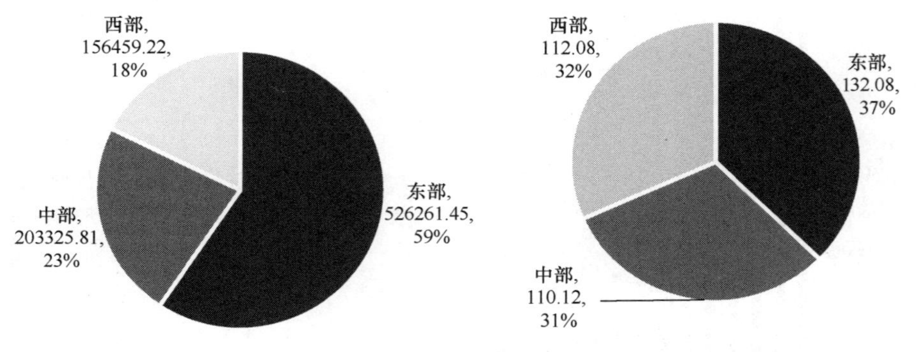

图 2-18　2018 年东中西部地区供水管道长度（单位：公里）

图 2-19　2018 年东中西部地区人均供水总量（单位：万立方米/人）

数据来源：《中国城市建设统计年鉴》（2018），中国统计出版社，2019.

第二节　供水行业生产与供应

随着供水行业市场化进程的推进，民营资本更多地参与到行业的投资建设当中，进一步为我国城市供水行业的生产供应提供保障。但由于我国城市供水行业民营化和市场化改革起步相对较晚而且改革推进并不理想，目前供水企业的发展和经营仍存在诸多问题。目前，我国城市供水行业虽然企业数量众多，但企业规模普遍较小、行业集中度不高，行业整体经济效益和生产供给水平也仍不够理想。

一、供水企业生产的基本情况

供水企业的生产经营水平直接决定了城市供水行业的生产和供应能力。近年来，随着行业投资和建设水平的提升，我国城市供水行业的产能也持续增长，但业内企业生产经营水平仍存在一定的提升空间。本节将主要从企业数量情况、企业资产、企业盈利与亏损情况等方面对我国当前供水企业的基本生产情况进行分析。

（一）供水企业数量

城市供水行业企业数量变化与市场化改革历程相一致，2003 年是中国城市供水行业市场化元年，2004 年城市供水企业数量超过 2000 家，2005 年为 2492 家，2006 年后通过并购重组等方式使得供水企业数量有所降低。2011 年供水企业数量降低到 1110 家。“十二五”以来，供水企业数量开始了新一轮增长，截至到 2018 年达到了 1934 家。

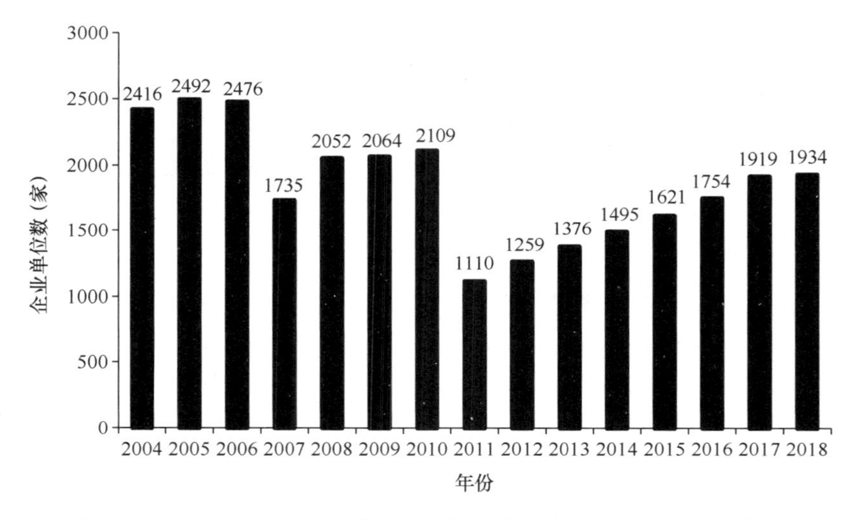

图 2-20　2004～2018 年水的生产和供应业规模以上工业企业单位数

数据来源：《中国统计年鉴》（2005～2019），中国统计出版社.

（二）供水企业资产总量

随着我国城市供水行业的发展和供水企业数量的增长，城市供水企业的资产总量也在不断攀升。如表 2-1 和图 2-21 所示，2004 年全国从事水生产和供应的规模及以上企业总资产为 2495.96 亿元，到 2018 年已增至 14168.6 亿元，14 年间共计增长 4.68 倍，年平均增长 33.4%。此外，表 2-1 还分别通过企业流动资产、负债以及资产负债率等指标反映了十余年来供水企业的发展情况。2005 年水生产和供应行业中规模及以上企业流动资产为 692.5 亿元，到 2018 年增长到 4431.5 亿元，合计增长 5.34 倍，年平均增长率 41.53%，供水企业流动资产增长率高于总资产增长率。2004 年我国城市供水企业总负债为 1128.78 亿元，到 2018 年增至 8037.0 亿元。以上指标均反映出我国城市供水企业总体规模的不断扩大。此外，2004～2018 年我国城市水生产和供应规模及以上企业资产负债率一直维持在一个相对稳定的水平，如图 2-21 所示。2004 年我国城市供水行业规模及以上企业资产负债率为45.22%，2018年为56.72%，资产负债率在大部分年度中呈上下波动趋势，但总体较为稳定。通过以上分析可以看出，自2004年以来我国供水行业实现稳步发展，资产总额不断增加，资产负债结构合理。

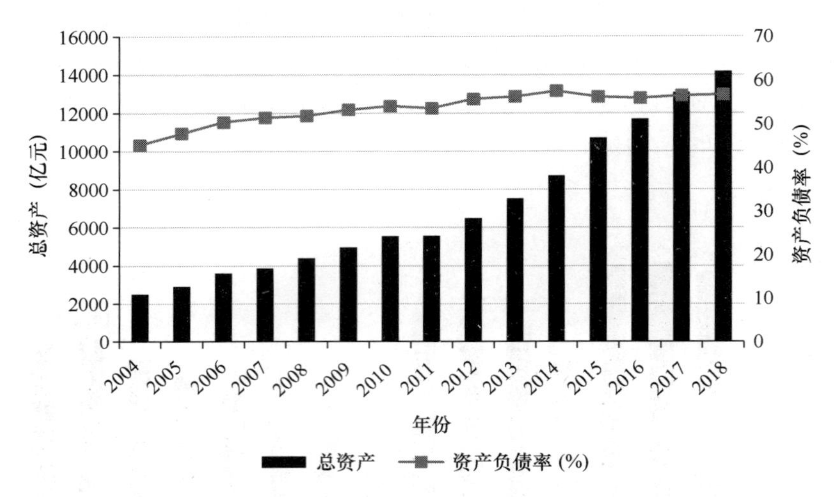

图 2-21　2004～2018年我国规模及以上城市供水企业总资产和资产负债率

数据来源：《中国统计年鉴》(2005～2019)，中国统计出版社.

2004～2018年规模及以上城市供水企业资产总量情况　　表 2-1

年份	总资产（亿元）	流动资产总额（亿元）	总负债（亿元）	资产负债率（%）
2004	2495.96	—	1128.78	45.22
2005	2896.75	692.5	1385.71	47.84
2006	3596.52	859.69	1814.95	50.46
2007	3849.09	958.8	1980.70	51.46
2008	4394.16	1006.59	2279.61	51.88
2009	4962.00	1171.23	2644.04	53.29
2010	5539.15	1348.86	2998.25	54.13
2011	5558.20	1371.3	2982.10	53.65
2012	6484.49	1819.04	3615.80	55.76
2013	7520.36	2250.6	4232.24	56.28
2014	8717.14	2717.86	5018.65	57.57
2015	10691.94	3333.77	6013.36	56.24
2016	11674.71	3538.24	6531.09	55.94
2017	13083.22	3910.00	7390.26	56.49
2018	14168.6	4431.5	8037.0	56.72

（三）各省供水企业资产情况分析

本部分接下来将进一步从区域差异角度分析我国城市供水企业的资产情况。如图2-22所示，2018年我国供水企业固定资产原值排名前三的省份仍为是广东、浙江和江苏，分别为624.13亿元、512.02亿元和462.70亿元，均超过400亿元，广东和江苏供水企业固定资产原值分别相较2017年增加10.27%和49.72%，广东和江苏作为我国东部经济发达省份、城市供水大省，供水企业资产的基数和增幅均领先全国，浙江省供水企业固定资产原值略有下降，较上一年降低0.52%。供水企业固定资产原值排名后三位的省份分别是海南、贵州和内蒙古，分别为45.81亿元、45.11亿元和22.18亿元，均不足50亿元，其中重庆供水企业固定资产原值相较2017年有大幅下滑，下降49.11%。此外，由图2-22也可以看出，全国各省供水企业固定资产净值差异也较为明显，企业固定资产净值排名前三位的省份仍为广东、江苏和浙江，分别为293.14亿元、287.85亿元和258.61亿元，以上三省也是全国各省中仅有的供水企业固定资产净值超过200亿元的省份。各省中最低的是海南、重庆和内蒙古，供水企业固定资产净值分别为29.93亿元、29.75亿元和13.14亿元，均不足30亿元。全国不同地区各省份之间供水企业的固定资产情况存在明显差异，东部地区因经济发达供水企业经营规模较大，中西部地区城市供水企业资产规模则相对较小。

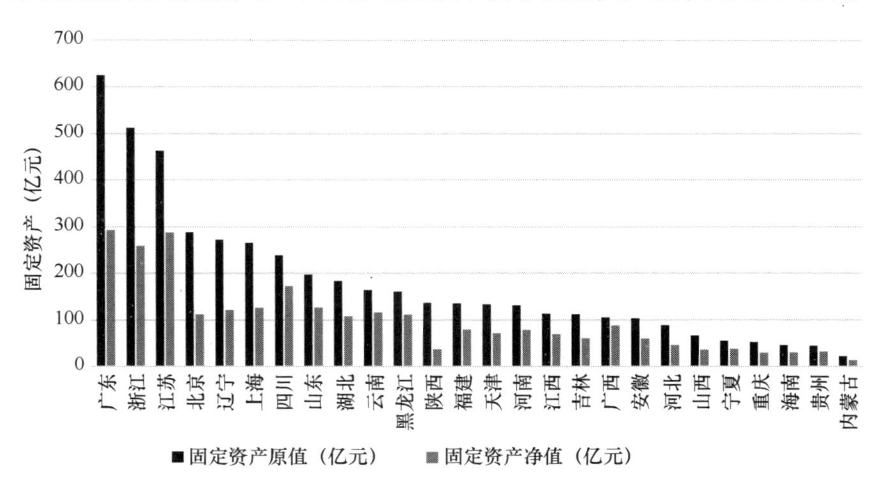

图2-22 2018年全国各省供水企业资产情况

数据来源：《城市供水统计年鉴》（2019），中国城市供水排水协会.

注：湖南、西藏、甘肃、青海、新疆5省数据缺失，因此不在本表的统计范围之内。

（四）各省供水企业销售收入情况分析

图 2-23 对全国各省供水企业年销售收入情况进行了对比。2018 年我国供水企业共实现销售收入 1132.9 亿元，相比上一年增长 21.52%，增幅远超过 2017 年的 6.49%。但各省份供水企业销售收入仍呈现出明显的区域差异。与固定资产情况相类似的，供水企业销售收入排名前三位的是广东、浙江和江苏，供水企业销售收入分别为 173.93 亿元、116.21 亿元和 73.91 亿元，相比上一年分别增加 19.06%、4.73% 和 7.82%。排名后三位的为海南、贵州和宁夏，分别为 13.12 亿元、10.53 亿元和 6.90 亿元，宁夏也是全国唯一供水企业销售收入不足 10 亿元的省区，贵州供水企业销售收入相比 2017 年有大幅下滑，下降 65.70%。

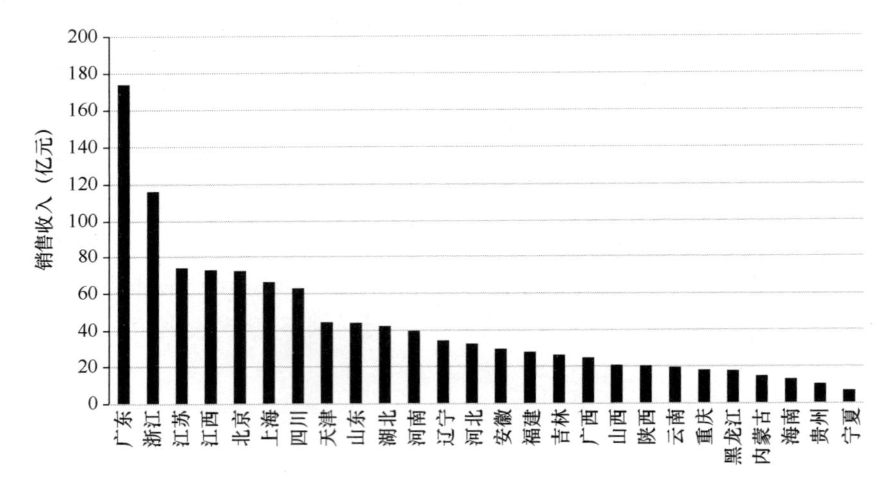

图 2-23　2018 年全国各省（区、市）供水企业的销售收入情况

数据来源：《城市供水统计年鉴》(2019)，中国城市供水排水协会．

注：湖南、西藏、甘肃、青海、新疆 5 省数据缺失，因此不在本表的统计范围之内。

（五）各省供水企业利润情况分析

图 2-24 显示了 2018 年我国各省供水企业利润总额与净利润情况，以此来反映供水企业的盈利能力。2018 年全国供水企业利润总额为 664667.35 万元，相比 2017 年增长 27.11%，净利润为 472869.01 万元，相比 2017 年增长 37.01%。其中 11 个省份供水企业利润总额为负，净利润额为负的省份数量为 11 个。盈利能力排名前三的省份是广东、四川和江苏，利润总额均超过 10 亿元。各省中，陕西、辽宁、河南、吉林、河北、山西、湖北、山东连续两年亏损，云南和内蒙古由上一年的盈利转为亏损，结合图 2-22 可以发现东北三省 2018 年均有大量固

定资产投入，但只有黑龙江供水企业在当年实现了扭亏为盈。由于城市以保障居民用水为基本目的，本身具有一定的社会公益属性，供水企业自身普遍盈利能力不足，较为依赖政府补贴，因此不同省份的供水企业在盈利能力上呈现出了更为明显的差异，经济发达的省份供水企业尚具有一定盈利能力，而一些经济相对落后省份的供水企业则对地方政府补贴的依赖程度较高。

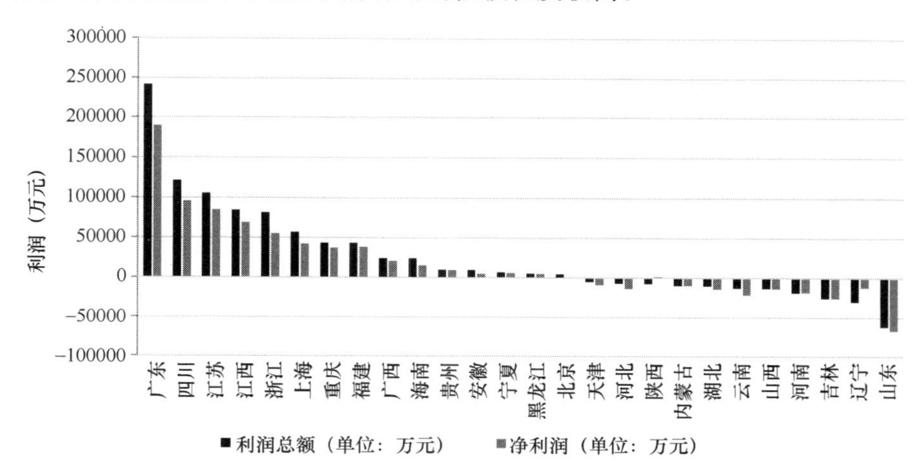

图 2-24　2018 年全国各省（区、市）供水企业利润情况

数据来源：《城市供水统计年鉴》(2019)，中国城市供水排水协会.

注：湖南、西藏、甘肃、青海、新疆 5 省数据缺失，因此不在本表的统计范围之内。

图 2-25 则显示了全国各省 2018 年利润总额相比 2017 年的变化情况。由图 2-25 可以看出，各省中，广东、浙江、江苏、四川四省不仅利润总额领先于全

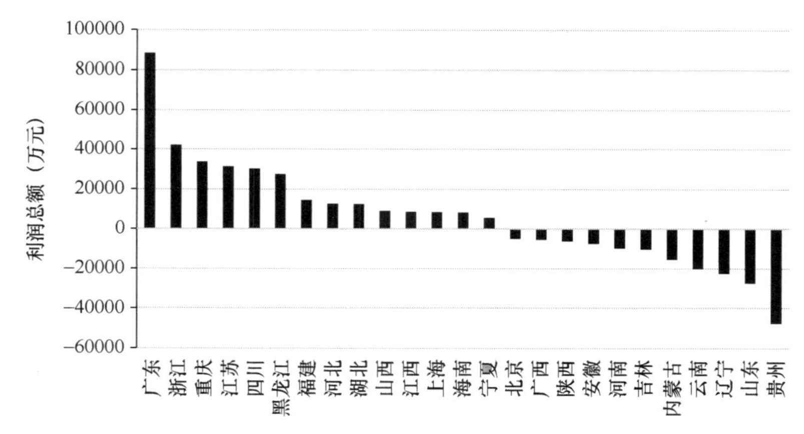

图 2-25　2018 年全国各省（区、市）供水企业利润总额相比上年差额

数据来源：《城市供水统计年鉴》(2019)，中国城市供水排水协会.

注：湖南、西藏、甘肃、青海、新疆 5 省数据缺失，因此不在本表的统计范围之内。

国水平，2018 年利润总额增幅也位居全国前列，充分说明了这些省份供水企业具有较强的盈利能力。此外，重庆和黑龙江两地 2018 年供水企业利润总额相较上一年也均有较大增幅。2018 年供水企业利润总额相较上一年下降的省市包括北京、广西、陕西、安徽、河南、吉林、内蒙古、云南、辽宁、山东和贵州，其中陕西、辽宁、河南、吉林、山东五省 2017 年即为亏损状态，供水企业盈利存在一定的困难。

（六）各省供水企业工资情况

本部分从工资总额、从业人员数量和人均工资三个方面对全国各省供水企业的工资水平进行区域间比较。如表 2-2 所示，2018 年全国供水企业的工资总额为 196.54 亿元，比上一年增长 18.41%；全国供水企业从业人数为 27.21 万人，上一年为 25.39 万人，比上一年增长 7.17%；人均工资为 7.22 万元，比上一年增长 10.40%。相比 2017 年全国供水企业的整体裁员和工资下调，2018 年全国供水企业在工资总额、从业人员数量以及员工平均工资三方面均实现了增长。从各省份来看，我国供水行业从业人数最多的省份仍然是广东、黑龙江和河南，从业人员均超过两万人，从业人数最少的省区市是贵州、重庆和宁夏。供水行业人均工资最高的省区市是重庆、上海、山东、江苏和天津，平均工资均超过 10 万元，人均工资最低的省区市是山西、北京和黑龙江。黑龙江仍存在着从业人数较多且人均工资较低的问题。目前我国城市供水行业从业人员的数量配置仍不够合理，存在一些省份和地区城市人口数量相对稀少，但供水行业从业人员数量远高于平均水平，直接导致行业从业人员工资收入水平较低，提升供水行业的劳动生产率应是解决该问题的主要思路。

2018 年全国各省供水企业工资及从业人员情况 **表 2-2**

省区市	工资总额（万元）	从业人员总数（人）	平均工资（万元）
全国	1965386.54	272050	7.22
北京	39042.99	10587	3.69
天津	50146.06	5003	10.02
河北	77181.14	13146	5.87
山西	44183.50	11588	3.81
内蒙古	42440.10	7412	5.73
辽宁	100530.67	15864	6.34
吉林	79811.65	11070	7.21
黑龙江	64204.59	20933	3.07
上海	65897.00	3990	16.52

续表

省区市	工资总额（万元）	从业人员总数（人）	平均工资（万元）
江苏	127971.92	11670	10.97
浙江	153406.12	16456	9.32
安徽	38616.07	5061	7.63
福建	39250.96	5351	7.34
江西	63142.33	9739	6.48
山东	178707.14	14638	12.21
河南	106271.00	20533	5.18
湖北	108836.93	14651	7.43
广东	287063.74	31198	9.20
广西	45630.19	8072	5.65
海南	21669.72	3988	5.43
重庆	22193.83	954	23.26
四川	95791.23	11398	8.40
贵州	23206.62	2806	8.27
陕西	64272.54	7490	8.58
宁夏	17912.70	2039	8.79

数据来源：中国城市供水排水协会，《城市供水统计年鉴》，2019.

注：云南、湖南、西藏、甘肃、青海、新疆6省数据缺失，因此不在本表的统计范围之内。

二、供水企业供应的基本情况

改革开放四十年来，我国城市供水企业不断发展，生产供应能力也稳步提升，但仍存在着区域间供水量和供水能力差异大，管网漏损严重等问题。本部分首先分析我国城市供水量四十年来的总体发展情况和省域间供水生产能力差异，进而对供水量的基本构成、使用情况及供水漏损量和供水普及率等指标进行分析。

（一）供水量总体情况

本节以城市供水综合生产能力和供水总量来反映供水企业的供给情况。如图2-26所示，改革开放以来，我国无论是供水综合生产能力还是供水总量均呈现不断攀升趋势，1978年供水综合生产能力为2530.4万立方米/日，1986年实现大幅跨越，突破10000万立方米/日，到1997年超过20000万立方米/日，到2018年已增至31211.84立方米/日，增长11.33倍。供水总量方面，1978年供水量为 787507 立方米，到 2018 年增长到了 6146244.14 立方米，总体增加了约 6.8 倍。城市供水综合生产能力与供水总量增长趋势基本保持一致。

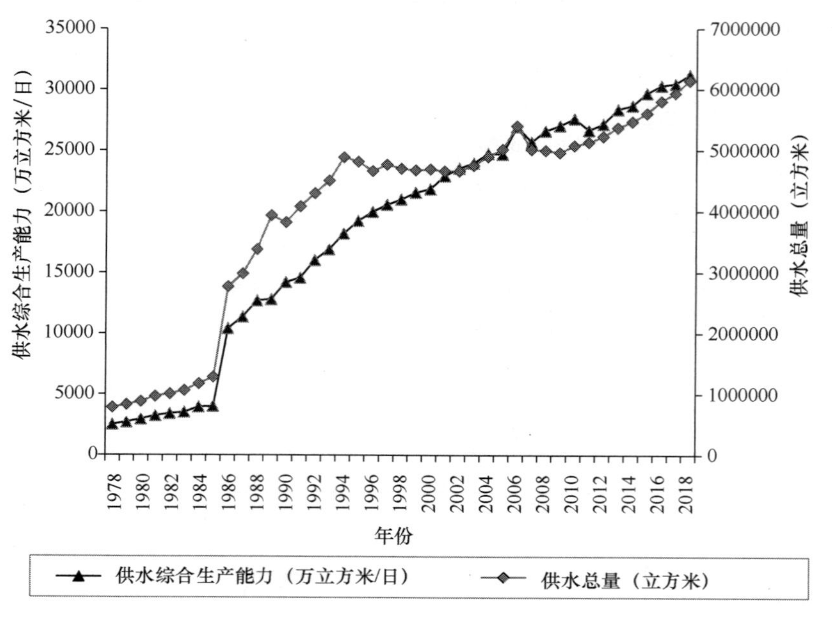

图 2-26　1978～2018 年中国城市供水行业供水量情况

数据来源：《中国城市建设统计年鉴》(2018)，中国统计出版社，2019.

图 2-26 反映了我国供水企业供给量的绝对增速，但城市供水供给量的增长是否能够满足经济发展和城市化需要是我们关心的另一重要问题。下面进一步将我国供水总量增长率与 GDP 增长率和城市化增长率进行了对比，如图 2-27 所示，从变化趋势上来看，由于城市供水量的增长客观上是为了适应经济发展与城市用水的需求，改革开放以来我国城市供水总量增长率与 GDP 增长率及城市化率增长率的波动趋势基本保持一致。1978～1994 年供水总量增速较快且波动幅度较大，平均每年增长率为 7.36%，于 1994 年达到峰值 8.7%。在此期间供水总量增长率略高于城市化率增长率，但低于 GDP 增长速率，说明此阶段中城市供水量相对充足，能够满足城市化需求。1994 年以后，供水总量增长率波动幅度整体放缓，甚至在 2008 年出现大幅下滑，且开始出现供水总量增长率长期低于城市化率增长率的情况。2016 年以后，城市供水量增长率出现回升，连续三年超过城市化率增长率，一方面是由于近几年来我国城市化进程开始放缓，另一方面也反映出城市供水总量开始呈现增长提速趋势。由图 2-27 可以看出，与经济发展及城市化进程相比，我国供水行业仍存在着明显的供给缺口，其增长速率远远落后于经济发展增长速度，在大部分年度中也落后于城市化速度，目前城市

用水供给仍存在着进一步提升空间。

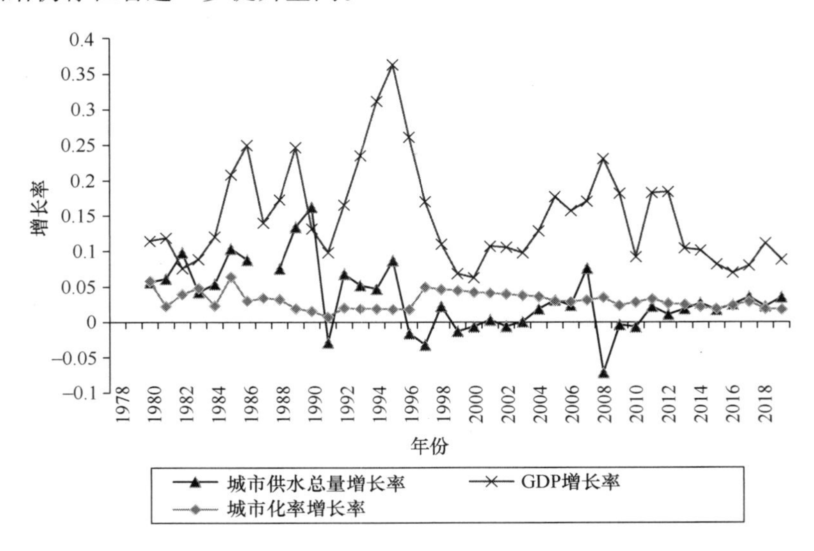

图 2-27　1978～2018 年城市供水总量、国内生产总值、城市化率增长速度对比

数据来源：《中国城市建设统计年鉴》、《中国统计年鉴》(2018)，中国统计出版社，2019.

注：由于 1986 年城市供水总量增长率变化程度较大，为合理维持图形比例，本文将该年数据去除。

改革开放四十年来，伴随着我国经济飞速发展，城市化水平不断提升，激增的城市人口对于城市用水需求也节节攀升。本节通过图 2-28 来考察不断提升的

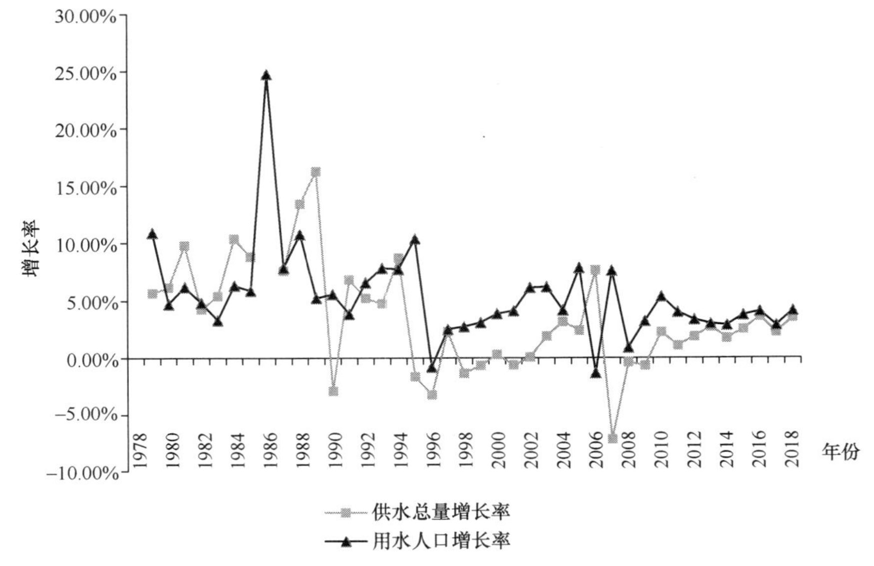

图 2-28　1978～2018 年我国用水人口增长率及供水总量增长率

数据来源：《中国城市建设统计年鉴》(2018)，中国统计出版社，2019.

城市供水总量是否能够有效满足城市人口增长带来的城市用水需求。由图 2-28 可以看出，改革开放以来，我国城市供水总量增长率基本与城市用水人口增长率保持相对一致的波动趋势。这是由于我国城市供水行业建设基本上是按照城市人口和用水需求的增长进行动态调节，并通过对未来城市人口增长趋势进行提前部署，因而在 20 世纪 80～90 年代，我国城市供水总量的增长率一直是领先于同年度城市人口增长率的。但自 1995 年开始，我国城市供水量开始多次出现负增长，1995 年当年开始出现城市供水量倒退 1.61%，城市人口增长 10.37%的情况，此后我国城市供水量增速基本一直落后于城市用水人口增速，城市供水行业建设开始无法完全满足越来越快的城市化需求，城市用水呈现出明显的供给不足。以上数据说明，尽管近年来我国也在不断加大对城市供水行业的投资力度，但城市供水行业投资渠道有限，投资仍显不足，与之相对的是城市化进程的快速推进和人口的快速增长，因而造成了城市用水的供给缺口。

（二）供水量的省际空间差异

我国城市供水企业供水量也存在着明显的空间区域差异。如图 2-29 所示，2018 年，我国供水量最多的省份仍为广东省，供水量为 938248.32 万立方米，位列前三的省份另外还有江苏和山东，供水总量分别为 560242.05 万立方米和 394787.92 万立方米。排名前五的省市还包括浙江省和上海市，全部为东部省份。供水量排名后五的省区分别为甘肃、海南、宁夏、青海和西藏，其中除海南外全部为西部地区省份。我国供水总量也呈现出明显的区域差异，供水量较大的省份多集中于东部沿海，东部地区与西部地区供水总量差异巨大，区域间供水量

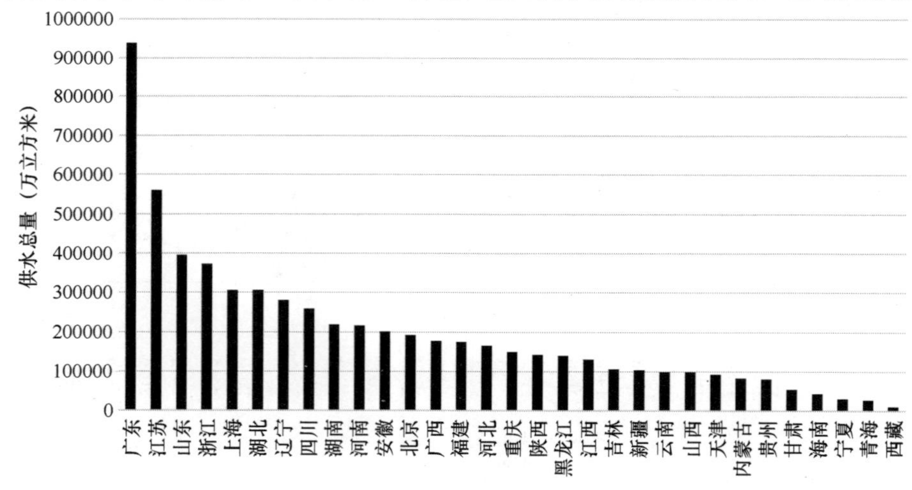

图 2-29　2018 年中国省际城市供水量变化情况

数据来源：《中国城市建设统计年鉴》（2018），中国统计出版社，2019.

仍存在严重不平衡的问题。

图 2-30 进一步展示了 2018 年我国各省份供水总量与 2017 年的对比情况。由图中可以看出，广东省作为供水量最大的省份，2018 年相比上一年度供水量增长幅度也位居第一。此外江苏、浙江、山东等供水量位居前列省份 2018 年供水量也均有较大增幅。所有省份中共有 9 个省市供水量出现回落，其中包括五个西部地区省份、1 个中部地区省份和 3 个东部地区省市。总体而言，从 2018 年各省供水总量变化情况来看，区域间供水量差异并没有缩小的趋势。

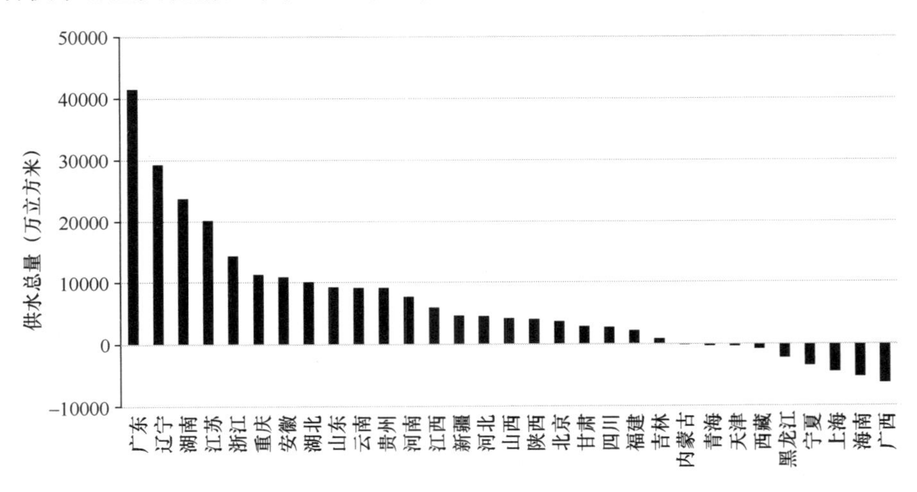

图 2-30　2018 年各省（区、市）供水总量相较上年变化

数据来源：《中国城市建设统计年鉴》（2018），中国统计出版社，2019.

（三）供水量基本构成及使用情况

本部分中将进一步从供水量构成角度对我国城市供水企业供给情况进行剖析。城市供水主要由公共供水和自建供水构成，不同供水方式的综合生产能力及供水总量存在着一定的差异。如图 2-31 所示，2018 年我国城市公共供水的综合生产能力为 24852.34 万立方米/日，相比上一年下降 199.09 万立方米/日；2018 年公共供水的供水总量为 5594138.64 万立方米，相比上一年增长 254908.13 万立方米。总体而言，城市公共供水的综合生产能力略有下降，供水量有所提升。而自建供水方面，2018 年供水综合生产能力为 6359.5 万立方米/日，比上一年增长 935.93 万立方米/日；供水总量为 368179.11 万立方米，比上一年下降 230181.36 万立方米。城市自建供水的供水综合生产能力明显提升，供水量却有较大幅度下降。从供水综合生产能力角度衡量，2018 年公共供水的比例有所下降，从供水总量的角度衡量，2018 年相比 2017 年，公共供水的比例却有所上升，但无论采用何种指标衡量，目前我国城市供水仍以公共供水为主。

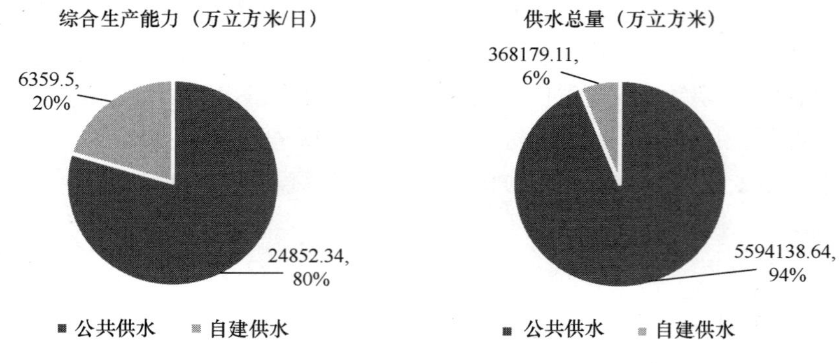

图 2-31　2018 年城市公共供水与自建设施供水

数据来源：《中国城市建设统计年鉴》（2018），中国统计出版社，2019.

按照城市供水的用途划分，城市供水可以分为生活用水和生产用水。本书中采用供水总量减去生产用水的方式来计算生活用水，因此生活用水包含了居民家庭用水和公共服务用水等用途。如图 2-32 所示，改革开放以来，我国城市生活用水量一直呈现持续增长趋势，仅在 2006 年出现了短暂回落，1978～2018 年间用水总量由 275854 万立方米增加到了 3288616 万立方米，总体增长 10.92 倍。相比生活用水，生产用水的变化趋势更为复杂，1978～1985 年，生产用水基本

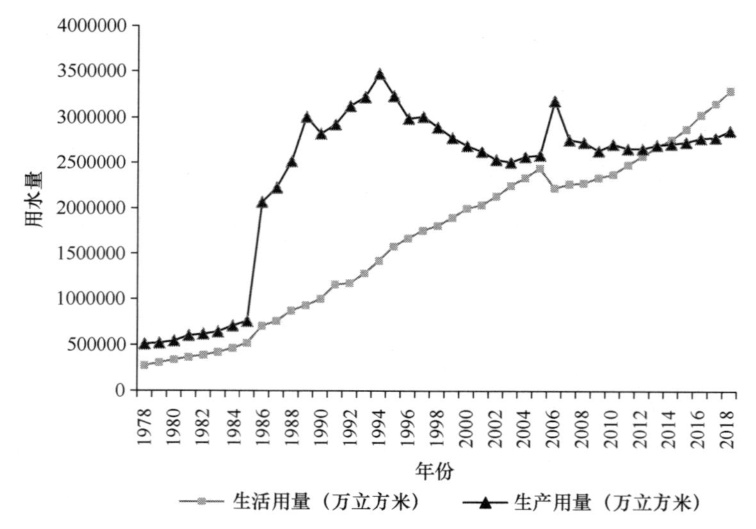

图 2-32　历年城市供水中的生活用量与生产运营用水量的变化情况

数据来源：《中国城市建设统计年鉴》（2018），中国统计出版社，2019.

说明：生活用水量约等于公共服务用水量和居民家庭用水量之和。

保持匀速增长，总体增长了 48.68%。在 1986 年，城市生产用水实现飞速跨越。此后到 1994 年，生产用水量开始逐年下滑，直到 2006 年再次回升至 3000000 万立方米以上。

（四）供水的普及情况

图 2-33 从需求端角度对我国城市供水企业的供给情况进行了展示。尽管用水普及率总体上有所提升，但我国供水行业人均日生活用水量与用水普及率在一些年份中呈现出相反的变化趋势。1978～2018 年，我国人均日生活用水量变化呈先上升后下降的倒“U”形曲线，而用水普及率变化则呈现出先降后升的“U”形曲线，二者在许多年份中呈反向变化趋势。1978～1985 年为我国供水普及率的下降阶段，由 81.6%下降到了 45.1%，但在此阶段中人均用水量则从 120.6 升提升至 151 升。1985 年后，我国用水普及率虽有回升但一直维持在一个较低的水平。2000 年以后，用水普及率开始显著上升，提升至 70%以上，而人均用水量则从 220.2 升的峰值开始逐年下降。到 2018 年，我国用水普及率已达到 98.35%，人均用水量下降至 179.7 升。用水普及率的提升反映了我国城市供水事业的发展成效，而人均用水量的下降则与 2000 年以后节水政策的推行和城市居民节水意识的提升密不可分。

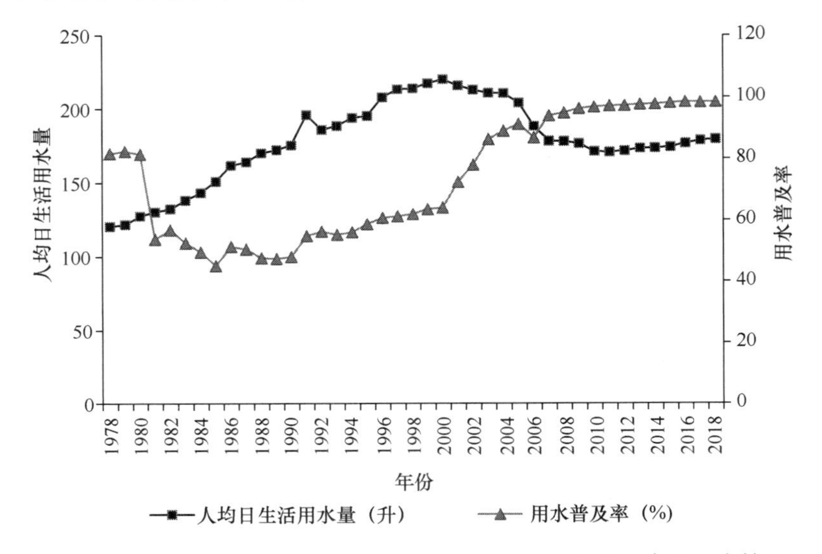

图 2-33 历年城市供水中的人均日生活用水量与用水普及率的基本情况

数据来源：《中国城市建设统计年鉴》（2018），中国统计出版社，2019.

第三节　供水行业发展成效

随着我国城市供水行业民营化和市场化改革的推进，城市供水行业的投资力度和建设规模不断加大、生产供应能力不断增强。本节试图从投入产出回报、生产效率的角度出发，结合劳动生产率、资产产出比、人均供水能力、单位能耗和管网漏损等指标，通过时间和空间维度的对比，对我国城市供水行业的发展成效进行综合评价。

一、劳动生产率

本节中将城市供水企业的供水综合生产能力与从业人员数量之比，即单位从业人员供水量，作为衡量供水企业劳动生产率的指标，分别从时间和空间角度对我国城市供水行业劳动生产率进行分析。图 2-34 展示了 2009～2018 年我国城市供水行业劳动生产率的时序变化，2009 年我国劳动生产率为 517.41 立方

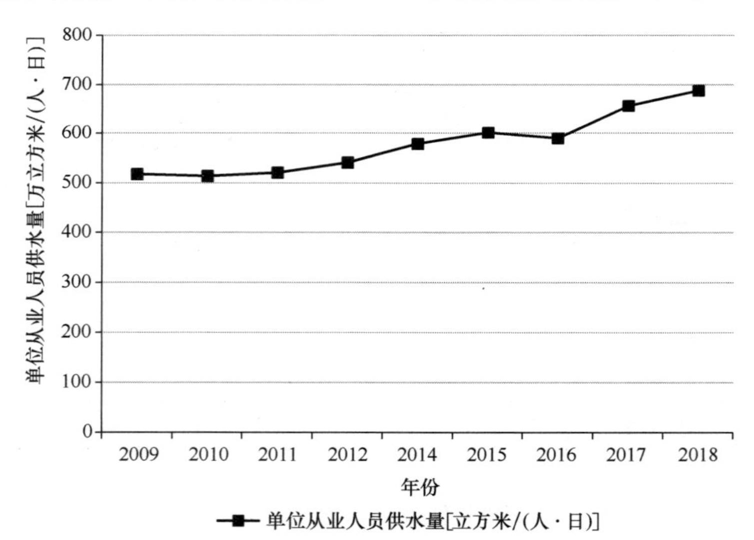

图 2-34　2009～2018 年我国单位从业人员供水量

数据来源：浙江财经大学中国政府管制研究院数据库、《城市供水统计年鉴》（2009～2019），中国城市供水排水协会.

注：2013 年单位人员供水量数据缺失。

米/(日·人)，此后三年内劳动力生产率增速缓慢。2011年以后供水行业生产的规模效应逐渐开始显露，行业劳动生产率开始显著提升，到2018年劳动生产率已上涨到687.82立方米/(日·人)，2011～2017年供水行业劳动生产率总体上涨了27.28%，仅在2016年适当回落。总体而言，2009～2018年，我国城市供水行业劳动生产率稳步提升。

下面进一步通过对比我国2018年各省份城市供水行业单位从业人员供水量，来分析供水企业劳动生产率的空间差异。如图2-35所示，我国共有六省市城市供水行业单位从业人员供水量超过1000立方米/(日·人)，分别为重庆、上海、四川、江苏、福建和浙江，其中重庆单位从业人员供水量为3008.39立方米/(日·人)，由于供水综合生产能力大幅提升加之从业人员减员，重庆单位从业人员供水量跃居第一，而上海为2142.86立方米/(日·人)，重庆与上海市单位从业人员供水量均超过2000立方米/(日·人)。我国2018年各省份平均单位从业人员供水量为817.88立方米/(日·人)，共有十省市单位从业人员供水量超过平均值。除重庆和四川外，2018年全国供水行业单位从业人员供水量较高省份基本为东部地区省份，大部分省份单位从业人员供水量仍集中于400～800立方米/(日·人)之间，且多为一些中西部地区省份。吉林、山西及黑龙江三省连续三年供水行业劳动生产率排名全国后三位，作为老工业基地或资源型省份，过去国有体制下供水行业存在一定冗员现象，加之这些地区普遍经济发展水平相对落后，也客观造成了生产效率不足的问题。

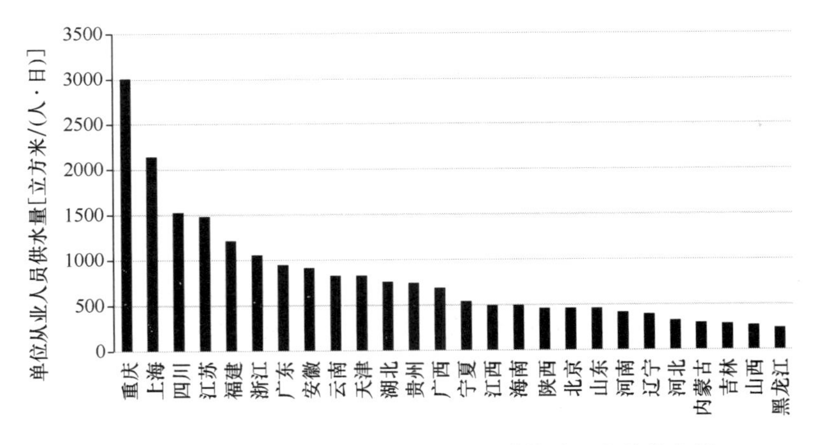

图2-35 2018年我国各省（区、市）单位从业人员供水量

数据来源：《城市供水统计年鉴》(2019)，中国城镇供水排水协会.

注：湖南、西藏、甘肃、青海、新疆数据缺失。

图2-36展示了2018年我国各省单位从业人员供水量相比2017年的变化情况，由图2-36可以看出，重庆市当年供水行业劳动生产率相较上一年大幅提升，

此外，四川、上海相较上一年也有明显改善。共有 12 个省市 2018 年单位从业人员供水量相比 2017 年有所下降，其中辽宁、广西和北京三地下降最多。从 2018 年全国各地供水行业单位从业人员供水量变化来看，区域间供水行业劳动生产率差异有进一步加大的趋势。

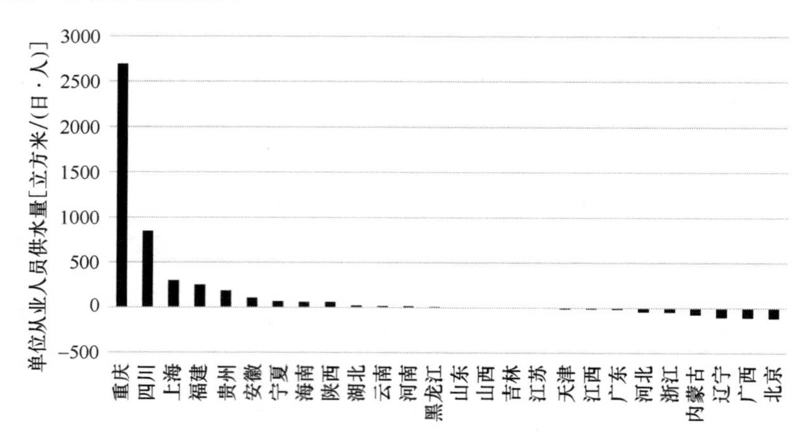

图 2-36　2018 年我国各省（区、市）单位从业人员供水量相比 2017 年变化

数据来源：《城市供水统计年鉴》(2019)，中国城镇供水排水协会.

注：湖南、西藏、甘肃、青海、新疆数据缺失。

二、资产产出比

本节中采用资本产出比作为反映供水行业生产效率的另一重要指标，将资本产出比定义为企业投入的每单位资本所获得的产出值，也即供水综合生产能力与固定资产原值的比值。近年来，我国供水行业资产产出比一直呈下降趋势，如图 2-37 所示，2009 年我国供水行业资产产出比为 6.63 立方米/(日・万元)，到 2016 年已下降到 3.98 立方米/(日・万元)，在 2017 年短暂回升后，2018 年再次降至 3.94 立方米/(日・万元)，九年间总体下降 59.47%。资本产出比下降直接反映的现象是尽管每年固定资产投入持续增加，供水综合生产能力却并没有相应的增幅，初始的固定资产投入逐步变为沉淀成本，无法直接转换为供水产能。

图 2-38 将 2017 年与 2018 年两个年度各省份供水行业的单位资产产出进行了对比，以进一步分析我国城市供水行业单位资本产出的空间差异。2017 年与 2018 两年中我国供水行业资产产出比排名第一的均为内蒙古，其 2018 年资本产出比为 9.97 立方米/(日・万元)，相比上一年增长 28.69%；排名第二的是四川（2017 年排名第二十位），为 7.27 立方米/(日・万元)；排名第三的是河南（2017 年排名第四位），为 6.43 立方米/(日・万元)。排名后三位的是辽宁、

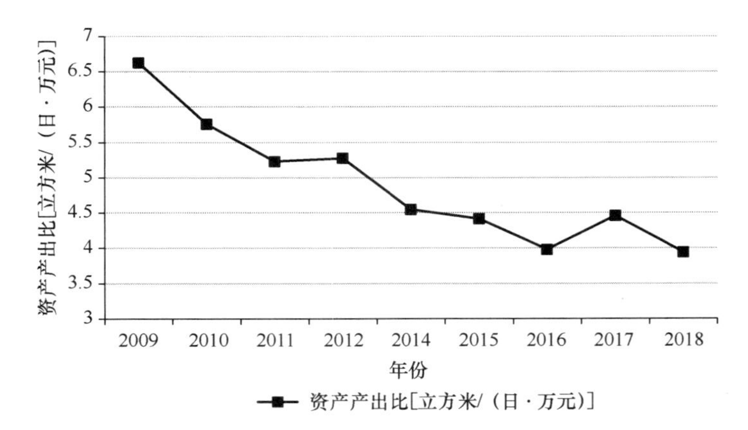

图 2-37 2009～2018 年我国供水行业资产产出比

数据来源：浙江财经大学中国政府管制研究院数据库、《城市供水统计年鉴》（2009～2019），中国城镇供水排水协会.

注：2013 年单位资产的供水量数据缺失。

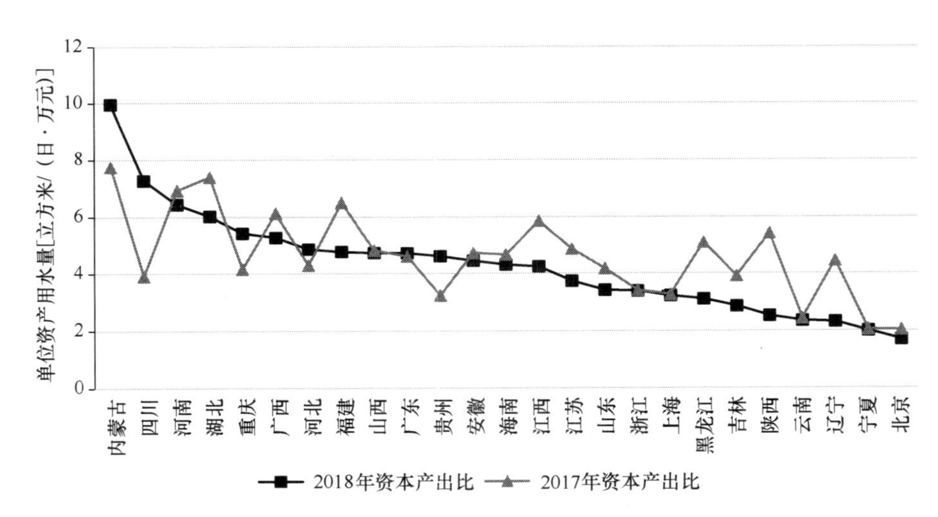

图 2-38 2017 年与 2018 年我国各省（区、市）供水行业的资产产出比

数据来源：《城市供水统计年鉴》（2018，2019），中国城镇供水排水协会.

注：天津、湖南、西藏、甘肃、青海、新疆数据缺失。

宁夏和北京，分别为 2.31 立方米/(日・万元)、1.99 立方米/（日・万元）及 1.69 立方米/(日・万元)，云南、辽宁和北京三省市连续两年供水企业单位资本产出位列后四位。2016 年我国各省供水行业平均资产产出比为 4.70 立方米（日・万元），2017 年平均资产产出比为 4.74 立方米（日・万元），2018 年则为 4.30 立方米（日・万元），总体来看，2018 年以单位资产产出衡量的供水行业发展成效相较前两年有所回落。

图 2-39 展示了 2018 年我国各省供水行业资本产出比相比 2017 年的变化情况。2018 仅有四川、内蒙古、贵州、重庆、河北、广东供水行业资产产出比相较上一年有所提升，其余各省相比 2017 年均有所下降。其中四川和内蒙古增幅最大，内蒙古已连续三个年度实现了资产产出比的明显增加。

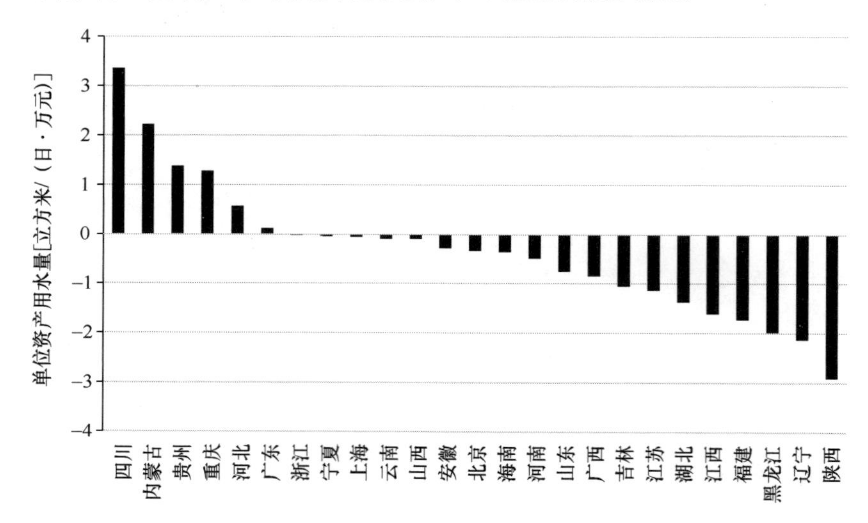

图 2-39　2018 年我国各省（区、市）资产产出比相比 2017 年差额

数据来源：《城市供水统计年鉴》(2018，2019)，中国城镇供水排水协会 .

注：天津、湖南、西藏、甘肃、青海、新疆数据缺失。

三、人均供水能力

本部分采用城市供水企业综合生产能力与城市用水人口数的比值来构建反映人均供水能力的指标。如图 2-40 所示，近十年以来我国人均供水能力出现了较大幅度的波动。2009 人均供水能力为 0.52 立方米/(日・人)，此后逐年下降，到 2012 年降至 0.48 立方米/(日・人)，总体下降了 7.69%。此后，人均供水能力在波动中缓慢回升，经过了 2018 年较大幅度的提升后，人均供水能力增至 0.51 立方米/(日・人)，已接近 2009 年水平。通过以单位城市用水人口对应的供水综合生产能力来衡量我国城市供水企业的相对供水能力可以发现，相对于城镇化速度和城市人口增长速度而言，我国城市供水行业的供水能力尚显不足。为了解决人均用水不足的问题，一方面应结合当前城市化水平进一步合理规划城市发展进程，与此同时相应进一步扩大供水行业建设的投资力度，提升供水企业生产效率和综合供水能力，并通过多种方式促进城市居民节约用水。

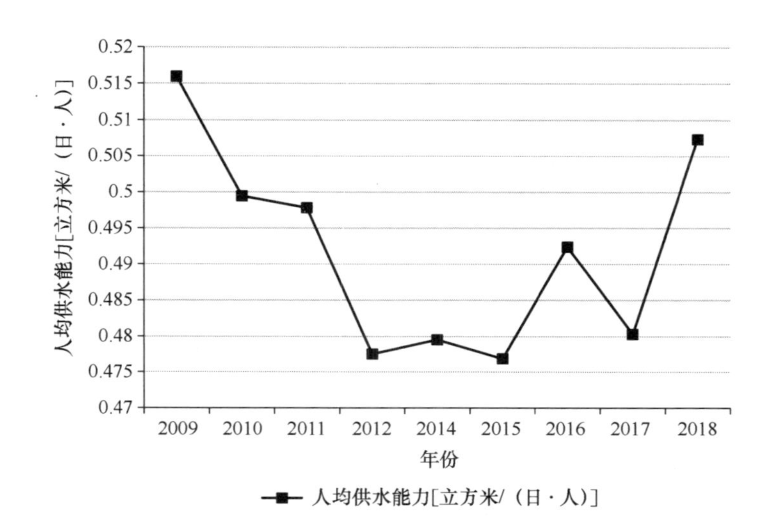

图 2-40 2009～2018 年我国人均供水能力

数据来源：浙江财经大学中国政府管制研究院数据库、《城市供水统计年鉴》（2009～2019），中国城镇供水排水协会.

注：2013 年单位资产的供水量数据缺失。

图 2-41 进一步同时对我国 2018 年省际区域间人均供水能力差异以及 2017 年、2018 年两年间人均供水能力的差异进行对比。如图 2-41 所示，2018 年我国人均供水能力排名前三位的分别是福建、四川和海南，分别为 0.78 立方米/（日・人）、0.76 立方米/（日・人）和 0.74 立方米/（日・人）。其中福建连续三年人均供水能力位列全国前三位，2016 年人均供水能力位列全国第二位，2017 年位列第三

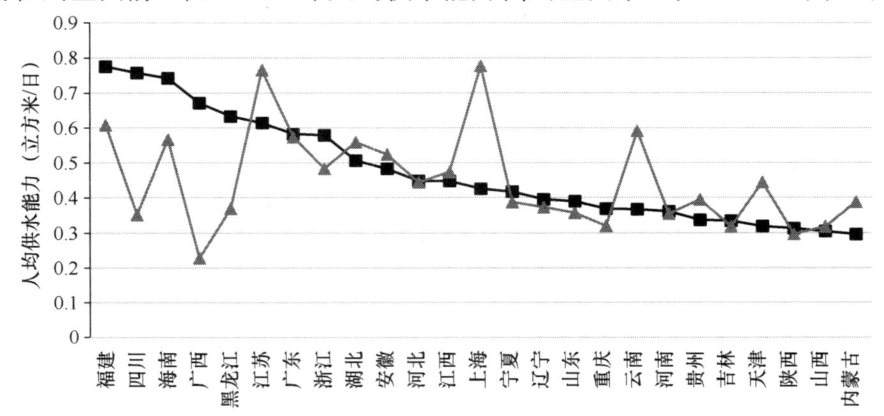

图 2-41 2017～2018 年我国各省份人均供水能力

数据来源：《城市供水统计年鉴》（2018、2019），中国城镇供水排水协会.

注：北京、湖南、西藏、甘肃、青海、新疆数据缺失。

位。2017 年人均供水能力排名后三的省区是陕西、山西和内蒙古，分别为 0.31 立方米/(日・人)、0.30 立方米/(日・人) 及 0.29 立方米/(日・人)。陕西连续两年人均供水能力位居后三位。

图 2-42 则报告了 2018 年我国各省人均供水能力相比 2017 年的差额。由该图可以看到，广西、四川和黑龙江三地人均供水能力相比 2017 年提升幅度最大，四川省凭借较大幅度的提升跻身 2018 年人均供水能力前三位。2018 年共有十个省市人均供水能力相较上一年有所回落，其中江苏、云南和上海三地跌幅最大。结合图 2-41 和图 2-42 可以发现，考虑了地域人口因素以后，我国各省区域间人均供水能力的差异相对缩小。

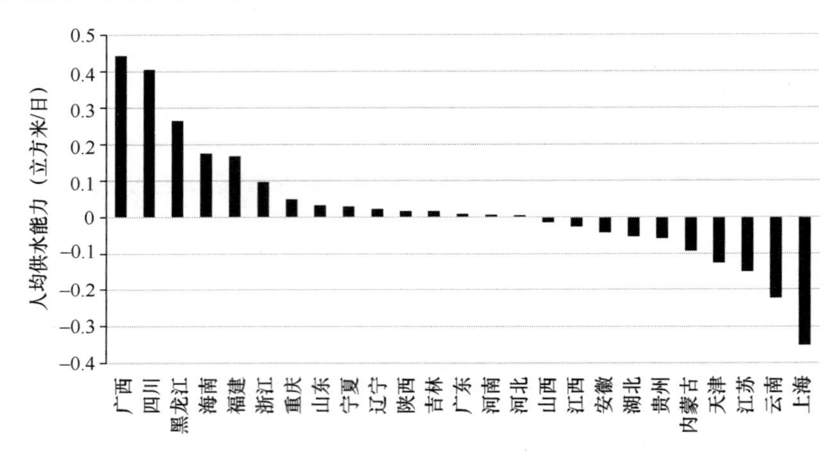

图 2-42　2018 年我国各省份人均供水能力相比 2017 年差额

数据来源：《城市供水统计年鉴》(2018、2019)，中国城镇供水排水协会.

注：北京、湖南、西藏、甘肃、青海、新疆数据缺失。

四、单位供水耗电量

电力是城市供水生产和供应的主要投入要素，本节以投入产出比来反映行业生产要素，因此本部分以单位供水耗电量作为衡量供水行业生产效率的指标，单位供水量的耗电越低，则说明供水行业生产效率越高。供水企业单位供水耗电量包括制水单位耗电量及送（配）水单位耗电量两部分。如图 2-43 所示，自 2009 年以来我国制水单位耗电量及送（配）水单位耗电量较为平稳，变化幅度不大。2009 年制水单位耗电量为 307.57 千瓦时/千立方米，2018 年为 300.04 千瓦时/千立方米，2009 年送（配）水单位耗电量为 339.94 千瓦时/千立方米，2018 年为 364.62 千瓦时/千立方米，尽管 2017 年以单位供水耗电量衡量的供水企业生产效率略有上升，但 2018 年又出现回落，十年间总体水平基本保持一致。尽管近年来我国供水行业设施建设不断推进、生产技术实现升级，但生产效率并未得到显著提高。

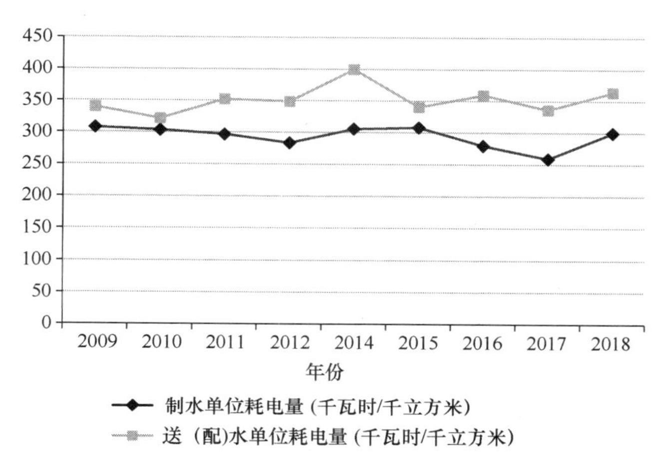

图 2-43　2009～2018 年我国制水单位耗电量及送（配）水单位耗电量

数据来源：《城市供水统计年鉴》(2009～2019)，中国城镇供水排水协会.

图 2-44、图 2-45 分别展示了 2018 年我国各省制水单位耗电量及送（配）水单位耗电量。由图可以看出，2018 年全国各省份中制水单位耗电量最高的是辽宁，为 935.97 千瓦时/千立方米，辽宁连续两年位居全国各省制水单位耗电量最高，且耗电量相比 2017 年又提升了 47%。排名第二的是重庆，单位耗电量为 757.25 千瓦时/千立方米；排名第三的是山西，单位耗电量为 582.34 千瓦时/千

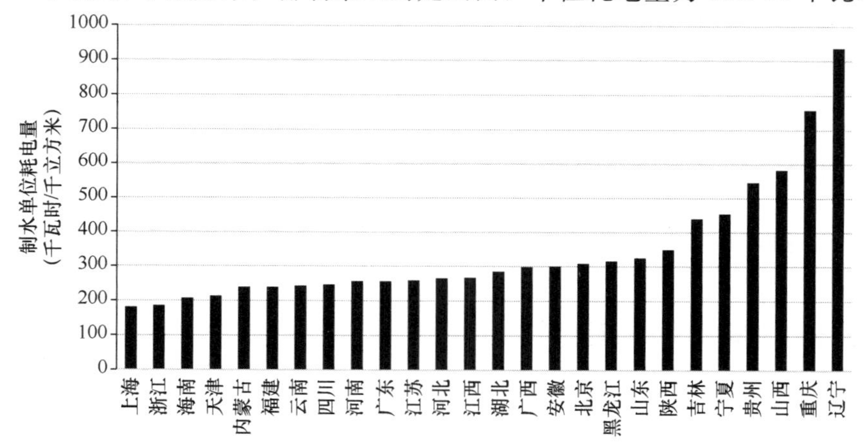

图 2-44　2018 年我国各省份制水单位耗电量

数据来源：《城市供水统计年鉴》(2019)，中国城镇供水排水协会.

注：湖南、西藏、甘肃、青海、新疆数据缺失。

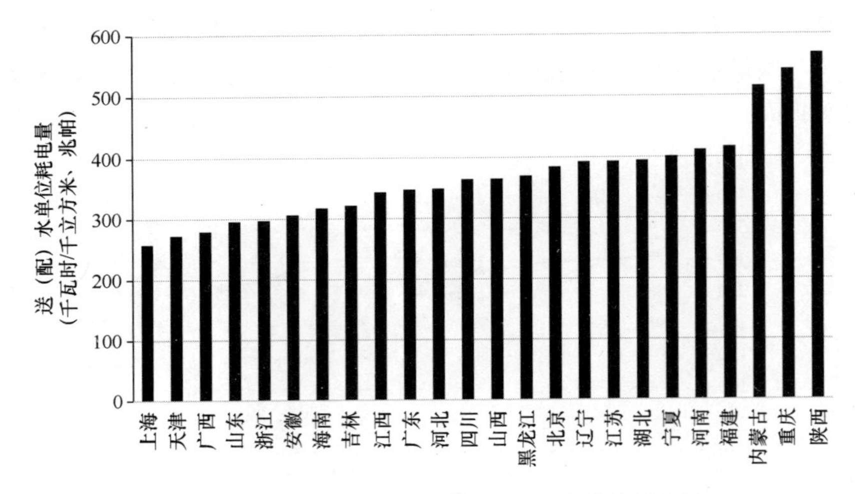

图 2-45　2018 年我国各省份送（配）水单位耗电量

数据来源：《城市供水统计年鉴》(2019)，中国城镇供水排水协会.

注：湖南、贵州、云南、西藏、甘肃、青海、新疆数据缺失。

立方米，上一年排在第二位，山西省连续三年制水单位耗电量位居全国前三。排名后三的省市是海南、浙江和上海，单位耗电量分别为 206.63 千瓦时/千立方米、184.84 千瓦时/千立方米和 180.95 千瓦时/千立方米。我国送（配）水单位耗电量最高的省区是陕西、重庆和内蒙古，分别为 568.43 千瓦时/千立方米、542.04 千瓦时/千立方米和 515.49 千瓦时/千立方米，均超过了 500 千瓦时/千立方米。其中内蒙古和重庆送（配）水单位耗电量均相较 2017 年大幅增加，内蒙古送（配）水单位耗电量相比上一年增加 73%，重庆送（配）水单位耗电量相比 2017 年增加 2.4 倍，送（配）水用电效率均明显下降。此外，贵州是 2017 年全国各省中送（配）水单位耗电量最高的省份，但本年度相关数据缺失。2018 年全国各省市中，送（配）水单位耗电量最低的省市是广西、天津和上海。总体而言，我国各省供水行业的生产效率也存在显著差距，东部地区用电效率明显高于东北和西部地区。

五、供水管网漏损

本节前四个部分通过劳动生产率、资产产出比、人均供水能力以及单位供水耗电来反映我国城市供水行业的生产效率，本部分则通过我国城市供水管网的漏损和漏失情况来反映城市供水的供给效率，进而综合展现城市供水行业的发展成效。近三年来全国供水管网漏损水量逐年下降，已由 2016 年的 614970.67 万立方米漏损水量下降至 2018 年的 568934.50 万立方米，三年来下降 7.49%。漏失水量方面，2016 年为 284718.01 万立方米，2017 年下降至 229060.43 万立方米，尽管 2018 年略回升至 253083.27 万立方米，总体仍下降 11.11%。

图 2-46 报告了 2018 年全国各省的供水管网漏损水量与漏失水量情况，以此来反映各省城市供水供给效率的区域差异。由图中可以看出，广东、江苏、浙江三省的漏损水量位居全国前三位，分别为 89972.09 万立方米、49418.36 万立方米和 47515.98 万立方米。山西、宁夏和贵州三地的漏损水量最低，分别为 7034.04 万立方米、4081.96 万立方米和 1700.08 万立方米。漏失水量方面，广东、黑龙江和湖北三地漏失水量最多，分别为 48307.2 万立方米、25907.52 万立方米和 25619.37 万立方米，贵州、宁夏和内蒙古三地漏失水量最少，分别为 1388.8 万立方米、1379.17 万立方米和 1257.57 万立方米。

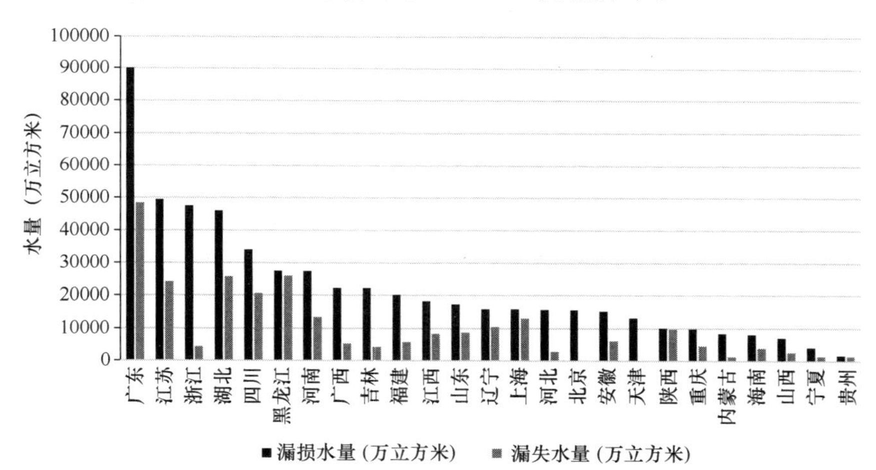

图 2-46　2018 年我国各省份供水管网漏损水量与漏失水量

数据来源：《城市供水统计年鉴》（2019），中国城镇供水排水协会．

注：湖南、云南、西藏、甘肃、青海、新疆漏损水量数据缺失；北京、天津、湖南、云南、西藏、甘肃、青海、新疆漏失水量数据缺失。

根据图 2-46 可以发现，一个区域的供水管网漏损水量与漏失水量与该省份的总体供水量直接相关，广东、江苏、浙江等地因供水量本身基数较大，供水管网漏损水量也相对较高。因此为了更准确判断该省份的供水效率，笔者采取了以下两种策略，一是比对该省份当年相比上一年度漏损水量和漏失水量是否有所减少，二是对比各省份之间的供水管网漏损率和漏失率。

图 2-47 和图 2-48 分别展示了 2018 年我国各省供水管网漏损水量和漏失水量相比上一年的变化情况。由图 2-47 可以看出，2018 年我国各省中，相比上一年漏损水量下降最多的省份为安徽省，共减少漏损水量 65907.56 万立方米，说明

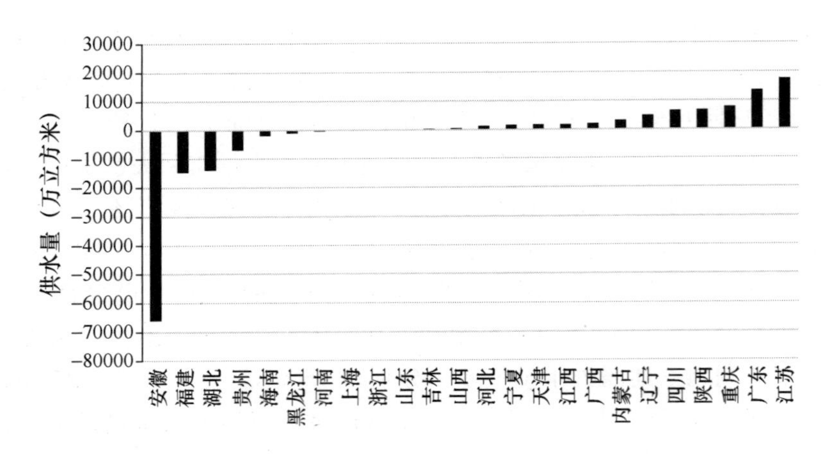

图 2-47　2018 年我国各省份供水管网漏损水量相比 2017 年变化

数据来源：《城市供水统计年鉴》(2019)，中国城镇供水排水协会.

注：湖南、云南、西藏、甘肃、青海、新疆漏损水量数据缺失；北京、天津、湖南、云南、西藏、甘肃、青海、新疆漏失水量数据缺失。

安徽省在 2018 年供水管网供给效率大幅提升。此外，福建、湖北和贵州三地管网漏损水量相比上一年也均有明显下降，2018 年全国共有十个省市实现了供水管网漏损水量下降。全国各省市中，广东、江苏两地供水管网漏损水量相比 2017 年增加最多，分别为 13404.03 万立方米和 17455.5 万立方米，均超过了 10000 万立方米。说明广东、江苏两地不仅因供水总量基数较大导致管网漏损水量较多，同时漏损水量也确实呈逐渐增多趋势。说明东部地区经济相对发达、供水总量相对较大的省份在供水管网供给效率方面也存在提升空间。

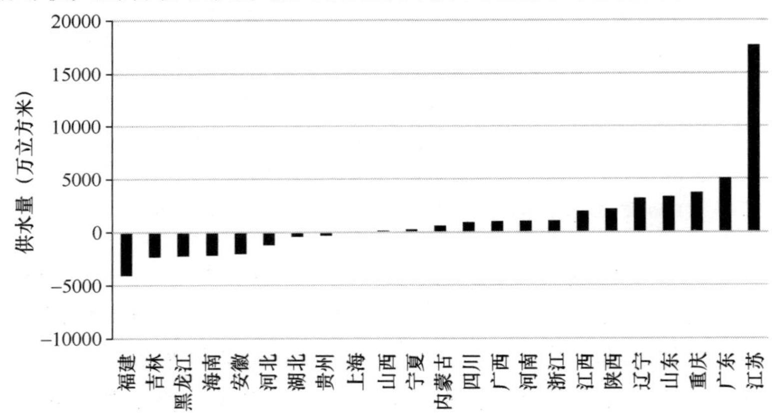

图 2-48　2018 年我国各省份供水管网漏失水量相比 2017 年变化

数据来源：《城市供水统计年鉴》(2019)，中国城镇供水排水协会.

注：湖南、云南、西藏、甘肃、青海、新疆漏损水量数据缺失；北京、天津、湖南、云南、西藏、甘肃、青海、新疆漏失水量数据缺失。

由图 2-48 可以看出，2018 年全国共有八个省份实现了供水管网漏失水量相比 2017 年有所下降，其中福建下降最多，为 4020.21 万立方米，此外，吉林、黑龙江、海南和安徽四省供水管网漏失水量相比 2018 年下降也均超过了 2000 万立方米，说明一些中部地区在控制管网漏失水量方面取得了一定成效。与漏损水量情况相似的是，2018 年相比上一年漏失水量增加最多的省份仍为广东和江苏两地。

笔者继而采用管网漏损水量、漏失水量与该省份年供水量的比率来反映供水管网漏损率和漏水率。图 2-49 报告了自 2006 年以来我国城市供水的漏损率情况，可以反映城市供水管网供给效率的时序变化。由图可以看出，2006 年以来我国城市供水漏损率逐渐上升。2006 年我国供水行业漏损水量占供水总量的比重仅为 9.79%，到 2015 年增长到了 15.21%，漏损率达到近年来最高值。2016 年开始，我国供水管网漏损率开始逐年下降，2018 年我国城市供水管网漏损率相比上一年明显下降，降至 12.52%，但漏损率整体仍处于较高水平。尽管近些年来我国供水行业建设不断推进，供水总量日益增加，但由于管网老旧破损等因素，供水漏损情况也较为严重。2016 年以来通过对老旧供水管网的整修，供水管网漏损率有所下降，但对于老旧管网的改造以及新供水管网的建设仍有待进一步加强。

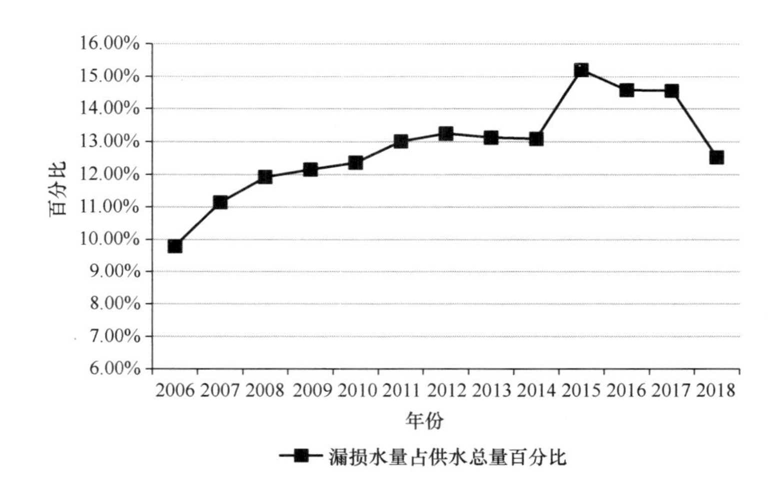

图 2-49　历年供水管网漏损水量占供水总量百分比

数据来源：《城市供水统计年鉴》(2019)，中国城市供水排水协会 .

图 2-50 对 2018 年我国各省供水管网漏损率和漏失率进行了对比。由图可以看出，2018 年我国供水管网漏损率最高的省区分别为吉林、黑龙江和内蒙古，

漏损率分别为 26.52%、23.92%和 17.81%，其中黑龙江和吉林两省供水管网漏损率均超过了 20%。漏损率最低的三个省市分别为贵州、上海和山西，漏损率分别为 3.38%、7.65%和 9.75%，均未超过 10%。此外，广东省 2018 年供水管网漏损率为 10.37%，位居山西之后，尽管其管网漏损水量较高，且 2018 年漏损水量大幅增加，但总体漏损率仍维持在一个较低水平。管网漏失率最高的三个省份分别为湖北、陕西和黑龙江，漏失率分别为 22.53%、10.41%和 9.73%。黑龙江存在着管网漏损率和漏失率双高的情况，整体上供水管网供给效率较低。管网漏失率最低的三个省区分别是浙江、内蒙古和贵州，漏失率分别为 0.99%、2.64%和 2.76%，其中浙江省 2018 年将供水管网漏失率控制在了 1%以下。

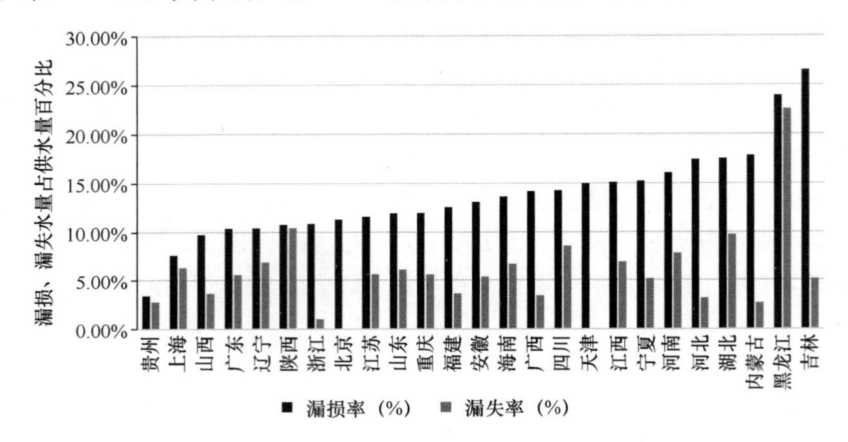

图 2-50　2018 年我国各省份管网漏损水量与漏失水量占供水量百分比

数据来源：《城市供水统计年鉴》(2019)，中国城市供水排水协会.

注：湖南、云南、西藏、甘肃、青海、新疆漏损水量数据缺失；北京、天津、湖南、云南、西藏、甘肃、青海、新疆漏失水量数据缺失。

第四节　供水行业政府监管与治理

一、供水行业监管机构与治理结构

我国城市供水行业监管机构当前呈现出职能交叉、政出多门、各自为政、“碎片化”特征，尚未形成专业化与分工有机协同治理局面。中国城市供水行业监管机构涉及水利、建设、国土、物价、发改、卫生等多个部门，通过各部门分别承担与供水行业有关的职责，推进城市供水行业的发展，不仅涉及不同政府层级之间的纵向关系，还涉及各供水管理部门的横向关系。

中国城市供水行业监管机构是中央、省市区、城市、县城四级，这种监管机构体系具有政府管理和政府监管职能，一个部门承担多个行业的监管和管理职能，缺乏独立性，不利于同一项工作在多个部门之间的有效衔接。同时，由于城市供水行业监管工作涉及多个环节，不同环节按照监管职能的不同，形成多个主体共同监管的网格化监管格局。其中，建设部门是城市供水行业的主要监管部门，拟定城市供水等市政公用事业发展战略、中长期规划、改革措施、规章，指导城市供水等市政公用事业相关工作等，而将城市管理的具体职责交给城市人民政府，并由城市人民政府确定城市供水等市政公用事业的管理体制。水利部门主要负责水资源开发利用，拟定水利发展战略规划和政策，起草有关法律法规，制定部门规章，负责生产、生活和生态用水的统筹使用，负责水资源的保护等。环保部门主要负责水源的污染防治工作。卫生部门主要保障生活用水卫生安全、保障人体健康，负责生活饮用水和涉及饮用水卫生安全的产品进行卫生监督管理，并对集中式供水发放卫生许可证。

建设、水利、环保、卫生四大部门是中国城市供水行业政府监管的主要部门，通过部门协同监管共同推进中国城市供水行业发展。在城市供水行业监管实践中，由于部门之间存在一定的职能交叉与相互协调问题，这在一定程度上增加了交易成本，甚至浪费了行政资源，易于产生职能分割与协调所带来的低效率问题。城市供水行业监管机构已经形成协同监管的机构设置模式。同时在县市层面形成多部门协同监管，同时对城市工商监管职能重新划分，形成建管合一和建管分离两种模式。此外，市县两级城市供水行业监管机构也在向建管分离转型。

二、供水行业进入监管与政府治理

2013 年以来，国务院、国家发展改革委、国家财政部以及其他部委，相继出台一系列的 PPP 文件，这标志着中国进入全面 PPP 的新时代。从系列 PPP 文件来看，国家在积极鼓励和引导社会资本参与城市供水行业的建设和运营，愈发呈现出国有企业、民营企业和外资企业以及其他资本等多种社会资本结构的多元化投资与运营主体结构，从而逐步打破国有企业一家独大的局面，以 PPP 为核心的市场化模式被广泛应用。

当前中国城市供水行业已基本趋于成熟，基础设施建设较为完备，市场准入项目相对于其他行业较少。从 2013 年以来国家对城市供水等城市公用事业的市场准入方式多以 PPP 项目为主。其中，具体模式是对新建城市供水项目采取

BOT 方式，而对已有城市供水项目采取 TOT 方式进行。在 PPP 过程中开始慎重对城市供水管网设施的开放。同时，通过企业整合、做大做强的方式，逐步提升区域供水企业的市场竞争力。

三、供水行业价格监管与治理转型

价格改革推动了城市供水行业市场化改革进程。2002 年，原国家计委、财政部、建设部、水利部、国家环保总局发布《关于进一步推进城市供水价格改革工作的通知》，该通知规定城市供水价格改革工作重点是建立合理的水价形成机制，促进水资源保护和合理利用。一是调整水价要与改革水价计价方式相结合。二是要针对不同城市特点，实行季节性水价，以缓解城市供水的季节性矛盾。三是要合理确定回用水价格与自来水价格的比价关系，建立鼓励使用回用水替代自然水源和自来水的价格机制，加快城市污水处理和回用水设施建设。

全国各省市区以上城市应当创造条件并于 2003 年底前对城市居民用水实行阶梯式计量水价，其他城市也要争取在 2005 年底前实行。同年，通过了新的《中华人民共和国水法》，这标志着我国新一轮供水价格体系的建立。为实现“补偿成本、合理收益、节约用水、公平负担”的目标，2013 年国家发展改革委和住房和城乡建设部联合下发《关于加快建立完善城镇居民用水阶梯价格制度的指导意见》，该意见明确提出“加快建立阶梯水价制度，2015 年底前设市城市原则上要全面实行居民阶梯水价制度，具备实施条件的建制镇，也要积极推进居民阶梯水价制度”，同时“原则上，一、二、三级阶梯水价按不低于 1∶1.5∶3 的比例安排”。

城市供水行业阶梯水价改革趋向和改革效果不断显现，以建立合理的水价形成机制为重点的改革框架正在逐步形成，水价管理工作进入了法制化、规范化、合理化和科学化的轨道。但到目前为止，依然缺乏按照商品定价的法则制定水价以及形成与市场经济和城市供水行业技术经济特征相匹配的定价与调价机制。

四、供水行业质量监管与水质治理

供水安全关系着人民的身体健康和生命安全，国家日益重视对供水安全的监管与治理工作，目前饮用水质量标准已基本与欧盟、美国持平，甚至部分指标高于欧盟、美国。2007 年 7 月 1 日，新的饮用水水质标准《生活饮用水卫生标准》GB 5749—2006 正式实施，该标准在修订过程中参考了世界卫生组织（WHO）、欧盟（EC）、美国环境保护局（USEPA）、俄罗斯、日本等国际组织和发达国家的饮用水水质标准，该标准加强了对有机物、微生物和水质消毒的要求，统一了城镇和农村的饮用水卫生标准。该标准与《生活饮用水卫生标准》GB 5749—1985 相比主要变化如下：水质指标由 35 项增加到 106 项，增加了 71 项，修订了 8 项。其中，微生物指标由 2 项增加至 6 项，增加了大肠埃希氏菌、耐热大肠菌群、贾第鞭毛虫和隐孢子虫；修订了总大肠菌群。饮用水消毒剂由 1 项增加到 4 项，增加了一氯胺、臭氧、二氧化氯。毒理指标中的无机化合物由 10 项增加到 21 项。感官性状和一般理化指标由 15 项增加到 20 项。放射性指标中修订了总 α 放射性。删除了水源选择和水源卫生防护两部分内容。简化了供水部门的水质检测规定，部分内容列入《生活饮用水集中式供水单位卫生规范》。贾第鞭毛虫、隐孢子虫、三卤甲烷、微囊藻毒素－LR 等 4 项指标于 2008 年 7 月 1 日起执行。为适应城市供水行业发展，强化城市供水企业监督与管理，原国家建设部于 1993 年开始组建“国家城市供水水质监测网”，并受政府委托对水质进行监督管理。1999 年国家建设部颁布《城市供水水质管理规定》，明确提出了建立国家和地方两级网以及建设部水质中心、国家站、地方站三级站的监测体系要求，还规定了“企业自检、行业监测、政府监督”相结合的城市供水质量管理制度。由“两级网、三级站”负责城市供水水质的检查和监督，完善了以建设部城市供水水质监测中心和 36 个重点城市供水水质监测站为主要成员的国家城市供水水质监测网体系。此外，为保障城市供水安全，中华人民共和国成立后国家逐步提升水源水质标准与饮用水水质标准。理清水源水质标准与饮用水水质标准，是逻辑求索当前中国饮用水水质标准现状的重要基础。为此，本部分将重点从水源水质标准和饮用水水质标准两个方面，研究中国饮用水水质标准的变迁历程，并对当前饮用水质量标准的基本现状进行评估。

第三章 排水与污水处理行业发展报告

自1978年改革开放到2018年，是中国快速城镇化和工业化的40年，40年来，国家大力推进排水与污水处理设施成为推进城市环境综合治理以及流域水污染治理的重要基础设施。本文分别从排水与污水处理行业投资与建设、排水与污水处理行业生产与供应、排水与污水处理行业发展成效这三个方面，对我国排水与污水处理行业的发展情况进行全面分析，并总结排水与污水处理行业在改革开放过程中取得的成绩与存在的问题，以推动排水与污水处理行业的供给侧改革和高质量发展。

第一节　排水与污水处理行业投资与建设

近年来，我国排水与污水处理行业投资与建设始终保持快速增长态势，特别是污泥处理处置设施和再生水设施的投资与建设增长迅猛。本节分析了中国在排水、污水处理和再生水利用等方面历年投资与建设的规模和总体情况，重点研究了东、中、西部和各省、市、自治区在排水与污水处理行业的投资规模与增速变化趋势。

一、设施投资与建设总体情况

（一）排水与污水处理设施的投资情况

自改革开放以来，我国国民经济建设和社会发展，城市化和工业化进程加速，对排水和污水处理的需求日益增加，党中央、国务院高度重视城镇生活污水处理设施等环境公共基础设施建设，按照建设资源节约型、环境友好型社会的总体要求，顺应人民群众改善环境质量的期望，中央和地方政府不断加大对城镇污水处理设施建设和运营的投资力度，我国排水与污水处理行业快速发展，设施投资稳步增长，具体如图 3-1 所示。

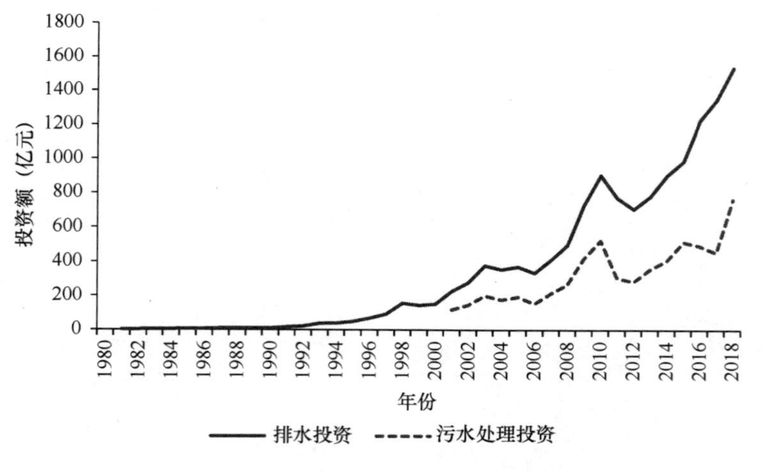

图 3-1　全国历年排水与污水处理投资

改革开放期初，我国城镇排水与污水处理以排水为主，而且主要是提倡利用污水进行农业灌溉，在城市排水设施方面的投资仅为 2 亿元，2018 年中国城市排水设施投资已达到 1529.86 亿元，是改革开放初期投资额的近 765 倍，相较于 2017 年，排水设施投资增加了 186 亿元，排水设施投资始终保持着较为稳定的增长。现代化的污水处理厂是从 20 世纪 80 年代以后才开始投资建设的，早期主要是利用郊区的坑塘洼地、废河道、沼泽地等稍加整修或围堤筑坝，建成稳定塘，对城市污水进行净化处理，日处理城市污水大约仅为 173 万立方米。在经历了“十五”、“十一五”、“十二五”三个五年规划建设后，城市污水处理和再生水利用设施已基本覆盖了所有设市城市，进入“十三五”后，污水处理设施投资基本稳定，甚至呈小幅下降趋势，设施投资也主要以改造更新为主。2017 年，我国城市污水处理和再生水利用设施投资为 450.8 亿元，2018 年是“十三五”中期，这两项设施投资总额达 802.6 亿元，较 2017 年末增加了 351.8 亿元，增幅为 78.04%。

作为污水处理的“衍生品”，近年来随着居民生活用水量和工业用水量的不断增加，污水处理量也随之上升，污泥产量随之不断增加，污泥问题逐步成为我国生态文明建设的工作重点。在污泥处理设施投资方面，从 2011 年至今，每年的投资规模都在 17 亿元以上，在 2013 年达到投资峰值 24.54 亿元后，2014～2016 年之间逐年下降，基本稳定在 18.5 亿元左右，2017 年投资规模有所增加，达到 21.1 亿元，2018 年投资规模达到最高值 36.46 亿元，如图 3-2 所示，污泥处理处置设施的投资仍有待进一步加强。

图 3-2 全国历年污泥处理处置投资

2018 年，我国城市排水与污水处理行业的固定资产投资总额达 2368.9 亿元，其中排水设施投资占比最高，达 1529.9 亿元，污水处理、污泥处理和再生水利用设施的固定资产投资分别为 760.5 亿元、36.5 亿元和 42.1 亿元，各项占比分别占行业投资总额的 64.58%、32.1%、1.54%和 1.78%，如图 3-3 所示。

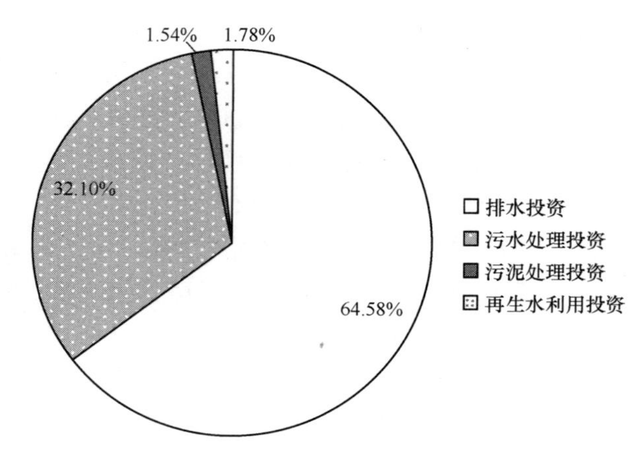

图 3-3　排水与污水处理行业投资比

（二）排水与污水处理设施的建设情况

1980 年以后，中国在排水、污水处理及再生利用方面的建设稳步推进，污水处理能力快速增长，再生水利用规模不断扩大，成就斐然。1980 年，全国城市建成的排水管道只有 2.19 万公里，仅有污水处理厂 35 座，日均污水处理能力 70 万立方米；到 2018 年，全国已建成排水管道 68.35 万公里，建成污水处理厂 2321 座，日均污水处理能力达 1.69 亿立方米，较 1980 年分别增长了 31 倍、66 倍和 241 倍，如图 3-4、图 3-5 所示。同时，2018 年全国再生水利用量达 854507 万立方米，较 2017 年增长了 19.78%。

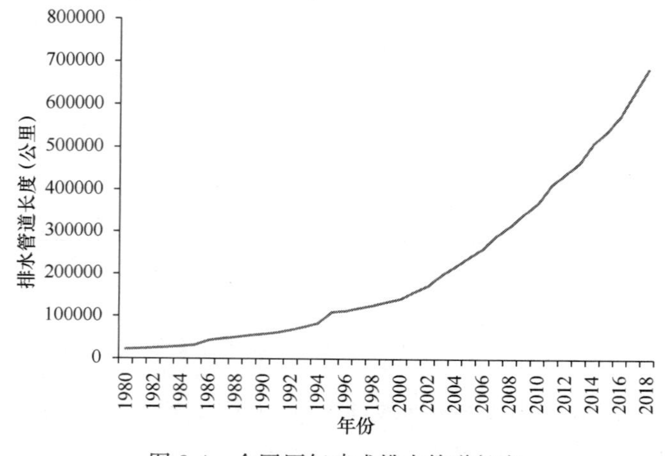

图 3-4　全国历年建成排水管道长度

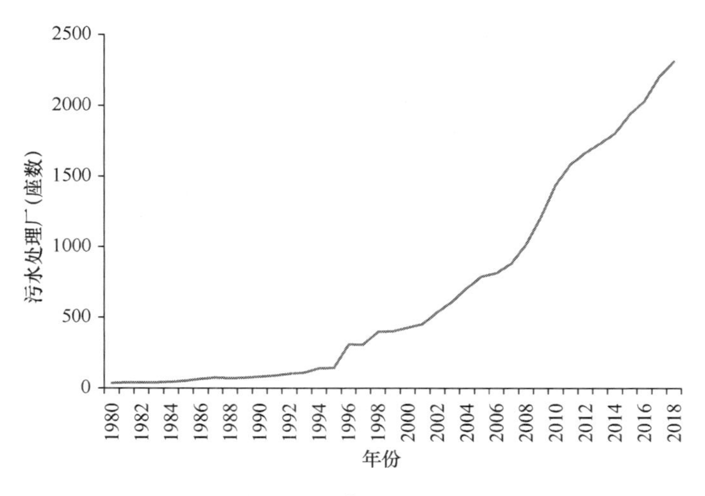

图 3-5 全国历年建成污水处理厂数量

二、东、中、西部地区设施投资与建设情况比较

自改革开放以来，尽管全国的城镇排水与污水处理设施建设有了质的飞跃，各项规划目标基本都圆满完成，但设施投资与建设仍存在着区域分布不均衡的问题，发达地区与欠发达地区的投资规模、增速和重点都不尽相同。为此，当前中国城镇排水与污水处理行业的投资建设应当从解决发展不平衡问题着手，加快解决设施布局不均衡问题，着重提高新建城区及建制镇污水处理能力。

(一) 东、中、西部地区排水与污水处理设施投资情况

2018 年，我国城市排水与污水处理行业的固定资产投资总额 2368.9 亿元，排水、污水处理、污泥处理和再生水利用等方面的投资额分别为：1529.9 亿元、760.5 亿元、36.5 亿元和 42.1 亿元。

从各类投资的地区间分布看（详见图 3-6），东部地区的固定资产投资遥遥领先，排水、污水处理、污泥处理、再生水利用等设施的投资额分别为 925.16 亿元、496.35 亿元、30.33 亿元和 28.85 亿元，分别占到了全国各类投资总额的 60.47%、65.27%、83.17%和 68.48%。对比 2017 年，各项投资占比总体呈增加趋势，最高污泥处置投资占比增幅达 26.3%，排水和污水处理投资占比也有不同程度的增加，仅再生水利用投资占比呈下降趋势，降幅仅 1.52%，说明东部地区的各项目基本呈稳步发展趋势；中部地区在排水、污水处理、污泥处理、再生水利用方面的投资分别为 393.36 亿元、176.78 亿元、3.96 亿元、7.12 亿

元，分别占全国投资的 25.71%、23.25%、10.87%和 16.9%，对比 2017 年，各项投资占比总体呈下降趋势，其中污泥处置投资占比下降了 20.41%，排水和污水处理投资占比也有不同程度的下降，仅再生水利用投资占比小幅增加了 1.42%，这说明中部地区可能存在投资不足的情况；西部地区在排水、污水处理、污泥处理、再生水利用方面的投资分别为 211.35 亿元、87.35 亿元、2.17 亿元和 6.16 亿元，占全国的 13.81%、11.49%、5.95%和 14.62%，不论绝对数还是相对数都较小，对比 2017 年，排水、污水处理和再生水利用投资占比均有不同程度的小幅上升，相对来说，污泥处置投资则降幅较大，达 5.42%。

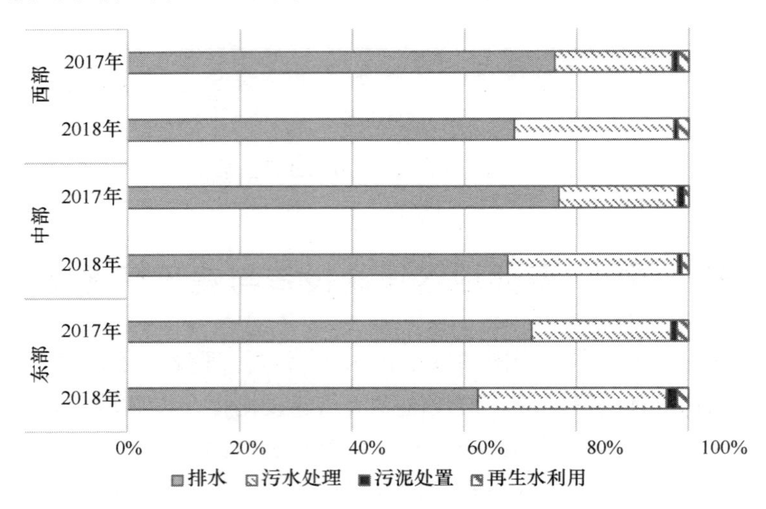

图 3-6　东、中、西部排水与污水处理设施投资比例

总体上，相较于 2017 年，东、中、西部的地区间的投资占比差异有所减小，但在污泥处置方面，投资占比差异逐渐拉大，如图 3-7 所示。在排水投资方面，中部地区投资占比下降，而东西部地区均有增长趋势，较 2017 年地区间差异有所缩小；在污水处理投资方面也有同样的趋势，东西部地区占比上升，中部地区小幅下降；在污泥处置方面，东、中、西部三个地区的变化幅度均超过 5%，呈现出严重两极分化，东部地区增幅接近 30%，而中西部地区均有不同程度的下降；在再生水利用投资方面，2018 年投资额较 2017 年变化不大，从各地区占比来看，中西部地区占比略有增长，而东部地区占比小幅下降，降幅不到 2%。具体见图 3-7。

（二）东、中、西部地区排水与污水处理设施建设情况

2018 年，全国共建成排水管道总长 683485 公里，污水处理厂 2321 座。其中，东部地区为 413527 公里和 1258 座，中部地区为 166045 公里和 594 座，西

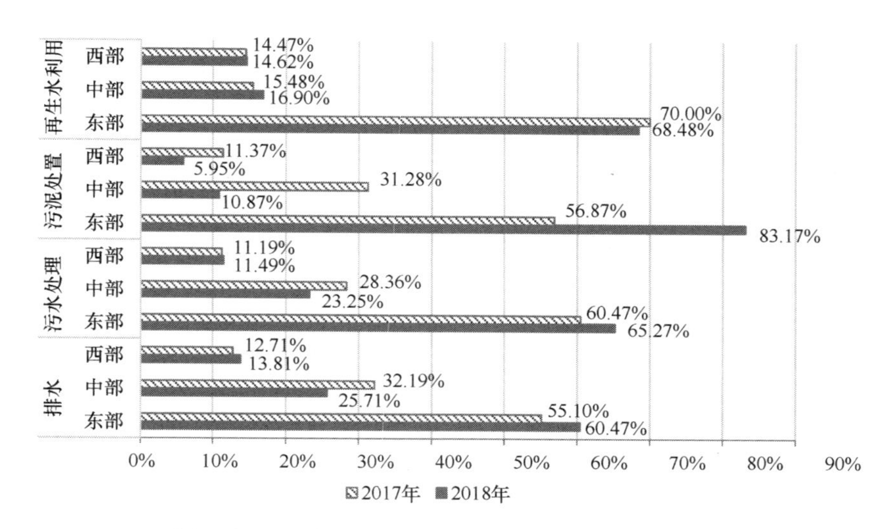

图 3-7 2017 年、2018 年东、中、西部分类投资比例

部地区为 103910 公里和 469 座。与投资情况类似，城镇排水与污水处理设施建设也是东部占比较大，中部和西部略少。

考虑到各地区城市化水平和人口密度的差异，对比各地区城市排水管网密度和污水处理强度由表 3-1 可知，2018 年，我国城市排水管网的密度达到了 9.99 公里/平方公里，东部地区达到 11.6 公里/平方公里，高于全国平均水平，中部、西部地区分别为 8.24 公里/平方公里、7.33 公里/平方公里，均低于全国平均水平。可见，各地对排水与污水处理设施的投资建设，受经济和社会发展水平的影响，地区间差异比较明显。总体上，东部地区无论是从投资与建设的绝对数量、相对数量，还是覆盖程度与处理水平上，都处于领先水平，中、西部地区的投资与建设较为落后，需要进一步增加投资，加快建设。

2018 年东、中、西部地区排水与污水处理设施投资、建设情况　　表 3-1

地区	固定资产投资情况（万元）				各项建设情况		
	排水	污水处理	污泥处理	再生水利用	排水管长（公里）	污水厂（座）	处理能力（万立方米/日）
东部地区	9251618	4963501	303250	288514	413527	1258	10183.4
中部地区	9251618	4963501	303250	288514	166045	594	4198.1
西部地区	18503236	9927002	606500	577028	103910	469	2499.2
全国合计	15298638	7604788	364607	421317	683485	2321	16880.5

三、各省排水与污水处理设施投资与建设情况

我国幅员辽阔，改革开放以来，各省市经济和社会发展水平存在较大差异。城镇排水与污水处理设施的建设要与经济社会发展水平相协调，与城镇发展总体规划相衔接，因此各省在排水与污水处理设施的投资建设方面的差异较大，如表 3-2 所示。

2018 年各省排水与污水处理设施投资与建设　　表 3-2

地区	固定资产投资情况（万元）				建设情况	
	排水	污水处理	污泥处理	再生水利用	排水管长（公里）	污水处理厂（座）
全国	15298638	7604788	364607	421317	683485.35	2321
北京	1189949	338996	30349	237441	17646.01	67
天津	298807	223649		1320	21369.29	40
河北	316163	109847	2495	13432	20655.24	90
山西	80209	44723			8395.94	40
内蒙古	168087	49950	11814	27422	14001.83	44
辽宁	384428	54445	2135		21617.67	107
吉林	92752	35993		722	11601.3	50
黑龙江	125003	70147			12278.4	68
上海	1337763	1067718	210500		21974.66	48
江苏	1486222	763969	10267	5200	80648.74	206
浙江	710822	367594	195	5800	48525.08	94
安徽	800198	365040	6537	5702	30977.72	73
福建	837747	498252	8067	17180	16759.56	48
江西	416406	201779	18600		17331.43	52
山东	984101	313197	5594	4695	64169.45	196
河南	462012	101886	570	35764	25027.18	101
湖北	1453026	718577	2128	110	27903.29	92
湖南	335871	179682		1500	18529.23	74
广东	1273760	1020090	10962	3446	82171.93	286
广西	315385	108790	9230		13253.81	52
海南	116471	96954	13456		4735.68	24
重庆	420198	176535	3068	30	18911.22	63
四川	681872	374708	16503	4282	33011.14	137

续表

地区	固定资产投资情况（万元）				建设情况	
	排水	污水处理	污泥处理	再生水利用	排水管长（公里）	污水处理厂（座）
贵州	181138	60903	22		8251.46	68
云南	281557	46228	390	2164	13775.43	45
西藏	6582	345			719.13	8
陕西	210807	83145	1725	1170	10415.37	49
甘肃	151971	43780			6955.2	25
青海	14618	13358			2222.96	11
宁夏	18425	2900			2036.49	20
新疆	146289	71610		53936	7613.51	43

在排水设施投资方面，2018 年全国排水设施固定资产投资 1529.86 亿元，地区间差异较大，如图 3-8 所示。其中，江苏省遥遥领先，当年排水设施投资达到了 148.62 亿元，湖北省次之，为 145.3 亿元。2018 年排水设施固定资产投资

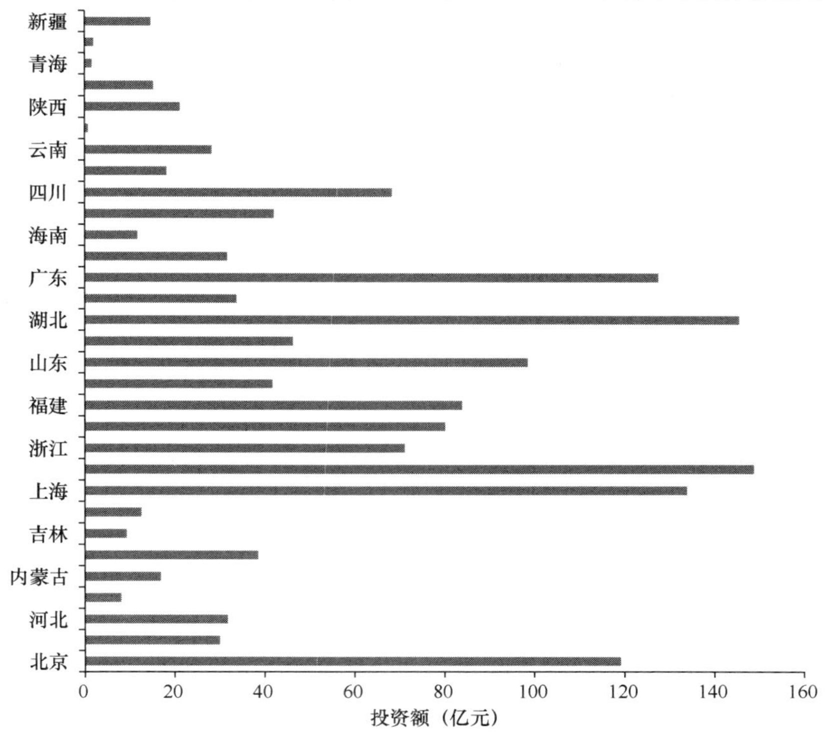

图 3-8 2018 年各省排水固定资产投资

总额超过 80 亿元的省市还有六个：上海、广东、北京、山东、福建、安徽，投资额分别为 133.78 亿元、127.38 亿元、118.99 亿元、98.41 亿元、83.77 亿元和 80 亿元；12 个省市排水设施的固定资产投资额在 20 亿～80 亿元之间，分别为天津、河北、辽宁、浙江、江西、河南、湖南、广西、重庆、四川、云南和陕西；还有 11 个省区的排水设施投资不足 20 亿元，分别是山西、内蒙古、吉林、黑龙江、海南、贵州、西藏、甘肃、青海、宁夏和新疆，其中青海、宁夏与西藏投资额少于 5 亿元，尤以西藏最少，仅 0.66 亿元，青海次之，1.46 亿元。

在污水处理设施投资方面，2018 年全国共完成固定资产投资 760.5 亿元，如图 3-9 所示，省域差异仍十分明显。其中，上海市的污水处理设施投资额远超其他省份，达 106.77 亿元，排名第二的广东省污水处理设施投资 102 亿元。污水处理设施投资在 20 亿元以上的还有北京、天津、江苏、浙江、安徽、福建、江西、山东、湖北和四川 10 个省市，投资垫底的是青海、宁夏和西藏，投资额分别是 1.34 亿元、0.29 亿元和 0.03 亿元。

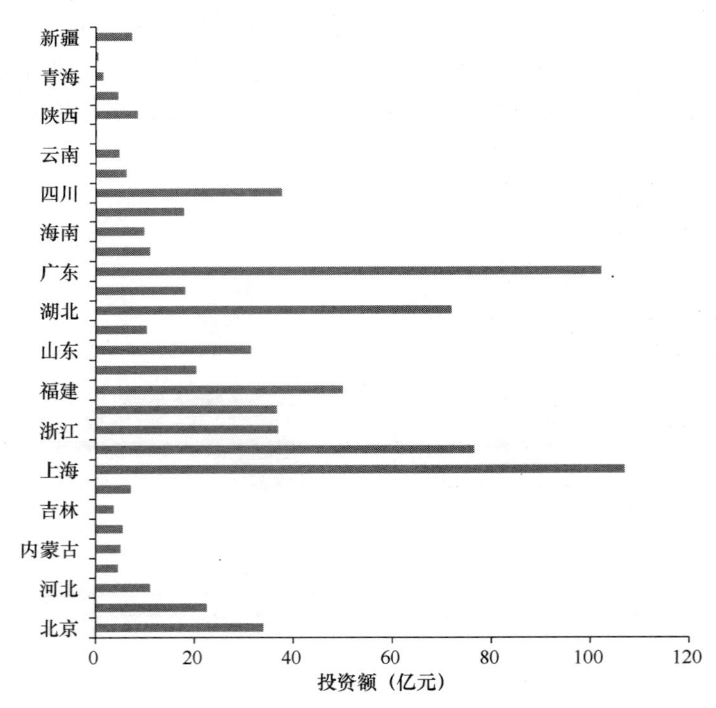

图 3-9　2018 年各省污水处理固定资产投资

在排水设施建设方面，至 2018 年，全国共建成排水管道 683485.4 公里，城市排水管道覆盖密度达到了 9.99 公里/平方公里。截至 2018 年，在 31 个省、自治区和直辖市中，广东省建成排水管道最长，达 82171.93 公里；其次为江苏省、山东省和浙江省，分别为 80648.74 公里、64169.45 公里和 48525.08 公里；西藏、宁夏和青海三省的排水管道最短，均不足 2500 公里，分别为 719.13 公里、2036.49 公里和 2222.96 公里。从城市排水管网的密度来看，前五名依次是天津、上海、江苏、浙江和安徽，分别达 18.93 公里/平方公里、17.06 公里/平方公里、14.2 公里/平方公里、14.06 公里/平方公里和 13.15 公里/平方公里，说明这些发达地区的设施建设不仅重地上，也重地下；相对地，内蒙古、吉林、新疆、宁夏和西藏的城市排水管网密度最低，分别为 5.7 公里/平方公里、5.59 公里/平方公里、5.27 公里/平方公里、4.1 公里/平方公里和 2.85 公里/平方公里，这与这些地区的人口密度较小、地广人稀也有一定关系。具体如图 3-10 所示。

在污水处理设施建设方面，截至 2018 年，我国共建成污水处理厂 2320 座，日均处理能力达 1.69 亿立方米，污水处理率达到了 95.43%。其中，广东省拥有的污水处理厂数量最多，达 286 座，其次为江苏和山东，分别为 206 座和 196

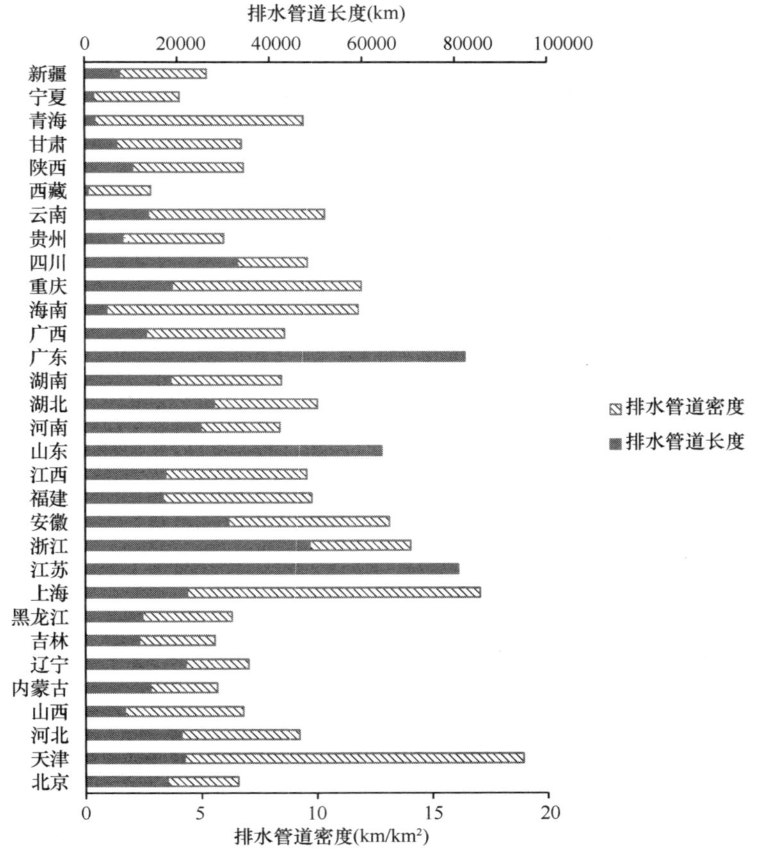

图 3-10 2018 年各省（区、市）建成排水管道长度及管道密度

座，西藏、青海、宁夏、海南拥有的污水处理厂数最少，分别为 8 座、11 座、20 座和 24，具体如图 3-11 所示。在污水处理能力方面，广东省日均处理能力最高，达 2270.3 万立方米/日，江苏省、山东省和浙江省日均处理能力也超 1000 万立方米/日，分别为 1372.6 万立方米/日、1209.7 万立方米/日和 1072.9 万立方米/日，具体如图 3-12 所示。

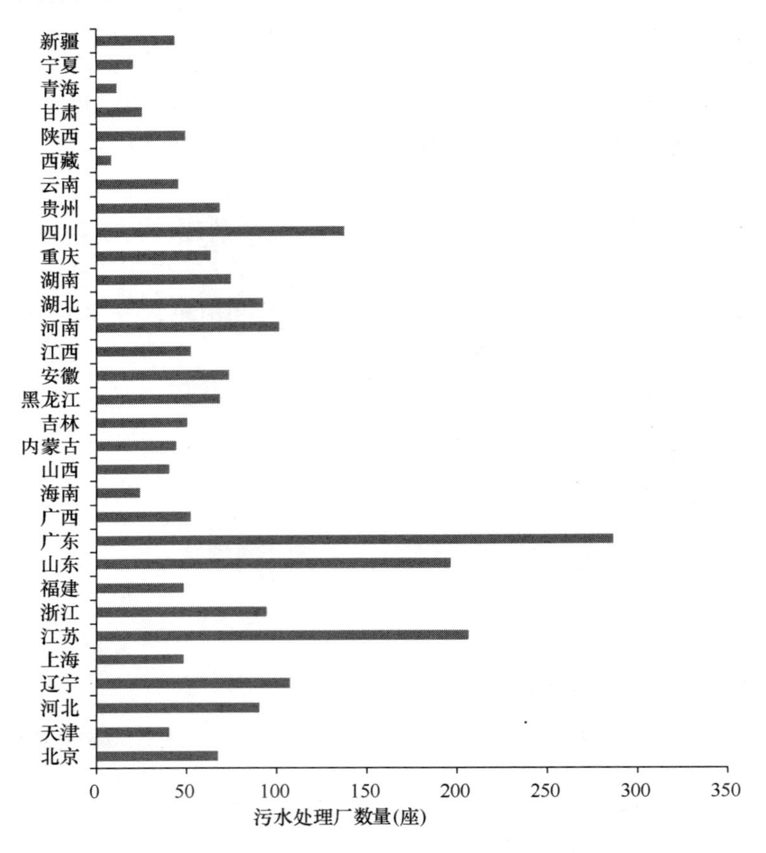

图 3-11　2018 年各省（区、市）污水处理厂座数

四、排水与污水处理设施投资增长情况

（一）全国排水与污水处理设施投资增长的总体情况

根据《城市建设统计年鉴》，全国排水与污水处理设施投资总体呈上升趋势，如表 3-3、图 3-13、图 3-14 所示。然而，在 2011 年，排水与污水处理设施的投资增长出现陡降，特别是污水处理设施投资，从 2010 年的 492 亿元降至 2011 年

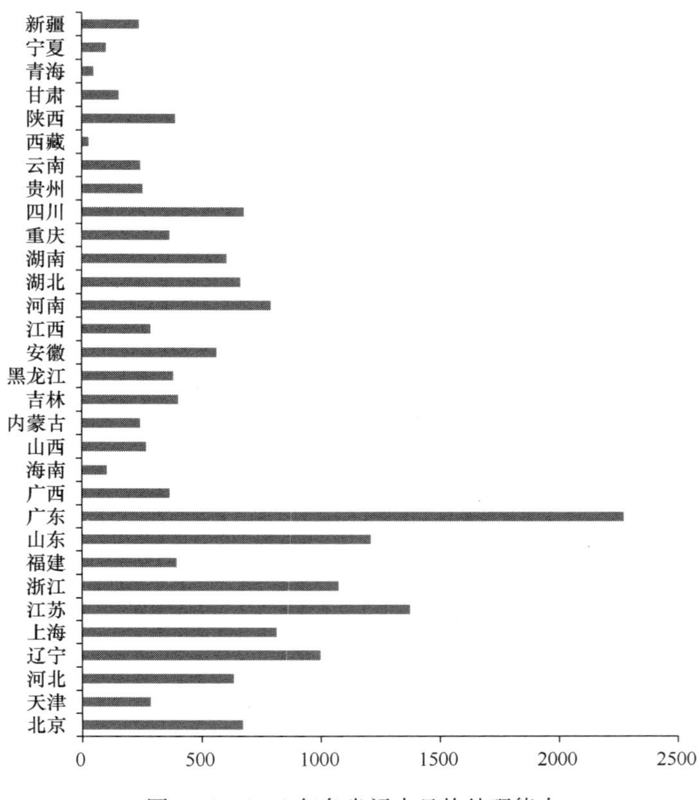

图 3-12 2018 年各省污水日均处理能力

的 282 亿元，投资额几近腰斩。排水设施投资也出现下滑，从 2010 年的 902 亿元降至 770 亿元，降幅为 14.59%。2011 年后，全国城市基础设施总投资趋于平稳；自 2014 年起，城市排水与污水处理设施的投资保持较好的增长态势。具体见表 3-3。

2005～2018 年全国城市排水与污水处理设施投资额（亿元） **表 3-3**

年份	排水设施	污水处理设施
2005	368	191
2006	332	152
2007	410	212
2008	496	265
2009	730	389
2010	902	492
2011	770	282
2012	704	238

续表

年份	排水设施	污水处理设施
2013	779	316
2014	900	305
2015	983	379
2016	1223	409
2017	1344	421
2018	1530	760

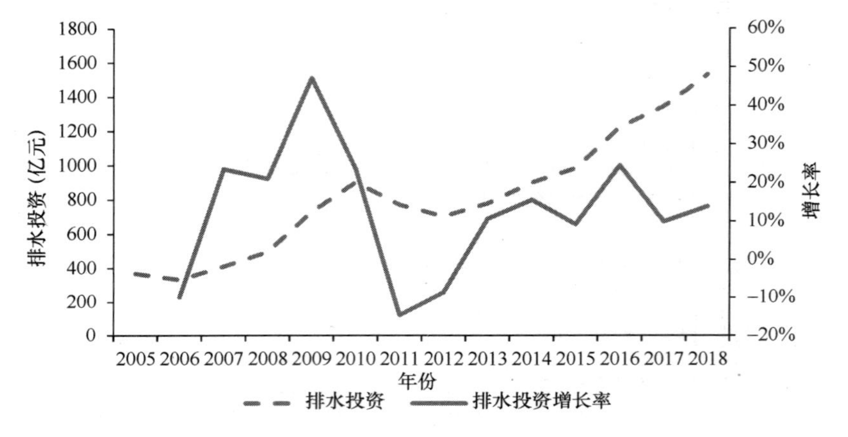

图 3-13 2005～2018 年全国城市排水设施投资情况

图 3-14 2005～2018 年全国城市污水处理设施投资情况

（二）各地区城市排水设施投资增长比较

从全国 31 个省、自治区、直辖市的情况看，各地城市水务设施投资尽管总体呈上升趋势，但也存在较大的地区差异和行业差异，下面我们将区分东、中、西和东北四个区域，对城市供水、排水和污水处理设施逐一进行分类分析。从城市排水设施投资总额上看，各个地区设施投资的平均水平差距依然不大，但地区内各个省之间的差距较大。相对来说，东部地区各省的城市排水设施投资略高于其他三个地区，见表 3-4。

各省（区、市）2005～2018 年城市排水设施投资额（亿元）　　表 3-4

地区＼年份	2005	2006	2007	2008	2010	2011	2012	2013	2014	2015	2016	2017	2018
北京	7	4	11	1	17	38	40	52	114	149	280	145	119
天津	9	5	1	10	25	15	10	10	16	16	7	12	30
河北	18	17	17	23	54	36	27	28	21	20	35	55	32
山西	3	1	1	4	20	16	5	9	10	25	12	13	8
内蒙古	10	14	4	14	40	30	30	29	41	38	30	38	17
辽宁	16	20	23	18	14	67	67	29	10	8	9	28	38
吉林	9	5	9	7	11	7	5	7	11	20	8	10	9
黑龙江	4	4	9	12	23	10	14	17	11	13	13	16	13
上海	20	18	25	32	34	11	17	15	10	8	22	49	134
江苏	35	25	36	45	85	86	72	119	123	123	137	132	149
浙江	30	20	24	47	34	22	26	36	68	65	70	83	71
安徽	17	13	10	23	24	37	36	56	42	47	39	58	80
福建	11	6	13	14	15	43	19	18	25	30	31	36	84
江西	8	7	5	6	18	13	14	14	21	19	33	56	42
山东	29	39	57	66	59	82	52	71	73	69	80	89	98
河南	10	17	11	13	20	16	26	22	22	24	35	74	46
湖北	15	14	15	18	24	54	95	46	68	51	119	139	145
湖南	5	10	14	14	20	21	18	38	39	45	40	29	34
广东	40	32	35	54	212	59	26	23	26	25	39	67	127
广西	12	13	21	24	39	18	14	33	31	39	45	29	32
海南	1	0	4	2	6	7	11	9	3	6	9	17	12
重庆	19	20	16	11	7	18	15	10	5	6	9	31	42
四川	14	8	22	12	12	17	24	30	30	27	43	49	68
贵州	2	4	8	5	3	8	3	10	23	21	3	13	18
云南	7	5	2	4	44	13	9	5	12	12	17	24	28
西藏	0	1	0	0	0	0	0	0	1	5	4	2	1
陕西	6	5	9	13	15	11	10	16	23	15	19	21	21

续表

年份 地区	2005	2006	2007	2008	2010	2011	2012	2013	2014	2015	2016	2017	2018
甘肃	4	3	5	1	10	5	5	3	5	14	8	9	15
青海	0	1	1	1	3	3	1	1	2	4	2	3	1
宁夏	1	1	1	1	2	2	1	4	1	2	2	2	2
新疆	2	1	3	2	11	7	13	18	12	34	24	17	15

城市排水设施投资的地区间差异具体如图 3-15～图 3-18 所示。在东部地区，各省城市排水设施投资近年基本都保持增长态势。其中，江苏、湖北两省的城市排水设施投资额显著高于其他省份，均超过 140 亿元。

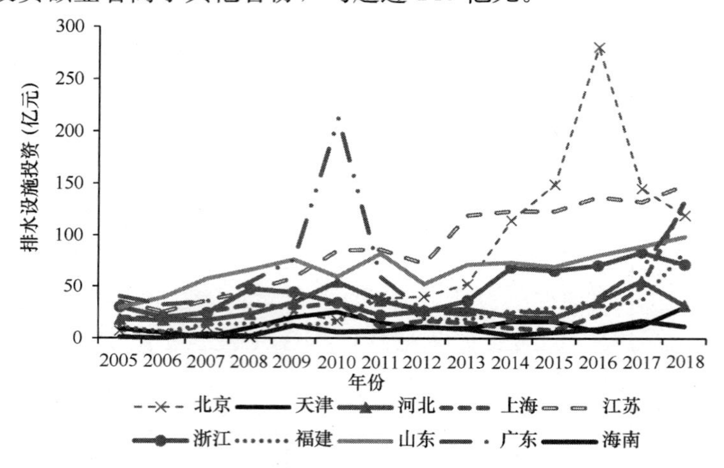

图 3-15　东部地区城市排水设施投资情况（2005～2018 年）

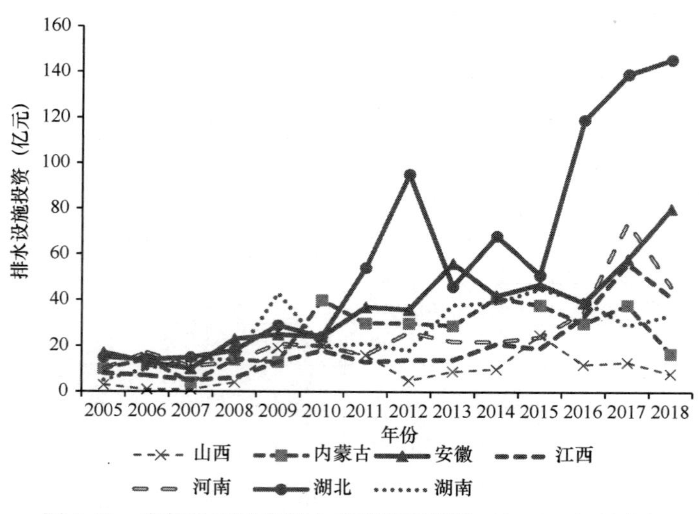

图 3-16　中部地区城市排水设施投资情况（2005～2018 年）

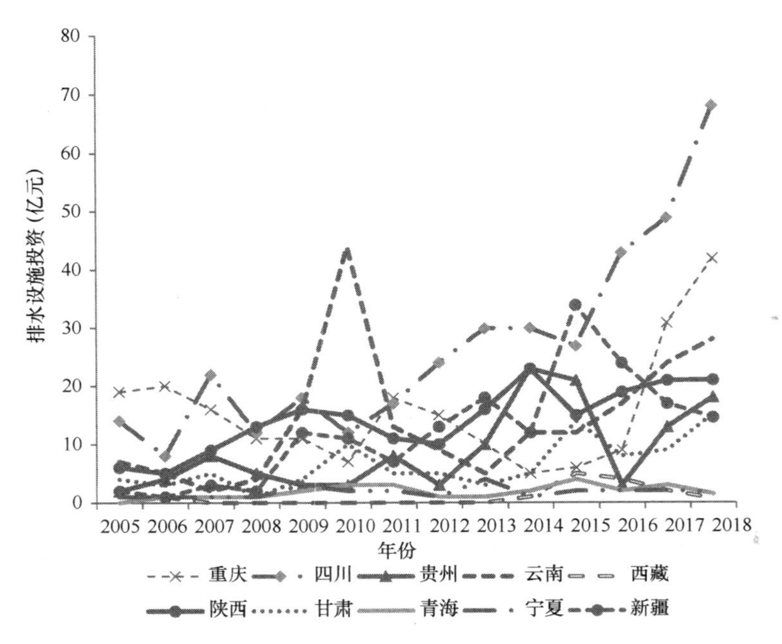

图 3-17 西部地区城市排水设施投资情况（2005～2018 年）

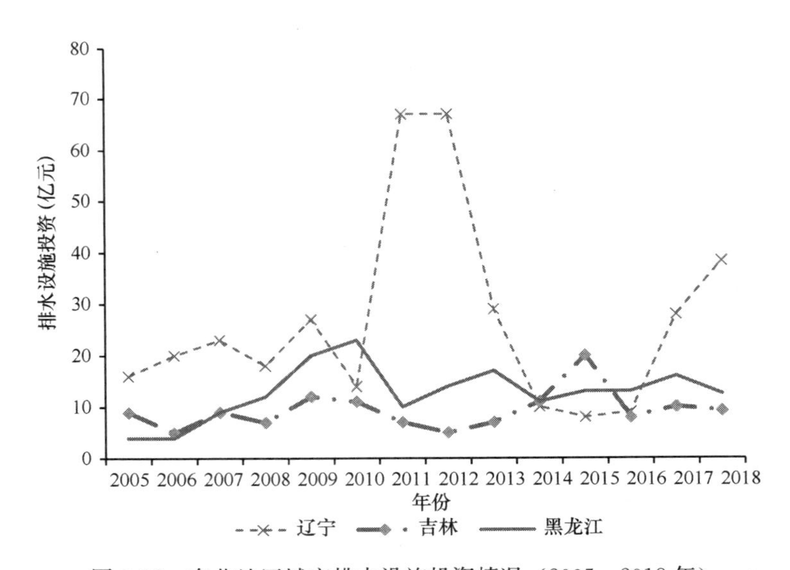

图 3-18 东北地区城市排水设施投资情况（2005～2018 年）

从 2018 年的投资涨幅来看，上海、天津、福建增长幅位居前三，涨幅超过 130%，而包括浙江、北京等在内的 14 个地区排水投资额下降，其中青海、内蒙古和西藏降幅超过 50%。从地区分布上看，东北三省与东西部地区省份投资额在 2018 年呈增长趋势，中部地区较去年下降较多。

东部地区中，上海市近两年涨幅陡增，广东省在 2010 年达到小高峰后投资额波动下降，直到 2017 年开始出现增长态势；天津市虽增长率较高，但是绝对值数额小；河北省前两年投资额增长迅猛，速度保持在 50%以上，然而 2018 年下降接近 50%；福建省 2018 年投资额达到最大，相比 2017 年增幅为 132.71%，其他省市在 2018 年涨幅主要集中在 20%以下；中部地区中，湖北省在 2012 年之后波动很大，在三个年份中增长幅度超过 50%，2018 年投资小幅增加 4.53%，此外湖南省在 2018 年涨幅超过 15%，其他省份投资均下降，内蒙古地区投资下降幅度超过 50%，东部地区普遍呈下降趋势。西部地区中，甘肃增长超过 60%，其他省市增长都在 40%以下，青海省下降超过 50%；对于东北三省，辽宁省增长最为明显，黑龙江与吉林的下降幅度分别为 21.87%和 7.25%。

从城市排水设施投资增长复合率来看，北京的城市排水设施投资增长最快，年均复合增长率为 22.43%，吉林的排水设施投资增长最慢，年均复合增长率为 0.22%，可见所有省份的投资增长复合率均为正数，具体见表 3-5。其中，西藏、青海两省数据缺失，北京的城市排水设施投资增速超过了 20%，海南、湖北、贵州、福建、新疆的投资年均复合增长率处于 15%～20%之间。

2005～2017 年各省城市排水设施投资复合增长率　　表 3-5

排名	地区	年均复合增长率	排名	地区	年均复合增长率
1	北京	22.43%	17	山东	9.12%
2	海南	19.17%	18	天津	8.95%
3	湖北	17.61%	19	广东	8.63%
4	贵州	17.05%	20	黑龙江	8.48%
5	福建	15.61%	21	山西	7.28%
6	新疆	15.27%	22	广西	7.15%
7	湖南	14.57%	23	辽宁	6.46%
8	上海	14.54%	24	浙江	6.35%
9	江西	12.51%	25	重庆	5.83%
10	四川	11.97%	26	宁夏	4.46%
11	安徽	11.70%	27	河北	4.11%
12	河南	11.55%	28	内蒙古	3.78%
13	江苏	10.88%	29	吉林	0.22%
14	云南	10.45%	30	西藏	
15	甘肃	10.00%	31	青海	
16	陕西	9.39%			

分地区看各地城市排水设施投资复合增长的情况，东部地区的投资年均复合

增长率最高，中部地区次之，西部地区再次，东北地区最低，如图 3-19 所示。

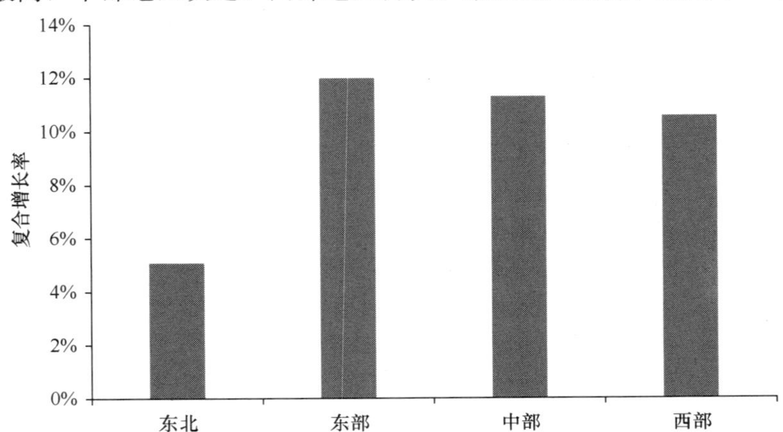

图 3-19 2005～2018 年各地区城市排水设施投资复合增长率

与城市排水设施投资持续增长相对应的，各地区的排水管道长度也在持续增长，而且东部地区的管道长度占比始终稳定在 60％以上，中部地区次之，西部地区的排水管道最少。从管道长度的占比来看，地区间的差异在逐步缩小，如图 3-20 所示，2018 年东部地区的排水管道占比较 2006 年下降了 4 个百分点，但总体稳定在六成以上；中部地区占比非常稳定，在 23％～25％左右；西部地区情况则与东部地区恰好相反，十年来占比上升了近 4％。

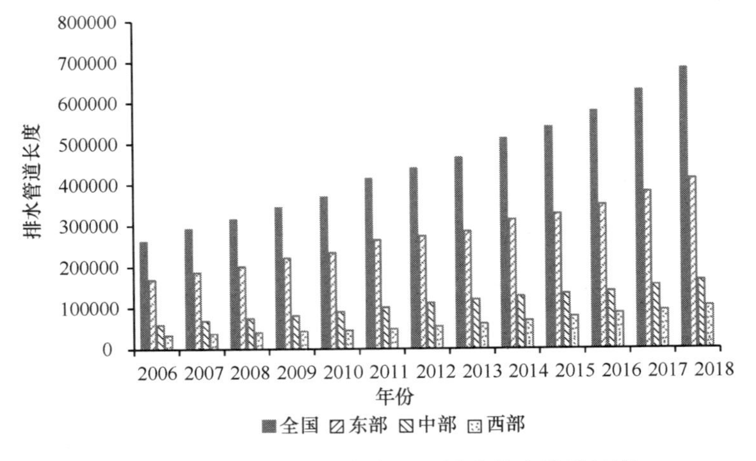

图 3-20 2006～2018 年各地区城市排水管道长度

（三）各地区城市污水处理设施投资增长比较

从城市污水处理设施投资总额上看，东部地区高于其他三个地区，其次依然是中部地区、东北地区与西部地区，见表 3-6。

各省（区、市）2005～2018 年城市污水处理设施投资额（亿元）　　表 3-6

年份 地区	2005	2006	2007	2008	2009	2010	2011	2012	2013	2014	2015	2016	2017	2018
北京	1	2	11	0	4	5	6	7	6	10	14	90	71	34
天津	4	1	0	2	7	8	3	0	0	0	5	2	10	22
河北	10	9	8	12	21	15	11	15	10	4	4	7	13	11
山西	2	1	1	2	6	18	1	3	5	7	20	4	2	4
内蒙古	3	8	3	3	3	8	17	7	14	21	13	20	3	5
辽宁	7	3	7	9	18	9	18	20	15	2	3	1	3	5
吉林	2	3	7	6	8	7	4	4	3	8	17	3	5	4
黑龙江	3	2	5	8	13	19	6	7	7	6	10	5	7	7
上海	13	2	12	14	11	10	4	0	0	0	3	4	37	107
江苏	19	10	29	27	39	33	53	30	52	25	45	40	38	76
浙江	18	12	11	28	27	20	12	9	14	25	40	40	36	37
安徽	7	5	4	12	13	12	11	12	16	14	15	9	13	37
福建	7	4	7	7	8	12	17	8	10	16	19	6	11	50
江西	3	5	3	3	8	5	6	6	8	12	9	4	10	20
山东	11	20	22	23	23	23	17	21	25	20	17	19	13	31
河南	6	7	6	9	14	12	7	12	12	11	14	7	24	10
湖北	11	5	8	10	13	9	7	12	34	15	26	23	48	72
湖南	2	8	12	10	38	12	13	8	24	26	29	26	8	18
广东	31	28	26	45	59	190	26	20	13	15	18	33	9	102
广西	3	4	9	13	16	13	11	6	7	9	12	1	6	11
海南	1	0	0	0	9	2	1	2	3	2	2	7	8	10
重庆	15	1	7	4	4	1	9	6	4	2	3	5	6	18
四川	4	2	8	6	8	5	5	6	11	14	13	28	15	37
贵州	1	2	2	2	1	1	1	1	2	17	6	1	5	6
云南	1	3	0	1	6	28	2	3	3	4	3	2	1	5
西藏	0	0	0	0	0	0	0	0	0	1	4	4	1	0
陕西	2	0	1	5	4	4	5	4	5	15	9	9	3	8
甘肃	2	2	4	0	3	8	5	3	1	1	4	3	4	4
青海	0	0	0	0	1	2	2	0	0	0	1	1	3	1
宁夏	1	0	0	1	3	0	1	0	1	0	0	1	0	0
新疆	1	0	1	1	1	1	1	4	8	4	3	4	7	7

城市污水处理设施投资的地区间差异具体如图 3-21～图 3-24 所示。在东部地区，北京市在 2016 年增长迅猛，2017 年有所回落，2018 年污水处理设施投资

持续下降，降幅超过 50%，广东省在 2010 年增长出现小高峰，2018 年迎来增长第二高峰，上海市在 2011～2016 年一直保持在 5 亿元以内，但在 2017 年翻了 7 倍多，2018 年持续增长，增幅达到 188.57%，福建省投资额翻了 3 倍多，北京、河北 2018 年投资额下降；在中部地区，除河南外，所有省份 2018 年污水处理设施投资均有所增加，安徽、湖南和山西的增长较其他省市增长较快；在西部地区，各省增长不稳定，四川地区在 2017 年之前增长较快；对于东北三省，吉林 2018 年出现回落，其余两省均保持增长。

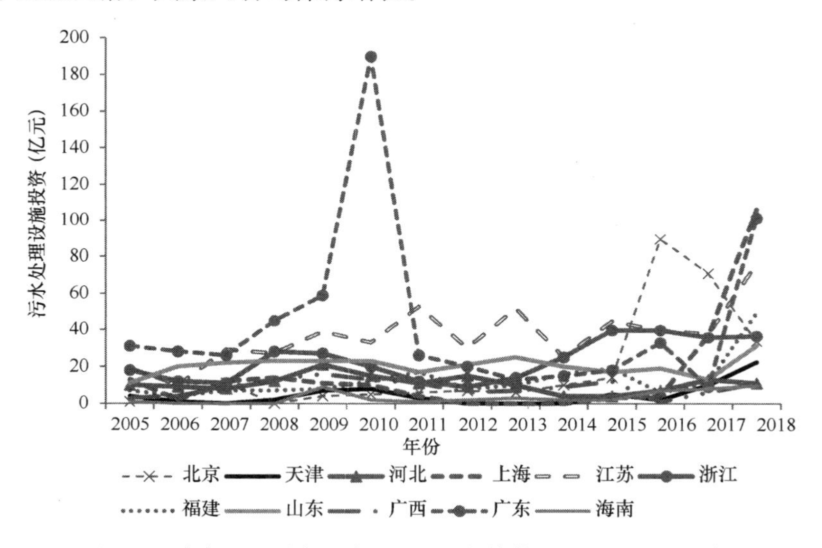

图 3-21　东部地区城市污水处理设施投资情况（2005～2018 年）

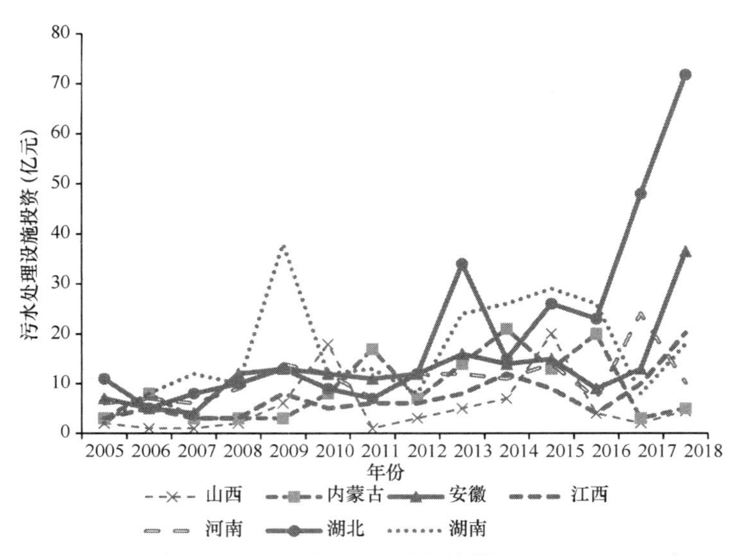

图 3-22　中部地区城市污水处理设施投资情况（2005～2018 年）

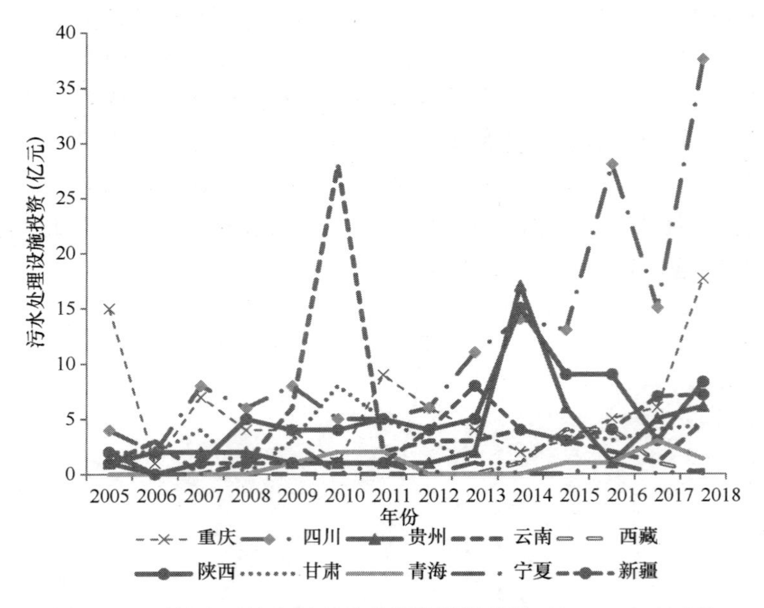

图 3-23　西部地区城市污水处理设施投资情况（2005～2018 年）

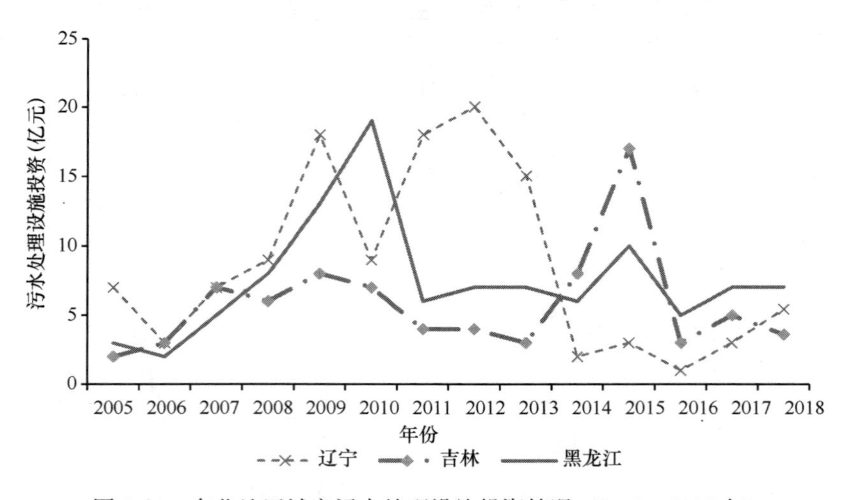

图 3-24　东北地区城市污水处理设施投资情况（2005～2018 年）

从城市污水处理设施投资增长复合率来看，北京的城市污水处理设施投资增长最快，年均复合增长率为 28.62%，宁西的污水处理设施投资增长最慢，年均复合增长率为−8.46%，不增反降，具体如表 3-7 所示。其中，城市污水处理设施投资增速最快的分别是北京、海南、四川、湖南、上海、新疆和福建，年均复合增长率都超过了 15%；年均复合增长率为负数的有辽宁和宁夏。

2005～2018年各省城市污水处理设施投资复合增长率　　表3-7

排名	地区	年均复合增长率	排名	地区	年均复合增长率
1	北京	28.62%	17	广东	8.88%
2	海南	17.62%	18	山东	7.76%
3	四川	17.33%	19	黑龙江	6.25%
4	湖南	16.98%	20	山西	5.92%
5	上海	16.23%	21	甘肃	5.76%
6	新疆	15.10%	22	浙江	5.23%
7	福建	15.05%	23	吉林	4.29%
8	江西	14.58%	24	河南	3.85%
9	湖北	14.35%	25	内蒙古	3.71%
10	贵州	13.77%	26	重庆	1.17%
11	天津	13.08%	27	河北	0.67%
12	安徽	12.52%	28	辽宁	−1.78%
13	云南	11.56%	29	宁夏	−8.46%
14	陕西	10.71%	30	西藏	
15	江苏	10.45%	31	青海	
16	广西	9.64%			

由图3-25可知，分地区看各地城市污水处理设施投资复合增长的情况，东部地区的投资年均复合增长率最高，中部地区次之，西部地区再次，东北地区最低。东部地区增长最高的原因与其经济发展水平、工业化程度是密不可分的。中部地区增长较高原因可能是前期投资水平较低、设施不够完备，后续的设施投资增幅相比较大。东北地区作为老工业基地，早期的供排水设施虽然较为完善，但污水处理设施的欠账较多，近年来投资处于疲惫状态。

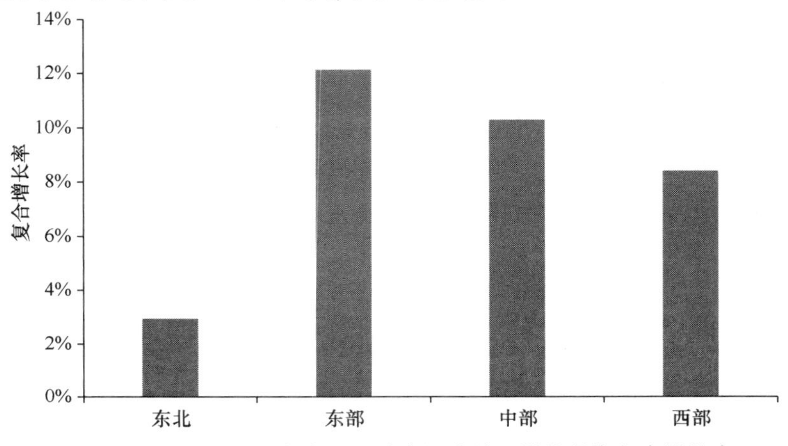

图3-25　2005～2018年各地区城市污水处理设施投资复合增长率

由以上分析可见，快速增长的城镇化和工业化对城市排水与污水处理设施建设提出了更高要求。为了适应不断加快的城镇化进程的需求，我国城市排水与污水处理设施需要持续投入大量的资金，巨大的投资需求客观要求必须拓宽现有的设施投融资渠道、创新投融资模式，以保障充裕的投资资金。

第二节　排水与污水处理行业生产与供应

随着我国污水处理厂数量的急剧攀升，污水处理能力取得了巨大突破，扭转了城镇污水处理设施建设滞后于城市化发展的局面，是全世界短时间内污水处理能力增长最快的国家，污水处理企业的处理能力和处理技术都得到了稳步增长，行业的生产效率和减排效益不断提升。

一、污水处理能力

截至 2018 年底，全国设市城市建成投入运行污水处理厂 2321 座，其中二、三级污水处理厂 2179 座，污水处理率高达 95.43%，污水处理能力达到了 1.69 亿立方米/日，处理量 486.48 亿立方米；县城污水处理厂累计建成污水处理厂 1598 座，其中二、三级污水处理厂 1429 座，污水处理率高达 91.16%，污水处理能力达到了 0.34 亿立方米/日，处理量 90.64 亿立方米。

从 20 世纪 90 年代开始，我国污水处理设施建设开始稳步增长，全国城市污水处理厂的数量从 1991 年的 87 座增加到 2018 年的 2321 座。其中，增速最快的阶段是 2008～2010 年，恰逢世界金融危机，全国经济增长放缓、投资下滑，国家投入 4 万亿用于基础设施建设以促进经济复苏，污水处理设施得益于此，各地纷纷投资兴建污水处理厂。相应地，全国城市平均污水处理率从 1991 年的 14.86%增长到 2018 年的 95.43%。从图 3-26 可以发现，从 1990 年至 2010 年，全国城市污水处理率一直处于平稳上升期，2010 年之后增速趋于平缓，我国污水处理能力已经达到相当高的水平。

分地区看，东、中、西部污水处理厂的分布极不均衡，见表 3-8。截至 2018 年底，东部地区各省拥有的污水处理厂数量平均超 100 座，但中、西部地区各省平均拥有的污水处理厂数量分别为 66 座和 46.9 座。

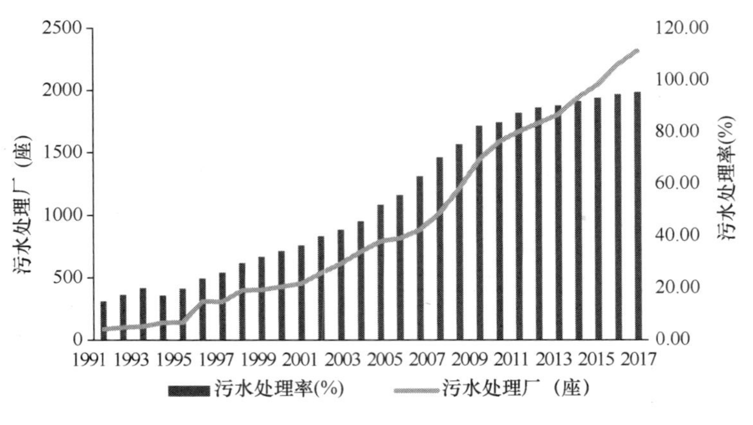

图 3-26　1991～2018 年全国污水处理能力

各地区 2018 年污水处理厂平均座数 **表 3-8**

地区	污水处理厂平均数（座）
全国	74.87
东部地区	104.83
中部地区	66
西部地区	46.9

从各省、区、市的情况来看，目前已建成的污水处理厂数量最多的是广东省，共 286 座，其次是江苏、山东、四川、辽宁和河南，分别为 206 座、196 座、137 座、107 座和 101 座，这也是目前我国已建成污水处理厂超过 100 座的 6 个省份。青海和西藏的污水处理厂数量最少，每省不足 20 座，特别是西藏，只有 8 座污水处理厂。尤为值得一提的是海南省，作为东部省份，其污水处理厂也只有 24 座，主要是由于海南省以农业和旅游业为主，工业占比小，全省自身的环境容量较大、水污染较少，因此污水处理厂建设的迫切性远小于其他东部省份。具体见表 3-9。

各省 2018 年建成污水处理厂座数 **表 3-9**

地区名称	污水处理厂（座）	地区名称	污水处理厂（座）
全国	2321	江苏	206
北京	67	浙江	94
天津	40	福建	48
河北	90	山东	196
辽宁	107	广东	286
上海	48	广西	52

续表

地区名称	污水处理厂（座）	地区名称	污水处理厂（座）
海南	24	重庆	63
山西	40	四川	137
内蒙古	44	贵州	68
吉林	50	云南	45
黑龙江	68	西藏	8
安徽	73	陕西	49
江西	52	甘肃	25
河南	101	青海	11
湖北	92	宁夏	20
湖南	74	新疆	43

二、污泥无害化处理处置

近年来，我国先后颁布了城镇污水处理厂污泥处理处置的一系列国家和行业标准，发布了《城镇污水处理厂污泥处理处置及污染防治技术政策》《城镇污水处理厂污泥处理处置技术指南》，明确了污泥处理处置“减量化、稳定化、无害化、资源化”的原则。由于污水处理量连年增长，伴生的污泥处理量也不断增加，早期人们并不重视污泥处理，导致污泥无害化处理处置量很低，随着环保力度的加强和对污泥处理处置技术局限性的进一步认识，近年来我国污泥处理总量显著上升，如图 3-27 所示。

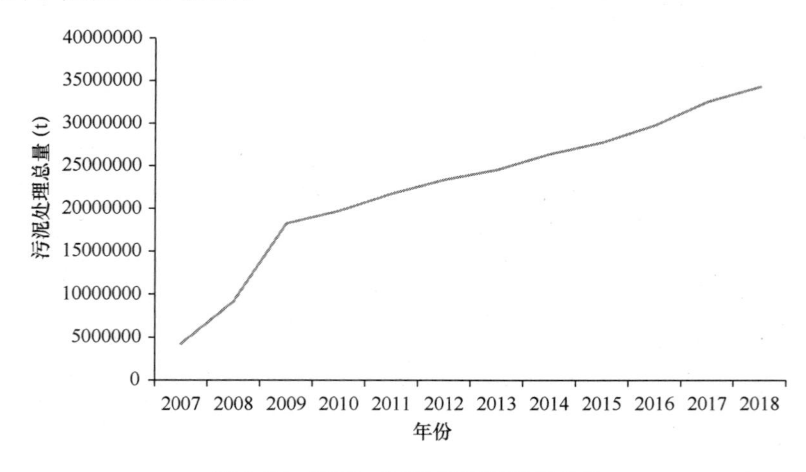

图 3-27　2007～2018 年污泥处置总量

早期由于人们不重视污泥的无害化处理处置，导致大量污泥不经处理随意倾倒，单位污泥处理量较低，仅为每万吨污水处理污泥 2.37 吨。但近年来污泥处理量逐年增长，特别是在 2008 年和 2009 年，全国污泥处理总量都较前一年翻了一番，2009 年每万吨污水处理污泥量更是达到 6.76 吨。2010 年以来，污泥处理总量随着污水处理量增长而增长，每年至少增加污泥处理量 100 万吨，每万吨污水的处理污泥量也基本稳定在 5.4 吨左右，2017 年有明显提高，每万吨污水的处理污泥量超过 5.7 吨。2018 年每万吨污水的处理污泥量小幅回落，但仍保持在 5.65 吨。具体见表 3-10。

2007～2018 年全国污泥处理总体情况　　表 3-10

年度	污水处理量（万吨）	污泥处置量（吨）	单位污泥处理量（吨/万吨）
2007	1781526.6	4221583.39	2.37
2008	2242172.8	9173499.54	4.09
2009	2698685.9	18245880.52	6.76
2010	3326528.65	19708872.47	5.92
2011	3828079.26	21740154.65	5.68
2012	4209695.93	23353717.99	5.55
2013	4437704.23	24519744.62	5.53
2014	4796649.37	26353151.19	5.49
2015	5104901.28	27693022.51	5.42
2016	5420268.23	29690679.41	5.48
2017	5693988.95	32490349.25	5.71
2018	6052979.9	34199672.57	5.65

污泥无害化处理处置已成为环境综合治理工作中的难点，确定合适的处置方法对于保护环境有着重要的现实意义。目前，我国污泥处理主要采用填埋、制肥、焚烧、建材等四种处置方式。从表 3-11、表 3-12 可以看出，2012 年以前卫生填埋仍是我国污泥处理的主要方式，占比五成以上，主要是因为污泥卫生填埋操作简单、费用低，而且经过消化后的污泥有机物含量减少、性能相对稳定、总体积减小，脱水后再进行填埋是一种比较经济实用的处置方式。但随着土地资源的不断稀缺以及潜在土壤污染风险的不断加剧，近年来污泥填埋的比例逐年下降，2018 年占比仅为 23.97%，越来越多的地区采用污泥焚烧发电和制肥的方式处置污泥，占比约两成左右。相对而言，建材处置等其他方式的污泥处理量占比相对较小，近年来维持在一成左右，但增长趋势明显。

2007～2018 年各类处置方式的污泥处理量（单位：万吨） **表 3-11**

年份	填埋处置量	制肥处置量	焚烧处置量	建材处置量	其他处置量	总量
2007	11.79	0.96	5.22	0.27	403.92	422.16
2008	23.50	3.28	5.46	0.46	884.66	917.35
2009	1129.26	164.20	110.40	65.87	354.86	1824.59
2010	1220.12	218.67	193.83	96.94	241.33	1970.89
2011	1240.27	281.83	257.24	166.35	228.33	2174.02
2012	1206.95	335.58	343.22	175.79	273.83	2335.37
2013	1117.14	386.65	453.27	196.26	298.67	2451.97
2014	1094.24	459.43	511.36	223.82	346.47	2635.32
2015	991.91	500.18	564.22	306.66	406.33	2769.30
2016	964.46	512.91	642.24	347.10	502.35	2969.07
2017	869.51	720.26	764.38	444.94	447.54	3246.63
2018	819.92	948.32	864.87	510.12	273.55	3419.97

2007～2018 年各类处置方式的污泥处理量占比 **表 3-12**

年份	填埋处置量	制肥处置量	焚烧处置量	建材处置量	其他处置量
2007	2.79%	0.23%	1.24%	0.06%	95.68%
2008	2.56%	0.36%	0.59%	0.05%	96.44%
2009	61.89%	9.00%	6.05%	3.61%	19.45%
2010	61.91%	11.09%	9.83%	4.92%	12.24%
2011	57.05%	12.96%	11.83%	7.65%	10.50%
2012	51.68%	14.37%	14.70%	7.53%	11.73%
2013	45.56%	15.77%	18.49%	8.00%	12.18%
2014	41.52%	17.43%	19.40%	8.49%	13.15%
2015	35.82%	18.06%	20.37%	11.07%	14.67%
2016	32.48%	17.28%	21.63%	11.69%	16.92%
2017	26.78%	22.18%	23.54%	13.70%	13.78%
2018	23.97%	27.73%	25.29%	14.92%	8%

从分地区污泥无害化处理处置的情况看，2018 年东部地区污泥处理处置的总量遥遥领先，其次是中部地区，西部地区的污泥处理量最少，总量不及东部地区的一半。从污泥处理处置方式上看，东部地区以焚烧为主，其次是制肥，而中、西部地区以填埋为主，其次是制肥。具体见表 3-13 和图 3-28。

2018 年分地区各类处置方式的污泥处理量（单位：万吨） 表 3-13

地区	填埋处置量	制肥处置量	焚烧处置量	建材处置量	其他处置量	总量
东部地区	289.37	594.38	723.3	328.77	125.17	2062.45
中部地区	299.03	226.57	92.67	94.16	102.43	815.17
西部地区	219.01	127.36	48.9	87.19	45.77	529.66

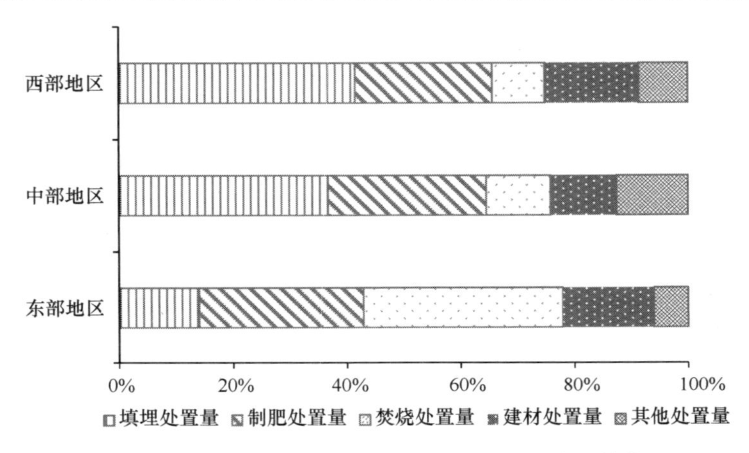

图 3-28 2018 年各地区各类污泥处置方式占比结构

三、污水再生利用

污水经深度处理后再生利用，不仅是节约水资源的重要手段，也是促进源头减排的重要措施，我国污水再生利用规模不断扩大。2007 年底，全国污水再生利用规模为 970.2 万立方米/日，再生利用总量为 158630 万立方米，2018 年污水再生利用规模已增至 3578 万立方米/日，再生利用总量增长至 854507 万立方米，见表 3-14 和图 3-29。尽管再生水利用规模和总量近年来有了一定增长，但由于再生水管线等配套设施建设不完善、运营经验缺乏导致再生水水质稳定性和可靠性不足，加之尚未形成有效的激励机制，导致我国污水再生利用工作尚处于起步阶段，工程建设和运行规模有待进一步提高。

2007～2018 年全国再生水规模及利用量 表 3-14

年份	再生水规模（万立方米/日）	再生水利用量（万立方米）
2007	970.2	158630
2008	2020.2	336195
2009	1153.1	239951
2010	1082.1	337469
2011	2193.5	268340
2012	1452.7	320796

续表

年份	再生水规模（万立方米/日）	再生水利用量（万立方米）
2013	1760.7	354181
2014	2065.3	363460
2015	2316.7	444943
2016	2762.4	452698
2017	3587.9	713421
2018	3578	854507

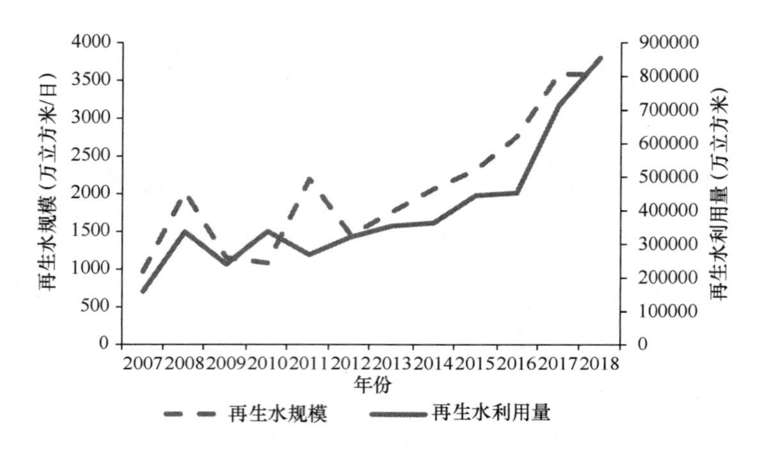

图 3-29　2007～2018 年全国再生水规模及利用量

从分地区再生水规模和利用量的情况来看（表 3-15），东部地区的再生水利用规模和利用量明显优于中西部地区。其中，东部地区的再生水规模约为中部地区的 4.6 倍，是西部地区的 13.7 倍之多；在再生水实际利用量上，东部地区更是远高于中西部地区，其再生水利用量是中部地区的 6.12 倍，是西部地区的 30.6 倍。

2018 年东、中、西部再生水规模及利用量　　表 3-15

地区	再生水规模（万立方米/日）	再生水利用量（万立方米）
东部地区	496.61	125653.17
中部地区	108.78	20534.75
西部地区	36.3	4099.67

第三节　排水与污水处理行业发展成效

中国污水处理行业持续积极地探索以特许经营为核心的市场化改革，取得了显著成效，不仅促进了中国污水处理能力和规模的快速增长，更为重要的是，通过引入社会资本，推动了污水处理行业投融资体制改革，逐步形成了有效竞争的市场结构，大大增强了行业竞争力，促进了各地污水处理绩效稳步提升。

一、有效竞争的市场结构逐步形成

中国污水处理市场化改革在不断探索中前进。2014 年以来，污水处理行业的 PPP 模式逐渐兴起。该模式以“利益共享，风险分担，长期合作”为基础，促进政府和公司在污水处理设施方面的基础建设。污水行业发展历程如图 3-30 所示。

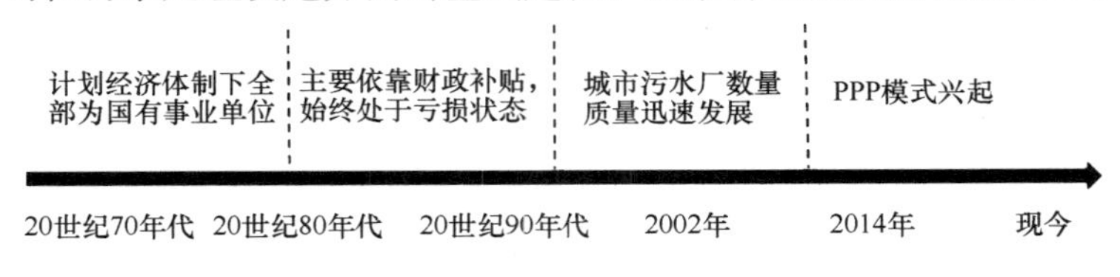

图 3-30　污水行业发展历程

传统的污水处理行业由政府作为城镇排水与污水处理的投资者、建设者和运营管理者，对城市污水处理系统实施行政管理、行业管理和经营管理三位一体的管理模式，污水处理厂属于事业性经营，之后逐步转为企业化运营。改革开放以来，污水处理行业打破了传统的单一的政府财政投入的投资管理模式，形成了投资主体多元化、资金来源多渠道、投资方式多样化、建设运营市场化的新格局，如图 3-31 所示。

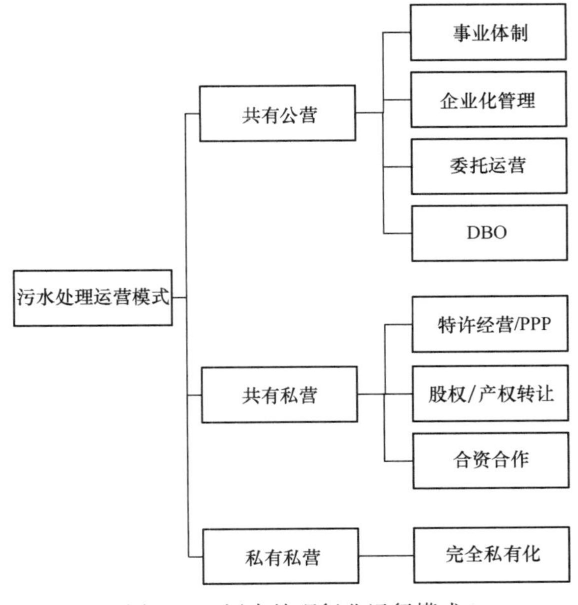

图 3-31　污水处理行业运行模式

目前，中国城市排水与污水处理行业已基本形成国有及国有控股企业、外资及中国港澳台资企业、私营企业和上市公司等多种市场主体共同竞争的格局，BOT、TOT、ROT 等 PPP 模式在污水处理项目中逐渐被推广运用，特别是新建污水处理设施，多采用 BOT 模式进行建设和运营，极大地缓解了中国污水处理设施建设的资金压力，同时提高了设施的运营效率。

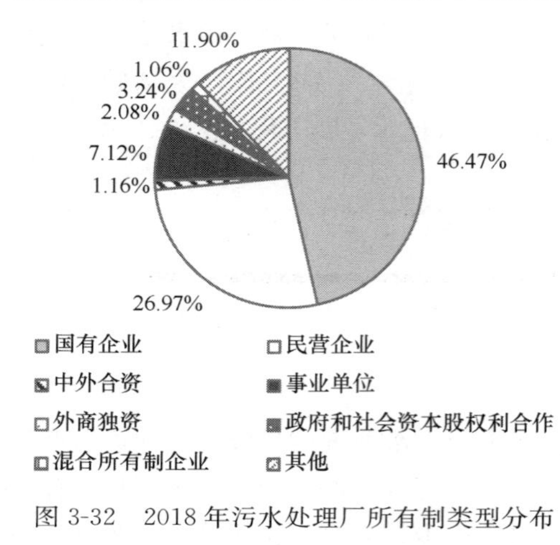

图 3-32　2018 年污水处理厂所有制类型分布

住房和城乡建设部《全国城镇污水处理管理信息系统》显示，2018 年，在全国近 5000 座污水处理厂中，属于国有企业和事业单位的污水处理厂占了全国的半壁江山，占比超过 50%，其中国有企业占比 46.47%，事业单位占比 7.12%；民营企业占比 26.97%，中外合资企业占比 1.16%，外商独资企业占比 2.08%，政府和社会资本合作占比 3.24%，混合所有制企业占比 1.06%，还有 11.09%为其他类型，如图 3-32 所示。下面将具体分析近年来我国污水处理行业所有制结构的时间变化、地区分布和规模特征。

（一）企业所有制结构变化

从时间维度上看，我国城镇污水处理厂的所有制结构比例基本保持稳定，如表 3-16 和图 3-33 所示。其中，国有企业和事业单位一直占据较大比例，特别是国有企业，基本维持在 36%以上，2018 年更是占比接近 50%。事业单位的占比基本保持 10%左右的水平，在 2016 年占比超 11%，主要是一些县、乡、镇新建的污水处理厂仍采用事业单位建制，2018 年占比下降至 7.12%；私营企业的占比逐年上升，从 2010 年的占比 6.81%上升到了 2017 年的 9.37%，增长了 2 个多百分点，说明社会资本的引入正在逐步改变污水处理行业的所有制结构，越来越多的私营企业进入到污水处理行业，而且私营企业仍在不断扩张，运营的污水处理厂数量和规模都有所增长，2018 年民营企业占比 26.97%（表 3-17），仅次于国有企业；外商投资的污水处理厂占比略有下降，但基本维持在 4%左右的水平，彻底扭转了 20 世纪 90 年代中期外商在国内污水处理行业急剧扩张、攻城略地的局面，2018 年中外合资企业和外商独资企业合计占比不到 4%；此外，2018 年新增政府和社会资本合作制，占比 3.24%，还有约 40%不到的污水处理厂属于股份合作企业、股份有限公司、有限责任公司，这部分企业绝大多数是混合所有制企业，既有上市公司，也有股份制改造后的国有企业，这些企业基本是按照现代企业制度运营。

2010～2017 年污水处理厂不同所有制构成比例（单位：%） **表 3-16**

年份	事业单位	国有企业	集体企业	股份合作企业	有限责任公司	股份有限公司	私营企业	外商投资
2010	10.93	37.48	2.37	1.52	28.63	7.74	6.81	4.52
2011	10.76	37.41	2.23	1.57	28.75	7.66	7.16	4.46
2012	10.75	37.66	2.24	1.50	28.82	7.82	6.98	4.24
2013	10.74	37.88	2.17	1.54	28.89	7.45	7.03	4.30
2014	10.25	36.39	2.15	1.47	29.44	7.03	9.12	4.14
2015	10.61	36.82	2.05	1.43	29.11	6.93	9.01	4.03
2016	11.08	36.77	1.94	1.44	28.67	7.11	8.93	4.06
2017	10.11	36.53	1.76	1.23	29.31	7.95	9.37	3.75

2018 年污水处理厂不同所有制构成比例（单位：%） **表 3-17**

年度	事业单位	国有企业	政府和社会资本合作	中外合资	民营企业	混合所有制企业	其他	外商独资
2018	7.12	46.47	3.24	1.16	26.97	1.06	11.9	2.08

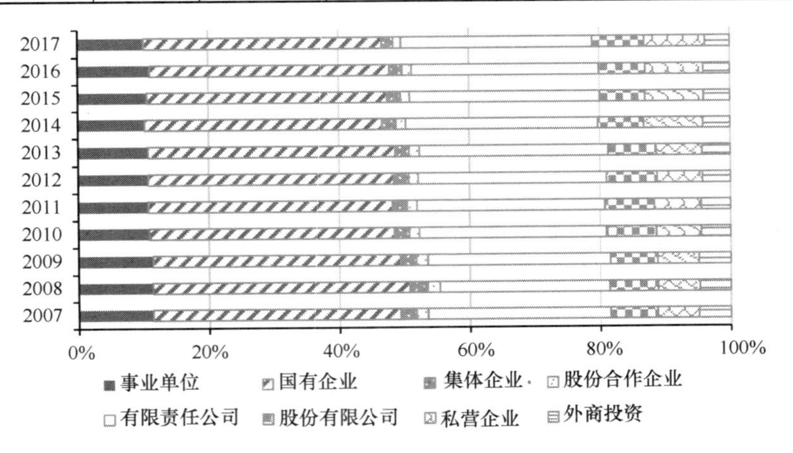

图 3-33 2010～2017 年污水处理厂不同所有制构成比例

（二）不同所有制企业的地区分布

从不同所有制污水处理厂的地区分布看，东部地区混合所有制企业的比例最低，仅为 1.16%；西部地区中外合资的比例最低，仅为 0.27%，但民营企业的比例较高，达到 26.96%，说明西部地区污水处理厂的进入门槛较低，资金和技术都较为薄弱的民营企业能够有效地进入，但由于西部地区经济欠发达，加之市场经济环境不完善，对外商的投资吸引力较弱。国有企业在东、中、西部的占比情况差别不大，基本都在46%左右。具体如表3-18和图3-34所示。

2018年东中西部不同所有制污水处理厂的比例（单位:%）　　**表3-18**

地区	国有企业	民营企业	中外合资	事业单位	外商独资	政府和社会资本合作	混合所有制企业	其他
东部	46.51	26.15	1.99	5.6	3.33	2.13	1.16	13.14
中部	45.29	28.5	0.76	9.92	1.19	4.75	1.36	8.23
西部	47.36	26.96	0.27	7.11	0.95	3.66	0.68	13.01
全国	46.47	26.97	1.16	7.12	2.08	3.24	1.06	11.9

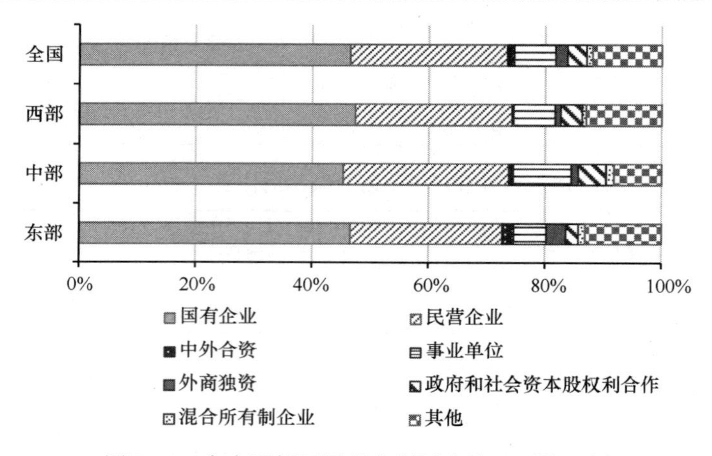

图3-34　东中西部不同所有制污水处理厂的比例

（三）不同所有制企业的规模分布

从不同所有制企业的平均处理能力来看，中外合资企业的平均规模最大，混合所有制企业紧随其后，其平均污水处理能力均在7万吨/日以上，国有企业的平均规模为4.89万吨/日，低于于全国污水处理厂的平均规模水平。相较而言，民营企业的平均规模最低，仅有2.81万吨/日，这也侧面反映出大多数民营性质的污水处理厂主要是集中在县、乡、镇的小型污水处理厂，具体如表3-19和图3-35所示。

2018年不同所有制企业的平均规模　　**表3-19**

所有制	国有企业	民营企业	中外合资	事业单位	外商独资	政府和社会资本合作	混合所有制企业	其他	全国
平均规模（万吨/日）	4.89	2.81	10.28	2.37	6.06	4.29	7.3	3.52	5.19

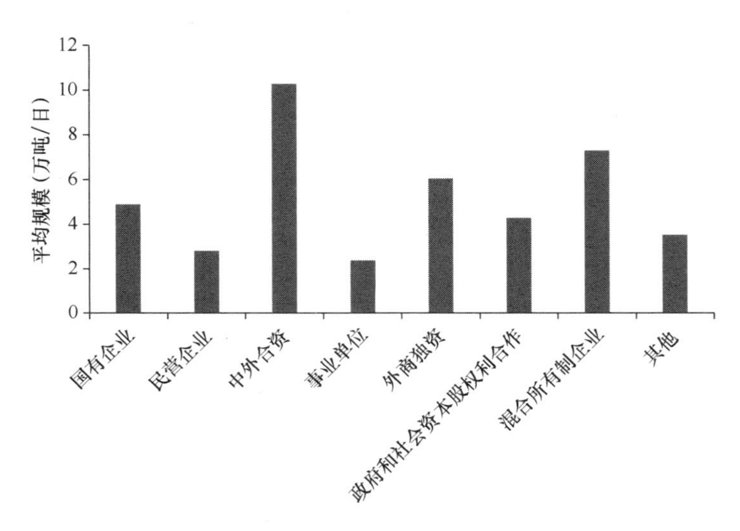

图 3-35 2018 年不同所有制企业的平均规模

从污水处理设计规模总量来看，2017 年私营企业污水处理设计规模总量为 988.36 万吨/日，外商投资企业的规模总量为 949.36 万吨/日，尽管二者规模总量上相差不大，但属于私营企业的污水处理厂数量为 442 个，占全国污水处理厂总数的 9.37%，而外商投资的污水处理厂仅 177 个，占比不到 4%，未及私营污水处理厂数量的一半。这说明外商投资污水处理厂的规模较大，具有比较显著的规模效应，而私营企业的平均规模较低，主要以投资运营小型污水处理厂为主。由于污水处理行业的初期投资大、投资回报期长，因此资金短板对于私营企业的发展而言极为不利，使其难以做大做强，很大程度上限制了私营企业的发展。

二、行业竞争力逐步增强

（一）企业管理水平显著提高

从 20 世纪 90 年代中期开始，污水处理行业通过市场化改革逐步打破了国有企业垄断经营的市场格式，全国污水处理行业已基本形成国有企业、事业单位、外资及港澳台资企业、私营企业和上市公司等多种市场主体共同竞争的格局。截至 2018 年底，污水处理行业中国有企业占比 46.47%，民营企业占比 26.97%，事业单位占比 7.12%，其余类型占比约 20%。污水处理企业和集团成为污水处理行业改革后培育最为成功的市场主体，直接推动了污水处理企业建立现代企业制度，生产管理、财务管理、人事管理等水平提高显著。

通过激烈的市场竞争，国内一批在行业内具有竞争力、日趋成熟的专业企业快速成长，包括：北控水务集团有限公司、北京首创股份有限公司、北京排水集团、北京碧水源科技股份有限公司、中环保水务投资有限公司（中节能）、桑德集团有限公司、广东粤海水务股份有限公司、博天环境集团股份有限公司、天津创业环保集团股份有限公司等。这些影响力较大的民族水务企业既有国企，也有上市公司、民营企业等。各类水务企业呈现的特点不同，国有控股水务公司投融资能力强，资金雄厚，技术能力强，与政府关系深厚，但受体制机制束缚，企业运营灵活度不够、成本意识薄弱；上市公司和民营企业具有良好的管理和激励机制，市场意识强烈，手段灵活激进，行业经验、实践业绩相对较弱，属行业新进入者，近年发展势头迅猛。各类民族水务企业优势互补，相互竞争，共同提升了我国污水处理行业的整体竞争力。

除了专注污水处理行业外，伴随国家全面实施节能减排，环保产业作为战略性新兴产业，逐步成为提升经济的新增长点、新引擎，一些大型污水处理企业抓住时机，积极拓展固废处理和新能源业务领域，不断延长产业链条，开拓环保相关业务，将单一的污水处理企业发展为环境服务运营企业。近年来，一些上市污水处理企业更是不断地通过内部挖潜，提升工程建设和运营管理能力，克服刚性成本上升压力、税收政策变化等诸多因素的影响，在国内经济增速减缓的大形势下实现了盈利能力的稳步提升，在资本市场交出了一份亮丽的成绩单，获得了资本市场的热捧。

（二）企业兼并重组初见成效

改革开放以来，中国城市与县城污水处理厂数量急剧增加，城市污水处理厂的数量从 1980 年的 35 座，增长到 2018 年的 2321 座，县城污水处理厂的数量从 2000 年的 55 座，增长到 2018 年的 1598 座。但“小、散、弱、差”的行业发展局面没有根本改变。大多是一个城市一个污水处理企业，到了县、乡、镇，污水处理厂不仅规模小，而且多数由当地国有或民营企业负责运营，污水处理企业更加分散。目前，我国污水处理厂规模普遍偏小，5 万吨/日的小型污水处理厂占了绝大多数，比例约为 82%，10 万吨/日以上的大型污水处理厂占比仅为 10%左右，如图 3-36 所示。

其中，西部地区小型污水处理厂的比例更高，5 万吨/日以下的污水处理厂占比高达 91.94%，10 万吨/日以上的大型污水处理厂占比极低。东、中部地区污水处理厂规模略大，10 万吨/日以上的大型污水处理厂占比超过 13%，见表 3-20。

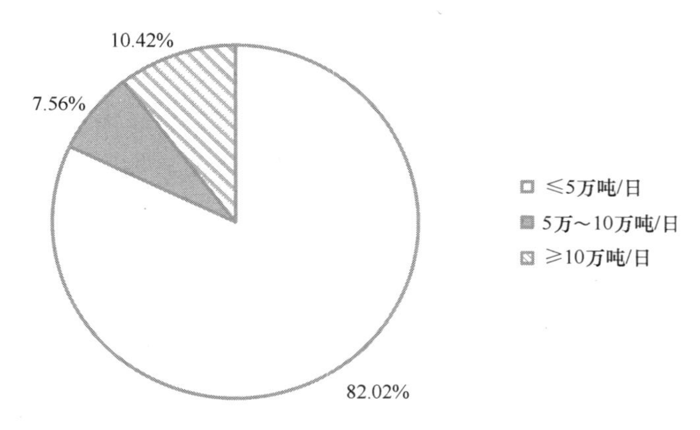

图 3-36 2018 年不同规模污水处理厂的比例情况

2018 年东、中、西部不同规模污水处理厂的比例情况（单位：%） **表 3-20**

地区	小型污水处理厂 ≤5 万吨/日	中型污水处理厂 5 万～10 万吨/日	大型污水处理厂 ≥10 万吨/日
东部地区	76.21	10.46	13.33
中部地区	80.24	6.53	13.23
西部地区	91.94	4.13	3.93

随着领先企业实力不断壮大，通过投资兼并重组来抢占市场份额已成为龙头企业的做大做强的重要手段，污水处理行业的整合、重构成为趋势。专业化水务公司以其运营效果佳和优良服务逐渐得到越来越多的市场认可，污水处理市场的区域壁垒呈现松动迹象，一些龙头水务公司逐渐走出本地市场进入其他地区。而在全国攻城略地的过程中，一些公司还结合自身优势逐渐打造出污水处理企业并购重组的不同模式。其中具有代表性的模式见表 3-21。

污水处理行业主要并购重组模式分析 **表 3-21**

主要模式	模式特点	代表企业
"碧水源"模式	通过先进技术工艺吸引地方政府合作，投资既有水厂改造进而拉动公司技术设备的订单	技术型公司
收购地方水务项目	前期投资收购各地水务项目，尽管短期内不见投资回报，但可通过各地水价上涨及政府补贴加大而获得长期收益	资本型公司
成立合资公司	由两家公司共同投入资本成立，分别拥有部分股权，并共同分享利润、分担支出和风险，共同享有对该公司的控制权	普遍适用

数据来源：2018 年中国污水处理市场竞争格局及投资并购发展现状分析报告。

（三）污水处理技术进步显著

进入 21 世纪，我国污水处理技术迅猛发展，由一线城市带领二、三线城市一起发展，淘汰掉高消耗、高污染的落后生产力，污水处理工程技术和设计从最初的全面引进国外到目前的复杂污水处理工程技术自主知识产权，而且装备水平不断提高。特别是国家通过设立水体污染与控制科技重大专项、973、863等重大科技计划的研发投入和支持，不断完善城镇污水处理及污泥处置技术标准体系，积极推动污水处理及再生利用、污泥处理处置及资源化利用等关键技术的研发、示范和推广，在污水处理、污泥处理、黑臭水体治理、海绵城市等领域不断取得新的技术创新与突破。行业主管部门通过加快制定有关技术的评价标准体系和方法、加强技术指导等多种方式，围绕提高城镇污水处理设施建设及运营管理的需要，不断加强污水处理相关专业技术人才、管理人才的建设和培养。

2010年以来，我国污水处理厂采用二、三级处理技术占比逐渐增加，特别是一些水环境敏感地区和经济发达地区，加强了对部分已建污水处理设施进行升级改造，大力改造除磷脱氮功能欠缺、不具备生物处理能力的污水处理厂，重点改造设市城市和发达地区、重点流域以及重要水源地等敏感水域地区的污水处理厂，进一步提高对主要污染物的削减能力。目前，我国九成左右污水处理厂是二、三级污水处理厂，九成左右污水处理厂出水水质达到一级以上标准。

根据《中国城市建设统计年鉴》，2006～2018年，中国二、三级污水处理厂的座数和处理能力双双大幅增长，二、三级污水处理厂的座数从2006年的689座增加到2018年的2179座，增幅超过200%，污水处理能力也相应地从2006年的5424.9万立方米/日增长至2018年的16022.6万立方米/日，增幅达195.35%，如图3-37所示。

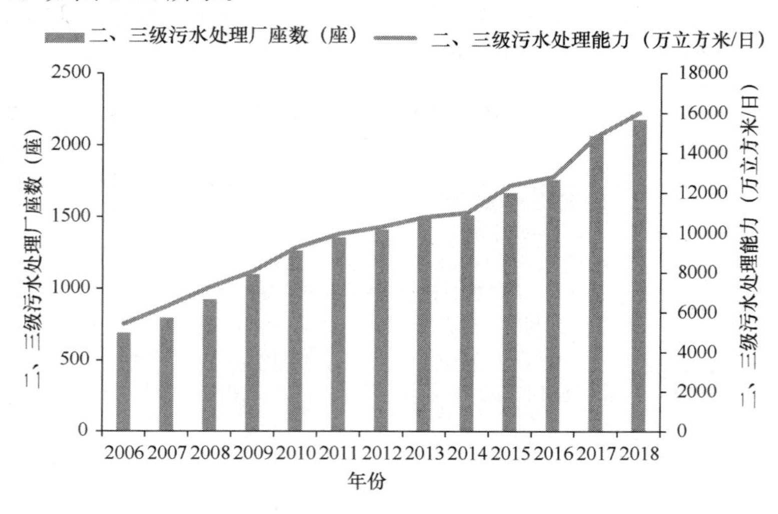

图3-37　2006～2018年中国城市二、三级污水处理厂及其处理能力

如图 3-38 所示，2006～2008 年，二、三级污水处理厂座数占比增长了 7 个百分点，而之后占比逐年下降。2012 年至今，全国二、三级污水处理厂的数量占比基本稳定在 85%左右，污水处理量与污水处理处理能力的占比变化趋势相似，2018 年占比最高，为 93.88%。

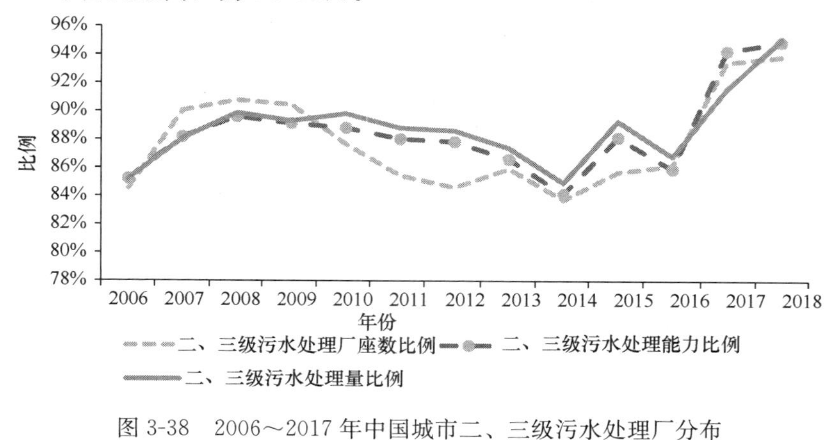

图 3-38　2006～2017 年中国城市二、三级污水处理厂分布

三、污水处理综合效益显著增强

经过“十五”“十一五”期间排水与污水处理行业的跨越式发展，“十二五”期间污水处理行业从追求数量扩张向高质量发展转变，污水处理企业更加注重治理水平的提升和自身能力的建设，从盲目扩张转为修炼内功、内外兼修，污水处理行业的综合效益得到了有效改善。

（一）人均污水处理量逐年提升

人均污水处理量是指污水处理企业处理能力与城市用水人口数的比值，其反映的是相比于城市人口数量，污水处理企业的相对污水处理能力。如图 3-39 所示，近些年我国人均污水处理能力出现了较大幅度的增长，2001 人均污水处理能力为 0.07 立方米/(日・人)，到 2018 年已增长至 0.164 立方米/(日・人)，总体增长了 140%。由此来看，相比于不断增长的城市人口，我国污水处理行业的处理能力呈现出明显的增长。

比较 2018 年全国各省份人均污水处理能力，如图 3-40 所示。从图中可知，上海、北京、广东、辽宁、浙江、天津、西藏和江苏这几个地区的人均污水处理能力超过 0.2 立方米/(日・人) 位于全国前列，其中上海以 0.28 立方米/(日・人) 居全国之首。除了甘肃的人均污水处理能力低于 0.1 立方米/(日・人)，其他地区的处理能力都位于 0.1～0.2 立方米/(日・人) 之间。

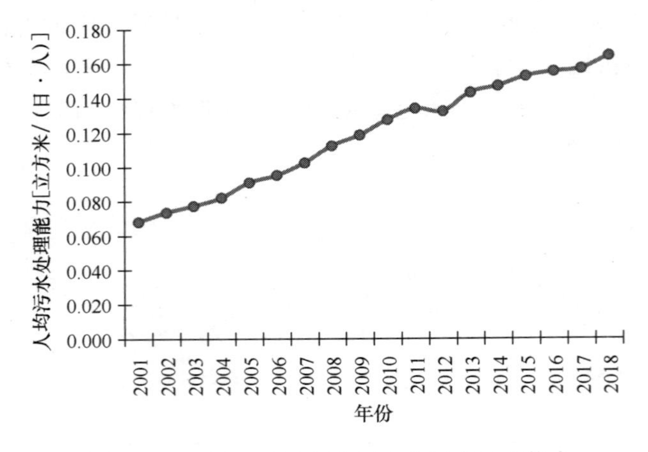

图 3-39　2001～2018 年全国人均污水处理能力

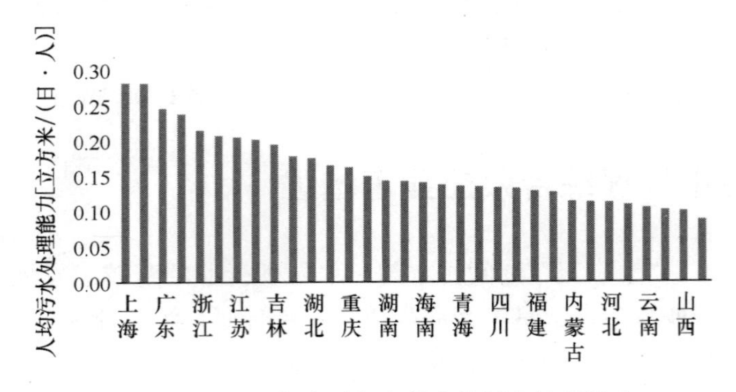

图 3-40　2018 年全国各省份人均污水处理能力

（二）污水处理出水水质稳步提升

从污水处理厂的出水水质来看，氧化沟、AAO、SBR 等处理工艺在全国得到了普遍应用，基本能保证污水处理厂稳定达到一级 B 出水标准。部分发达地区污水处理厂的出水水质仍在不断提高，尤其是出水水质标准为一级 A 的污水处理厂数量占比逐年增大。2018 年，出水水质为一级 A 标准的污水处理厂已占到全国污水处理厂总数的 63.1%，相比 2007 年已增加 34 个百分点，出水水质为一级 B 标准的污水处理厂占比虽降低至 26.43%，但新增了出水水质高于一级 A 的企业，占比 7.81%，至此，全国有 97.34%的污水处理厂的出水水质达到一级 B 以上标准。相对地，出水水质标准为二级、三级的污水处理厂数量仅占不到 3%，特别是出水水质标准为二级的污水处理厂占比显著下降，从 2007 年的占比 22.84%下降至 1.43%，降幅近 93.74%。出水水质为三级的污水处理厂数量极少，其占比虽有波动，但整体变化不明显。具体见表 3-22。

2007～2018 年各类出水标准的污水处理厂数量与比例　　表 3-22

年份	高于一级 A		一级 A		一级 B		二级		三级	
	座数	比例	座数	比例	座数	比例	座数	比例	座数	比例
2007			350	28.85%	435	35.86%	277	22.84%	13	1.07%
2008			485	31.17%	571	36.70%	317	20.37%	17	1.09%
2009			624	31.52%	802	40.51%	347	17.53%	17	0.86%
2010			892	32.03%	1267	45.49%	371	13.32%	23	0.83%
2011			1013	32.75%	1421	45.94%	386	12.48%	24	0.78%
2012			1089	33.03%	1529	46.38%	389	11.80%	24	0.73%
2013			1156	33.23%	1640	47.14%	389	11.18%	24	0.69%
2014			1349	33.94%	1929	48.53%	392	9.86%	28	0.70%
2015			1443	34.64%	2017	48.42%	387	9.29%	33	0.79%
2016			1662	35.55%	2219	47.47%	402	8.60%	54	1.16%
2017			1935	38.94%	2328	46.85%	464	9.34%	60	1.21%
2018	376	7.81%	3039	63.1%	1273	26.43%	69	1.43%	59	1.23%

从不同出水水质标准的污水处理厂实际污水处理量来看，出水水质标准为高于一级 A 的污水处理厂的运营效率最高，其污水处理量的占比大于其污水处理厂的数量占比。2018 年，占比不到 8%的出水水质为高于一级 A 的污水处理厂实际处理了全国近 17%的污水，但占比近 27%的出水水质为一级 B 的污水处理厂实际处理水量占比不超过 17%。这一方面是由于一级 B 以上的污水处理厂多是近年新建的，其设施总体负荷率较低，但另一方面也说明新建的高水平污水处理厂要进一步通过管理和技术挖掘潜力，不断增加污水处理量，具体见表 3-23。

2007～2018 年各类出水标准的污水处理量　　表 3-23

年份	高于一级 A		一级 A		一级 B		二级		三级	
	处理量（万立方米）	比例	处理量（万立方米）	比例	处理量（万立方米）	比例	处理量（万立方米）	比例	处理量（万立方米）	比例
2007			379213.39	21.29%	694284.21	38.97%	601738.43	33.78%	3960.66	0.22%
2008			494210.83	22.04%	903027.8	40.27%	720579.58	32.14%	4619.51	0.21%
2009			629384.1	23.32%	1141703.93	42.31%	832736.4	30.86%	6605.25	0.24%
2010			845785.82	25.43%	1493654.46	44.90%	887028.07	26.67%	7891.17	0.24%
2011			1042505.94	27.23%	1743434.45	45.54%	935601.62	24.44%	10570.96	0.28%
2012			1191260.27	28.30%	1948477.84	46.29%	959431.35	22.79%	8950.97	0.21%
2013			1307844.94	29.47%	2073022.37	46.71%	942577.06	21.24%	10429.34	0.24%

续表

年份	高于一级A		一级A		一级B		二级		三级	
	处理量（万立方米）	比例	处理量（万立方米）	比例	处理量（万立方米）	比例	处理量（万立方米）	比例	处理量（万立方米）	比例
2014			1490707.16	31.08%	2206540.36	46.00%	984971.24	20.53%	9621.61	0.20%
2015			1668760.2	32.69%	2324312.53	45.53%	992308.26	19.44%	11256.67	0.22%
2016			1855262.95	34.23%	2436856.93	44.96%	1000444.47	18.46%	11579.78	0.21%
2017			2146650.66	37.70%	2212445.1	38.86%	1037129.24	18.21%	15825.57	0.28%
2018	966062.82	16.79%	3777315.93	65.65%	945306.25	16.43%	60736.22	1.06%	3960.86	0.07%

(三) 污染物减排贡献增强

2005年，国家设置了“十一五”期间污染物化学需氧量（COD）的总量控制指标，污水处理厂作为COD减排的重要手段，对COD的削减量持续增加。2017年，全国污水处理厂共削减COD 1419.1万吨，较2017年增长了60多万吨，增幅4.48%。2005年全国城镇污水处理削减COD仅为420万吨，自国家将COD作为污染物削减的约束性指标以来，2018年较2005年COD削减量增长了近一千万吨，翻了两番多。

尽管全国城镇污水COD削减量逐年增长，但增速放缓，说明COD削减已遇到了一定的瓶颈，见表3-24。从COD削减效率来看，通过污水处理厂平均进水和出水浓度的比较来看，单位污水COD削减量也在逐年递减。2018年单位污水COD削减量为239.69mg/L，与2017年的238.69mg/L相差不大，但是较2010年的274.73mg/L减少了近40mg/L。究其原因，主要是由于污水处理配套管网不断完善，污水收集率不断提高，加之工业企业违规排污查处日益严厉，污水处理厂的进水浓度逐年降低。2018年，全国污水处理厂COD的进水浓度平均为256.15mg/L，较2017年降低了6.28mg/L，较2010年的312.03mg/L更是降低了55.88mg/L。与进水浓度相对的，全国污水处理厂的出水浓度不断降低，2018年的出水浓度已控制至21.65mg/L。尽管污水处理厂的出水浓度已控制得很低，但总体上说明我国污水处理厂COD单位削减效率在下降，这将导致我国COD单位削减成本不断提高。

2007～2018年全国污水处理厂COD削减情况　　表3-24

年份	COD		进水	出水	削减
	削减量（t）	增长（%）	（mg/L）	（mg/L）	（mg/L）
2007	5219029	—	371.86	45.08	326.78
2008	6394976	22.53	340.72	43.14	297.58

续表

年份	COD		进水	出水	削减
	削减量（t）	增长（%）	（mg/L）	（mg/L）	（mg/L）
2009	7692080	20.28	331.11	37.52	293.59
2010	9123584	18.61	312.03	37.3	274.73
2011	10161004	11.37	299.92	34.17	265.75
2012	10737513	5.67	287.88	32.6	255.28
2013	11195317	4.26	283.93	31.45	252.48
2014	11922752	6.5	278.62	29.81	248.81
2015	12630709	5.94	275.45	27.72	247.73
2016	12995027	2.88	265.54	25.48	240.06
2017	13581936.86	4.52	262.43	23.74	238.69
2018	14190950.41	4.48	256.15	21.65	239.69

从分地区污水处理厂COD减排的情况看，东部地区COD减排贡献最高，中部地区次之，西部地区COD削减总量最少，如图3-41所示。这一方面是由于东部地区污水处理厂数量、污水处理能力技术和实际污水处理率都远高于其他地区，而且东部地区的工业企业较多，人们生活水平较高，污水中的COD浓度也相对较高，因此东部地区的COD削减总量较高。但另一方面，西部地区尽管COD削减总量不高，但COD削减效率较高，万吨污水COD削减量为3.19吨，相比之下，东部和中部地区万吨污水COD削减量分别为2.77吨和2.83吨，低于西部地区。

为进一步控制和解决水污染的严重态势，国务院在设置COD（化学需氧量）排放总量控制目标的基础上，增设了氨氮和氮氧化物等污染物排放总量的控制目

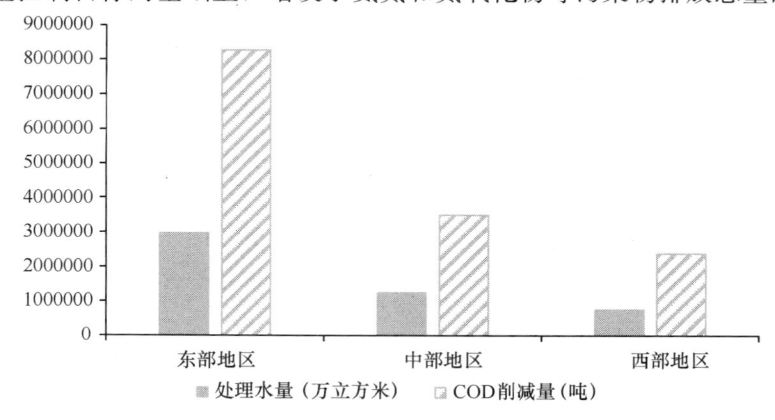

图3-41　2018年分地区污水处理厂COD削减情况

标，倒逼污水处理厂的处理工艺和技术进行创新，不断提高出水水质，促进了污水处理先进技术的应用和推广。为进一步处理难降解有机物、氮和磷等导致水体富营养化的无机物，高级氧化、脱氮除磷、超滤纳滤反渗透等处理工艺也得到了一定的推广，滤池、混凝沉淀等深度处理设施在经济发达和水环境敏感地区也在不断地扩大应用范围，以保证污水稳定一级 A 排放。

在全球能源危机、气候变化和资源紧缺等背景下，污水处理的传统模式正在发生巨大改变，人类社会可持续发展对城镇污水处理提出了多目标要求：提高出水水质，满足水污染控制和水资源可持续利用的需要，节能降耗、控制碳排放，实现低碳污水处理；开发污水潜能，提高能源自给率，并逐步实现清洁能源净输出；回收有机和无机资源，实现资源的循环利用。我国污水处理行业在满足出水稳定达标的同时，也开始关注节能低碳、污水中可用物质有效循环和深度回用的污水处理新模式，未来污水处理技术的基本变化是实现向资源、能源、水回收的转变，与此同时寻求不断降低污水处理成本费用。

第四节　排水与污水处理行业政府监管与治理

一、排水与污水处理行业监管机构与治理结构

中华人民共和国成立以来，城市排水与污水处理作为城市公用事业的重要内容，一直由国务院城市建设部门负责，已经建立了从地方到中央的垂直管理机构体系，形成了一支具有专业知识和技术的城镇排水与污水处理监管队伍。2014年，《城镇排水与污水处理条例》正式实施，国家通过行业立法的方式，明确了国务院住房和城乡建设主管部门负责指导监督全国城镇排水与污水处理工作，但并没有明确省级及以下城镇排水与污水处理的主管部门，而是根据各地的实际情况，将城镇排水与污水处理的主管部门的设置交于各级人民政府自行确定，明确了“县级以上地方人民政府城镇排水与污水处理主管部门（以下称城镇排水主管部门）负责本行政区域内城镇排水与污水处理的监督管理工作”。

目前，除海南省以外，各省、自治区城镇排水与污水处理的行业监管均由住房和城乡建设主管部门负责；北京、天津、上海由水务局负责；重庆由市政管理委员会负责。海南省因其地域的特殊性，政府部门设置与全国大部分省、自治区不一致；但海南省委、省政府已明确，该省水务厅相关的城镇排水和污水处理等

业务由住房和城乡建设部归口管理，这一点，与各直辖市的对口管理是相同的。在城市层面，根据住房和城乡建设部对全国设市城市排水、污水处理、再生水利用的管理体制情况的调查，城市排水、污水处理、再生水利用等业务的监管机构设置各不相同。其中，绝大多数的监管机构设在住房和城乡建设部门，但有少部分设在水利部门、环保部门，还有极少数的城市排水与污水处理行业由政府直管，国资委、发展和改革委员会和几部门混合管理。

从监管职能看，城市排水与污水处理行业监管涉及建设、环保、水利、卫生、国资、财政和发改等多个环节。由于排水与污水处理行业是一个复杂、系统工程，其不同业务领域和环节分属不同的监管主体具体管理，如水资源管理由水利部门负责；工业污水排放、污水处理厂的污染物排放等由环保部门负责；项目的投资由财政部门和发改部门负责；国有排水与污水处理企业的资产由国资部门负责。因此，企业在不同的业务领域和业务环节需要受不同的监管主体甚至是多个监管主体的交叉管理。由于各个环节相互交叉和联系，导致不同监管主体的职能也存在交叉，各个部门依据各自职能制定相应的管制政策，这些政策是相互影响的，有些甚至相互冲突，或者标准不统一，这就需要在制定政策的过程中，相关的监管机构建立沟通协调机制，使不同的监管政策互相衔接，避免在政策实践中，造成监管缺位、错位和越位，使各类监管机构能够各司其职、各负其责，取得良好的监管效果。

随着城镇化进程的加速发展，城乡接合部和农村的排水与污水处理设施的建设、管理也亟待加强。江苏省在太湖流域综合治理工作中摸索出一条适合的道路，提出遵循城乡统筹的原则，将农村、城乡接合部的排水和污水处理由县（市）级统一组织、统筹规划和有序实施。以宜兴市为例，为改变建制镇污水处理设施管理不到位及运营人员素质不高等问题，宜兴市由县级统筹村、镇污水处理设施管理，提出了“统一规划、统一建设、统一运行、统一监管”的四统一模式，取得了很好的治理效果。目前“四统一”模式已在太湖流域其他地区全面推开。

二、排水与污水处理行业进入监管与治理

回顾中国污水处理的发展进程，20 世纪 60～70 年代，开始自行投资兴建污水处理设施和污水处理厂。在计划经济体制下，污水处理厂全部为国有事业单位，绝大部分污水厂为一级处理，污水处理厂运行专业人员极度缺乏。2002 年以后，中国城市污水处理无论在数量还是质量上都得到了迅速的发展。建设部颁布了一系列文件，为国内外投资人提供了明确的政策预期和法律保障，为城市污

水处理市场各类主体规定了行为准则。与此同时，国家发展和改革委员会、国家环保总局等部门对城市污水处理市场准入开放也颁发了相关政策性文件。国外资本和民间资本大量涌入，逐步形成了以 BOT（建设-运营-移交）和 TOT（转让-运营-移交）等特许经营方式为主体，委托运营、企业股权交易、合资合作等投资主体多元化市场化模式。

排水与污水处理行业市场化改革始于 20 世纪 90 年代中期，随着排水与污水处理设施建设的快速增长，建设资金短缺和经营效率低下的矛盾日益突出，无法适应水污染治理的需要。为此，以特许经营制度为核心的排水与污水处理行业市场化改革开始逐步深入。在早期的开放市场过程中，中国排水与污水处理行业不断放松进入监管，以打破垄断、推进国企改革和促进市场竞争为目的，一大批国外水务公司先后进入排水与污水处理行业。在放松进入监管的同时，也暴露出一些问题和矛盾，如合同不规范、承包商带资承包建设、固定或变相固定投资回报等。

为解决这些问题，政府不断加强对城镇排水与污水处理项目的规范和监管，而且鼓励国内水务企业依托属地优势和资本运作，跨地区参与排水与污水处理设施的投资运营。同时，排水与污水处理行业的监管制度体系也在不断健全。2013 年出台的《城镇排水与污水处理条例》，第一次以国家法规的形式，明确“国家鼓励实施城镇污水处理特许经营制度”，而且“具体办法由国务院住房城乡建设主管部门会同国务院有关部门制定”，为排水与污水处理行业实施特许经营提供了法律依据。随后，国家财政部、发展和改革委员会、住房和城乡建设部又多次联合发文推进包括污水处理领域的公私合作，并出台了政府与社会资本合作的合同指南与操作指南，这无疑会启动社会资本进入排水与污水处理行业的新一波浪潮，但与前一阶段不同的是，这一阶段的改革以立法为先导，国家在中央层面已经建立了一套相对完善的制度体系，并且明确了政府与企业的责任边界。

三、排水与污水处理行业价格监管与治理

污水处理收费制度是排水与污水处理行业市场开放的重要配套措施，这为市场化改革的投资收益回报提供了前提条件。2014 年底，根据《水污染防治法》和《城镇排水与污水处理条例》的要求，财政部、发展和改革委员会、住房和城乡建设部联合颁布《污水处理费征收使用管理办法》（财税〔2014〕151 号），以部门规章的形式确立了污水处理收费制度。在此办法中，明确了污水处理费的性质、征收标准的确定、污水处理服务费的补贴与支付等重大问题，指出污水处理费属于政府非税收入，纳入地方政府性基金预算管理；污水处理费的征收标准，

按照覆盖污水处理设施正常运营和污泥处理处置成本并合理盈利的原则制定；政府以购买服务的方式，向污水处理运营单位支付服务费，服务费应覆盖成本及合理收益，并与绩效评估相挂钩。这些条款明确了市场化改革后的政府责任，有力地保障了社会资本进入排水与污水处理行业的合理收益，但同时要求对运营单位进行绩效考核，并将服务费与绩效挂钩，可以有效激励市场主体降低成本、提高绩效，为进一步深化市场化改革提供了有效的价格机制。

在《污水处理费征收使用管理办法》中，明确将污水处理费和污水处理服务费做了明确区分。其中，污水处理费是向排水户收取的费用，主要用于补偿排水与污水处理的成本，包括运行、维护和建设；污水处理服务费是向排水与污水处理设施运营单位核拨的政府购买污水处理服务的费用。二者在概念、定价和数额上都有所不同。概念上，前者作为水价的重要组成部分，由行业主管部门委托供水企业或相关机构和单位代收，并统一上缴财政，纳入财政预算资金统一管理；后者作为政府购买服务的费用，由行业主管部门根据运营服务合同、考核评估结果和相关的水质、水量监测数据，核定需支付的运营服务费用。定价上，前者属于关系群众切身利益的公用事业价格，根据《价格法》，其定价和价格调整需召开价格听证会；后者由政府和企业在签订运营服务合同时确定费用单价或计算公式，并由行业主管部门核定，同时应执行国家和地方的相关规定。数额上，二者相对独立，当前者高于后者时，由政府统筹分配，可部分用于补偿设施建设资金的不足；当前者低于后者时，应由政府财政补贴，足额支付运营、维护单位的运营服务费。

为进一步落实《城镇排水与污水处理条例》等规定，促进水污染防治，改善水环境质量，加大污水处理收费力度，2015年年初，发展和改革委员会、财政部、住房和城乡建设部三部委联合下发《关于制定和调整污水处理收费标准等有关问题的通知》，明确要求未征收污水处理费的市、县和重点建制镇，最迟应于2015年底前开始征收，而且城市居民污水处理费不低于0.95元/立方米，非居民不低于1.4元/立方米；县城、重点建制镇原则上每吨调整至居民不低于0.85元，非居民不低于1.2元。《通知》颁布后，全国基本所有的设市城市都开征了污水处理费，同时污水处理费未达到文件规定标准的城市纷纷启动污水处理费调价模式。2016年12月，国家发展改革委、住房和城乡建设部关于印发《"十三五"全国城镇污水处理及再生利用设施建设规划》通知，明确指出：按照"污染付费、公平负担、补偿成本、合理盈利"的原则，合理制定和调整城镇污水处理收费标准，收费标准要补偿污水处理和污泥无害化处置的成本并合理盈利。

2018年，国家发展改革委印发《关于创新和完善促进绿色发展价格机制的意见》(发改价格规〔2018〕943 号),将完善污水处理收费政策作为促进绿色发展价格机制的一项重要内容。重点关注了污水处理费的动态调整、污水处理按效付费、差别化收费以及农村污水处理收费等问题,这些内容与当下污水处理费收支不平衡、污水处理设施提标改造、农村污水处理设施普及、工业企业污染物排放浓度差异等问题密切相关,是下一阶段污水处理收费价格政策改革的重点和难点问题。

2020 年,国家发展改革委、财政部、住房和城乡建设部、生态环境部、水利部五部门联合发文《关于完善长江经济带污水处理收费机制有关政策的指导意见》,对于如何有效利用价格杠杆加强和改善水污染防治提出了更加具体、可操作性的意见,明确了污水处理成本要覆盖污水处理设施建设运营和污泥无害化处置成本,而且到 2025 年底,各地(含县城及建制镇)均应调整至补偿成本的水平。同时,要求各地市全面开展污水处理成本监审调查工作,鼓励开展收费模式改革试点,通过收费价格模式改革推进厂网一体化污水处理运营、城乡不同区域、不同规模、不同盈利水平的项目打包,根据企业排放污水中主要污染物种类、浓度等指标,分类分档制定差别化收费标准。

四、排水与污水处理行业质量监管与治理

质量监管关系到城镇排水与污水处理行业健康、稳定地发展,关系到城市安全和环境安全。中国目前已制定、修订和实施一系列与排水与污水处理行业相关的国家标准和行业标准,包含污水处理、污泥处置、再生水利用、海绵城市、黑臭水体治理等多个领域,涉及排水标准、排水监测标准、规范和方法、工程技术标准、规范和规程、产品设备标准等方面,如:《城镇污水处理厂污染物排放标准》GB 18918—2002、《污水排入城市下水道水质标准》CJ 343—2010、《污水综合排放标准》GB 8978—1996、《城市用水分类标准》CJ/T 3070—1999、《给水排水管道工程施工及验收规范》GB 50268—2008、《城镇污水处理厂污泥泥质》GB 24188—2009、《城市污水再生利用分类》GB/T 18919—2002、《城镇污水处理厂工程质量验收规范》GB 50334—2017、《城镇污水再生利用技术指南(试行)》(建城〔2012〕197 号)、《城镇污水处理厂工程施工规范》GB 51221—2017、《城镇内涝防治技术规范》GB 51222—2017、《城市排水工程规划规范》GB 50318—2017。这些标准、规范和规程基本建立起涵盖工程规划、设计、施工、验收、运行全过程的标准规范体系,对规范排水与污水处理企业的生产行为,保障城市排水与污水处理服务质量起到了积极的引导作用。特别是近些年,随着工程技术的进步,排水与污水处理行业不断修订标准规范,如 2017 年先后

修订《城市排水工程规划规范》和《城市污水处理厂工程质量验收规范》，保证了行业标准规范的先进性和适用性。同时，由于排水与污水处理的外延不断扩大，业务领域已涉及海绵城市建设和黑臭水体治理，住房和城乡建设部先后出台《城市黑臭水体整治——排水口、管道及检查井治理技术指南（试行）》（建城函〔2016〕198 号）、《海绵城市建设技术指南——低影响开发雨水系统构建（试行）》（建城函〔2014〕275 号）等技术指南，规范相关企业行为，为政府监管提供技术支撑。

为保障这些标准和规范的实施，排水与污水处理行业逐步建立健全质量监控体系。一方面安装在线监测设备，并将监测数据进行联网，建立覆盖全国的城市污水处理管理的信息化平台，实时监测污水处理厂的污染物排放情况和对周围环境的影响；另一方面建立日常检测、不定期抽查、定期评估和专项调查相结合的监督检查制度，弥补在线监测的不稳定性，具体的检测工作可以委托具有计量资格的第三方检测单位进行检测，并对检测结果进行通报。

为更好地利用这些检测、检测数据实施质量监管，住房和城乡建设部建立了全国城镇污水处理管理信息系统，在公用事业领域率先形成国家和地方数据共享的监管平台，实时掌握城镇排水与污水处理的建设运行情况，实现了对项目建设和运行的动态监管。基于大数据和云平台，住房和城乡建设部建立了城市污水处理工作考核体系和管理办法，明确规定了城镇污水处理工作考核的方式、方法，制定具体的考核评分细则，建立了“量质结合”的城镇污水处理考核体系，为城市污水处理质量考核提供制度保障。根据 2017 年新修订的污水处理工作考核指标及计算方法，污水处理考核指标主要包括：城镇污水处理效能、主要污染物削减效率、污泥处置、监督管理、进步鼓励五方面。考核采用百分制，考核总分为各项考核指标分值之和。其中进步鼓励分是根据前四项考核结果与上一年度同期同口径相比后，总分、排名有进步的能够得到进步鼓励分。这种考核方式不仅鼓励“先进”，同时也鼓励“后进”追赶“先进”，对于落后地区加快发展具有重要意义。

第四章　垃圾处理行业发展报告

垃圾处理行业属于环保产业的一个分支，一般包括工业垃圾处理、危险废物处理及城市生活垃圾处理三大领域。垃圾处理按作业对象可分为直接处理对象和间接处理对象两大类。本报告主要以城市生活垃圾的直接处理作业为例，对垃圾处理行业投资与建设、生产与供应、发展成效和政府监管与治理进行研究。

第一节　垃圾处理行业投资与建设

一、总体概况

城市垃圾处理已是城市公共服务重要的组成部分，目前中国垃圾处理行业的主要投资主体或来源包括两大类：(1) 政府投入，包括地方财政、国家财政、国债资金和CDM（清洁发展机制）的资金支持；(2) 社会资本，包括国内垃圾处理投资运营商、国外垃圾处理投资运营商、银行融资、股市融资、环保产业基金和风险投资基金。

(一) 固定资产投资现状

2018年，全国城市市容环境卫生固定资产投资额为470.5亿元（图4-1），同十年前相比有较大增幅。

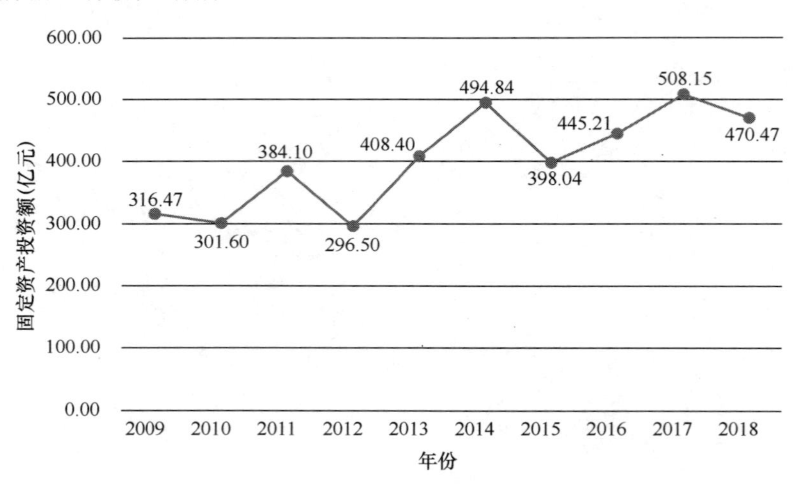

图4-1　城市市容环境卫生建设固定资产投资额

资料来源：《中国城乡建设统计年鉴》编委会.《中国城乡建设统计年鉴》(2018) [M]. 北京：中国统计出版社，2019。

2018年垃圾处理领域的固定资产投资额为298.5亿元，占全社会城市市政公用设施建设固定资产投资的比例为2.34%，环卫固定投资在2016～2018年连续三年有较大增幅（图 4-2）。

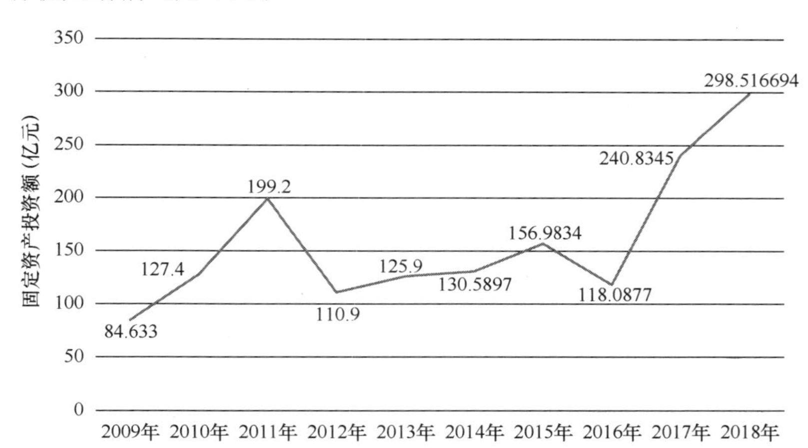

图 4-2　历年垃圾处理固定资产投资额

资料来源：《中国城乡建设统计年鉴》编委会.《中国城乡建设统计年鉴》（2018）[M].
北京：中国统计出版社，2019。

（二）环卫专用车辆设备

我国城市市容环卫专用车辆设备①总数保持逐年稳步增长，各年车辆设备总数如图 4-3 所示，2019 年车辆设备总数已达到 334214 台，同时从图中可以看到，我国城市专用车辆设备的年增长率也在逐年提高，2019 年增长率达到 25%。

（三）垃圾处理场②

我国城市生活垃圾处理的方式主要可以划分为三大类：垃圾卫生填埋、垃圾焚烧和其他垃圾处理方式（堆肥（含综合处理）、堆放和简易填埋）。图 4-4 统计了城市历年各类无害化垃圾处理厂的占比情况。

生活垃圾卫生填埋都是我国现阶段最主要的垃圾无害化处理方式；其次，城市近年来卫生填埋处理量占总的垃圾处理量有降低趋势；而无害化垃圾焚烧厂的比例呈现逐渐扩大趋势。

图 4-5 描绘了城市垃圾无害化处理厂、垃圾卫生填埋厂和垃圾焚烧厂历年增

① 指用于环境垃圾卫生作业、监察的专用设备和车辆，包括用于道路洒水、冲洗、清扫、除雪、市容监察、垃圾粪便清运以及与其配套使用的设备和车辆。如：垃圾车、扫路机（车）、洗路车、洒水车、真空吸粪车、除雪机、装载机、压实机、推土机、专用船舶、吸泥渣车、盐粉撒布机、垃圾筛选机、垃圾破碎机等。对于长期租赁的车辆及设备也统计在内。

② 本书“垃圾场”与“垃圾厂”通用，以下同。

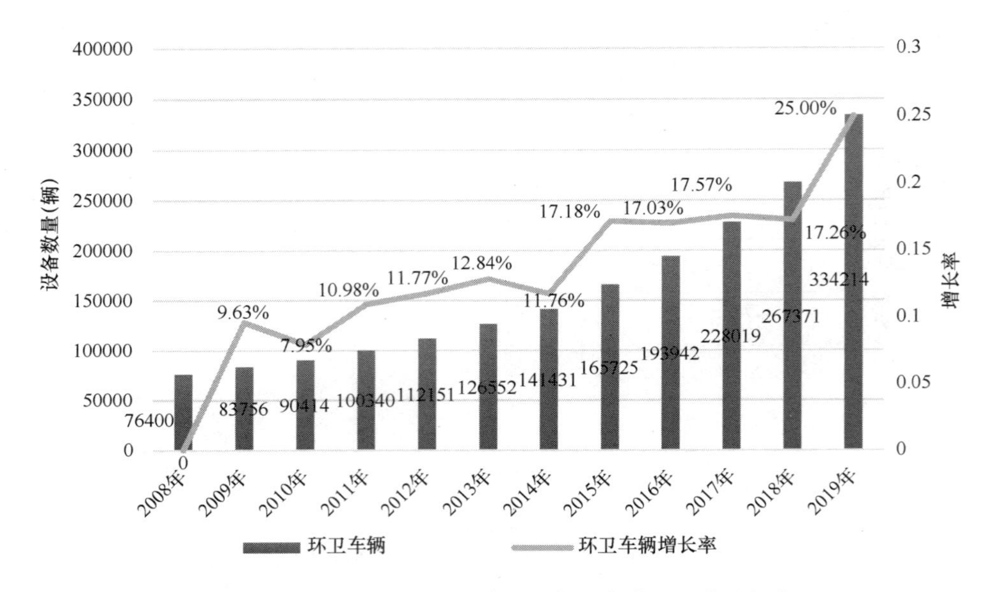

图 4-3　中国城市市容环卫专用车辆设备数量及其增长率

资料来源：《中国城乡建设统计年鉴》编委会.《中国城乡建设统计年鉴》(2018)[M].北京：中国统计出版社，2019。

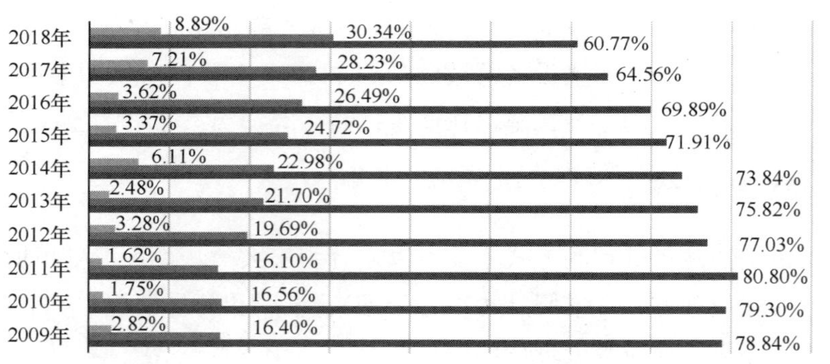

图 4-4　历年城市各类无害化垃圾处理厂占比

资料来源：《中国城乡建设统计年鉴》编委会.《中国城乡建设统计年鉴》(2018)[M].北京：中国统计出版社，2019。

长率。总体而言，城市垃圾无害化处理厂的总数目在稳步上升（2018 年增长率为 7.7%），其主要增长力量为垃圾焚烧方式的无害化处理厂（2018 年增长率为 15.73%）。此外，卫生填埋场的增长率在 2018 年上升了 1.38%。

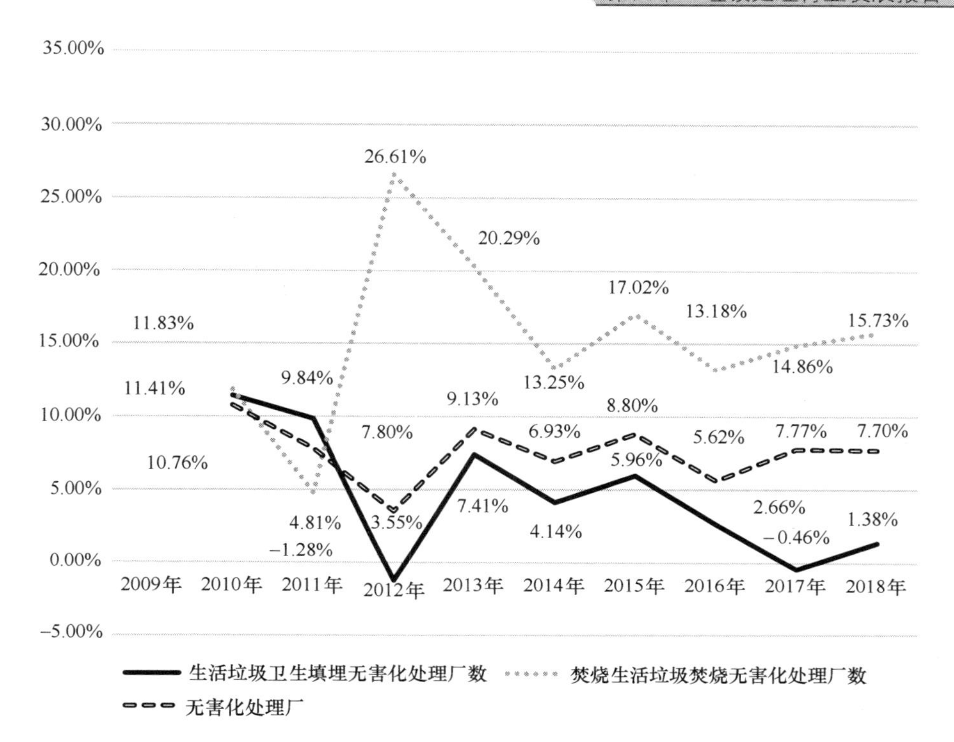

图 4-5 城市无害化垃圾处理厂的增长率比较

资料来源：《中国城乡建设统计年鉴》编委会.《中国城乡建设统计年鉴》(2018)[M].北京：中国统计出版社，2019。

二、垃圾卫生填埋场投资与建设

(一) 垃圾填埋简介

中国实施最为广泛的垃圾处理技术是垃圾填埋。该项垃圾处理技术就是将垃圾填入到洼池或者是大坑当中，用防渗材料将地面与垃圾接触部位覆盖住，避免垃圾渗滤液进入地下水发生污染；并在场地的底部铺设排水管道，把渗滤液引到场外；在垃圾体内设置导气系统，把填埋气导出利用或者燃烧；在场地的四周挖设截洪沟，避免洪水进入场内。

(二) 投资与建设现状

截至 2019 年底，我国共有生活垃圾卫生填埋厂 663 座。2009～2018 年城市生活垃圾卫生填埋无害化处理厂数量如图 4-6 所示，2018 年填埋厂数量比 2017 年增加了 9 座，比 2009 年新增 216 座。

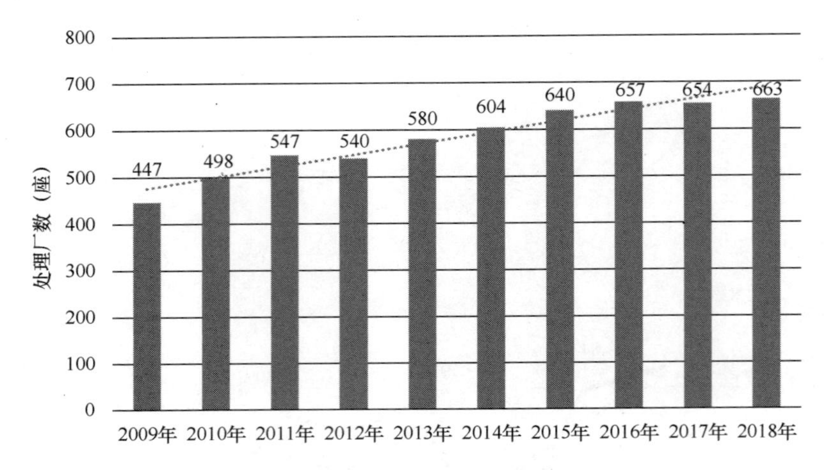

图 4-6　生活垃圾卫生填埋无害化处理厂数

资料来源：《中国城乡建设统计年鉴》编委会.《中国城乡建设统计年鉴》（2018）[M].
北京：中国统计出版社，2019。

截至 2017 年 12 月底，我国各省份运营中的垃圾填埋场分布情况如图 4-8 所示。从该图可知，国内的垃圾填埋场主要集中分布在人口相对集中、密度较大的地区，如广东、河北、河南、山东等地；发达城市有逐渐减少的趋势，其中北京、上海等经济相对发达的城市制定了原生垃圾零填埋的指导目标，并在建造大量的垃圾焚烧设施。等到垃圾焚烧设施全部投入运行后，预计国内未来的焚烧能力将大幅提升，相对地，有危害性的垃圾填埋处理方式比重将大大降低。

三、垃圾焚烧厂投资与建设

（一）垃圾焚烧简介

“生活垃圾焚烧发电技术”在 2015 年就已被列入国家发展改革委发布的《国家重点推广的低碳技术目录》，该目录针对“生活垃圾焚烧发电技术”的说明中指出：该技术通过焚烧对生活垃圾进行减量化和稳定化处理，同时将垃圾的内能转化为高品质的热能用于发电。与传统的卫生填埋垃圾处理方式相比，生活垃圾焚烧的处理方式有 5 大优势①，即项目用地少、垃圾处理速度快、减容效果好、污染排放低和可产生能源。2018 年度主要省区市垃圾填埋场的地域分布情况如图 4-7 所示。

① 张益.《生活垃圾焚烧技术十问十答》.《北极星节能环保网》，2016 年 8 月 21 日. http://data.stats.gov.cn/easyquery.htm? cn=C01&zb=A0C06&sj=2017。

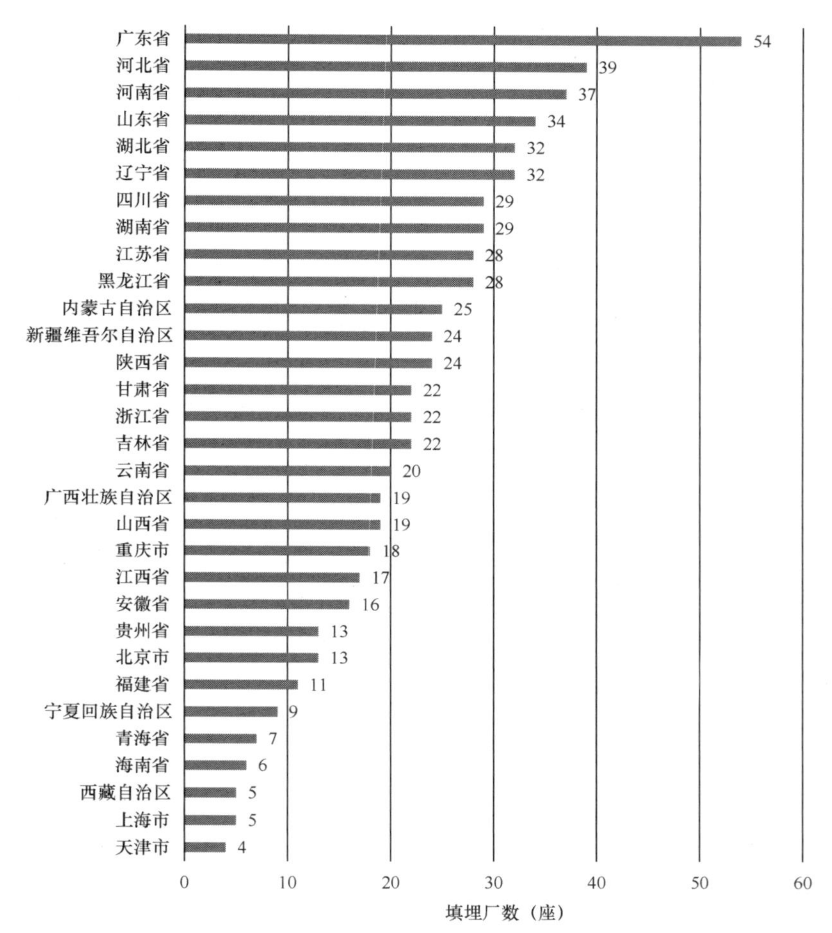

图 4-7 2018 年度主要省区市垃圾填埋场的地域分布情况

资料来源：《中国城乡建设统计年鉴》编委会.《中国城乡建设统计年鉴》(2018)［M］. 北京：中国统计出版社，2019。

（二）投资与建设现状

据国家统计局数据，截至 2018 年底，我国城市生活垃圾焚烧设施 331 座，相对 2017 年底新增 45 座（图 4-8）。山东为目前我国城市生活垃圾焚烧设施最多的省份（有 40 座），同时相较 2017 年，2018 年广东省新建城市生活垃圾焚烧厂 12 座，江西、贵州、山东新增 4 座，江苏新增 3 座，甘肃、重庆、北京、广西新增 2 座，宁夏、黑龙江、湖南、山西、河南、河北、云南、湖北、四川、安徽 9 个省市自治区新增 1 座[①]（图 4-9）。

① 国家统计局数据（http：//data. stats. gov. cn/search. htm?s）。

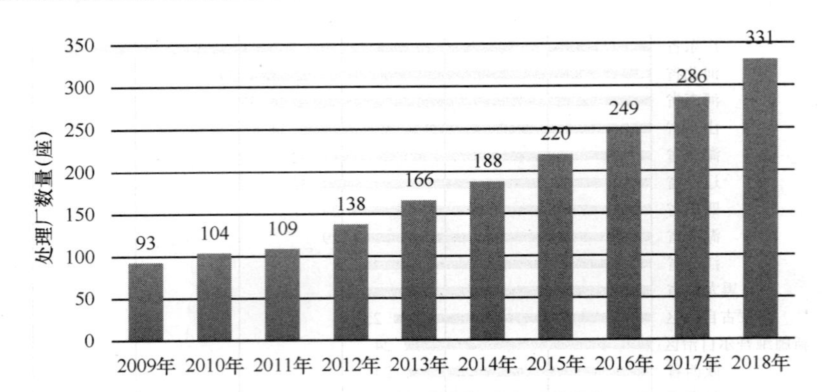

图 4-8　历年城市生活垃圾焚烧无害化处理厂数量

资料来源：《中国城乡建设统计年鉴》编委会.《中国城乡建设统计年鉴》(2018) [M]. 北京：中国统计出版社，2019。

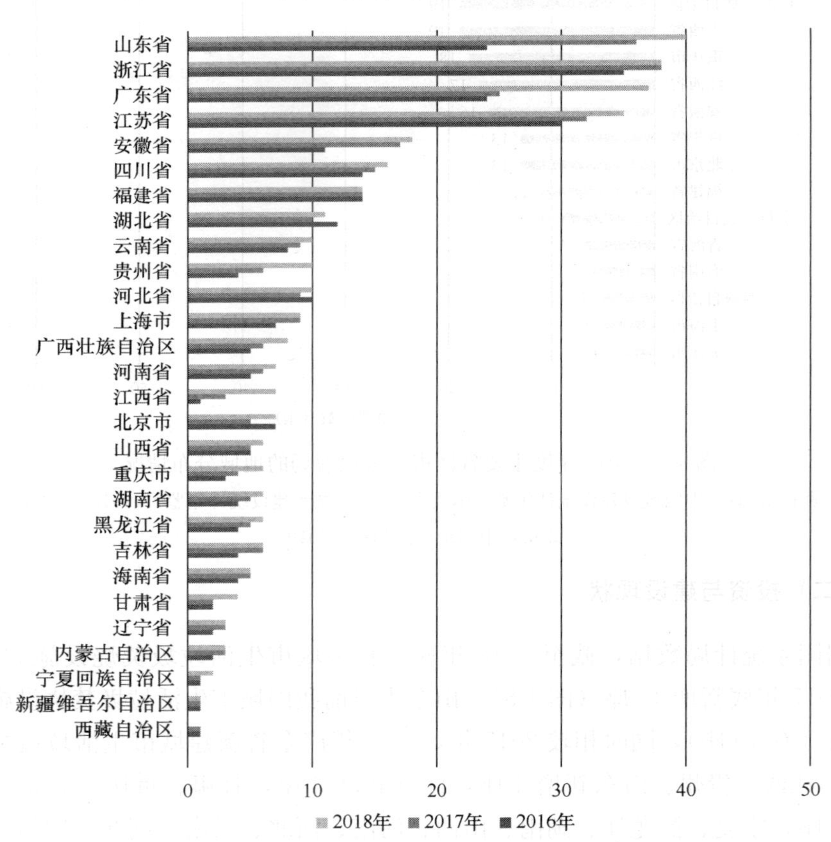

图 4-9　2018 年度生活垃圾焚烧无害化处理厂数量变化的地域分布

资料来源：国家统计局（http：//data. stats. gov. cn/search. htm?s)。

四、其他类型垃圾处理厂投资与建设

其他类型垃圾处理方式一般包括堆肥（含综合处理）、回收利用、堆放和简易填埋，后两种垃圾处理方式对环境破坏明显，属于取缔的对象。我国目前以垃圾填埋、焚烧为主，垃圾处理技术的使用情况为：填埋方式所占比例约为 60%，焚烧方式所占比例约为 38%，而其他方式只占 2%①，如图 4-10 所示。

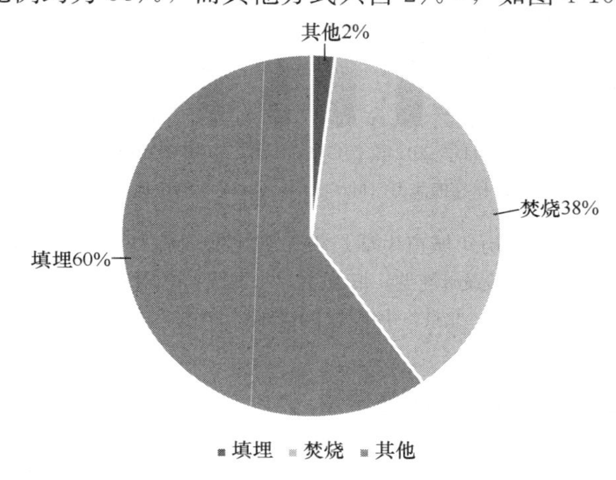

图 4-10 2018 年我国垃圾处理方式占比

第二节 垃圾处理行业生产与供应

一、总体概况

垃圾处理产业的产出大致可以分为三类：物质资源、环境资源和垃圾处理服务。

（一）垃圾无害化处理能力和处理量

我国城市垃圾无害化处理能力和处理量均在逐年增加，详情如图 4-11 所示。由该图可知，2018 年城市垃圾无害化处理能力达到 766195 吨/日，增幅为

① 郭宁宁，等．城市垃圾处理模式创新与价值共创机制研究．创新科技，2018 年第 2 期。

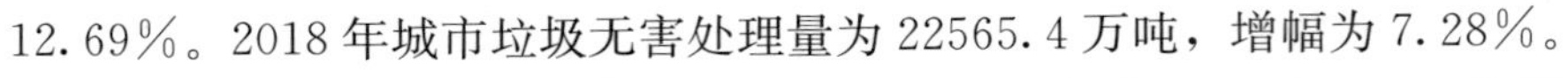

12.69%。2018 年城市垃圾无害处理量为 22565.4 万吨，增幅为 7.28%。

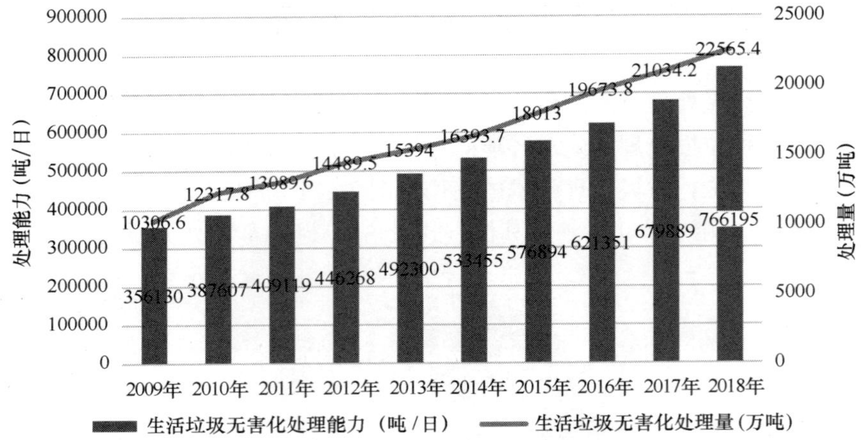

图 4-11　历年城市生活垃圾无害化处理能力和处理量

资料来源：《中国城乡建设统计年鉴》编委会.《中国城乡建设统计年鉴》(2018)[M]. 北京：中国统计出版社，2019。

（二）各类型垃圾处理能力和处理量

如图 4-12 所示，2018 年城市生活垃圾卫生填埋无害化处理能力为 373498 吨/日（占 49%），生活垃圾焚烧无害化处理能力为 364595 吨/日（占 47%），垃圾

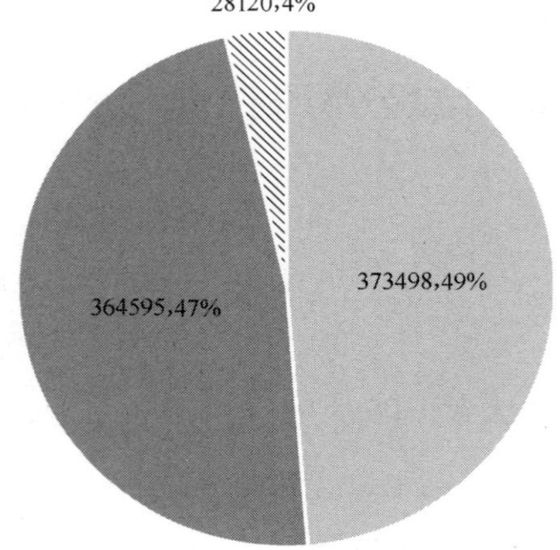

图 4-12　各类型垃圾处理能力以及占比情况

资料来源：国家统计局数据整理（http://data.stats.gov.cn/easyquery.htm?cn=C01）。

堆肥/综合处理无害化处理能力为 28102 吨/日（占 4%）。另外，2018 年城市垃圾卫生填埋无害化处理量为 11706 万吨，垃圾焚烧无害化处理量为 10184.9 万吨，垃圾堆肥/综合处理无害化处理量为 674.5 万吨。

（三）各地域垃圾无害化处理能力和处理量

图 4-13 展示了 2018 年各省市垃圾无害化处理能力（吨/日）分布，从该图可知，广东省垃圾无害化处理能力处于全国领先地位，达到 103704 吨/日。从排名上看，我国东部沿海经济较发达地区，垃圾无害化处理能力较强，中西部省市垃圾无害化处理能力较弱。

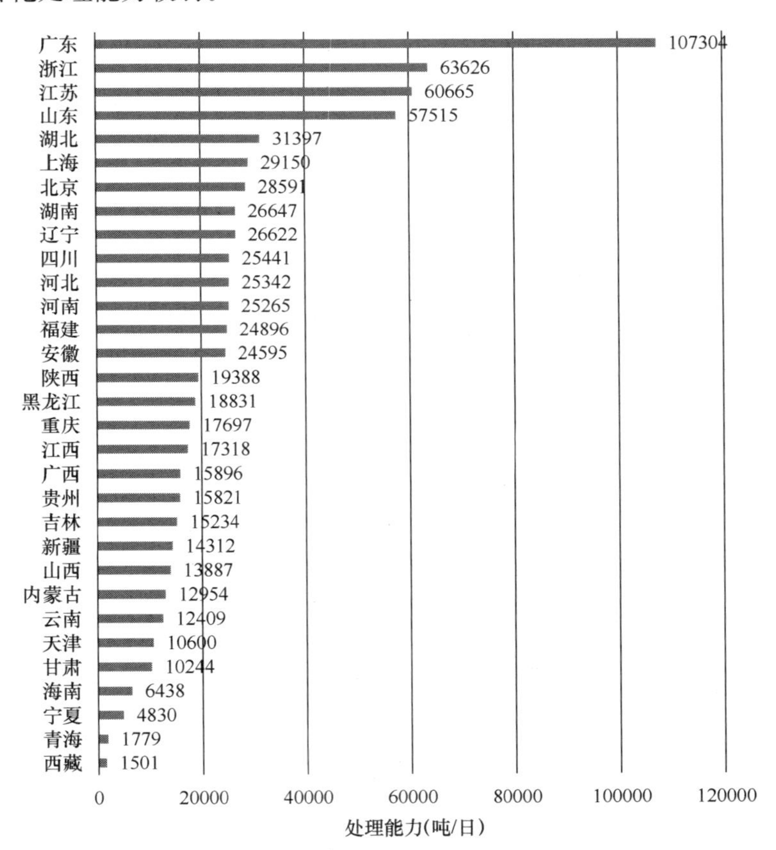

图 4-13　各地域垃圾无害化处理能力分布

资料来源：《中国城乡建设统计年鉴》编委会.《中国城乡建设统计年鉴》(2018) [M]. 北京：中国统计出版社，2019。

图 4-14 展示了 2018 年各地域垃圾无害化处理量（万吨）分布，广东省垃圾无

害化处理量处于全国领先位置，达到 3031.55 万吨，从排名上看，我国东部沿海经济较发达地区，垃圾无害化处理量较大，中西部省市垃圾无害化处理量较小。

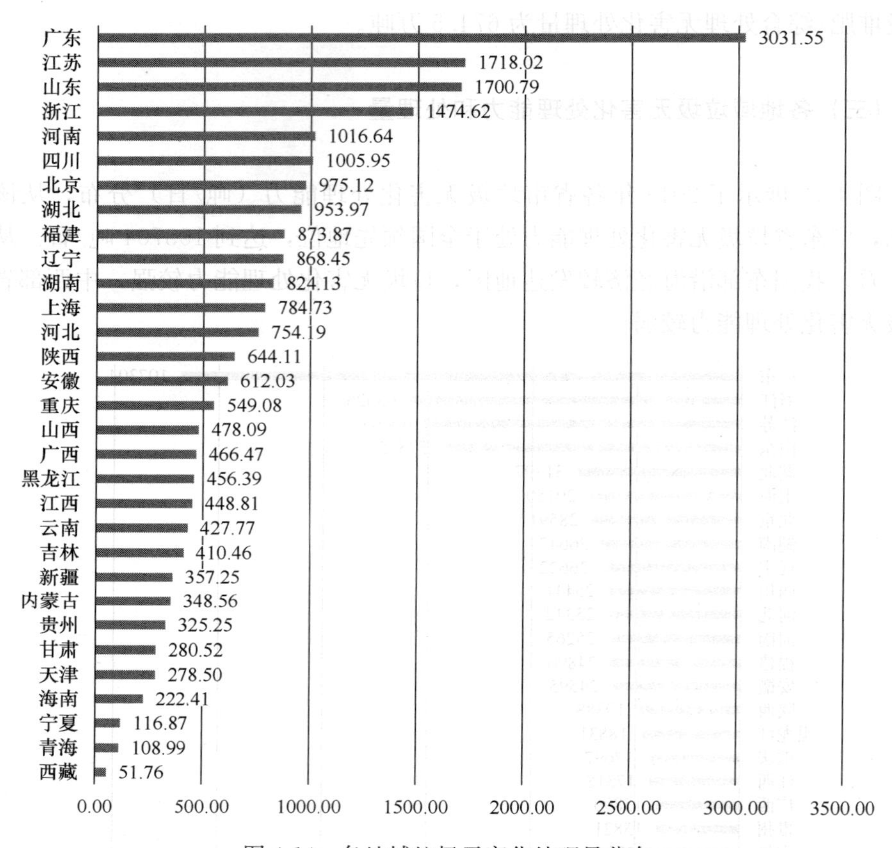

图 4-14　各地域垃圾无害化处理量分布

资料来源：《中国城乡建设统计年鉴》编委会.《中国城乡建设统计年鉴》(2018)[M].北京：中国统计出版社，2019。

二、垃圾卫生填埋场处理能力及处理量

(一) 增长现状

图 4-15 展现了 2009～2018 年城市垃圾卫生填埋无害化处理能力和处理量的发展状况，经过十年的发展，我国城市垃圾卫生填埋无害化处理能力从 273498 吨/日提升到 373498 吨/日，十年间增长了 36.6%，2018 年增长率为 3.5%；城市垃圾卫生填埋无害化处理量由一年 8898.6 万吨到一年 11706 万吨，十年间增长了 31.5%。

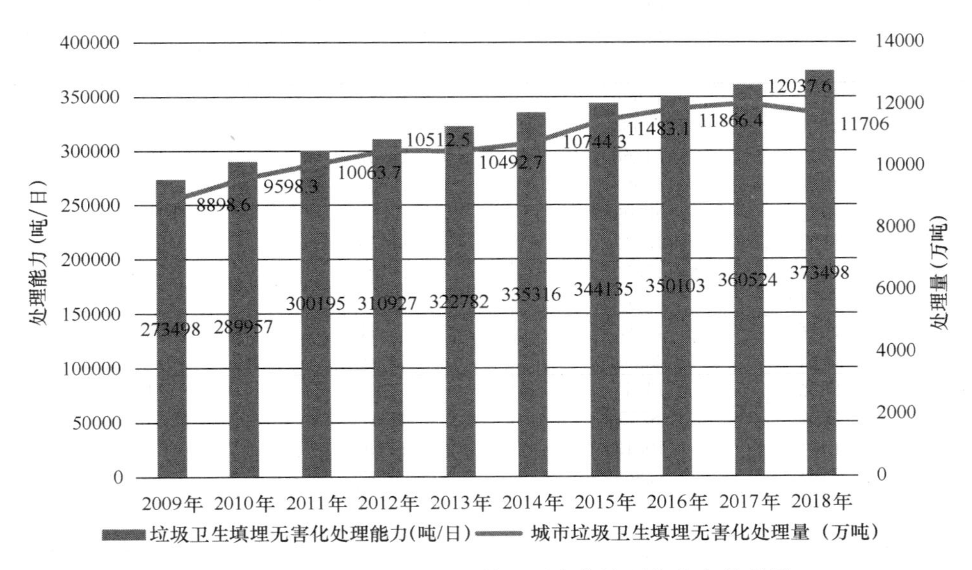

图 4-15　历年城市垃圾卫生填埋无害化处理能力和处理量

资料来源：《中国城乡建设统计年鉴》编委会.《中国城乡建设统计年鉴》(2018)[M].北京：中国统计出版社，2019。

(二) 地域分布

截至 2018 年 12 月底，我国各省份运营中的垃圾填埋处理能力分布情况见表 4-1。国内的垃圾填埋厂主要集中在人口密度较大、分布相对集中的东部发达地区，东部发达地区由于其经济发展水平较高，带动了其垃圾焚烧技术的大力发展，其填埋处理能力平均在 15574.1 吨/日。大部分如北京、上海等经济相对发达的城市都规划了原生垃圾达到零填埋的指导目标，且目前已经开始大量垃圾焚烧设施的建设工作，待到这些垃圾焚烧设施全部投入到城市中的运行使用后，预计未来这些城市的焚烧能力将超过 90%，从而会大大降低垃圾填埋的比重，但是其中部分地区依然全部采用垃圾填埋处理方式，垃圾焚烧项目或部分即将投运或在建中或是还在规划中，如青海、宁夏、新疆、江西、甘肃等。

相较于技术型的垃圾处理方式而言，填埋场的建设和运行投入成本相对较低，从而针对中西部等相对欠发达地区而言，填埋场目前仍是垃圾处理的主要选择。2018 年各地域垃圾卫生填埋处理能力分布见表 4-1。目前西部地区新增填埋厂的数量占比达全国总量的 60%，是我国垃圾填埋场增建数量最多的地区。目前，东部地区填埋处理能力呈现出低幅的负增长趋势。

2017～2018 年各地域垃圾卫生填埋处理能力分布 表 4-1

地域	省区市	2018 年处理能力	2017 年处理能力	两年度变化率
东部	浙江	16626	19287	－13.8％
	江苏	14935	19960	－25.18％
	广东	51668	43337	19.22％
	山东	18653	19005	－1.85％
	福建	6246	5418	15.28％
	河北	13942	14156	－1.51％
	上海	15350	10350	48.31％
	天津	5100	5100	0.00％
	北京	10991	10341	6.29％
	海南	2230	2240	－0.45％
中部	湖北	14847	11907	24.69％
	安徽	8735	9510	－8.15％
	山西	10012	9719	3.01％
	河南	17865	19847	－9.99％
	湖南	16222	20320	20.17％
	江西	12356	11468	7.74％
西部	四川	9731	11262	－13.59％
	云南	4479	4098	9.3％
	广西	9796	8206	19.38％
	重庆	7047	7065	－0.25％
	内蒙古	9604	9049	6.13％
	贵州	7656	6958	10.03％
	西藏	801	349	129.51％
	陕西	19288	18254	5.66％
	甘肃	6294	4959	26.92％
	青海	1659	1659	0.00％
	宁夏	1670	2871	－41.83％
	新疆	13212	13064	1.13％
东北	辽宁	22442	22229	0.96％
	吉林	9154	5678	61.22％
	黑龙江	13888	12858	8.01％

资料来源：国家统计局数据整理（http：//data.stats.gov.cn/easyquery.htm？cn=C01）。

三、垃圾焚烧厂处理能力及处理量

（一）增长现状

据国家统计局数据统计，2018 年，全国拥有高达 36.46 万吨/日的垃圾焚烧处理能力，预计 2020 全国生活垃圾焚烧处理能力将达到 40 万吨/日以上，2025 年全国生活垃圾焚烧处理能力将达到 50 万吨/日，国内垃圾焚烧处理设施的需求将达到相对稳定状态。《“十三五”全国城镇生活垃圾无害化处理设施建设规划》

指出，到2020年底，直辖市、计划单列市和省会城市（建成区）生活垃圾无害化处理率达到100%；其他设市城市生活垃圾无害化处理率达到95%，县城（建成区）生活垃圾无害化处理率达到80%以上，建制镇生活垃圾无害化处理率达到70%以上，到2020年底，设市城市生活垃圾焚烧处理能力占无害化处理总能力的50%以上，其中东部地区达到60%以上。

图4-16呈现了2009～2018年国内城市垃圾焚烧厂的无害化处理能力和焚烧垃圾量的发展趋势状况，国内的城市垃圾焚烧厂无害化处理能力实现将近6倍的能力扩充，从2009年的71253吨/日发展到2018年的364595吨/日，且每年的垃圾处理增长率也在逐步提升，近年来一直保持着较高的增长率，2018年增长率达到了22.3%；国内的城市垃圾焚烧厂无害化垃圾处理量也由2009年的2022万吨增长到2018年的10184.9万吨，保持了较高的增长速率，2018年增长率也达到了20.3%。

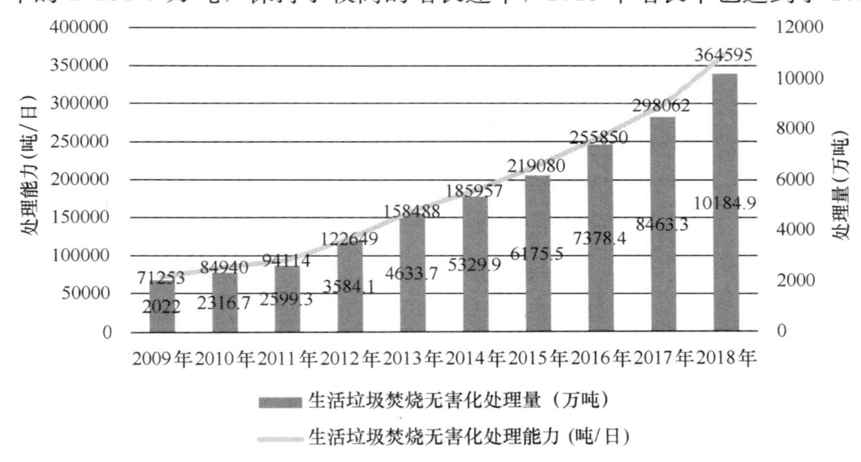

图4-16　历年城市垃圾焚烧处理能力及处理量

资料来源：《中国城乡建设统计年鉴》编委会.《中国城乡建设统计年鉴》(2018)［M］.北京：中国统计出版社，2019。

（二）处理量占比

图4-17展示了我国历年城市垃圾焚烧量在无害化处理垃圾总量当中的占比，由图可知，城市垃圾焚烧处理的垃圾总量占比在逐年攀升。

（三）地域分布

表4-2列出了2017～2018年我国各省份生活垃圾无害化焚烧处理能力分布，浙江、江苏、福建、天津、海南、安徽、云南7个省市的生活垃圾无害化焚烧占比超过50%，焚烧已成为上述地区垃圾无害化处理的主要处理方式。

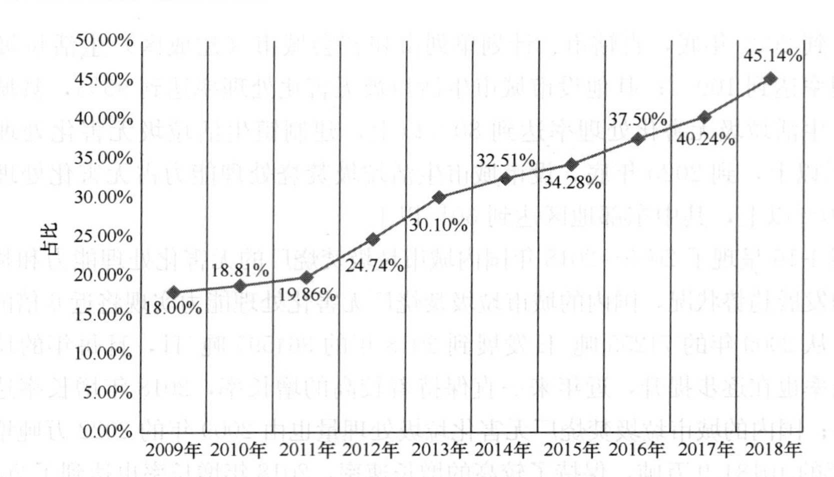

图 4-17 历年城市生活垃圾无害化焚烧量占比

资料来源：《中国城乡建设统计年鉴》编委会.《中国城乡建设统计年鉴》(2018)[M]. 北京：中国统计出版社，2019.

2017～2018 年各地域生活垃圾无害化焚烧处理能力分布 表 4-2

地域	省区市	2018 年处理能力（吨/月）	2017 年处理能力（吨/月）	两年度变化率
东部	浙江	44585	40985	8.78%
	江苏	44210	38979	13.42%
	广东	53872	33438	61.11%
	山东	36100	29330	23.08%
	福建	16350	15100	8.28%
	河北	10650	9700	9.79%
	上海	13300	13300	0.00%
	天津	5500	5500	0.00%
	北京	12050	9200	30.98%
	海南	3908	3905	0.08%
中部	湖北	12350	11721	8.78%
	安徽	15110	13860	5.37%
	山西	3577	4062	9.02%
	河南	7535	5850	−11.94%
	湖南	10300	4600	28.80%
	江西	4962	1540	123.91%
西部	四川	14810	13960	6.09%
	云南	7930	7600	4.34%
	广西	6100	4800	27.08%
	重庆	10500	5000	110.00%
	内蒙古	3350	3350	0.00%
	贵州	7750	4300	80.23%
	西藏	700	700	0.00%
	陕西	—	—	—
	甘肃	3600	2600	38.46%
	青海	—	—	—
	宁夏	2000	1500	33.33%
	新疆	800	800	0.00%

续表

地域	省区市	2018年处理能力（吨/月）	2017年处理能力（吨/月）	两年度变化率
东北	辽宁	2780	2780	0.00%
	吉林	5500	5602	−1.82%
	黑龙江	4600	4000	15.00%

资料来源：国家统计局网站整理（http：//data.stats.gov.cn/easyquery.htm？cn=C01）。

（四）工艺与规模

目前我国的炉排炉工艺在炉型工艺选择上仍然是市场的重要组成部分。炉排炉设施的处理规模浮动相当大，每日处理能力在350～3000吨之间不等（单期投运规模），日平均的处理规模达896.7吨，其中吨投资平均达39.7万元/吨，依然较高；流化床工艺每日处理能力在200～1700吨不等，日平均处理规模达887.8吨，相较于炉排炉，它们的平均处理能力是很接近的，但吨投资却相对较低，平均仅约33.9万元/吨。由于中西部地区的煤炭资源丰富，采用流化床技术的焚烧厂主要分布在中西部地区，以及东部地区地级市。针对目前城市发展土地资源的限制，焚烧设施存在着选址难等客观因素，因而焚烧设施完成选址工作后，主管部门会避免重复选址，往往更倾向于建造大规模的焚烧设施，技术本身自带的规模效应，也引导着我国不断出现规模越来越大的焚烧厂。目前单次投运规模最大的是北京鲁家山、上海老港一期、深圳宝安的二期项目，垃圾处理规模达到3000吨/日；深圳宝安的一、二期合计规模为4200吨/日，拟建三期项目规模达3800吨/日；苏州垃圾焚烧发电项目的一、二、三期垃圾处理规模合计3550吨/日；上海老港拟建二期项目垃圾处理规模预计达6000吨/日。

（五）焚烧发电量

垃圾焚烧发电已逐渐发展成为固废处理最主要的方式之一，截至2018年底，生活垃圾焚烧发电已遍布全国30个省、直辖市、自治区。生活垃圾焚烧发电项目装机容量前十的省市（浙江、广东、山东、江苏、安徽、福建、四川、湖南、北京、河北）总装机容量为696万千瓦，约占全国总装机容量的76%。垃圾焚烧发电量前十的省市（浙江、广东、江苏、山东、安徽、福建、四川、上海、湖南、北京）总发电量为378亿千瓦时，占全国总上网电量的78%①。

其中，浙江省以上网电量77.6亿千瓦时位列榜首。此外，浙江省在垃圾焚烧发电各省项目数量排名、垃圾焚烧发电各省装机容量排名均列第一②。

---

① 中国产业发展促进会生物质能产业分会编委会，2019中国生物质发电产业排名报告。

② 中国产业发展促进会、中商产业研究院.《浙江省位列2018垃圾焚烧发电上网电量排名第一》和《中国新能源网》http：//www.china-nengyuan.com/news/126134.html，2018年7月4日。

第三节　垃圾处理行业的发展成效

一、垃圾清运和道路清扫的发展成效

伴随着多年的城市发展，导致国内城市生活垃圾累积堆存量正逐年增加，预计 2020 年，城市垃圾产量将增长至约 3.23 亿吨[①]。全国 668 个城市中，有 2/3 的城市被垃圾包围着，1/4 的城市垃圾填埋堆放场地已接近服役时限或已超过服役时限。

由于生活垃圾产生量在统计时不易取得，常用垃圾清运量代替。图 4-18 展示了历年城市垃圾清运量，从该图可知城市垃圾清运量在逐年上升，2018 年城市垃圾清运量达到 22802 万吨，增长率为 5.95％。

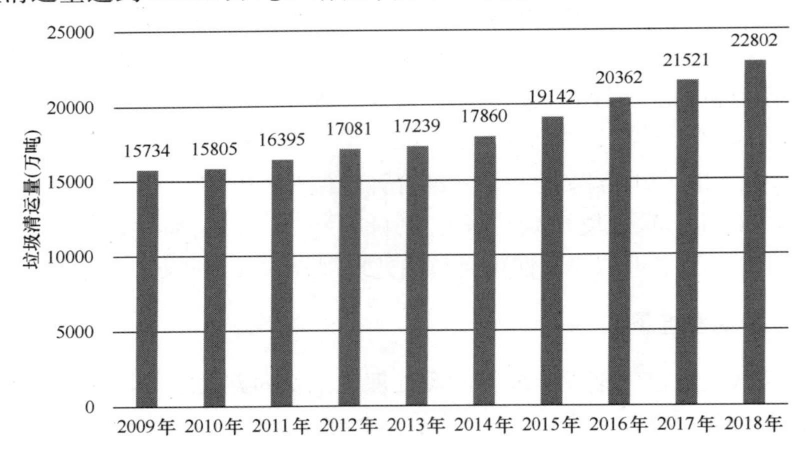

图 4-18　历年城市垃圾清运量

资料来源：国家统计局（http：//data. stats. gov. cn/easyquery. htm? cn＝C01）。

我国城市道路清扫保洁面积整体上保持上升趋势，在 2018 年清扫面积达到 869329 万平方米，增长率达到 3.24％，增长率有所下降，如图 4-19 所示。

① 张世祥，《垃圾焚烧这一年：停不下来的脚步　不断走低的价格》，http：//www. sohu. com/a/49299924_119798，2015 年 12 月 18 日。

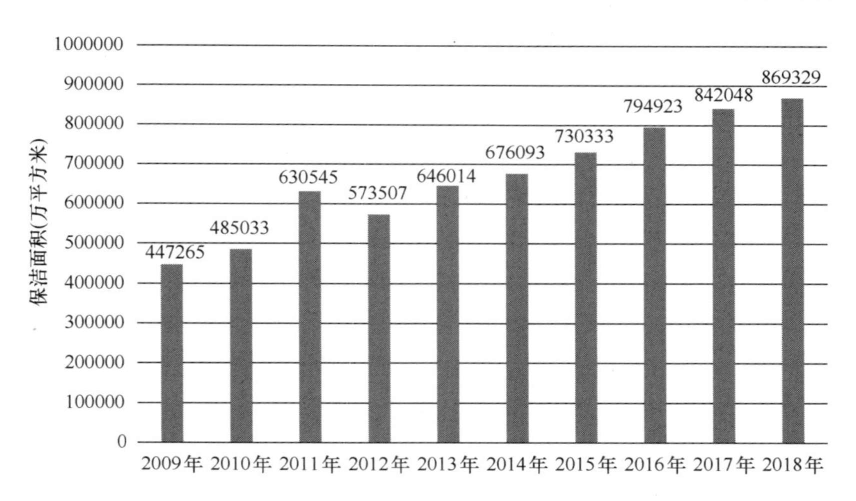

图 4-19　历年城市道路清扫保洁面积

资料来源：国家统计局网站（http：//data. stats. gov. cn/easyquery. htm？ cn=C01）。

二、垃圾处理和无害化处理的发展成效

随着垃圾行业的蓬勃发展，我国道路清扫量、生活垃圾处理率和无害化处理率都达到了相当高的水平。2009～2018 年城市生活垃圾处理量和无害化处理量如图 4-20、图 4-21 所示，城市生活垃圾处理量和无害化处理量逐年上升；垃圾无害化处理率从 2009 年的 71.4%上升到 2018 年的 97.7%。

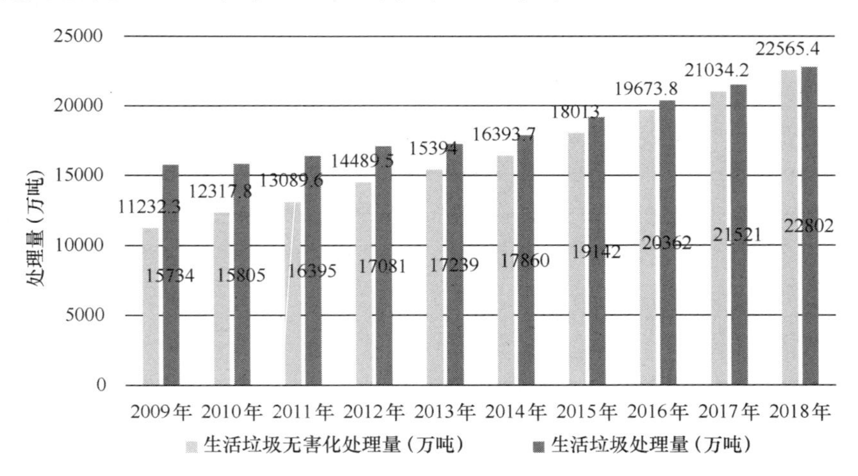

图 4-20　历年城市生活垃圾处理量和无害化处理量

资料来源：国家统计局（http：//data. stats. gov. cn/easyquery. htm？ cn=C01）。

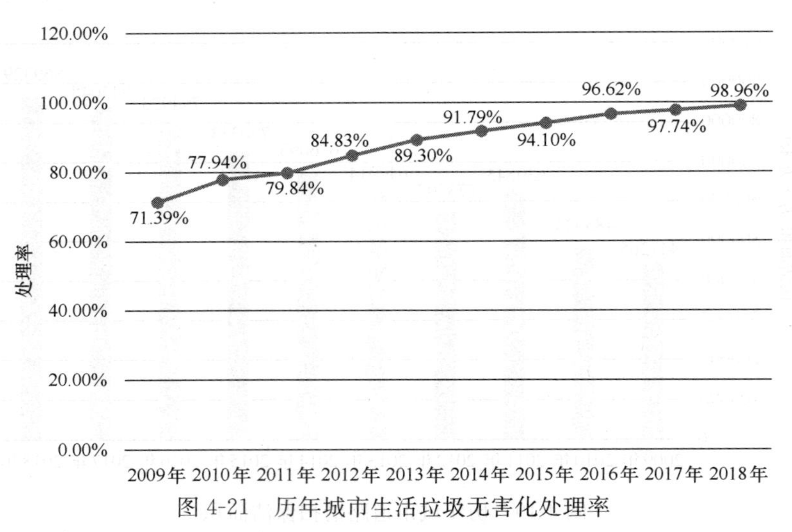

图 4-21 历年城市生活垃圾无害化处理率

资料来源：国家统计局（http：//data. stats. gov. cn/easyquery. htm? cn=C01）。

三、垃圾分类收集和管理的发展成效

国家和地方正逐步采用可操作性强的垃圾分类方法、融合互联网+的宣传方式、实用性的法规章程、完善的分类收集-分类运输-分类处理循环链来推进生活垃圾分类，使生活垃圾分类工作还逐步向市场化方向发展。我国将走出一条切实可行、可复制、可推广的高效生活垃圾分类模式①。2019 年 6 月，习近平总书记对垃圾分类工作做出重要指示强调实行垃圾分类，关系广大人民群众生活环境，关系节约使用资源，也是社会文明水平的一个重要体现。如表 4-3 所示，2015 年至今，垃圾分类政策不断收紧。

2015～2019 年国内出台的部分垃圾分类相关政策　　表 4-3

颁布时间	政策名称	颁布部门	政策主要内容
2015	生态文明体制改革总体方案	国务院	从顶层设计角度提出垃圾分类制度
2016	中央财经领导小组第 14 次会议		习近平提出普遍推行垃圾分类制度
2017	关于在医疗机构推进生活垃圾分类管理的通知	国务院、住房和城乡建设部	到 2020 年底，所有医疗机构实施生活垃圾分类管理，对产生的生活垃圾实现准确分类投放、暂存，并与各类垃圾回收单位按分类进行有效衔接，分类运输、分类处理。生活垃圾回收利用率达到 40%以上

① 彭韵，李蕾等．我国生活垃圾分类发展历程、障碍及对策［J］．中国环境科学，2018 年第 10 期。

续表

颁布时间	政策名称	颁布部门	政策主要内容
2017	关于推进党政机关等公共机构生活垃圾分类工作的通知	国家机关事务管理局、住房和城乡建设部、发展和改革委员会	2020年年底前，46个重点城市基本建成生活垃圾分类处理系统，基本形成相应的法律法规和标准体系，形成一批可复制、可推广的模式。在进入焚烧和填埋设施之前，可回收物和易腐垃圾的回收利用率合计达到35%以上
2018	“无废城市”建设试点工作方案	国务院	将生活垃圾等固体废物分类收集及无害化处置纳入城市基础设施和公告设施范围，全面落实生活垃圾收费制度，推行垃圾计量收费。建设资源循环利用基地，加强生活垃圾分类，推广可回收利用、焚烧发电、生物处理等资源化利用方式
2019	关于在全国地级及以上城市全面开展生活垃圾分类工作的通知	住房和城乡建设部等9部委	在各直辖市、省会城市、计划单列市等46个重点城市（以下简称46个重点城市）先行先试基础上，决定自2019年起在全国地级及以上城市全面启动生活垃圾分类工作

资料来源：作者整理。

生活垃圾分类水平的提高有赖于各省市的政策落实，在国家政策的号召下，各省市积极对“十三五”期间各地的生活垃圾处理进行规划部署。部分省市生活垃圾分类政策汇总见表4-4。

部分省市垃圾分类政策 **表4-4**

发布/实施时间	政策名称	主要内容
2017年10月	江苏省生活垃圾分类制度实施办法	设区市城市建成区生活垃圾分类投放设施覆盖率达到70%以上，其他城市建成区达到60%以上；在实施生活垃圾强制分类的城市，生活垃圾回收利用率达到35%以上
2017年12月	福建省生活垃圾分类制度实施方案	厦门市、福州市城市建成区分别于2018年、2019年全面推行生活垃圾强制分类；除厦门外，福州、泉州等6个获得“全国文明城市”的设区市2018年至少选择1个区开展生活垃圾强制分类；其他设区市和平潭综合实验区城市建成区于2020年前开展生活垃圾强制分类
2018年2月	黑龙江省关于做好生活垃圾分类工作的通知	明确“到2020年底，城区建立生活垃圾分类保障体系、源头分类体系、分类收运体系、分类处置体系，形成可复制、可推广的垃圾分类模式，生活垃圾回收利用率达到35%以上”的目标
2018年2月	浙江省城镇生活垃圾分类管理办法	对浙江省城镇生活垃圾的管理工作提出了具体的要求和实施办法，2018年4月1日起执行

续表

发布/实施时间	政策名称	主要内容
2018 年 3 月	上海市关于建立完善本市生活垃圾全程分类体系的实施方案	坚持“集中与分散相结合”的布局，加快推进湿垃圾处理利用建设，同时结合农村生活垃圾分类，大力推进乡镇（村）就地就近湿垃圾利用能力建设
2018 年 3 月	四川省生活垃圾分类制度实施方案	在成都、德阳、广元城区实施生活垃圾强制分类，生活垃圾回收利用率达到 35%以上；开展农村生活垃圾分类和资源化利用示范工作
2019 年 4 月	上海市生活垃圾管理条例	根据城乡实际特点，分别采取不同的分类收运方法，有效解决现行城乡生活垃圾混合收集清运的单一模式，形成垃圾分类回收资源化利用的产业化格局，进一步提高城乡生活垃圾化、资源化和无害化水平
2020 年 12 月	天津市生活垃圾管理条例	结合实际情况，将生活垃圾分为厨余垃圾、可回收物、有害垃圾、其他垃圾四类，要求建立健全生活垃圾分类投放、分类收集、分类运输、分类处理的全程分类管理系统，实现生活垃圾分类制度全覆盖

数据来源：作者整理。

资料显示，我国垃圾分类收集与管理取得巨大成效。天眼查专业版数据显示，2020 年我国共有接近 50 万家经营范围含“垃圾、废品”，且状态为在业、存续、迁入、迁出的垃圾处理相关企业。其中，注册资本在 100 万元以内的企业占比为 33.02%，超过 1000 万的企业占比为 20.34%。在持续加快垃圾分类步伐的大背景下，天眼查专业版数据显示，自 2017 年起，我国垃圾处理相关企业总量（全部企业状态）每年以超过 20%的增速迅猛增长。其中 2019 年增速高达到 28%，年新增相关企业超 12.6 万家，均为历史之最。值得注意的是，2019 年我国垃圾处理相关企业注册总量超过 57 万家，约为 10 年前的 4 倍。

另外，以工商登记为准，天眼查专业版数据显示，我国 2020 年上半年共新增成立了超 6.1 万家垃圾处理相关企业，同比增长 10.77%。134 家中央单位、27 家驻京部队和各省直属机关已全面推行垃圾分类；23 个省、自治区已制定垃圾分类实施方案；46 个重点城市分类投放、分类收集、分类运输、分类处理的生活垃圾处理系统正在逐步建立，已配备了厨余垃圾分类运输车近 5000 辆，有害垃圾分类运输车近 1000 辆，各重点城市还将投入 213 亿元加快推进处理设施建设，满足垃圾分类处理的需求；同时，各重点城市开展生活垃圾分类入户宣传覆盖家庭已超过 1900 万次，参与的志愿者累计超过 70 万。上海、厦门、深圳、宁波、广州、杭州、苏州、北京等城市的生活垃圾分类制度覆盖居民小区数已达 70%以上。

第四节　垃圾处理行业政府监管与治理

一、垃圾处理行业的监管与治理机构

我国垃圾处理行业监管与治理的有关机构经历了一个从无到有，从零散到系统的过程。从早期的无特定监管与治理机构，到后来的地方自主监管与治理，再到中央和地方的协同监管与治理；从只注重职能分工到政策工具的组合应用，再到加强监管绩效评价，监管体系愈加完善，职能配置更趋合理，充分反映了我国政府在生活垃圾处理行业监管与治理能力的稳步提升。以创新、协调、绿色、开放、共享的发展理念为指导，按照生态文明建设总体要求，垃圾处理行业监管与治理能力建设进入快速发展期。本节主要就我国垃圾处理行业监管治理机构的发展变革做简要梳理。

早在1984年国务院颁发的《城市建设技术》绿皮书中，就提出垃圾分类收集密闭作业以及机械化运输、卫生填埋等措施。虽然提出要重视垃圾处理工作，但是没有明确由哪些职能部门监管。1986年国务院批转了原城乡建设环境保护部，中央爱卫会《关处理城市垃圾改善环境卫生面貌的报告》[①]，该报告强调地方政府要重视垃圾处理工作，从生活垃圾处理清运设备到工作人员待遇等方面，强调采取多方手段解决城市日益增多的生活垃圾问题。在监管部门方面没有提及中央部门，具体的垃圾监管部门实际上是地方政府。

1992年，国务院颁布《城市市容和环境卫生管理条例》，批转了建设部等部门《关于解决我国城市生活垃圾问题的几点意见》。在该条例中，首次提出了城市市容和环境卫生工作的监督管理原则（其中包括城市生活垃圾的管理内容）。

1995年，全国人大常委会颁布《中华人民共和国固体废物污染环境防治法》。该法案针对生活垃圾处理的监管职能做出更加细化的规定，中央负责制定标准，地方政府负责具体实施，监管机构的职能分配更加细化。

2007年，建设部发布了《城市生活垃圾管理办法》（中华人民共和国令第157号），该管理办法规定国务院建设主管部门负责全国城市生活垃圾管理工作，省、自治区人民政府建设主管部门负责本行政区域内城市生活垃圾管理工作，直

① 北大法律信息网，http：//www.pkulaw.cn/fulltext _ form.aspx？Gid=176158。

辖市、市、县人民政府建设（环境卫生）主管部门负责本行政区域内城市生活垃圾的管理工作。该办法的出台进一步厘清了从中央到地方的管理责任。

2011 年国务院批转住房和城乡建设部等 16 个部门的《关于进一步加强城市生活垃圾处理工作意见的通知》（国发〔2011〕9 号），从监管机构设置上更进一步强化了对垃圾处理行业监管部门的绩效考核。

2016 年《“十三五”全国城镇生活垃圾无害化处理设施建设规划》中对垃圾行业监管机构提出了新要求。城镇生活垃圾无害化处理设施建设工作由省级人民政府负总责，市、县级人民政府负责具体实施。各省（区、市）和计划单列市人民政府要制定本地区城镇生活垃圾无害化处理设施建设规划。住房和城乡建设部将对各地实施《规划》加强指导。发展改革委、住房和城乡建设部将加强对《规划》实施情况的评估和监督检查，推动规划各项任务顺利实施，加强对监管机构的监管绩效监督。

2018 年，根据《国务院机构改革方案》（2018），中央部委各职能机构有所调整，职能配置与以往也有所差别，涉及垃圾处理行业的监管机构及职能变化如下：组建自然资源部，取消国土资源部。原国土资源部负责制定生活垃圾处理设施用地标准的职责，由自然资源部负责。组建生态环境部，取消环境保护部。原环境保护部负责的生活垃圾处理设施环境影响评价等职能由生态环境部承接。组建农业农村部，把农业部、国家发展改革委的农业投资项目、财政部的农业综合开发项目等合并到农业农村部，原农业部负责的生活垃圾肥料资源化处理利用标准制定和肥料登记工作也划分到农业农村部。组建科学技术部，取消科技部。原科技部负责的生活垃圾处理技术创新工作由新的科学技术部继续承担。

2020 年新冠肺炎疫情发生以来，从中央到地方各地环境卫生主管部门和环卫作业单位按照党中央国务院决策部署，全面投入疫情防控的人民战争、总体战、阻击战。目前，我国垃圾处理行业政府监管与治理机构运行模式为：规划自然资源部门负责落实生活垃圾分类收运处置设施用地保障；商务部门负责指导可回收物的回收管理工作，完善再生资源回收体系建设；生态环境部门负责监督、指导有害垃圾的收运处置工作；城市管理主管部门负责生活垃圾分类管理工作；教育部门负责组织开展和监督指导学校、幼儿园及其他教育机构生活垃圾分类工作，开展校园内生活。在地方，实行多级联动，例如浙江省开化县本着“全面防控、重在基层”的原则，以“垃圾分类”为落脚点，重点抓好疫情防控期间农村生活垃圾治理工作，切实维护人民群众生命安全、社会和谐稳定。县、乡、村、组四级联动，对各地进行明察暗访，督查结果作为年终对乡镇、村进行考核的依据，确保疫情防控期间农村生活垃圾治理工作取得实效。

二、垃圾处理行业的监管与治理制度

当前我国垃圾处理行业政府监管与治理制度构成可分为垃圾处理设施的规划与投资建设监管制度、市场准入监管制度、收费和价格监管制度、运营规范监管制度、市场退出监管制度等。为了对城市垃圾处理行业进行有效监管，建设部颁布了多部监管法规，典型的如《城市生活垃圾管理办法》、《生活垃圾分类标志》等，用于监管我国垃圾处理行业的各项活动，为垃圾处理行业制度化、规范化和法律化奠定了基础。2020 年 1 月，环境保护部印发《关于生活垃圾焚烧厂安装污染物排放自动监控设备和联网有关事项的通知》，要求垃圾焚烧企业于 2020 年 9 月 30 日前全面完成“装、树、联”三项任务，逾期仍未完成的垃圾焚烧企业将依法严肃处理。到 2020 年底，将建立较为完善的城镇生活垃圾处理监管体系。表明未来政府对垃圾填埋过程、二次污染控制、封场修复等环节的监管程度日趋严格，特别是加强对卫生填埋场渗滤液、填埋气体排放和渗漏情况的监测，以及填埋场监测井的管理和维护，促进设施的高效达标运转。在地方，2020 年 2 月 5 日宁夏住房和城乡建设厅制定了《城市生活垃圾（疫情期）分类指导手册》，要求各地坚持生活垃圾日产日清。在这之前，2020 年 2 月 1 日，江苏省张家港市也发布了《关于疫情防控期间进一步规范全市生活垃圾分类工作的通告》。近年来，我国垃圾处理行业的监管与治理制度得到了创新性发展，主要体现在以下三方面：

1. 因势利导夯实监管与治理制度改革

近年来，针对生活垃圾无害化处理，政府倡导针对不同地区实际情况采用因地制宜式监管，提前规划、科学论证，选择先进适用技术，减少原生垃圾填埋量，加大生活垃圾处理设施污染防治和改造升级力度，加强运营管理和监督，保障处理设施安全、达标、稳定运行；并充分利用数字化城市管理信息系统和市政公用设施监管系统，完善生活垃圾处理设施建设、运营和排放监管体系；此外，还加强对生活垃圾焚烧处理设施主要污染物的在线监控，监控频次和要求严格按照国家标准规范执行。

2. 创新监管模式推动监管制与治理度改革

在垃圾处理行业市场化进程中，政府角色应由不规范的行政干预转向依法监督，职能转变前提是实现政企分开和政资分开。只有切断政府与企业资本方面的联系，减少政府对企业的干预，企业也才能真正成为自主经营、自我约束、自负盈亏的市场竞争的主体。政企分离也可以促使政府逐步淡化对企业具体运作的干涉，专注于宏观经济层面的管理，迫使政府尽快推出法律和经济手段规范、监督企业行为，进而加快政府对垃圾处理行业监管与治理的制度改革过程。

3. 法律法规和标准体系完善保障监管与治理制度改革

建立健全生活垃圾处理相关法律法规，完善相关标准体系。近年来，我国出台了一系列垃圾监管政策，其中涉及生活垃圾处理统计指标体系、餐厨垃圾资源化利用条例、生活垃圾分类目录和细则、生活垃圾分类、回收利用、收集运输、设施建设等相关标准和规范等（详见表 4-5）。

2015 年以来中国垃圾处理行业的主要监管与治理政策　　表 4-5

颁布时间（年）	颁布部门	政策名称	政策主题
2015	住房和城乡建设部	《关于全面推进农村垃圾治理的指导意见》（建村〔2015〕170 号）	全面推进农村人居环境整治，开展农村垃圾专项治理，解决好当前农村垃圾乱扔乱放、治理滞后等问题
2015	国家发展改革委等 5 部门	《关于公布第一批生活垃圾分类示范城市（区）的通知》（建办城〔2015〕19 号）	各示范城市在试点小区基础上，不断扩大实施范围，完善收运体系，推进垃圾分类
2016	国家发展改革委、环境保护部、国土资源部	《关于进一步加强城市生活垃圾焚烧处理工作的意见》（建城〔2016〕227 号）	指导各地高标准建设垃圾焚烧处理设施
2016	国家发展改革委、住房和城乡建设部	“十三五”全国城镇生活垃圾无害化处理设施建设规划（发改环资〔2016〕2851 号）	“十三五”规划
2017	住房和城乡建设部	《关于加快推进部分重点城市生活垃圾分类工作的通知》（建城〔2017〕253 号）	加快推进 46 个重点城市生活垃圾分类工作
2017	国务院	《生活垃圾分类制度实施方案》（国办发〔2017〕26 号）	对推进生活垃圾分类工作进行了全面部署，动员社会参与
2017	国管局	《关于推进党政机关等公共机构生活垃圾分类工作的通知》（国管节能〔2017〕180 号）	鼓励从党政机关把生活垃圾分类工作扩大到所有公共机构和相关企业
2017	国家卫生计生委员会	《关于在医疗机构推进生活垃圾分类管理的通知》（国卫办医发〔2017〕30 号）	鼓励从医院等率先做起，把生活垃圾分类工作扩大到所有公共机构和相关企业
2017	住房和城乡建设部	《生活垃圾渗沥液膜生物反应处理系统技术规程》（住房和城乡建设部公告第 1432 号）	行业标准

续表

颁布时间（年）	颁布部门	政策名称	政策主题
2017	住房和城乡建设部	《生活垃圾卫生填埋场封场技术规范》	国家标准
2017	住房和城乡建设部	《生活垃圾焚烧厂标识标志标准》（住房和城乡建设部公告第1517号）	行业标准
2017	住房和城乡建设部	《关于规范城市生活垃圾跨界清运处理的通知》（建城〔2017〕108号）	严格垃圾清运处理服务准入、规范垃圾跨界清运处置行为、强化垃圾跨界清运处置过程监管、强化保障措施
2017	住房和城乡建设部	《生活垃圾焚烧厂运行维护与安全技术标准》（住房和城乡建设部公告第1649号）	行业标准
2017	住房和城乡建设部	《生活垃圾除臭剂技术要求》（住房和城乡建设部公告第1732号）	行业产品标准
2017	国务院办公厅	《关于印发禁止洋垃圾入境推进固体废物进口管理制度改革实施方案的通知》（国办发〔2017〕70号）	禁止洋垃圾入境
2017	国家发展改革委等4部门	《关于进一步做好生活垃圾焚烧发电厂规划选址工作的通知》（发改环资规〔2017〕2166号）	焚烧发电厂选址做了规范
2018	住房和城乡建设部、生态环境部、水利部、农业农村部	《关于做好非正规垃圾堆放点排查和整治工作的通知》（建村〔2018〕52号）	重点整治垃圾山、垃圾围村、垃圾围坝等
2018	住房和城乡建设部	关于发布行业产品标准《有机垃圾生物处理机》的公告（住房和城乡建设部公告2018年第115号）	批准《有机垃圾生物处理机》为城镇建设行业产品标准
2018	国务院办公厅	《关于印发"无废城市"建设试点工作方案的通知》（国办发〔2018〕128号）	在全国范围内选择10个左右有条件、有基础、规模适当的城市，在全市域范围内开展"无废城市"建设试点
2019	生态环境部	《2019年环保设施和城市污水垃圾处理设施向公众开放工作实施方案》（环办宣教函〔2019〕333号）	鼓励城市垃圾处理设施向公众开放

续表

颁布时间（年）	颁布部门	政策名称	政策主题
2019	住房和城乡建设部	《关于在全国地级及以上城市全面开展生活垃圾分类工作的通知》（建城〔2019〕56 号）	在46个重点城市先行试点基础上，决定自 2019 年起在全国地级及以上城市全面启动生活垃圾分类工作
2020	生态环境部	《中华人民共和国固体废物污染环境防治法（修订草案）》	加强固体废弃物和垃圾分类处置，严禁洋垃圾入境
2020	环保部	《关于生活垃圾焚烧厂安装污染物排放自动监控设备和联网有关事项的通知》	要求垃圾焚烧企业于 2020 年 9 月 30 日前全面完成“装、树、联”三项任务

资料来源：作者整理。

垃圾处理行业政府监管与治理机制改革主要体现在以下几方面：

（1）强化环保监督责任机制。落实地方各级政府环保监督领导责任和各级环保部门监管主体责任。由环保部组织开展专项检验行动，彻查全国垃圾焚烧厂排放不达标行为；对各地环保部门的不作为情况，给予通报批评，对于相关责任领导要依法严肃问责。

（2）严格规范焚烧厂填埋场。确保飞灰通过填埋场合规化处理，需把送检改为抽检；填埋场严格分区填埋，并且留样待查；环保检测机构建立飞灰污染物检测能力，对检测结果负责；加大行政部门监管频次和力度。

（3）持续加大违法惩处力度。将企业自行监测公布平台公开的污染物排放数据作为环保执法线索和依据，加大环保执法和监管力度。地方环保部门要对所辖地区生活垃圾焚烧厂新标准执行情况进行全面核查。

（4）强化信息与现代监督管理机制。利用大数据分析技术，加强对垃圾焚烧企业自行监测平台实时监督。地方环保部门应加强对垃圾焚烧企业自行监测平台更新情况的监督，严防数据造假和长期无数据情况。同时探索建立社会监督机制，建立规范、有效的社会监督渠道，利用民间环保力量，加强社会监督。

三、垃圾处理行业的进入监管与治理

2020 年是我国垃圾分类政策落地的关键期，企查查数据显示，目前我国共有垃圾分类企业 42.4 万家，其中山东省以 4.9 万家位居第一，江苏、河北位列二、三位。2020 年前七月新增企业 7.5 万家，同比上涨 25%。我国垃圾处理行业进入监管与治理，主要体现在由过去政府垄断性供给逐步转向引入市场竞争，推行市场化发展上。由于生活垃圾处理服务的对象为居民，且处理的生活垃圾具有私人物品特性，这要求政府对该行业引入一定程度的市场机制，更加符合、适应中国改革开放和社会主义市场经济建设潮流，也更符合目前政府和社会公众对垃圾处理的要求。2020 年 3 月，财政部 PPP 中心发布纳入全国 PPP 综合信息平台管理库项目的非疫情防控项目清单，包含多项城乡环卫一体化项目。

将垃圾处理行业由政府全权控制的形式转变为使民营企业参与进来，首先要考虑的一个问题就是对民营企业进入的监管。垃圾处理行业的进入监管具有两重性，其一是由垃圾处理行业的技术经济特征所决定的，需要对新进入的垃圾处理企业实行严格的控制，从而避免在垃圾处理行业出现重复建设和过度竞争的状态；其二是对新进入的垃圾处理民营企业实行控制并不意味着禁止新企业进入垃圾处理行业，政府部门应该适时允许通过直接或间接的途径使得有资质、合适的垃圾处理民营企业进入，从而实现发挥竞争机制的作用。具体的监管政策思路是根据不同的业务类型制定出不同的监管政策，垃圾处理行业不同业务领域的进入与退出监管政策见表 4-6。

垃圾处理行业不同业务领域的进入退出监管政策　　表 4-6

业务领域	技术经济特征	进入监管政策	退出监管政策
垃圾收集业务	竞争性	竞争性招标、特许投标制度、避免过度竞争	使用特许经营的方式允许新的企业取代退出企业
垃圾运输业务	竞争性	竞争性招标、特许投标制度、避免过度竞争	使用特许经营的方式允许新的企业取代退出企业
垃圾填埋处理业务	自然垄断	BOT、特许经营	确保垃圾处理能力稳定
垃圾焚烧处理业务	自然垄断	BOT、特许经营	确保垃圾处理能力稳定

为适应准公共物品的特性，政府和社会资本合作（PPP）模式应运而生。根据环境服务业数据挖掘与检测平台——环境司南《2019 年度环卫行业发展报告》，2015～2019 年，我国环卫服务市场规模不断扩大，2019 年市场规模约为 1741 亿元，预计 2020～2022 年将以平均复合增长率 7％持续增长，2022 年将超过 2000 亿元人民币的市场规模。新冠肺炎疫情下，从上游到下游，环卫产业消毒成为守护城市卫生安全，防止潜在危害的重要产业，未来环卫产业势必得到政府大力支持。从经营模式看，环卫市场化可以分为政府购买服务和 PPP 两种类型，其中，PPP 项目的增量开始提升，环卫一体化中标企业不断增多。据环境服务业数据挖掘与检测平台——环境司南数据统计，预测 2020 年、2021 年、2022 年我国环卫行业，市场化率分别为 60％、66％、70％。PPP 模式的广泛采

用，需要政府变革进入监管模式，将政府和市场有机结合，不仅应关注如何将社会资本引入垃圾处理行业，更应关注市场化运营机构的运营效率和效果，以提升垃圾处理行业发展成效。本节以 PPP 模式监管为例引入，就目前疫情期间垃圾处理行业进入监管与治理存在的问题、改革措施以及监管的变革趋势三方面进行阐述。

1. 垃圾处理行业进入监管与治理存在的问题

我国各省市政府都在大力推动 PPP 模式在垃圾处理领域的应用，适用于生活垃圾处理行业的 PPP 模式有多种，大致可划分为公有私营、公私合资和特许经营三大类，具体包含 9 种方式。公有私营模式细分为服务合同、管理合同和租赁合同等 3 种；公私合营类细分为国有股权/产权出售模式和准 BOT 模式；特许经营类细分为 BTO、BOT、BOO 和 TOT 四种。另外还有狭义的 PPP 类模式。以 PPP 模式为例，目前，针对垃圾处理行业 PPP 模式的监管还存在一些问题和风险：

（1）PPP 模式下对准入企业的资质审查有待提升。PPP 模式下引入社会资本激活垃圾处理行业的活力，新进入的私人企业资质直接影响垃圾处理技术、管理能力等。我国 PPP 模式起步晚，对准入企业的资质审查和要求规范有待完善。

（2）长期官本位主义下政府部门的合约意识和市场意识较弱。垃圾处理的 PPP 模式基于政府和私人企业合作展开，但我国长期受官本位思想影响，垃圾处理项目的实际投建运营中政府通常处于强势地位，导致社会资本难以保障其自主经营的权益。

（3）垃圾处理 PPP 模式运作缺乏完善的国家法律体系保障。政府和私企合作模式必须有相应的法律政策来明确合作双方各自的权利和义务，缺乏制度及专门法律保护使得 PPP 模式在运作中的个性化问题层出不穷。

（4）政府的能力与责任不相匹配。PPP 模式作为我国目前垃圾处理的重要模式需要高素质的管理人才推动项目运作。而目前政府工作人员缺乏垃圾处理领域的相关专业知识与技能，易导致垃圾处理决策失误。政企合作下还存在一定的贪污腐败风险。

（5）低价中标的垃圾处理项目频现。低价中标给项目建设运营带来了较大的财务风险、社会隐患，以及政企双方合作利益冲突的潜在风险等。如在利用 BOT 等特许招投标选择社会资本合作主体的过程中，社会主体之间可能出现低价竞争，在未来特许经营期内不确定因素增多。

（6）运营成本增高、运营收入减少导致当年使用者付费无法覆盖成本。在疫情影响之下，同建设期相同，可能导致运营期的运营成本增加，表现为：人工成本、管理费用、材料设备价格上涨等。若收入无法达到预期水平，在政府仍然有义务履行全部或部分付款义务情况下，经政府方与社会资本（项目公司）协商后，即使由双方共同承担此部分风险费用，均会导致当年本级财政可支付于PPP项目的财政支出空间受到一定程度挤压。

2. 垃圾处理行业进入监管与治理模式改革

在垃圾处理行业的市场化进程中，为确保垃圾处理行业新进入企业的资质水平、技术水平和管理能力，推进新的垃圾处理行业格局有序运营并实现市场化目标，政府需要对垃圾处理行业进入监管进行改革，主要体现在以下方面：

（1）对私人企业进入的监管改革。其一是考虑到垃圾处理行业的技术经济特征，需要政府对新进入的垃圾处理私人企业实行严格的控制，从而避免垃圾处理企业重复建设和过度竞争；其二是政府部门应适时允许有资质、合适的垃圾处理新私人企业进入，从而发挥竞争机制的作用。严格审查企业资质和经营许可，建立市场准入监管后，垃圾处理企业依据监管政策执行运营。

（2）对垃圾处理PPP模式政企合作的监管改革。针对政府在PPP项目中过于强势导致的合作不畅，政府部门需转变观念，建立契约意识及对民营资本的保障机制。完善合同管理，在政府和企业之间合理分配项目的风险与收益。提升政府部门的合同管理能力，确保双方执行PPP项目相关法律责任与合同履约成效。最后，建立保证政府履约能力的预算机制，增强社会资本的信心。

（3）构建完善的垃圾处理行业法律体系。及时修改目前适用于PPP模式的《政府采购法》，并制定专门的PPP行政法规以完善PPP立法体系。政府需加强垃圾处理领域的立法研究，将法律规定细化到足够指导实践生产的底部，借鉴国际优秀经验，完善垃圾处理PPP项目的运作过程，保证政府采购物有所值。根据垃圾处理PPP项目的特性优化政府部门的角色与作用。

（4）对政府专业人才和社会资本加强政府监管。对政府工作人员的垃圾处理专业知识和技能进行严格培训考核，规避人员素质欠缺导致的项目运行不力。针对垃圾处理PPP项目容易发生信息不对称、搭便车从而损害公共利益等行为，要加强政府监管，对垃圾处理的市场准入进行优化和落地，切实监督社会资本一方履行合同，避免其违反合同内容，损害公共利益。设置信息披露制度，实现全民监督PPP项目。

（5）对于街道清扫、垃圾收集与回收利用等竞争性业务领域，适度放松政府监管。放开市场，采用公开竞争招投标选择区域性的作业经营者。在垃圾处理行业引入充分的市场竞争，避免恶性低价中标现象，确保市场对资源进行优化配置的功能得到充分发挥，显现垃圾处理PPP模式的优势。与政府签订合同后企业完全按市场化模式运作，政府需根据作业质量标准进行严格监管。

（6）新冠肺炎疫情期间，新版《固废法》于2020年9月1日起施行，修改后的《固废法》针对新冠肺炎疫情防控经验，以及生活垃圾分类等做出专门规定。修改后的《固废法》总结新冠肺炎疫情防控经验，做出针对性规定，切实加强了医疗废物特别是应对重大传染病疫情过程中医疗废物的管理。另外，财政部于 2020 年 2 月 6 日发布《关于疫情防控期间开展政府采购活动有关事项的通知》（财办库〔2020〕29 号），其中指出：作为紧急采购项目，按照《财政部办公厅关于疫情防控采购便利化的通知》（财办库〔2020〕23 号）的规定执行有力缓解了 PPP 投资项目前期项目立项（备案、核准、审批）、招标采购等流程的推进进度，为投资项目的实施提供了高效的积极保障，力争最大限度降低疫情对投资项目前期工作以及后续投资运行的影响。

3. 垃圾处理行业进入监管与治理的变革趋势

近年来，在人口增长和环境资源压力下，中国对垃圾处理能力的需求越来越旺，要求越来越高。政府部门相应出台了一系列监管政策，推进我国垃圾处理行业市场化发展的成效。例如，在 2014 年 12 月《关于政府和社会资本合作示范项目实施有关问题的通知》（财金〔2014〕112 号）确定的首批 PPP 示范项目中，就包括涉及垃圾焚烧领域的 PPP 项目。2016 年 10 月，住房和城乡建设部、国家发展改革委、财政部、国土资源部、中国人民银行《关于进一步鼓励和引导民间资本进入城市供水、燃气、供热、污水和垃圾处理行业的意见》（建城〔2016〕208 号），鼓励和引导民间资本进入垃圾处理等市政公用行业。2017 年 5 月环境保护部、住房和城乡建设部《关于推进环保设施和城市污水垃圾处理设施向公众开放的指导意见》（环宣教〔2017〕62 号），2017 年 7 月财政部、住房和城乡建设部、农业部、环境保护部发布《关于政府参与的污水、垃圾处理项目全面实施 PPP 模式的通知》（财建〔2017〕455 号），都强调了要进一步创新体制机制，鼓励社会资本参与生活垃圾分类收集、运输和处理和推进垃圾处理 PPP 模式全面实施。结合 2020 年 2 月 10 日，政部政府和社会资本合作中心发布《关于加快加强政府和社会资本合作（PPP）项目入库和储备管理工作的通知》（财政企函〔2020〕1 号），指出："加快项目入库进度，切实发挥 PPP 项目补短板、稳投资作用。发挥储备清单作用，加快建立项目协同滚动开发机制等"，PPP 模式有望在以上投资领域寻求新的项目机遇。

从近年来的政策变化可以看出，相关监管政策呈现出愈加细化和深化的变化趋势，政府垃圾处理行业进入监管模式逐渐优化，逐步推进了垃圾处理市场化改革的全面落实，垃圾处理的成效也越加显著。可以预计，社会资本进入我国垃圾处理行业即将进入一个新的高潮，更多具有竞争力的社会资本将会大大激发垃圾处理市场的活力。

四、垃圾处理行业的质量监管与治理

垃圾处理行业的质量监管与治理尤其注重对可持续性问题的关注，需要正确处理短期与长期的关系。垃圾处理行业的质量监管与治理体现在：一是垃圾处理的源头把控，如生活垃圾的分类收集和管理的质量监控与治理；二是垃圾处理环节中行业产品标准的制定、垃圾处置效率提升、避免二次污染的监管与治理，如生活垃圾焚烧处理技术的提升、生活垃圾填埋二次污染控制、存量垃圾治理；三是再生资源回收利用水平的质量监管与治理。

1. 生活垃圾分类收集和管理的质量监管与治理

近年来，国家对垃圾分类的要求越来越明确：在工作思路方面，要求生活垃圾网络与再生资源回收网络两网融合；在分类方法方面，要求有害垃圾必须分类，鼓励湿垃圾和可回收物分类；在分类区域方面，要求直辖市、省会城市、计划单列市和第一批生活垃圾分类示范城市（区）等46个城市的城区范围的公共机构和相关企业强制分类，引导居民自觉开展生活垃圾分类，开展农村垃圾分类；在时间节点方面，2017年46个城市制定强制分类方案，2020年完成考核指标。

我国针对生活垃圾分类收集和管理的质量监管主要从以下五个方面着手：一是提升民众垃圾分类意识。近年来随着我国出台一系列垃圾分类制度，同时加大了宣传力度，强化垃圾分类设施投放。例如，疫情发生之后，安徽合肥市庐阳区迅速采取行动，在居民小区和人流量较大的公共场所先后设置了600余个废弃口罩红色专用垃圾桶，并在垃圾桶上标明“废弃口罩专用”标识，方便广大市民进行垃圾投放。二是探索生活垃圾分类的创新模式。各地努力探索、不断创新，金华的农村垃圾“二次四分法”被称为全国典范。多地鼓励居民把垃圾分干湿两类（即“干湿分离”），这种分类方法操作简单，居民参与度非常高。三是加强农村垃圾分类工作。以浙江省为例，目前浙江省农村垃圾集中有效处理已基本实现全覆盖，创建省级高标准生活垃圾分类示范村200个，农村生活垃圾回收利用率达30％以上、资源化利用率达80％以上、无害化处理率达99％以上。四是衔接生活垃圾分类与再生资源回收体系。再生资源回收与生活垃圾分类清运体系的协同发展，在收集、回收、转运与分拣、处理环节不断融合发展，促进了垃圾回收运作效率和资源回收率显著提高。五是融合互联网、物联网等现代信息技术参与垃圾分类回收工作。“互联网＋回收”模式、“逆向物流＋回收”模式、“智能化＋回收”等创新模式不断涌现，通过平台建立、信息采集、数据分析、流向监测、资源整合，推动了垃圾分类回收的线上线下有机结合。

2. 生活垃圾焚烧处理技术的质量监管与治理

2011 年 4 月，国务院发布《关于进一步加强城市生活垃圾处理工作意见的通知》，确立了垃圾焚烧的主流地位，垃圾焚烧迎来了高速发展的黄金期，装备技术、标准规范等方面也在不断发展和完善中。2014 修订版的新国标将各类污染物的排放限值均大幅收紧，主要污染物控制指标全面向欧盟 2000 标准看齐，北京、上海、深圳等地制定了更加严格的地方标准，“清洁焚烧”、“蓝色焚烧”等行业理念不断推陈出新。到 2017 年底，建立符合我国国情的生活垃圾清洁焚烧标准和评价体系，到 2020 年底，全国设市城市垃圾焚烧处理能力占总处理能力的 50%以上，并全部达到清洁焚烧标准。

中共中央国务院、住房和城乡建设部、国家发展和改革委员会和环保部等各部委连续出台多项政策标准（表 4-7），推动焚烧设施建设运行标准不断提升，将垃圾焚烧处理设施建设作为维护公共安全、推进生态文明建设、提高政府治理能力和加强城市规划建设管理工作的重点。

2016 年以来垃圾焚烧处理的部分质量监管政策 **表 4-7**

颁布时间	政策名称	颁布部门	政策主要内容
2016	《生活垃圾清洁焚烧指南 RISN-TG022-2016》	住房和城乡建设部	对清洁焚烧体系进行了系统构建和提出了具体指标要求
2017	《生活垃圾焚烧污染控制标准》	环境保护部	对意见稿的重新修订
2017	《生活垃圾焚烧厂标识标志标准》	住房和城乡建设部	规范行业标准
2017	《生活垃圾焚烧飞灰固化稳定化处理技术标准》（征求意见稿）	住房和城乡建设部	规范行业标准
2018	《生活垃圾焚烧灰渣取样制样与检测》	住房和城乡建设部	规范行业标准
2019	《生活垃圾焚烧污染控制标准》GB 18485—2014	生态环境部	规范行业标准

数据来源：作者整理。

3. 生活垃圾填埋避免二次污染的质量监管与治理

我国当前生活垃圾的含水率普遍在 50%～70%之间，在进行无害化处置时，必然会产生大量渗滤液。目前，我国尚未有关于渗滤液处理能力的权威数据，我国 2016 年共计无害化处理生活垃圾 2.5 亿吨，按照渗滤液产生率 30%计算，全年产生渗滤液量约为 7500 万吨，折合每日产生约 20.5 万吨渗滤液。城市生活垃圾填埋场中最可能造成环境污染的成分是垃圾渗滤液。鉴于它的成分较为复杂并且污染物的含量很高，导致填埋场将渗滤液进行无害化处理时需要较复杂的工艺和较高的成本①。根据中国目前现行的垃圾处理技术标准，垃圾填埋场的渗滤液

① 杜艳丽. 中国城市生活垃圾处理市场化改革研究［D］. 北京：华北电力大学（北京），2010.

处理技术水平需要达到《生活垃圾填埋污染控制标准》GB 18485—2014 中 2 级以上的标准，为此填埋场就需要运用膜处理技术，使填埋场实现较为严格的雨污分流，这就导致垃圾填埋场的垃圾处理成本显著提升。

生活垃圾卫生填埋技术在我国已有近 30 年的发展历史，是生活垃圾末端处置的最主要无害化手段，关于生活垃圾填埋场的建设运行、运行监管、封场技术等行业标准和国家标准陆续出台，生活垃圾卫生填埋技术标准体系不断完善。2016 年以来垃圾填埋处理的部分相关政策见表 4-8。

2016 年以来垃圾填埋处理的部分质量监管政策　　表 4-8

颁布时间	政策名称	颁布部门	政策主要内容
2016	《生活垃圾填埋场防渗土工膜渗漏破损探测技术规程》	住房和城乡建设部	规范行业标准
2016	《生活垃圾填埋场运行监管标准》	住房和城乡建设部	加强过程监管、规范监管
2017	《生活垃圾卫生填埋场封场技术规范》	住房和城乡建设部	从行业标准上升到国家标准
2017	《生活垃圾渗沥液膜生物反应系统处理技术规程》	住房和城乡建设部	满足防止污染、保护环境的需求
2019	《建筑垃圾处理技术标准》	住房和城乡建设部	规范行业标准

资料来源：作者整理。

根据《“十三五”全国城镇生活垃圾无害化处理设施建设规划》，2020 年我国城镇生活垃圾无害化处理能力达到 110.49 万吨/日。与此同时，渗滤液处理能力也必将迎来大幅提高，预计年均增速达到 8%以上，将会带动渗滤液处理工程建设、设施运行、设备供货、污染监测等相关业务发展。

4. 存量垃圾的质量监管与治理

针对存量垃圾的质量监管与治理，主要体现在：对因历史原因形成的非正规生活垃圾堆放点、不达标生活垃圾处理设施以及库容饱和的填埋场进行监管整治，使其达到标准规范要求。其中，整治非正规生活垃圾堆放点，结合其规模、设施状况、场址地质构造、周边环境条件、修复后用途等，在环境评估的基础上，优先开展水源地、城乡接合部等重点区域的治理工作提出措施。对于渗滤液处理不达标的生活垃圾处理设施，开展改造工作，未建渗滤液处理设施的预计在两年内完成建设；对具有填埋气体收集利用价值的填埋场，开展填埋气体收集利用及再处理工作；对于库容饱和的填埋处理设施，按照相关要求规范封场。在确保安全环保的前提下，对库容饱和的填埋厂土地开展复合利用。“十三五”期间，预计实施存量治理项目 803 个。“十三五”新增收运设施、存量治理和餐厨垃圾处理设施规模见表 4-9。

"十三五"新增收运设施、存量治理和餐厨垃圾处理设施规模　　表 4-9

地区	收运能力（万吨/日）	存量治理（个）	餐厨垃圾处理设施能力（万吨/日）
全国	44.22	803	3.44
北京	1.39	7	0.15
天津	0.95	3	0.08
河北	1.84	22	0.16
山西	0.75	7	0.06
内蒙古	1.02	19	0.05
辽宁	4.62	17	0.07
大连	0.85	6	0.02
吉林	0.55	21	0.05
黑龙江	1.11	33	0.08
上海	0.86	2	0.13
江苏	1.87	17	0.22
浙江	0.87	10	0.31
宁波	0.57	3	0.15
安徽	3.13	80	0.1
福建	1.04	0	0.08
厦门	0.4	0	0.02
江西	1.62	102	0.08
山东	1.4	10	0.08
青岛	0.2	0	0.01
河南	1.73	55	0.16
湖北	2.3	9	0.09
湖南	2.14	41	0.11
广东	0	48	0.34
深圳	1.28	3	0.07
广西	1.21	22	0.05
海南	0.21	58	0.02
重庆	1.34	8	0.15
四川	2.7	39	0.11
贵州	1.16	10	0.06
云南	0.94	36	0.08
西藏	0.17	0	0.01
陕西	0.85	20	0.05

续表

地区	收运能力（万吨/日）	存量治理（个）	餐厨垃圾处理设施能力（万吨/日）
甘肃	0.7	51	0.06
青海	0.48	11	0.01
宁夏	0.17	22	0.04
新疆	1.33	11	0.12
新疆生产建设兵团	0.29	0	0.01
黑龙江农垦	0.18	0	0

数据来源：国家发展改革委、住房城乡建设部《“十三五”全国城镇生活垃圾无害化处理设施建设规划》（发改环资〔2016〕2851号）。

5. 再生资源回收利用的质量监管与治理

再生资源回收利用政策法规是各部门实施再生资源回收利用的主要依据，是社会可持续发展的制度保障，再生资源的回收利用水平也体现了垃圾处理行业的产品质量。2008年8月，我国成立TC415全国产品回收利用基础与管理标准化技术委员会，2016年工业和信息化部、商务部、科技部联合颁布《关于加快推进再生资源产业发展的指导意见》，对再生资源回收利用全过程管理提出了明确的要求，即再生资源产业链的各环节和全过程，包括从回收、分拣、运输，到加工、循环化利用、再制造以及废物处理处置。明确了再生资源回收利用行业的基本组成。据不完全统计，截至2018年底，已发布国家再生资源回收利用质量监管与治理标准37项，行业标准60余项，其中行业标准包括供销、国内贸易、纺织、有色金属、轻工、化工、出入境检验检疫等行业（不包括环境保护行业），地方标准20余项。这些标准包括基础标准、再生原料标准、再生利用产品标准、回收和加工过程管理标准、检验检疫标准等。无论从数量上还是从分类、应用领域等方面看，现有标准都远远不能满足再生资源回收利用行业健康发展的需要。当前，我们国家有关部门应继续加强完善再生资源回收利用质量监督与管理政策法规体系，以保证再生资源回收利用的效率和质量。

第五章　天然气行业发展报告

近些年，我国加大天然气资源勘探生产力度，塔里木盆地、鄂尔多斯、四川和海域天然气生产基地及众多气田出现了较大勘探突破，国产常规及非常规天然气资源产量提升明显；在大气污染治理及控制能源消费规模的政策推动下，天然气消费量仍然保持较快增长；天然气行业基础设施不断完善，中俄进口气管道通气、互联互通管道工程、LNG 接收站工程等多项重大基础设施建设加快；油气体制改革继续深入，进一步加强天然气输配价格监管、门站价格逐渐开放、国家管网公司成立等多项深远改革措施的推出，为天然气行业提供源源不断的发展动力。

第一节 天然气行业投资与建设

国际形势、我国国内宏观环境、行业体制改革等方面都有利于促进天然气行业投资和发展。从国际环境来看，“一带一路”进口通道为天然气行业投资提供商机。我国经济增长和天然气行业政策均为天然气的快速发展创造了良好的条件。根据能源发展“十三五”规划，中国天然气消费比重要从2015年的5.9%提升至2020年的10%。随着我国供给侧改革的不断深化，“煤改气”助力企业转型升级，扩大天然气市场需求。新型城镇化进程加快，人民生活水平不断改善，迫切需要改变传统的生产、生活方式，城市燃气需求快速增长。天然气管道建设加快，西气东输、陕京、川气东送天然气管道等一批长距离、大输量的主干管道陆续建成，联络线和区域网络不断完善。因此，天然气行业投资与建设需求不断增长。

一、体制改革促进天然气投资和建设

天然气行业包括上游生产、中游管输和下游分销三个环节（图5-1）。上游勘探生产主要指天然气的勘探、开发和加工贸易，相关资源集中于中石油、中石化和中海油，还包括LNG海外进口部分，目前我国LNG接收站也集中于中海油等国有综合油气公司，此外深圳燃气、广汇能源、新奥集团等企业也拥有一定规模的LNG接收站。中游运输包括通过国家管网公司、省级运输管道、LNG

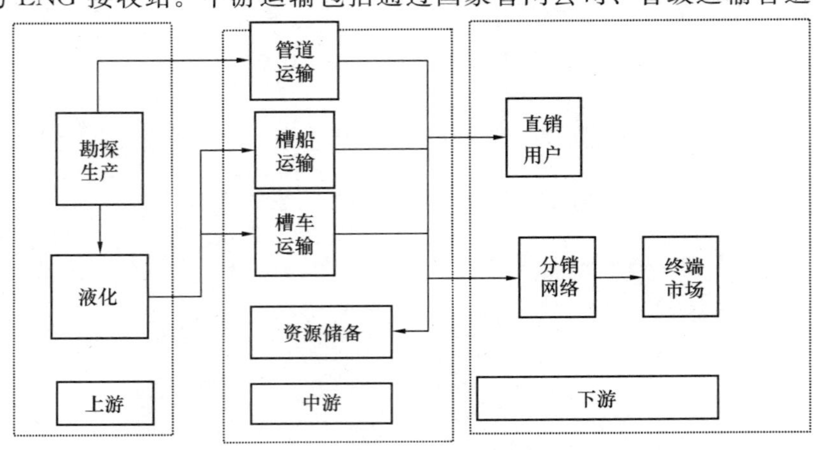

图5-1 中国天然气的产业链示意图

运输船和运输车等。下游分销主要由燃气公司从事该项业务，除燃气分销以外，燃气公司主业还包括燃气接驳、燃气运营和燃气设备代销等，服务于居民、工商业等用户。

2015年5月，国务院批转国家发展改革委《关于2015年深化经济体制改革重点工作意见的通知》中，明确指出了“研究提出石油天然气体制改革总体方案，在全产业链各环节放宽准入”的要求。中共中央和国务院于2015年9月13日联合发布《关于深化国有企业改革的指导意见》，这个文件是后期国有企业改革的“顶层设计”。2017年5月中共中央、国务院印发的《关于深化石油天然气体制改革的若干意见》，确定“放开两头、管住中间”的改革方向。2019年3月19日，习近平总书记亲自主持召开了中央全面深化改革委员会第七次会议，审议通过了《石油天然气管网运营机制改革实施意见》。在国有企业改革和油气体制改革的大背景下，天然气行业的价值链模式发生重大改变，即由传统的各环节的差价模式转换为基于平台和管网基础设施的市场交易模式（图5-2）。在新的产业链模式下，上游、中游和下游都催生了大量的市场投资机会。

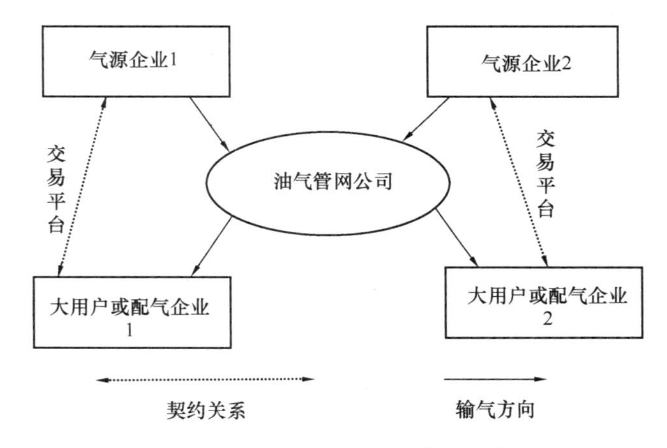

图5-2 基于交易平台的天然气价值链

2019年，国家石油天然气管网集团有限公司正式成立，是深化油气行业改革、保障油气安全稳定供应的重大举措，标志着我国上游油气资源多主体多渠道供应、中间统一管网高效集输、下游销售市场充分竞争的“X+1+X”油气市场新体系基本确立，也将大大加快管网建设。同时我国在放开上游勘探开发方面动作不断，频频出台政策，促进上游行业竞争。在上游领域，我国出台了首部《资源税法》，这对油气企业未来发展提出更高要求。为促进上游市场的公平有序开放，2019年7月30日起施行的《外商投资准入特别管理措施（负面清单）（2019年版）》取消了石油天然气勘探开发限于合资、合作的限制，将2018年版自贸试验区外资准入负面清单试点的石油天然气勘探开发等开放措施推向全国。2019 年 12 月 31 日，自然资源部印发了《关于推进矿产资源管理改革若干事项的意见（试行）》，其中提出的放开油气勘查开采和实行油气探采合一制度，将进一步放开我国油气勘探开采行业。在下游领域，2019 年 7 月 30 日起施行的《外商投资准入特别管理措施（负面清单）（2019 年版）》取消了城市人口 50 万以上的城市燃气、热力管网须由中方控股的限制，外商可在中国独立经营城市燃气业务，不再采取合资的形式，加上国家油气管网公司独立运营对下游行业格局带来的颠覆性影响，城市燃气行业或将迎来更多的市场投资。

二、天然气生产的投资与建设

天然气生产主要包括从天然气勘探到开采、输送后进行净化处理的整个生产过程。天然气主要蕴藏于油田、气田、煤层和页岩层中，以伴生气或非伴生气形式存在，所以勘探寻找有商业开采价值的天然气资源和建立气井将资源举升到地面是生产的第一步。天然气从气井采出后经集气管线进入集气站，在集气站内天然气通过节流、调压、计量等工艺流程处理后，统一输送至天然气净化厂，在净化厂里天然气脱除了硫化氢、二氧化碳、凝析油、水分等杂质，最终达到符合国家有关标准规定的天然气质量等级。2019 年，我国油气勘查开采投资大幅增长，勘查投资达到历史最高（表 5-1）。油气开采继续呈现“油稳气增”态势，原油产量稳中有增，天然气产量较快增长；油气资源管理改革稳步推进，油气地质调查工作取得重要进展。

中国油气勘探开采投资量 **表 5-1**

年份	油气勘探开采投资额(亿元)	增长率(%)
2010	2927.99	
2011	3021.96	3.21
2012	2853.99	−5.56
2013	3805.17	33.33
2014	4023.03	5.73
2015	3424.93	−14.87
2016	2330.97	−31.94
2017	2648.93	13.64
2018	2667.64	0.71
2019	3348.39	25.52

资料来源：《中国统计年鉴》(2011～2019)，中国统计出版社，2019 年数据来源于网络收集整理。

从表 5-1 的数据来看，从 2010 年到 2019 年，中国油气勘探开采投资总体保持增长势头，其中 2015 年和 2016 年投资额下降，从 2017 年开始稳步回升。

根据自然资源部发布的《全国石油天然气资源勘查开采情况通报(2019 年度)》，2018 年天然气新增探明地质储量 8090.92 亿立方米，同比下降 2.7%。其中，新增探明地质储量大于 1000 亿立方米的盆地有 2 个，分别为鄂尔多斯盆地和四川盆地。新增探明地质储量大于 1000 亿立方米的气田有 3 个，为鄂尔多斯盆地的靖边气田和苏里格气田，以及四川盆地的安岳气田。中国油气田新增探明地质储量见表 5-2。

中国油气田新增探明地质储量　　表 5-2

年份	石油(亿吨)	天然气(亿立方米)
2015	11.18	6772.20
2016	9.14	7265.60
2017	8.77	5553.80
2018	9.59	8311.57
2019	11.24	8090.92

三、天然气管网及相关基础设施建设

管网及相关基础设施建设是天然气行业发展的必要条件，国家油气管网公司成立将大大加快油气长输管网建设的推进速度。当前，我国已基本形成“西气东输、北气南下、海气登陆、就近外供”的供气格局。截至 2018 年末，我国累计建设油气长输管道里程数为 13.6 万公里，其中，天然气管道累计达到 7.6 万公里，干线管网总输气能力超过 3100 亿立方米。我国以西气东输系统、川气东送系统、陕京系统为主要干线的基干管网基本成形，联络天然气管网包括忠武线、中贵线、兰银线等陆续开通，京津冀、长三角、珠三角等区域性天然气管网逐步完善。2019 年我国天然气基础设施建设持续大力推进，其中最大的亮点是中俄东线输气管道投产通气。2019 年 12 月 2 日，俄罗斯天然气入境黑龙江，标志着中俄天然气管道成功建成投运。中俄输气管道投产，意味着中国西北、西南、东北和沿海四大天然气进口通道全面建成，形成多元化气源供应，有效提升天然气安全保障。

截至 2019 年底，我国已建成 LNG 接收站 22 座，接收能力 9035 万吨/年。其中中石油、中石化、中海油三大公司接收站 18 座，接收能力 8230 万吨/年，全国占比 91%；地方国企和民营企业建有接收站 5 座，接收能力 815 万吨/年。已投产接收站 2018 年平均负荷率 60.7%。其中华北区域 5 座，平均负荷率 66.2%；华东区域 6 座，平均负荷率 68.5%；华南区域 11 座，平均负荷率 49.7%。目前，中国 LNG 进口资源主要通过接收站实现周转。如果考虑现有

LNG 接收站扩建后的规模和在建规模，预计 2022 年前后中国 LNG 接收站总能力将超过 1.3 亿吨/年（折合 1820 亿立方米/年）。

四、城市燃气的投资建设

（一）城市燃气的投资水平逐年增加

城市燃气是城市基础设施的重要组成部分，关系到人民的生活质量、城市自然环境和社会环境，已成为国民经济中具有先导性、全局性的基础产业。2019 年城市燃气行业投资有所加快，全国燃气生产和供应业固定资产投资增速为 18.1%，相比上年同期加快 11.7 个百分点。燃气行业占全社会固定资产投资额的比重有所提高，由 2018 年的 0.37%上升到 0.50%。预计未来燃气行业投资增速会进一步加速。目前，在天然气基础设施，特别是储气库建设方面，政府已经确定比较明确的目标，将撬动巨大的社会资本投入。2015～2019 年城市燃气行业固定资产投资情况见表 5-3。

2015～2019 年城市燃气行业固定资产投资情况　　表 5-3

年份	城市燃气行业投资额		全国全社会固定资产投资额		城市燃气行业/全国
	投资额	增速	投资额	增速	比重
2015	2331.49	4	551590.04	10	0.42
2016	2134.8	−8.4	606466	8.4	0.4
2017	2229.78	5.0	641238	7.0	0.35
2018	2372.49	6.4	645675	5.9	0.37
2019	2801.91	18.1	560874	5.1	0.50

资料来源：根据《中国统计年鉴》（2016～2019 年），中国统计出版社，2019 年数据来自网络收集整理。

近年来，城市燃气行业取得了较大的发展，城市燃气固定资产投资额总体呈增长态势，占市政公用设施建设固定资产投资额的比重在不断变化，中国市政公用事业固定资产投资也在不断增加，城市燃气的投资规模受到天然气行业政策、城镇化进程等多个因素的影响。

（二）城市燃气管网投资主体多元化

随着公用事业体制改革的不断深入和先进管理理念的引入，民营资本、境外资本陆续通过转制、合资等方式参与城市燃气建设运营，城市燃气市场逐步开放，并逐步形成城市燃气多元化发展的有利格局。城市燃气经营市场中，主要由两类企业主导：一类是依靠历史承袭而拥有燃气专营权的地方国企，如深圳、重庆等地区的地方国有燃气公司；二类是跨区域经营的燃气运营商，包括华润燃气、新奥能源等燃气公司。城市燃气投资主体有国有资本（中央大型企业集团和地方政府）、民营资本、境外资本等诸多市场经营主体，我国城市燃气市场呈现多种所有制并存的格局。储气库工作气量显著提升，多储气库项目准备启动。2018年，我国已建储气库建设稳步推进，国内第一座民营储气库——港华燃气金坛储气库一期投产，中国石油顾辛庄储气库投入运行，中国石化文23储气库初步完工。截至2018年底，我国累计建成26座地下储气库，调峰能力达130亿立方米。

作为我国天然气管网系统重要组成部分，省级管网公司是我国重要的天然气运输商、承销商，有的还是本省（市）内天然气的供应商，省级管网公司的发展对于我国天然气产业的发展具有重要作用。目前全国有20多个省份组建了30多家省级天然气管网公司，主要职责为统一规划、建设及运营管理省内天然气管网及承担天然气输配、购销业务等。目前还有新疆、西藏等少数省区没有建立自己的省网公司，其省内的天然气输配业务主要由上游资源方旗下的管道销售公司直接供应。未来的一段时间内或将出现各路资金涌入省管网公司的局面，形成国家管网公司与区域管网公司并存的中游市场格局。例如，黑龙江省利用市场化公开竞争方式引入战略合作者，共建省管网公司，北京燃气、中国燃气、新奥能源、陕西燃气成功中标入股，辰能集团成为省属国有企业股东。

（三）各地区城市燃气投资增长

2018年，华东和华北地区投资占比较高，其中华东地区占比42.56%，华北地区占比17.65%，东北地区占比8.9%（详见图5-3），这与2018年集中供热改造投资增加有关。城市燃气投资增长较快区域主要是经济较发达的地区和集中供

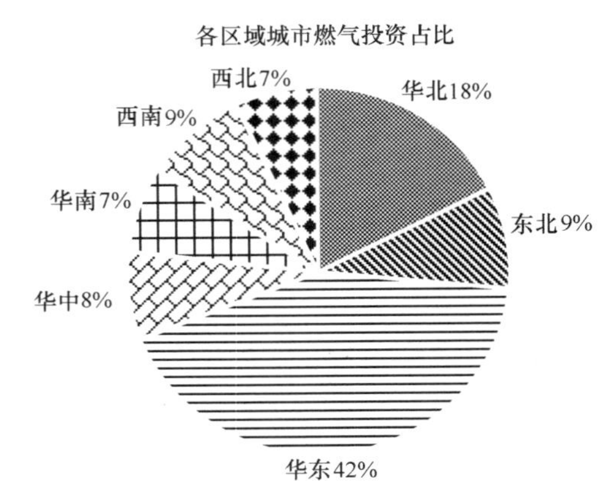

图5-3　2018年城市燃气投资地区结构

资料来源：《中国城市建设统计年鉴》（2019），中国统计出版社。

热“煤改气”改造地区。

（四）城市燃气投资效益

国家统计局公布的统计数据显示（表 5-4），2018 年，中国城市燃气生产和供应行业规模以上企业为 1699 家，与 2017 年基本持平。2018 年实现产品销售利润 591.3 亿元，较 2016 年同比上升 2.34%。2018 年城市燃气资产总计 10305.5 亿元，同比上升 7.90%，从增长速度来看，燃气行业对成本的管理控制能力较好，盈利能力不断增强。

2018 年城市燃气生产和公用的重要指标　　表 5-4

指标	2016 年	2017 年	2018 年
企业数(家)	1426	1700	1699
资产总计(亿元)	7940.20	9551.58	10305.5
负债总计(亿元)	4385.70	5368.39	6080.3
利润总额(亿元)	486.70	577.78	591.3

资料来源：《中国统计年鉴》(2017～2019 年)，中国统计出版社。

从偿债能力来看（表 5-5），2018 年中国城市燃气资产负债率 59.00%，产权比率 144.00%，较上年均略有上升，从数值上看，资产负债率处于较适宜水平，行业整体负债经营水平较为适当。综合来看，中国燃气行业近年来举债经营规模有扩大之势，且偿债能力有所上升。

2016～2018 年城市燃气行业偿债能力数据指标　　表 5-5

指标	2016 年	2017 年	2018 年
资产负债率(%)	55.23	56.20	59.00
产权比率(%)	123.30	128.33	144.00

资料来源：根据表 5-4 计算所得。

从运营能力来看（表 5-6），2018 年中国燃气行业总资产周转率为 0.73 次，流动资产周转率为 2.11 次，总资产周转率和流动资产周转率较上年均有所减少，说明燃气行业对资产和流动资产的利用效率有所提升。

2016～2018 年城市燃气行业运营能力数据指标　　表 5-6

指标	2016 年	2017 年	2018 年
总资产周转率(次)	0.76	0.66	0.73
流动资产周转率(次)	2.29	1.98	2.11

资料来源：根据表 5-4 计算所得。

第二节 天然气行业生产与供应

2019年国家着力优化城市燃气行业营商环境，创造良好公平市场，并进一步做好燃气安全管理工作；加快油气管网设施公平开放，促进油气市场多元化竞争；放开建筑区划红线内的燃气工程安装市场，营造公平市场秩序；同时，天然气门站价格因增值税税率调整相应下调，将增值税改革的红利全部让利于用户。在天然气需求方面，“煤改气”政策推进趋稳等因素导致天然气消费稳中趋缓，但2020年是打赢蓝天保卫战三年行动计划的决胜之年，天然气需求仍将继续保持较快增长，供应保障能力有望大幅提高，市场整体趋于宽松。

一、天然气行业生产情况

天然气作为一种清洁高效的化石能源，是理想的城市气源。中华人民共和国成立之初，受经济条件的限制和勘探开发技术、市场培育不足等因素的影响，中国天然气产量增长缓慢。20世纪90年代后期开始，中国天然气探明储量快速增长和长距离输气干线的建成投产，为快速提高产量提供了资源基础。同时，随着勘探技术的进步和勘探开发力度的加大，中国天然气勘探开发取得重大突破，先后发现苏里格、普光、元坝等一批大型气田，形成四川、鄂尔多斯、塔里木、柴达木、松辽、准噶尔、莺—琼、东海等八大天然气主要产区。2019年，我国天然气生产快速增长，且增速进一步提升。2019年我国围绕油气增储上产、管网改革等重点领域推出了一系列改革措施，国家油气管网公司挂牌成立，国产气增储上产态势良好，天然气产、供、储、销体系建设成效显著，天然气供应保障总体平稳。

1. 我国天然气产量

2019年，我国天然气生产快速增长，且增速进一步提升，天然气产量1736.2亿立方米，增长9.8%，增速较2018年同期提升2.3个百分点，连续三年增产超过100亿立方米。其中，致密砂岩气、页岩气和煤层气等非常规天然气产量占比超过30%，增长23.0%，拉动全部天然气产量增长6.9个百分点。2015～2019年中国天然气及液化天然气产量情况见表5-7。

2015～2019 年中国天然气及液化天然气产量情况 **表 5-7**

年份	天然气产量（亿立方米）	增速（%）	液化天然气产量（万吨）	增速（%）
2015	1271.41	2.92	512.73	8.29
2016	1368.3	2.2	695.3	29.9
2017	1474.2	8.5	829.0	14.4
2018	1610.2	7.5	900.2	−0.9
2019	1736.2	9.8	1165.0	15.6

资料来源：《中国统计年鉴》（2015～2019 年），中国统计出版社，2019 年数据网络收集整理。

2. 我国液化石油气产量

中国液化石油气供应主要来源于炼厂气，伴生气供应的液化石油气量仅占全国液化石油气供应量的 1%。2019 年我国液化石油气产量保持稳定增长，增速有所下滑。根据国家统计局的数据，2019 年 1～12 月，我国累计生产液化石油气 4135.7 万吨，同比增长 10.9%，增速较 2018 年同期下滑 0.3 个百分点。2015～2019 年我国液化石油气产量见表 5-8。

2015～2019 年我国液化石油气产量 **表 5-8**

年份	液化石油气产量（亿立方米）	增速（%）
2015	2934.4	6.6
2016	3503.9	20.1
2017	3677.3	4.5
2018	3800.5	11.2
2019	4135.7	10.9

数据来源：《中国统计年鉴》（2015～2019 年），中国统计出版社，2019 年数据网络收集整理。

3. 我国煤气产量

2019 年我国煤气产量保持较快增长。2019 年 1～12 月，我国累计生产煤气 14713.8 亿立方米，同比增长 7.9%，增速较 2018 年同期提升 4.4 个百分点。2015～2019 年我国煤气产量见表 5-9。

2015～2019 年我国煤气产量 **表 5-9**

年份	我国煤气产量（亿立方米）	增长率（%）
2015	6879.0	−4.3
2016	10121.8	8.5
2017	10626.9	3.9
2018	11966.3	3.5
2019	14713.8	7.9

数据来源：《中国统计年鉴》（2015～2019 年），中国统计出版社，2019 年数据网络收集整理。

二、天然气行业供应情况

（一）国内天然气供应能力稳步增长

2019年，我国油气增储上产态势良好。根据国家能源局的公布数据，2019年我国天然气产量达到1736.2亿立方米，连续3年增产超100亿立方米。长庆油田和西南油田天然气产量分别达到412.3亿立方米、268.5亿立方米，皆创历史新高。非常规气提速上产，页岩气、煤层气全面增产，非常规油气正成为我国能源安全保障的重要方向。国家统计局数据显示，2019年1～11月，我国煤层气产量达78.6亿立方米，同比增长17.5%。2019年，我国最大的页岩气田——涪陵页岩气田生产页岩气63.33亿立方米，同比增长5.18%。我国另一大页岩气生产商——西南油气田2019年页岩气产量达67亿立方米，同比大增36亿立方米。

（二）天然气进口增速回落

根据国家统计局公布的数据，2019年中国天然气进口保持较快增长，但增速相比2018年显著回落。2019年，中国共进口天然气1332.6亿立方米，增幅6.9%，较2018年下降了25%，一改绝大多数年份进口量和进口增幅高速增长的态势。其中，进口LNG 831.5亿立方米，增幅为12.2%；进口管道气501.1亿立方米，降幅为0.8%。[①] 天然气进口增速和增量高位下滑主要有以下三个原因：一是2018年进口量特别是LNG进口量过大，但当年市场需求却并没有如2017年那样火爆，而且因价格较高，销售不如预期，LNG库存量较大；二是政府对“煤改气”政策进行了调整，并通过采取其他措施控制天然气需求非理性增长，2019年的天然气市场供需平衡、平稳，LNG现货采购量减少；三是管道气进销价格倒挂，进口商控制了进口量。得益于进口增速的下滑以及国产气的快速增储上产，2019年中国天然气对外依存度较2018年有所降低。

（三）天然气基础设施不断完善

中国天然气管道建设稳步推进，截至2018年底，中国天然气长输管道总里程近7.9万千米。南涪天然气管道工程投产，中石化潜江—韶关输气管道工程湖南段完成部分管道焊接，估计全年建成跨省干线管道870千米。随着中俄东线

① 中华人民共和国海关总署．统计月报［EB/OL］．（2019-12-23）［2020-01-15］．http：//www.customs.gov.cn/customs.

（北段）正式投产，中国西北、东北、西南及海上四大油气战略进口通道基本建成，我国四大油气战略管道能够输送原油和天然气。区域管网建设持续推进，广东省加强省天然气管网建设，规划到 2020 年将扩建约 830 千米；西气东输三线长沙支线完工建成；中石化广西管道粤西支线闸口至湛江段投产成功；闽粤支干线已于 2019 年 7 月全线贯通；青岛首条海底天然气管线项目建设启动。

2019 年，我国有 2 座 LNG 接收站建成投产，分别是广西防城港 LNG 接收站（接收能力为 60 万吨/年）和深圳华安 LNG 接收站（接收能力为 80 万吨/年）。截至 2019 年，我国共建设投产了 22 座 LNG 接收站（其中海南中油深南接收站为储备站，属二级转运站），年接收能力约为 7665 万吨/年（青岛董家口接收站和天津南港接收站二期扩容虽还未完成，但 2019 年接收能力均已达 600 万吨/年）。在投运的接收站中，三大油公司控股的有 16 座，产能达 6570 万吨/年，在总产能中占比达 85.7%；其余 6 座为地方国企和民企控股。随着国内天然气市场迅猛发展，这些 LNG 接收站投产后大部分都进行了扩容改造，目前还有 9 座正在扩容改造中，2021 年前全部完成后产能将提升约 3100 万吨/年。此外，还有 20 余座在建和规划建设的 LNG 接收站工程，其投资方除三大石油公司外，还包括一些燃气企业和外资企业。

（四）天然气市场需求增速放缓

2019 年，中国天然气表观消费量（国内生产＋进口－出口）再创新高，总量达到了 3032.5 亿立方米。然而，尽管消费量突破了 3000 亿立方米大关，但消费净增量只有 216.1 亿立方米，同比减少 208.9 亿立方米，为近 3 年来最低；增速降至 7.7%，为 2016 年以来最低。

天然气消费净增量和增速减缓，主要源于四大方面的综合效应。一是国民经济增速放缓。中美贸易摩擦给已进入新常态的中国经济造成一定影响，GDP 增速由一季度的 6.4%降至三季度的 6%，全年虽成功稳定在 6.1%，但增速放缓势必降低占比高达 2/3 的工业用气需求强度。① 二是“煤改气”政策调整。众所周知，始于 2017 年的“气荒”和“气紧”与“煤改气”政策过急过猛及气源不落实有关。自 2018 年起，中国开始逐步调整“煤改气”政策，京津冀“2＋26”城市虽仍按照煤改气目标继续推进，但速度放缓。2019 年，为进一步缓解冬季天然气供需矛盾，国家又提出宜气则气、宜电则电、宜煤则煤的清洁取暖原则，并严格实行“以气定改”和“先立后破”，减少了部分天然气需求。三是加强需

① 陆家嘴金融网．2019 中国天然气发展报告新鲜出炉［EB/OL］．(2019-09-02)［2020-01-15］．http：//www.ljzfin.com/news.

求侧管理。例如：供用双方根据资源情况协商达成供用气合约，包括总用气量和分季节用气量等；发展可中断供气用户和调峰用户，为冬季保供筹措资源；利用价格杠杆调控需求，对因产品市场较好需要增加用气量和临时超过合同用气量的用户，实行市场化价格或通过天然气交易中心竞价交易采购等。四是冬季气温偏高。中央气象局数据显示，2019 年全国平均气温较常年同期偏高 0.79℃，12 月平均偏高 0.44℃，个别地区偏高 2～4℃。

三、城市燃气供应情况

2018 年全国统计天然气供应总量为 14439538 万立方米。其中居民用气量为 3135097.41 万立方米，占天然气供应总量的 21.71%；天然气用于集中供热 1542797.35 万立方米，占天然气供应总量的 10.68%；天然气用于燃气汽车 1204264.97 万立方米，占天然气供应总量的 8.34%（表 5-10）。

2016～2018 年全国天然气供应情况 **表 5-10**

（单位：万立方米）

类别	2018 年	2017 年	2016 年
销售气量	14439537.89	12327856.65	11379009.25
居民用气量	3135097.41	2825026.78	2864124.10
集中供热	1542797.35	1270489.21	1173589.45
燃气汽车	1204264.97	1144892.88	1129460.55
损失气量	336477.55	309689.07	338176.45

资料来源：《中国城市建设统计年鉴》2018 年，中国统计出版社。

2018 年天然气消费最多的地区是华东地区，全年销售 4469161.37 万立方米，占全年天然气销售总量的 31%；其次是华北地区，全年销售天然气 3515796.78 万立方米，占全年天然气销售总量的 24.25%（图 5-4）。

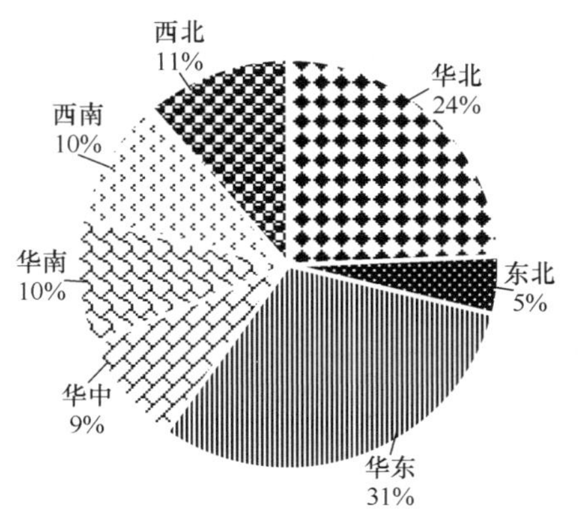

图 5-4 2018 年我国各区域天然气消费占比

资料来源：《中国城市建设统计年鉴》2019 年，中国统计出版社。

从终端城市燃气来看，普及率逐年提高，天然气覆盖面更广。2018 年全国人工煤气、天然气和液化石油气用气总人口为 4.95 亿人，燃气普及率达 96.70%，比上年提高 0.44 个百分点。其中，天然气已超越人工煤气和液化石油气成为城市燃气的第一大气源，使用天然气总人口为 3.69 亿人，占全国用气总人口的

74.47%；液化石油气用气人口继续萎缩，使用液化石油气总人口为1.19亿人，占全国用气总人口的23.96%；人工煤气用气人口也继续萎缩，使用人工煤气总人口为0.078亿人，占全国用气总人口的1.57%。表5-11为我国2009～2018年人工煤气、天然气和液化石油气用气人口变化趋势。

2009～2018年我国人工煤气、天然气、液化石油气用气人口变化趋势　　表5-11

年份	人工煤气（万人）	占比（%）	天然气（万人）	占比（%）	液化石油气（万人）	占比（%）
2009	3971	11.21	14544	41.04	16924	47.75
2010	2802	7.71	17021	46.86	16503	45.43
2011	2676	7.08	19028	50.34	16094	42.58
2012	2442	6.21	21208	53.92	15683	39.87
2013	1943	4.76	23783	58.25	15102	36.99
2014	1757	4.17	25973	61.68	14378	34.15
2015	1322	3.02	28561	65.17	13955	31.81
2016	1085	2.37	30856	67.54	13744	30.08
2017	752	1.59	33934	71.74	12616	26.67
2018	779	1.57	36902	74.47	11872	23.96

资料来源：《中国城市建设统计年鉴》2019年，中国统计出版社。

2004年“西气东输”管道投入商业运行以来，天然气开始大规模走入千家万户，天然气用气人口首次超过人工煤气用气人口。且2004年以来，天然气以年均37.35%的增速迅猛发展，到2010年其用气总人数首次超过液化石油气用气总人口数。天然气覆盖人口不断增加，覆盖地区不断拓宽。截至2018年底，中国大陆的31个省级行政区均已不同程度地利用天然气，以天然气作为城市燃气主要气源的城市将越来越多。在2010年就已达90%以上，在2018年高达96.69%。从管道长度以及燃气普及率来看，中国的天然气供给能力在市场化改革中有很大的提升（表5-12）。

2010～2018年城市燃气管道和燃气普及率的变化　　表5-12

年份	人工煤气管道长度（万公里）	天然气管道长度（万公里）	液化石油气管道长度（万公里）	供气管道长度（万公里）	增长率（%）	燃气普及率（%）	增长率（%）
2010	—	—	—	30.9	—	92	—
2011	3.71	29.90	1.29	34.90	12.93	92.41	0.41
2012	3.35	34.28	1.27	38.89	11.46	93.15	0.74

续表

年份	人工煤气管道长度（万公里）	天然气管道长度（万公里）	液化石油气管道长度（万公里）	供气管道长度（万公里）	增长率（%）	燃气普及率（%）	增长率（%）
2013	3.05	38.85	1.34	43.24	11.17	94.25	1.10
2014	2.90	43.46	1.10	47.46	9.77	94.57	0.32
2015	2.13	49.81	0.90	52.84	11.33	95.30	0.73
2016	1.85	55.10	0.87	57.82	9.42	95.75	0.45
2017	1.17	62.32	0.62	64.12	10.90	96.26	0.51
2018	1.31	69.80	0.48	71.59	11.65	96.69	0.43

资料来源：《中国城市建设统计年鉴》（2011～2019年），中国统计出版社。

根据表5-13可见，供气管道是城市燃气普及的基础，随着城市燃气管道的扩张，燃气普及率也在不断提高。天然气管道在总管道中占绝对比重，且不断增长，人工煤气管道和液化石油气管道在不断萎缩。

2011～2018年城市燃气分类供气总量变化　　表5-13

年份	人工煤气供气总量(亿立方米)	天然气供气总量(亿立方米)	液化石油气供气总量(万吨)
2011	84.70	678.80	1165.80
2012	77.00	795.00	1114.80
2013	62.80	901.00	1109.70
2014	56.00	964.40	1082.80
2015	47.10	1040.80	1039.20
2016	44.10	1171.70	1078.80
2017	27.09	1263.75	998.81
2018	27.80	1444.00	1015.30

资料来源：《中国城市建设统计年鉴》（2012～2019年），中国统计出版社。

2011～2018年间，城市燃气中人工煤气和液化石油气供气总量逐年减少，天然气供气总量逐年增加，且增加量较大，成为城市燃气的主要部分。同时管道长度和燃气普及率不断提高，城市燃气供给能力的大幅提升。

第三节　天然气行业发展成效

当前，中国能源供给领域矛盾突出，以煤炭为主的一次能源供给及其粗放式发展与经济社会的高质量发展要求明显不相协调，迫切需要转变能源发展方式，提高能源服务供给质量。以天然气为主体的燃气行业高质量发展是我国能源革命和高质量经济发展的基础。

一、天然气产业链体系日益完善

2019 年，在加快天然气产供储销体系建设和保障国家能源安全的驱动下，国内三大石油公司开足马力增产增效。2019 年国内天然气产量达 1736.2 亿立方米，其中，页岩气产量为 143.6 亿立方米，在 2019 年天然气产量净增量中占比高达升至 25.8%，同时在天然气总产量中占比由 2018 年的 6.8%增至 2019 年的 8.3%，展示出旺盛的发展势头。①

中国石油仍是对 2019 年中国天然气总产量和增长量贡献最大的公司。2019 年全年中国石油共生产天然气 1188 亿立方米，较 2018 年增产 94 亿立方米(8.6%)，占 2019 年中国天然气总产量的 68.4%，产量净增量的 70.2%。其中，中国石油下属的长庆油田公司、塔里木油田公司和西南油气田公司共生产天然气 966 亿立方米，占全国总产量的 55.7%、中国石油的 81.3%（表 5-14）。

我国十大油气田 2018 年和 2019 年产量 **表 5-14**

名称	2019 年产量(万吨)	2018 年产量(万吨)	增长率(%)
中国石油长庆油田	5701	5641	1.06
中国石油大庆油田	4363	4167	4.70
中海油渤海油田	3000	3000	0
中国石油塔里木油田	2850	2673	6.62
中国石化胜利油田	2400	2383	0.71
中国石油西南油气田	2139	1812	18.05
中国石油新疆油田	1480	1379	7.32
陕西延长石油	1120	1310	−14.5
中海油南海东部油气田	1500	1305	14.94
中国石油辽河油田	1000	1040	3.85
中海油南海西部油气田	1000	—	—

资料来源：wind 数据库。

其次，全球经济一体化同时加快了天然气市场的发展速度，中国已初步形成西北、东北、东南和西南天然气进口通道；其中西北通道气源来源于中亚地区、

① http://www.mnr.gov.cn/sj/sjfw/kc_19263/zgkczybg/201910/t20191022_2473040.html.

东北通道气源来源于俄罗斯、西南通道气源主要来自中东，东南通道则是由东部沿海 LNG 站码头接收海上进口的 LNG。LNG 易于运输和储存、安全性能好、环保性更强，进口 LNG 便于由海陆通过专业的运输船运输。

进口 LNG 份额进一步扩大，超过管道气进口量。我国 LNG 进口来源地已扩充至 22 个国家，其中从澳大利亚进口 LNG 量接近总进口量的半数，还有印度尼西亚、马来西亚、卡塔尔等国家。当前已建、在建和规划中 LNG 接收站项目主要分布在广东、福建、上海、浙江、海南、江苏、山东、辽宁、天津等地，东南沿海成为中国进口 LNG 接收站建设最多的地区，LNG 接收站增加大大提增加了城市燃气供给能力。

天然气管网互联互通取得前所未有的重要进展，掀开全国一张网建设的新篇章。2018 年，通过建设十余项管道联通工程，打通重要节点，真正实现了石油公司之间、南北区域之间的联合串换保供。主要表现在三条线路：一是三大石油公司通过实施多项联通工程，逐步搭建全国一张网，使“南气北上”气量提高至 3000 万立方米/日；二是大连 LNG、双 6 储气库外输通道形成向华北输送能力达 700 万立方米/日；三是天津 LNG 接收站向港清线增供 1200 万立方米/日。

1990～2017 年城市燃气供给能力的变化　　表 5-15

年份	供气管道长度（万公里）	五年增长率（%）	燃气普及率（%）	五年增长率（%）
1990	2.40	—	19.10	—
1995	4.40	83.33	34.30	79.58
2000	8.90	102.27	45.40	32.36
2005	16.20	82.02	82.10	80.84
2010	30.90	90.74	92.00	12.06
2015	52.84	71.00	95.30	3.59
2017	64.12	—	96.26	—
2018	71.60	—	96.69	—

资料来源：《中国城市建设统计年鉴》（2000～2019 年），中国统计出版社。

从全国总体情况看（表 5-15），不论是城市燃气供给总量水平，还是普及率，这 20 多年都有很大提高。1990～2018 年，供气管道长度的增长率在 20 多年间都比较高，年燃气普及率增长速度极快，在 2018 年高达 96.69%。从管道长度以及燃气普及率来看，中国的天然气供给能力在市场化改革中有很大的提升。

从总体上看，中国的天然气生产能力不断增强，并形成了包括国外管道气、进口 LNG 等多渠道天然气供给体系。同时加快全国天然气管网建设和联网，并加快城市管网建设，天然气产、供、销体系日臻完善。

二、天然气行业体制改革不断深化

2014 年开始，天然气行业市场化改革加速推进，2019 年先后推出数项天然气市场化改革的重大举措，加速深化市场体制改革。

（一）国家石油天然气管网集团有限公司挂牌成立

2019 年 12 月 9 日正式挂牌成立的国家石油天然气管网集团有限公司是中国推进天然气体制改革以来的最重磅举措。从 2014 年国家要求天然气管道公平开放也只有 5 年，我国天然气价格改革仍然需要进一步深化，从 2017 年 5 月中共中央、国务院《关于深化石油天然气体制改革的若干意见》提出“分步推进国有大型油气企业干线管道独立，实现管输和销售分开”仅仅两年半时间，上游天然气供应竞争还很不充分，输气管道互联互通和向第三方开放刚有实质性进展，成立独立的管网公司会大大加快运、销分离和财务独立等改革举措推进落实，也足见国家决策层对强力推进天然气体制机制改革的信心和决心。国家管网公司成立打破了长期以来我国天然气上中游产、运、销一体化运营的格局，为形成“全国一张网”和构建起上游多主体多渠道资源供应、中游管道高效运输、下游销售充分竞争的天然气市场化体系奠定了基础。因此，国家管网公司成立也标志着中国天然气市场化改革从此进入一个崭新的阶段。

（二）上游领域油气勘查开采逐步全面放开

放开天然气上游勘探开采是实现天然气市场化的充要条件，也是我国油气体制的重点和难点。2019 年，国家部委接连发布数个油气矿权改革和放开油气勘探开采的重磅文件，包括：2019 年 4 月中共中央办公厅、国务院办公厅印发的《关于统筹推进自然资源资产产权制度改革的指导意见》，指出将有序放开油气勘查开采市场，完善竞争出让方式和程序，制定实施更为严格的区块退出管理办法和更为便捷合理的区块流转管理办法；2019 年 6 月国家发展和改革委员会发布了新版的《鼓励外商投资产业目录（2019 年版）》和《外商投资准入特别管理措施（负面清单）（2019 年版）》，删除了外商投资石油、天然气开发必须与国内油公司合资、合作的规定；2019 年 12 月《中共中央国务院关于营造更好发展环境支持民营企业改革发展的意见》提出支持民营企业进入油气勘探开发等领域；2019 年 12 月自然资源部印发《关于推进矿产资源管理改革若干事项的意见（试行）》，提出了矿业权出让制度改革、油气勘查开采管理改革、储量管理改革等 3 个方面 11 条改革内容，标志着中国全面放开油气勘查和开采的市场准入。

（三）天然气价格改革继续深入，门站价格面临消亡

2018年居民用气价格理顺后，我国已基本完成了天然气价格调整工作。从理论上讲，后续的改革是要建立科学合理并适合市场化发展的天然气价格机制，建立并实行随市场供需变化的差别价格。但在当前我国天然气市场结构和供需条件下，政府和市场各方都无意去触动这根敏感的神经，常规气继续延用既定的“上浮20%，下浮不限”机制。这样，2019年的天然气价格改革并无新政问市。但是，却有一项意义深远的决定，那就是2019年11月，在国家发展和改革委员会发布的《中央定价目录》（修订征求意见稿）中，取消了天然气门站价格，仅保留了油气管道运输价格。《中央定价目录》（修订征求意见稿）在“备注”中指出：“其他国产陆上管道天然气和2014年底前投产的进口管道天然气门站价格，暂按现行价格机制管理，视天然气市场化改革进程适时放开由市场形成。”可见，虽然天然气门站价格暂时存在，但迟早会取消。国家在2013年实行天然气门站价格管理，一是为了调整上游天然气价格，二是基于我国天然气上中游一体化运营的实际，完全是一个权宜之计。国家油气管网公司运营后，门站价格已失去了生存的体制基础，取消是必然的。

（四）交易中心体系建设推进天然气现货市场发展

作为中国天然气市场化改革的前沿阵地，上海石油天然气交易中心不断推陈出新，交易量连创新高，调剂供需和价格发现功能愈加突出。2019年主要举措包括：中心双边交易量达$806.43\times10^8m^3$，同比增长33.4%；推出了“进口LNG窗口一站通”长期和中短期协议交易、LNG年度合同团购交易、年度固定价合同交易等；与国家海关总署合作，定期报告进口LNG到岸价格。2019年是重庆石油天然气交易中心开始线上交易的第二年，其单边成交量就达$170\times10^8m^3$。两个国家级交易中心的示范作用正在产生积极效应，筹建之中的四川、浙江、新疆、陕西、河北和广东等省的区域天然气交易中心加快了上市步伐。2019年7月，广东省政府宣布2020年前要在广东设立区域性天然气交易机构；10月，西安市4家地方和国外公司签署合作协议，共建西安石油天然气交易中心。

三、天然气行业监管体系逐步完善

天然气管道运输属于自然垄断环节业务，需要实施政府监管。我国已经成立独立的国家管网公司和30多家省级管网公司，这是天然气管网运输的主体，也

是政府监管的主要对象之一。天然气行业已经确立了“准许成本＋合理收益”的管网运输价格监管思路和方法，对管网运输价格以及与之相关管网企业的投资、成本、质量等内容进行“精细化”深度干预。2017 年上半年，根据《天然气管道运输价格管理办法（试行）》和《天然气管道运输定价成本监审办法（试行）》的规定，国家发展改革委组织对 13 家企业开展了成本监审，并在此基础上核定了跨省管道运输价格。经过成本监审，共剔除 13 家企业无效资产 185 亿元，核减比例 7%；核减不应计入定价成本总额 46 亿元，核减比例 16%，核定准许成本 242 亿元。在此基础上，进一步计算确定了各管道运输企业的准许收益及年度准许总收入，结合各企业管道负荷率水平，核定 13 家天然气跨省管道运输企业管道运输平均价格，比此前下降了 15%左右。各省也制定省级及以下管网运输价格管理办法，并组织完成省级及以下天然气管网运输成本的监审工作。天然气行业管道运输价格监管政策体系和改革实践探索，为行业市场化改革奠定重要基础，国家油气管网公司也将推动天然气管道运输价格体系的进一步完善。在 2019 年 5 月由国家发展改革委、国家能源局、住房和城乡建设部及国家市场监管总局四部门联合发布《油气管网设施公平开放监管办法》，推动天然气长输管网向第三方公平开放，天然气行业政府监管治理机制不断完善。

第四节　天然气行业政府监管与治理

随着国家管网公司的成立和天然气管网的独立运营，我国将逐渐实现天然气行业的产、运、销分离，向上游油气资源多主体多渠道供应、中间统一管网高效集输、下游销售市场充分竞争的“X＋1＋X”治理体系转变，天然气行业的政府监管目标和主要内容也随之变化。

一、天然气行业“X＋1＋X”治理体系

（一）上游逐步建立竞争性供给机制

2019 年 12 月，国家自然资源部发布《关于推进矿产资源管理改革若干事项的意见》，意味着其他企业进入天然气上游勘探开发领域的政策性壁垒已基本扫除，未来上游领域的参与主体将向多元化发展。国家管网公司成立后，将为新天然气生产商打通资源运输通道，但考虑到上游运行高风险、高投入、技术密集的

特点，从中长期看，开放会导致竞争程度的上升，迫使企业提升勘探开发能力，增加产出。进口方面，管网公司成立的影响将更为显著，预计会有更多的企业到国际 LNG 市场进行采购，如城市燃气公司、电力企业、金融机构等“三桶油”以外的企业，从自主进口逐渐扩展到在海外获取勘探开发区块、成立贸易公司等，加快进口业务布局，延伸产业链，加速上游市场形成国企、民企、外企三方多元化竞争新格局。

（二）中游将形成国家管网公司与省管网并存格局

截至 2018 年底，我国天然气干线管道总里程达 7.6 万千米，一次输气能力达 3200 亿立方米。我国以西气东输系统、川气东送系统、陕京系统为主要干线的基干管网基本成形，联络天然气管网包括忠武线、中贵线、兰银线等陆续开通，京津冀、长三角、珠三角等区域性天然气管网逐步完善，我国已基本形成“西气 东输、北气南下、海气登陆、就近外供”的供气格局。国家管网公司成立后，中游长输管网将形成“全国一张网”，由国家管网公司统一运营。

目前省管网与国家管网公司之间的关系尚未明确，且省管网公司在一定程度上掌握着省内天然气管网的命脉，地方政府、城市燃气公司、金融机构都对省管网公司充满兴趣。预计未来的一段时间内或将出现各路资金涌入省管网公司的局面，形成国家管网公司与区域管网公司并存的中游市场格局。例如，黑龙江省利用市场化公开竞争方式引入战略合作者，共建省管网公司，北京燃气、中国燃气、新奥能源、陕西燃气成功中标入股，辰能集团成为省属国有企业股东。从经营模式的角度出发，省级管网公司模式可大致归纳为四大类：代输、统购统销、开放型、一体型。

“统购统销”模式下，省级管网公司具有两种身份，当面对的客户是城市燃气企业时，是批发商的角色；当面对的客户是工业等直供用户时，则扮演零售商的角色。除浙江省外，国内其他地方，如果气源比较单一，政府推行力度不大，实行“统购统销”的模式难度很大。

“代输”模式下，省级管网公司相当于增加一个身份：具有一定代输（承运）功能的批发商。例如，广东省实行代输模式，一方面赋予广东省天然气管网有限公司买卖气的权利，省管网公司可以统筹采购并销售给城市燃气公司等终端用户；另一方面，广东省内发电、工业等具有一定规模的大用户也可以选择直接与供气商签订合同，由省管网公司提供代输服务，收取管输费。

“开放型”模式下，省级管网公司主要体现为一种身份：运输商。例如，江苏省实行开放型管网运营模式，天然气从省门站到终端用户产业链环节较少，上游供应商可直接为电厂及化工用户直供。

“一体型”模式下，省管网公司同时集三种身份于一身：批发商、零售商与运输商。例如，上海境内高压管网负责从管网主干线直接接气进入城市门站，事实上承担了省级管网功能，这类管网公司尽管承担省级管网职能，但被视为属于下游城市燃气企业的组成部分。

（三）下游市场或将引发并购整合浪潮

2019 年 6 月，国家发展和改革委员会发布《外商投资准入特别管理措施（负面清单）（2019 年版）》免去了“城市人口 50 万以上的城市燃气的建设、经营须由中方控股”，对外资彻底开放天然气城市燃气投资，城市燃气行业实现全面放开。外资企业将加速探路我国市场，通过独资、参股、合作等方式发展城市燃气业务。2019 年 11 月，申能集团和道达尔公司签署框架合作协议，将成立合资公司，共同开发长江三角洲地区市场。

此外，上游企业积极发展终端城市燃气业务，延长石油和陕西燃气重组，开拓终端市场；中石化成立长城燃气，进入城市燃气领域。城市燃气公司业务多元化发展，向上游延伸，开展 LNG 贸易、煤层气勘探开发等；发展综合能源服务，布局发电、新能源业务。未来城市燃气领域市场竞争将加剧。

二、天然气行业政府监管

（一）天然气行业监管机构

1. 天然气监管机构的现状及问题

在天然气行业的上游和中游，传统的天然气生产和运输一体化模式下，天然气生产和运输环节统一考核，两者间的职责界定、成本收益等问题可以通过领导内部协调、公司行政命令等方式推进。当前，油气勘探开采由自然资源部管理。2013 年国家能源局重组，设立石油天然气司，将原电力监管委员会地方监管机构职能扩大至天然气领域，并增加行政执法职能等举措，初步构建了国家天然气产业监管机构。其主要负责制定天然气行业监管计划、保障资源稳定供应、推动天然气管网等基础设施公平开放等方面工作。在下游城镇燃气部门，目前中国城市燃气采用的是国家与地方分层监管模式，主要监管机构是住房和城乡建设部、地方政府燃气管理部门，此外，中国城市燃气协会及各地方城市的燃气行业协会，作为燃气行业的自律机构，协助政府主管部门进行行业管理。另外，对于天然气涉及环保等领域的监管更加严格，天然气生产安全法规和标准体系基本成型。天然气行业监管机构设置存在以下问题：

一是政府监管机构之间职能存在交叉，各项审批错综复杂。目前中国天然气行业监管存在“条块分开、职能交叉、不成系统、审批复杂”的问题，行业监管职能分散在不同的部委手中，如油气勘探开采的审批权在自然资源部，油气管网设施公平开放监管职责在国家能源局及其派出机构，天然气价格监管职责在国家发展改革委的价格管理部门，城市燃气管网的监管职能在各地住房和城乡建设部门，这就容易造成行业监管面临“政出多门”和“各执一词”的窘境，难以形成正向协同效应。另外政出多口容易导致责任主体不明，执行贯彻力度不够，运作效率较差，而且留有监管盲区且存在寻租的可能性，对监管效果造成不利影响。

二是监管力量薄弱，相关人才缺乏。以国家能源局及其派出机构为例，由于天然气行业监管是建立在原国家电力监管委员会工作基础上，机构组织体系尚不完备，架构、层级、人员数量和配备上都无法满足当前监管要求，在组织机构、业务流程、职责划分、制度建设等方面还存在很多需要厘清和规范的工作，且监管人员多为行政公务管理人员，掌握产业知识、经济管理理论的专业管制人才缺乏，对于当前处于快速发展阶段的天然气产业难以全面掌控，监管的政策性、专业性、时效性都存在弱化的问题。

三是监管机构独立性不够。由于未能实现独立监管，监管机构和人员在履职时常受到行政干扰，造成监管政令出现到了地方被削弱的情况，由此使得监管政策的权威性和执行力度出现“打折扣”的现象，进而弱化预期效果。

2. 优化天然气监管机构的政策建议

针对当前天然气管理和天然气监管职能界限不清晰的问题，应尽快理顺国家能源局部门之间的关系，让它们各司其职、加强沟通、分工负责、形成合力。由于天然气监管还存在职能分散和多头监管等问题，应该集中和加强天然气监管部门的监管职能，将市场准入、市场秩序和垄断性企业成本、价格的统一监管职能集中到一个监管部门，实现天然气监管转型。通过法律明确监管机构的主要监管内容，即：天然气管道及其他基础设施的公平准入、管道的所有单位以及运营单位所指定的管输服务价格的形成机制及相关服务质量落实和维护机制、市场各参与方的公平竞争机制以及相关信息公开发布机制等。

（二）天然气行业价格监管

2015 年新一轮天然气价格改革要求“管住中间，放开两头”，即管住输配气成本和价格，放开天然气气源和销售价格，政府只对属于网络型自然垄断环节的管网输配价格进行监管，气源和销售价格由市场形成。

1. 天然气行业价格监管发展历程

我国天然气干线管道管输费监管为政府定价。根据定价方法的不同，以

2017 年 1 月 1 日为时间节点分为两个阶段。第一阶段为 2017 年之前，从定价方法看，有“统一定价”、“一线一价”、“两部制定价”三种。其中，“一线一价”占主体。“统一定价”是指 1984 年国家实行“拨改贷”、“利改税”政策前建设的管道，采用“老线老价”的管理办法，管输费由国家统一制定，执行统一运价率。1976 年、1991 年、1997 年和 2010 年，中国先后四次制定或调整了统一运价率。“一线一价”是指 1984 年之后由企业筹资新建的天然气管道，采用“新线新价”的管理办法。管道项目建成后，以可研管输量、建设投资和运行成本为基础，通过财务基准收益率反算管输费，由企业报国家主管部门批准后执行。表现形式为“一线一价”“一省一价”“结构气价”。以西气东输管道和川气东送管道为例说明。国家发展改革委核准的西气东输管道全线平均管输费为 0.79 元，川气东送管道全线平均管输费为 0.55 元。国家发展改革委核准的西气东输到管道沿线各省管输费，根据输气距离远近和价格承受能力，不仅制定了每个省的平均管输费，每个省内又根据用气行业的不同，分别制定了城市燃气、工业用气和发电用气的管输费。“两部制定价”是国家对天然气管输价格改革和探索的一种形式，是指向用户分别收取“管道容量费”和“管道使用费”。国家发展改革委分别于 2004 年和 2005 年对忠武线、陕京线系统核定了“两部制”模式下的管输容量费和管输使用费。第二阶段为 2017 年之后。2016 年 10 月 9 日，国家发展改革委印发《天然气管道运输价格管理办法（试行）》和《天然气管道运输定价成本监审办法（试行）》（简称“两个《办法》”），对管道运输的定价方法、监管对象、价格公布方式等进行了改革，并明确从 2017 年 1 月 1 日起实施。新的天然气管道定价方法调整为“准许成本加合理收益”原则定价，监管准许收益率为税后全投资收益率 8%。监管对象改为以管道运输企业为监管对象，由“一线一价”改为“一企一率”。价格公布方式改为国家核定管道运价率（元/m^3 · 1000km），企业测算并公布进气口到出气口的具体价格水平。同时，明确管道负荷率低于 75%的，按 75%负荷率对应的气量计算确定管道运价率。

中国城镇燃气配送管网的价格监管也为政府定价。一直以来，多数地方都没有单独核定配气价格，而是将其直接包含在天然气零售价格之内，即直接管理销售价格。2017 年 6 月国家发展改革委印发《关于加强配气价格监管的指导意见》，要求各地 2018 年 6 月底制定配气价格管理和定价成本监审规则，同时明确了配气价格的制定方法，确定了重要指标参数的选取范围。其中，明确要求配气价格按照“准许成本加合理收益”的原则制定；准许收益率为税后全投资收益率，不超过 7%；校核周期原则上不超过 3 年。

2. 天然气行业价格监管的问题及对策

长输管网管输费和城市管网输配第一轮成本监审已经完成，但是制定过程缺乏独立性和透明度，且储气库等管网相关设施也缺乏配套的定价政策，进而造成社会资金缺乏投资动力。当前我国管网主要分为长距离输气管网、区域性输气管网，应结合各类管网特点设立有针对性的管输费价格形成机制。第一，长距离输气管网，考虑到其主要是大型资源项目的配套项目特点，具备单一气源、单一管道、多分输支线、管线距离长、直接的下游用户负荷大、需要调峰保障的特性，其管输费价格形成机制应体现费率随运输距离增加而递增的特点，采取基于管道设施运输容量分配和使用的“二部制”费率结构，对用户收取基于使用周期的设施容量预留费用及每次使用时根据实际用量产生的使用费。第二，区域性输气管网，考到其具有的集气、输气及长距离输气管道间的联络功能，且具备管路复杂、供气点多及用户多具有区域性的特点。考虑到该类管网及相应天然气来源的复杂性，其管输费宜采取“一部制”结构，即按照管输距离划分不同的费率区间，并按照资源到用户的管输距离递增而增加的原则计费。第三，支线输气管网，具有承接长距离管道和区域管网输送资源向终端用户输气的功能，考虑到终端用户数繁多，可采用类似“邮票”式的计费模式，实行管输费率的统一管理。终端用户只需向管输公司按实际提取气量支付包括管输全部成本的管道使用费即可。

（三）天然气行业进入监管

天然气行业进入监管是政府根据公共事业、公共安全、社会福利的需要及法律的规定，通过其自身所具有的公权力行使强制性手段，对天然气产业内部各个环节的进入和退出进行管控，确保产业内部参与者的总数基本达到一定的合适量级，以实现推动有效竞争，在一定程度上减少资源无序投入而造成浪费和低效问题的目标。受到产业链各环节之间存在的自然垄断性和技术特性各异的特点影响，相应的监管举措也各有不同。

1. 天然气生产环节放松进入监管

在传统管理体制下，油气勘探开采环节管束过严，区块退出机制不畅，导致中国油气资产开发效率不高。随着天然气行业体制改革的推进，在上游勘探开发领域，中国主要通过开辟竞争性领域和放松进入监管两个方面引入竞争机制。一方面，将页岩气、可燃冰等列为独立矿种。2011 年 12 月 30 日，页岩气成为我国第 172 个独立矿种；根据 2017 年 5 月国务院印发的《关于深化石油天然气体制改革的若干意见》，允许符合准入要求并获得资质的市场主体参与常规油气勘探开采，放松了天然气上游环节的进入门槛，有效促进民营和外资企业进入，提高天然气上游环节的生效率。2017 年 11 月 17 日，天然气水合物成为我国第 173 个独立矿种。将页岩气、可燃冰等列为独立矿种，可避开天然气上游矿业权流转和退出机制不完善的问题，鼓励具有资金、技术实力的多种投资主体进入，充分发挥市场在资源配置中的决定性作用。

2. 天然气长输（干线）管网和省级管网逐步融合

天然气管网系统主要包括油气长输（干线）管网和省级管网。国家管网公司的主要职责是负责全国油气干线管道、部分储气调峰设施的投资建设，负责干线管道互联互通及与社会管道联通，形成“全国一张网”，负责原油、成品油、天然气的管道输送，并统一负责全国油气干线管网运行调度，定期向社会公开剩余管输和储存能力，实现基础设施向所有符合条件的用户公平开放等。

作为我国天然气管网系统重要组成部分，省级管网公司是我国重要的天然气运输商、承销商，有的还是本省（市）内天然气的供应商。目前全国有 20 多个省份组建了 30 多家省级天然气管网公司，目前全国省网公司，参股最多的是中石化，参股了 10 家省网公司，其次是中石油参股 8 家，中海油参股 6 家。国家管网公司成立后不久，2019 年 12 月 21 日由贵州乌江能源集团出面组建贵州省天然气管网公司，以此提高贵州省天然气调配水平、保障贵州省能源资源供应安全等。2020 年 1 月 16 日重庆燃气宣布，根据市委、市政府规划部署，为服务渝西地区天然气（页岩气）勘探开发，实现渝西地区天然气资源与国家干网、主城管网的互联互通，公司拟作为第一大股东，中国石油、中国石化及重庆其他国企参与组建“重庆渝西天然气管道有限公司”，运营的渝西天燃气管网预计投资 74 亿元。2020 年 2 月 10 日浙江省发布《2020 年浙江省能源领域体制改革工作要点》，提出 2020 年将加快推进天然气管网体制改革。浙江省管网作为我国省级管网中实行“全省一张网、统购统销”经营模式的典型代表之一，此次所提出的改革方案，是全国首家针对省级区域内天然气管网体制所做出的一个系统的改革方案，具有创新性。

浙江省改革方案对管网体制做了三项改革：一是改革重组现有两大管网公司，组建央企、地方国资和各类社会资本参与的混合所有制浙江省管网公司；二是打破现有“统购统销”模式，实行管输和销售业务分离，推进省级管网和 LNG 接收站等天然气基础设施向所有市场主体公平开放；三是未来以市场化方式融入国家管网公司。上述三项改革可谓是直面当前省级管网存在的主要问题，针对性强，有的放矢。第三，改革方案所提出的管网公司体制改革和管网经营模式改革，不仅符合国家油气体制改革方向和要求，也符合当地天然气产业发展具体情况，具有较强的实操性。因此，将对全国产生一定的指导和示范效应，势必会引起其他省份借鉴与参考。

3. 逐步全面放开城市燃气进入监管

目前，中国城市燃气行业的进入采取许可证制度，即企业需向相关部门提出申请，经核准取得许可证后进入市场，并在生产经营过程中接受政府的监督管理。2014年，住房和城乡建设部印发《燃气经营许可管理办法》，规定从事燃气经营活动的，应当依法取得燃气经营许可证，并在许可事项规定的范围内经营。符合上述规定条件的企业，由县级以上地方人民政府燃气管理部门核发燃气经营许可证。2015年国务院出台《基础设施和公用事业特许经营管理办法》，进一步将特许经营上升为国务院办法，并规定了特许经营原则、方式、期限、方案、部门职责、协议内容与履行以及协议变更终止等内容。2019年国家取消了外资进入城市燃气的负面清单，即全面放开城市燃气的进入监管。

三、疫情背景下天然气行业的监管治理

2020年新冠肺炎疫情对总体经济和天然气行业都造成一定的影响，其中天然气行业供给受影响不大，天然气市场需求在2020年上半年有所下降，天然气全年需求量综合来看仍然增加，但是需求量增幅下降。

（一）疫情背景下我国天然气供求情况

在我国疫情逐步缓解的情况下，一线作业人员采取多种防疫措施，主动延长工作时间，坚守油气生产现场，全力以赴战“疫”保产，因此疫情对天然气上游勘探开发的直接影响较小，主要是市场需求受疫情影响下降，造成资源供应富余，上游生产面临压减产能、推迟进口天然气船期等间接影响。根据液化天然气（LNG）进口相关条款，在此次疫情下，通过“不可抗力”条款解决中国进口LNG长期贸易合同问题难度较大，现有合同仍需继续履行，但是实际进口量可能会按照最低“照付不议”合同量执行。

目前，中国天然气管道已经形成了比较完善的自动化管理系统，可以在长距离输送天然气管线运行中将各项参数通过自动传输反馈到控制中心，属于非劳动密集型业务，疫情对其不产生直接影响。LNG槽车运输受到各地区疫情管控措施的影响，但民生点用气供应没有受到明显影响；LNG接收站接卸、加工等生产运行不受疫情直接影响，只是由于疫情对下游市场影响较大，导致各LNG接收站储罐罐位处于中高位，将会对正常接船产生影响。储气库受下游需求下降超预期影响，春节期间部分储气库更改生产计划，由采气流程调整至注气流程。总之，疫情对天然气中游环节的生产并没有产生直接影响，但市场需求下降会间接影响中游环节的经营状况。

在不考虑疫情的正常情况下，预测2020年中国天然气需求增量为200.4亿立方米。虽然2020年下半年部分工业用户、发电用户会加大生产负荷，增加了下半年天然气需求预期，但因年内开发用户及配套工程建设时间大幅缩短，新增

用户数量降低，拉低上半年的天然气需求预测，两者暂按互相抵销处理，预计2021年中国天然气需求量仍将继续增长，增幅下降。

（二）疫情背景下天然气行业应对策略

1. 稳定国产天然气产能，保障天然气供应

由于疫情导致LNG价格下降，进口更多现货有益于平抑中国进口LNG成本。需求下降也导致LNG接收站库存较高，可能会导致石油公司减少国内天然气产能。然而，减少天然气产能会对行业产生较大的长期性影响，不利于产业的健康发展，应结合国产气生产的相关问题，提前规划研究，慎重压减国产气产能，避免因疫情造成天然气产业链断裂，影响后续产业的健康发展。关注玻璃、陶瓷、化工等天然气工业用户供给保障，保证这些用户的安全平稳生产，保障其用气和生产稳定。

2. 合理利用价格杠杆，推动天然气需求增长

2020年2月22日，国家发展和改革委员会发文要求阶段性降低企业用气费用（2月22日～6月30日），管道气销售价格上浮空间缩小，有助于降低全年销售均价。受政策推动，预计天然气需求量将在本文预测的基础上有所增长，但目前价格政策对市场的影响程度仍然有限。建议进一步利用价格杠杆，特别是针对工商业用户，降价时间持续到采暖季开始前，这样才可能促进天然气市场需求增长。

3. 研究“不可抗力”条款，降低长期贸易LNG资源进口量

在2020年初新冠肺炎疫情暴发时期，接收站运行维护人员、国际贸易运输人员均面临较大的安全风险。加之需求不畅、石油公司LNG接收站储罐维持较长时间的高液位，多次面临憋罐的风险。目前资源进口商主要通过“不可抗力”条款与上游资源供应商进行谈判。关于不可抗力，中国的《合同法》第117条第3款规定：“本法所称不可抗力，是指不能预见、不能避免并不能克服的客观情况。”它需要同时具备不能预见、不能避免和不能克服这三个要件，缺一则不构成不可抗力事件。建议资源进口商与律师事务所尽快加强对“不可抗力”条款的研究分析，争取降低长期贸易合同LNG资源进口量。

4. 与国际LNG贸易商协商定价机制，降低资源采购成本

2020年，国际LNG资源充裕，市场供需逆差已经出现。近年来，中国进口LNG资源量逐年上升，进口量占全球总贸易量的17%，已成为主要的LNG进口国，也是全球最大的LNG增量市场。受疫情影响，国内市场天然气需求量下降，间接影响国际LNG资源贸易量。建议抓住这一有利时机，进一步与国际LNG贸易商协商定价机制，降低LNG资源采购成本。

第六章　电力行业发展报告

电力作为最重要的基础性能源之一，其行业发展与国民经济息息相关，全社会用电量指标也常常被视为经济发展的替代性指标，用电量上升往往意味着经济向上发展。世界各国电力行业发展一般经历严格管制到适度放松的过程，这与电力行业地位及其行业结构相关，中国也不例外。中华人民共和国成立初期，电力行业实行严格的计划经济，20 世纪 80 年代初开始实行市场化改革，经过三十多年的发展，基本改变电力短缺的局面，行业一体化结构也被打破，在发电市场基本实现市场化竞争。本章分别介绍了电力行业投资与建设、生产与供应、发展成效以及政府监管与治理。

第一节　电力行业投资与建设

改革开放后，电力行业以前所未有的速度发展，电力投资力度持续加大，电源建设不断迈上新台阶，电网建设速度逐年加快。但近年来，受宏观经济的影响，电力行业投资与建设有所放缓，同比有下滑的趋势。

一、电力行业投资

早期为填补电力供需缺口，2003～2007 年，曾形成超大规模的电力投资建设浪潮，电力累计投入 20595 亿元。2008～2009 年全国电力基本建设投资规模继续增加，2010 年有所回落，但 2010～2016 年全国电力工程投资总额再次保持持续增长势头，但增速却有起伏，2011～2014 年增幅不明显，2015 年较 2014 年有大幅度增加，但 2016 年增幅则又趋于平缓，同比增幅不足 0.2%，增长疲软已经初显（图 6-1）。

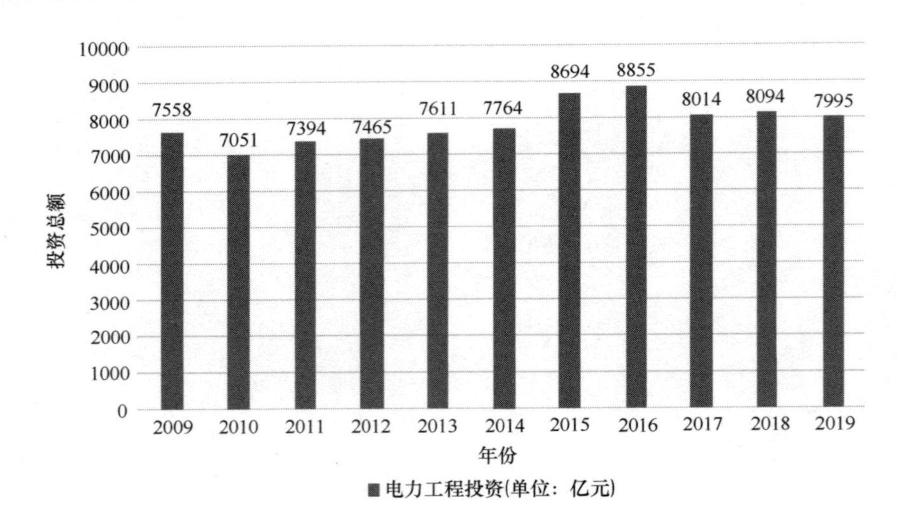

图 6-1　2009～2019 年全国电力工程投资总额

数据来源：同花顺 iFinD。

2017 年调头下滑，全国主要电力企业电力工程建设完成投资 8014 亿元，同比减少 9.5%，打断了连续 7 年保持增长的势头。与 2017 年相比，2018 年全国电力工程投资略有回升，2019 年则略有下降。

（一）电源投资总额先升后降

2002 年发电资产重组后，发电市场竞争效果初步显现，电源建设投资迅速增加，电力供应不足的问题很快得到解决。图 6-2 与图 6-3 表明，2002～2006 年间，全国发电装机容量增加迅猛，从 2002 年的 35657 万千瓦增加到 2006 年的 62200 万千瓦，年增长率从 5.87%升至 22.34%，随后，增速放缓，增长率表现为下降的趋势，直至 2015 年后增长率又有所回升。但从 2016 年开始又呈下降趋势，2016 年全国发电装机容量增长率与上年相比，下降 3.11 个百分点，2017 年、2018 年及 2019 年同比再次下降 0.54 个百分点、0.75 个百分点及 1.1 个百分点。

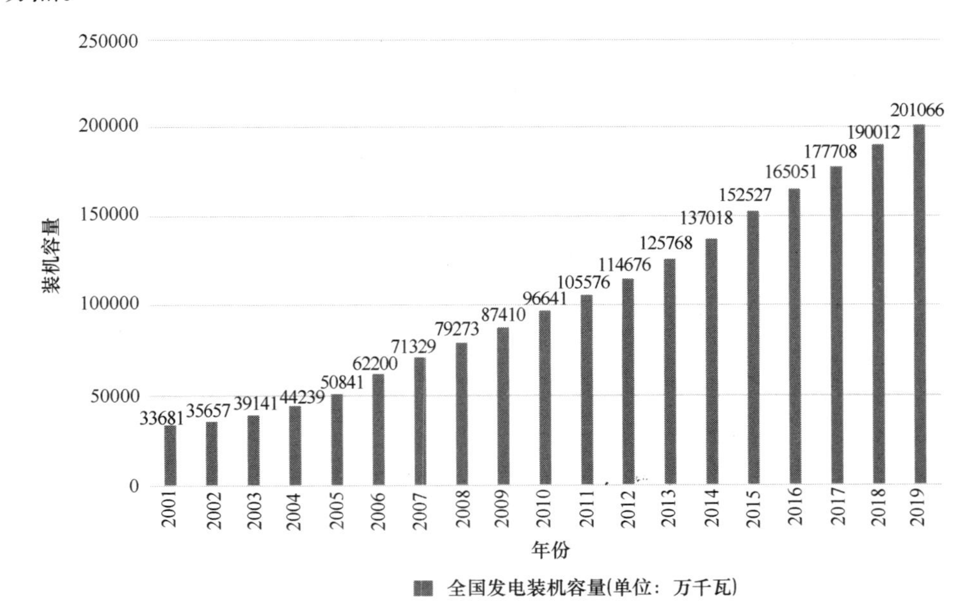

图 6-2　2001～2019 年全国发电装机容量

数据来源：同花顺 iFinD。

从电力投资结构来看，2019 年全国电源工程建设完成投资 3283 亿元，比上年增长 17.8%。

其中，水电完成投资 839 亿元，比上年增长 19.8%；火电完成投资 634 亿元，比上年下降 19.4%（煤电 506 亿元，比上年下降 21.4%；气电 104 亿元，比上年下降 26.4%）；核电完成投资 382 亿元，比上年下降 14.5%；风电完成投资 1244 亿元，比上年增长 92.6%。全国电网工程建设完成投资 5012 亿元，比

图 6-3　2002～2019 年全国发电装机容量增长率

数据来源：根据同花顺 iFinD，笔者整理而得。

上年下降 6.7%。其中，直流工程 249 亿元，比上年下降 52.1%；交流工程 4411 亿元，比上年下降 4.4%，占电网总投资的 88.0%。

（二）清洁能源投资比重持续提升

图 6-4 显示，从投资比重看，火电工程投资从 2008 年的 49.3%下降到 2019 年的 19.3%，降幅达 30 个百分点；核电和风电投资比重大幅提升，分别从 2008 年的 9.7%和 15.5%，提升到 2019 年的 11.6%和 37.9%，提升 1.9 个百分点和 22.4 个百分点；水电投资比略有提升，2019 年与 2008 年相比，提升 0.7 个百分点。

其他	0.7	0.7	1.0	3.9	2.6	8.1	4.7	4.1	33.2	11.3	7.5	5.6
风电	15.5	20.6	26.2	23.0	16.3	17.0	27.2	33.4		23.8	23.2	37.9
核电	9.7	15.4	16.3	19.5	21.0	16.4	15.6	15.5	14.8	14.6	16.0	11.6
火电	49.3	40.6	35.9	28.9	26.9	25.0	26.1	27.0	34.2	27.4	28.2	19.3
水电	24.9	22.8	20.6	24.7	33.2	33.5	26.3	20.0	17.8	22.9	25.1	25.6

图 6-4　2008～2019 年各类电源投资所占比重统计图

数据来源：笔者根据中电联发布的《中国电力行业年度发展报告》整理而得。

2016 年风电数据缺失，风电投资占比包含在其他类投资之中。

（三）电网基本建设投资累计完成额平稳增长

1978～1995 年，电网基本建设投资占全部电力基本建设投资比重平均只有

25.34%。进入“九五”以后，全国长期严重缺电的局面逐步缓解，电力部门开始注意同步发展电网、调整电力工业产业结构。1998年7月，国务院决定大规模推行城乡电网建设与改造工程，使电网基本建设投资占全部电力基本建设投资的平均比重在“九五”期间上升到29.38%。“十五”期间，是中国省内或省间、区域内或区域间以500kV联网、城乡电网建设与改造工程、“西电东送”三大通道工程大力推进时期，电网基本建设投资占全部电力基本建设投资的平均比重又上升到35.05%。“十一五”前2年，电网基本建设投资占全部电力基本建设投资的平均比重又上升到39%，电源、电网的投资结构处于不断改善之中。

1999～2002年，电网投资增速相对缓慢，2002年以来电网投资增长较快。2004年与2009年，输电线路新增速度明显加快，其中，2009年330千伏输电线路几乎等于1999年、2002年与2004年三个年份总的新增输电线路长度。2009年，500千伏以上与220千伏输电线路均有大幅增长。随着电网建设加快，输电效率也有提高，输电线路损失率从1999年的8.1%下降到6.72%。

2008年，电网投资首超电源投资。全国电力基本建设投资完成额达到5763亿元，同比增长1.52%。其中，电源电网分别完成投资2879亿元和2885亿元，同比分别下降10.78%和增长17.69%，电网基本建设投资占电力基本建设投资的50.05%，近几年首次超过电源投资。2008年，南方电网西电东送完成1057亿千瓦时，分别增长17.84%和70.95%；京津唐电网受电电量达223亿千瓦时，增长22.88%。

2010年电网投资较2009年有所下降，2010～2012年电网投资均低于电源投资，但从2013年开始，电网投资重新超过电源投资，且超过的额度有增长的趋势，“十二五”以来，2011～2018年间，除2017年外，电网工程建设完成投资每年都有不同程度的提升。其中，2011年完成3682亿元，同比增6.77%；2012年完成3693亿元，同比增0.2%；2013年完成3894亿元，同比增5.44%；2014年突破4000亿元达4118亿元；2015年完成4603亿元，增速首次达到两位数；2016年首破5000亿元大关，达到5426亿元，增速升至16.9%；因2016年电网投资增速较高的基数效应，2017年我国电网工程建设完成投资5315亿元，同比下降2.2%，为2010年以来首次下降。相比之下，2018年电网工程建设投资5373亿元，较电源投资高出2652亿元，虽然增幅不大，但延续了我国电网工程建设完成投资持续增长的态势，连续第六年超过电源建设投入。但2019年出现大幅度逆转，电网工程投资3139亿元，与2018年相比，大幅下降，而且投资比重远低于电源工程投资，仅39.26%（图6-5）。

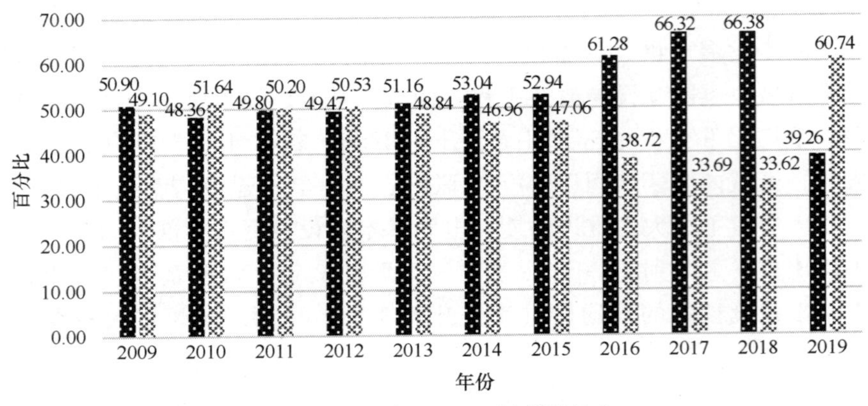

图 6-5　2009～2019 年电源和电网基本建设投资完成额所占比重统计图

资料来源：笔者根据中电联发布的《中国电力行业年度发展报告》整理而得。

二、电力行业建设

（一）发电装机容量

自 2002 年以来，我国电力行业实行厂网分开，打破了电力行业原来高度一体化的垄断体系，调动了各方办电的积极性，电源建设速度进一步加快，成为中华人民共和国成立以来电源发展最快的一段时期。与改革开放初期相比，发电装机容量增长了 10 倍。自 1996 年起，中国发电装机容量一直位居世界第二位，电源结构不断继续优化。电源建设贯彻了“优化发展火电，有序发展水电，积极发展核电和大力发展可再生能源发电”的方针，加快了水电、核电和可再生能源等清洁能源发电的建设步伐。新增能力保持较大规模，电源结构继续优化。

截至 2019 年底，全国全口径发电装机容量 201006 万千瓦，比上年增长 5.8%。其中，水电 35804 万千瓦，比上年增长 1.5%（抽水蓄能 3029 万千瓦，比上年增长 1.0%）；火电 118957 万千瓦，比上年增长 4.0%（煤电 104063 万千瓦，比上年增长 3.2%；气电 9024 万千瓦，比上年增长 7.7%）；核电 4874 万千瓦，比上年增长 9.1%；并网风电 20915 万千瓦，比上年增长 13.5%；并网太阳能发电 20418 万千瓦，比上年增长 17.1%。

随着新的发电机组相继投产，全国发电设备容量继续平稳增长，且新能源发电装机容量占比不断提高。全国全口径非化石能源发电装机容量 84410 万千瓦，比上年增长 8.8%，占总装机容量的 42.0%，比重较上年提高 1.2 个百分点。

2019 年，非化石能源发电量 23927 亿千瓦时，比上年增长 10.6%，占总发电量的 32.7%，比重较上年提高 1.7 个百分点。

清洁能源装机比重提升，电源结构继续优化。如图 6-6 所示，至 2019 年底，电力装机构成中，火电装机占比 59.21%，同比降低 1 个百分点；水电装机占比 17.73%，同比回落 0.83 个百分点；核电装机占比 2.42%，同比上升 0.07 个百分点；风电装机占比 10.45%，同比提高 0.75 个百分点；太阳能发电装机占比 10.18%，同比提升 1.01 个百分点。

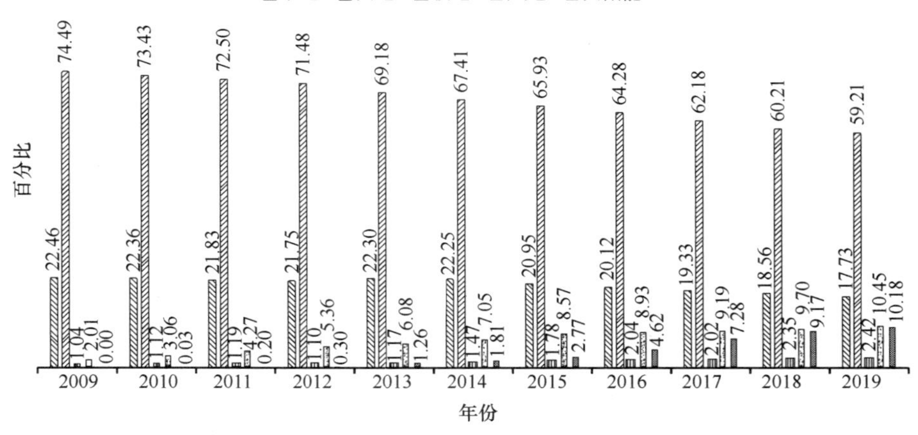

图 6-6　2009～2019 年电力装机构成图

数据来源：同花顺 iFinD。

（二）新增装机

2018 年和 2019 年全国发电新增装机容量一改之前的上升趋势，连续回落（表 6-1）。2018 年，全国发电新增设备容量 12785 万千瓦，同比减少 234 万千瓦。分电源类型看，水电新增容量 859 万千瓦，同比减少 428 万千瓦；火电新增容量 4380 万千瓦，同比减少 73 万千瓦；核电新增 884 万千瓦，同比增加 666 万千瓦；风电新增容量 2127 万千瓦，同比增加 407 万千瓦；太阳能发电新增容量 4525 万千瓦，同比大幅度减少 816 万千瓦。

2009～2019 年全国新增发电装机容量（单位：万千瓦）　　**表 6-1**

年份	总量	水电	火电	核电	风电	太阳能
2009	9667.35	2105.70	6585.76		973.00	2.79
2010	9124.00	1642.85	5830.56	173.69	1457.31	19.59

续表

年份	总量	水电	火电	核电	风电	太阳能
2011	9041.00	1225.00	5886.00	175.00	1585.00	169.00
2012	8315.00	1676.00	5236.00		1296.00	107.00
2013	10222.00	3096.00	4175.00	221.00	1487.00	1243.00
2014	10443.00	2180.00	4791.00	547.00	2101.00	825.00
2015	13184.00	1375.00	6678.00	612.00	3139.00	1380.00
2016	12143.00	1179.00	5048.00	720.00	2024.00	3171.00
2017	13019.00	1287.00	4453.00	218.00	1720.00	5341.00
2018	12785.00	859.00	4380.00	884.00	2127.00	4525.00
2019	10173.00	417.00	4092.00	409.00	2574.00	2681.00

数据来源：同花顺 iFinD。

2019 年，全国发电新增设备容量 10173 万千瓦，同比再次减少 2612 万千瓦。分电源类型看，水电新增容量 417 万千瓦，同比减少 442 万千瓦；火电新增容量 4092 万千瓦，同比减少 288 万千瓦；核电新增 409 万千瓦，同比减少 475 万千瓦；风电新增容量 2574 万千瓦，同比增加 447 万千瓦；太阳能发电新增容量 2681 万千瓦，同比大幅度减少 1844 万千瓦。

（三）电网建设

截至 2019 年底，全国电网工程建设完成投资 5012 亿元，比上年下降 6.7％。其中，直流工程 249 亿元，比上年下降 52.1％；交流工程 4411 亿元，比上年下降 4.4％，占电网总投资的 88.0％。

2019 年全年新增交流 110 千伏及以上输电线路长度和变电设备容量 57935 千米和 31915 万千伏安，分别比上年增长 1.7％和 2.9％。全年新投产 4 条特高压输电线路，其合计输电线路长度和变电容量分别为 5432 千米和 3900 万千伏安。

第二节　电力行业生产与供应

改革开放以来，我国电力行业生产与供应能力飞速发展，特别是 2002 年电力体制改革之后，电力供应短缺局面迅速扭转，电力生产运行安全也在快速增加。但是近年来，受宏观经济影响，电力行业出现产能过剩的情况。

一、电力行业生产

近二十年是我国电力行业生产飞速发展时期，全国发电设备容量平稳增长，发电量逐年增加，生产运行安全可靠性不断提升。近年来新能源发电装机容量占比不断提高，弃风弃光问题明显改善，风电设备利用小时屡创新高，但区域发电仍然存在较大差异性。

（一）发电量及增长情况

如图 6-7～图 6-10 所示，1990～2019 年间，发电量逐年增加。全社会发电量平稳增长，累计发电量增速稳步回升，特别是 2000 年以后，发电量增长迅猛，但近几年也有所放缓。

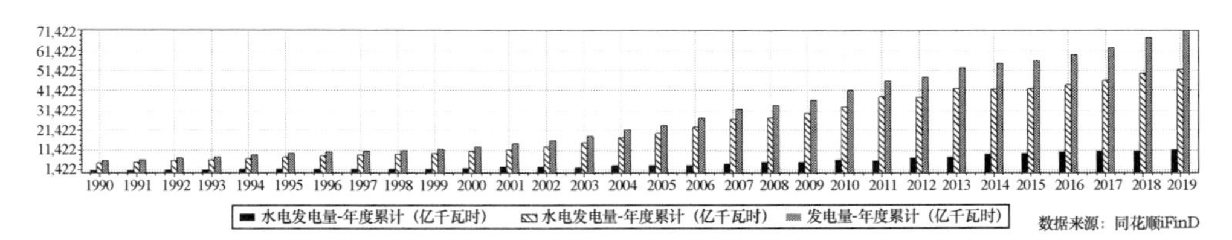

图 6-7　1990～2019 年全国发电量统计图

数据来源：同花顺 iFinD。

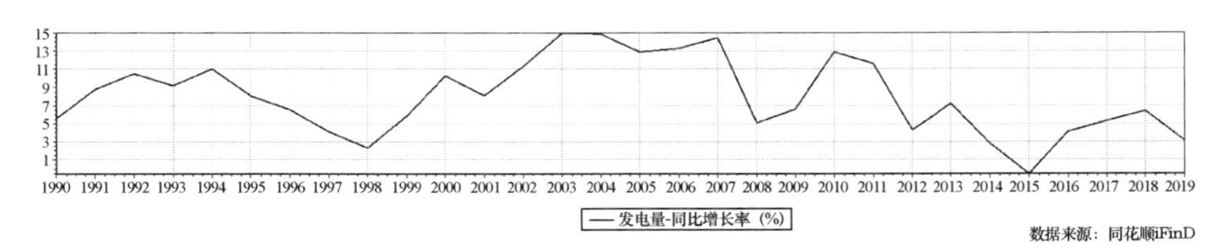

图 6-8　1990～2019 年全国发电量同比增长率

数据来源：同花顺 iFinD。

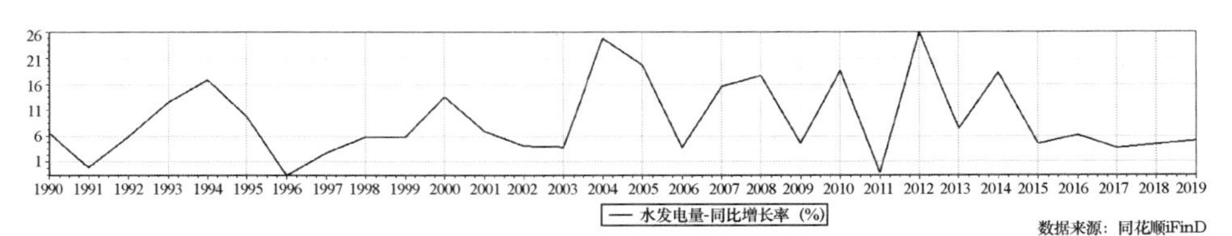

图 6-9　1990～2019 年全国水电发电量同比增长率

数据来源：同花顺 iFinD。

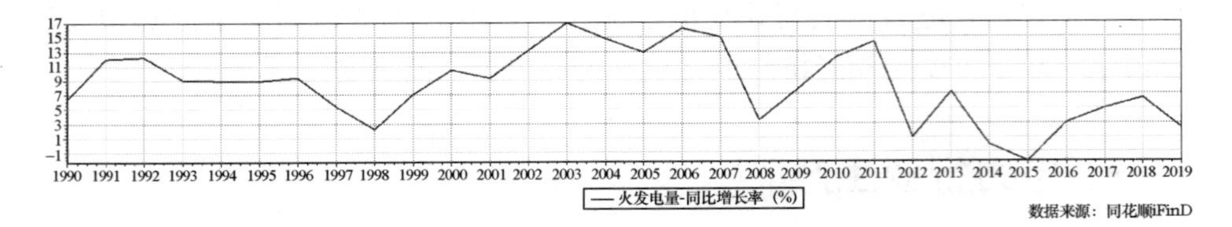

图 6-10　1990～2019 年全国火电发电量同比增长率

数据来源：同花顺 iFinD。

2019 年，全国全口径发电量为 75034 亿千瓦时，比上年增长 4.7%，增速比上年降低 3.6 个百分点。其中，水电 13021 亿千瓦时，比上年增长 5.7%（抽水蓄能 319 亿千瓦时，比上年下降 3.0%）；火电 50465 亿千瓦时，比上年增长 2.5%（煤电 45538 亿千瓦时，比上年增长 1.6%；气电 2325 亿千瓦时，比上年增长 7.9%）；核电 3487 亿千瓦时，比上年增长 18.2%；并网风电 4053 亿千瓦时，比上年增长 10.8%；并网太阳能发电 2237 亿千瓦时，比上年增长 26.4%。

（二）电源结构情况

2019 年 1～12 月，水电、核电、风电、太阳能发电量占比均略有提升，火电占比有所下降（图 6-11）。根据国家统计局发布的数据，2019 年全年，水电

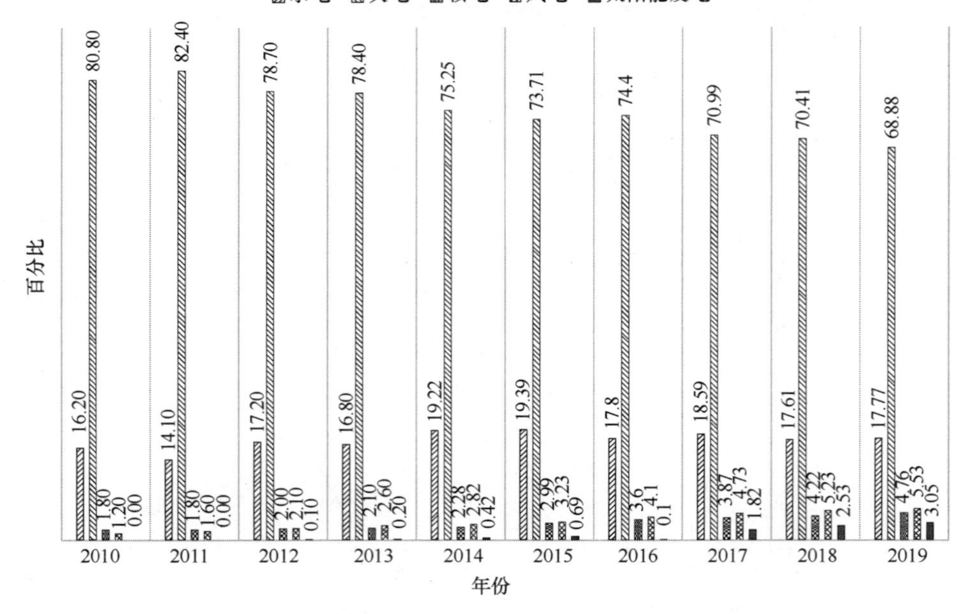

图 6-11　2010～2019 年中国发电量构成

数据来源：笔者根据中电联发布的《中国电力行业年度发展报告》整理而得。

发电量占全部发电量的比重为 17.77%，与上年同期相比上升 0.16 个百分点；核电、风电、太阳能发电量占全部发电量的比重分别为 4.76%、5.53% 和 3.05%，与上年同期相比分别提高 0.54、0.30 和 0.52 个百分点；火电发电量占全部发电量的比重 68.88%，与上年同期相比下降 1.53 个百分点。

（三）分区域发电情况分析

受我国幅员辽阔，区域天然条件差异大的影响，我国分区域发电情况差异很大。图 6-12 是我国 2019 年分区域发电情况，2019 年发电量增速在 10%以上的省市有 4 个，西藏（28.83%）、陕西（18.19%）、吉林（12.90%）、新疆（11.79%）发电量增长较快；发电量负增长的地区仅有 2 个：上海（−2.09%）和河南（−5.31%）；其余地区发电量增速在 0～10%区间。

与 2018 年相比，各省份增速整体上有所回落，2018 年发电量增速在 15%以上的省市有 6 个，青海（29.43%）、广西（25.05%）、西藏（19.66%）、宁夏（16.58%）、天津（16.44%）、北京（15.98%）发电量增长较快；发电量负增长的地区仅有 1 个：上海（−2.28%）；其余地区发电量增速在 0～15%区间。

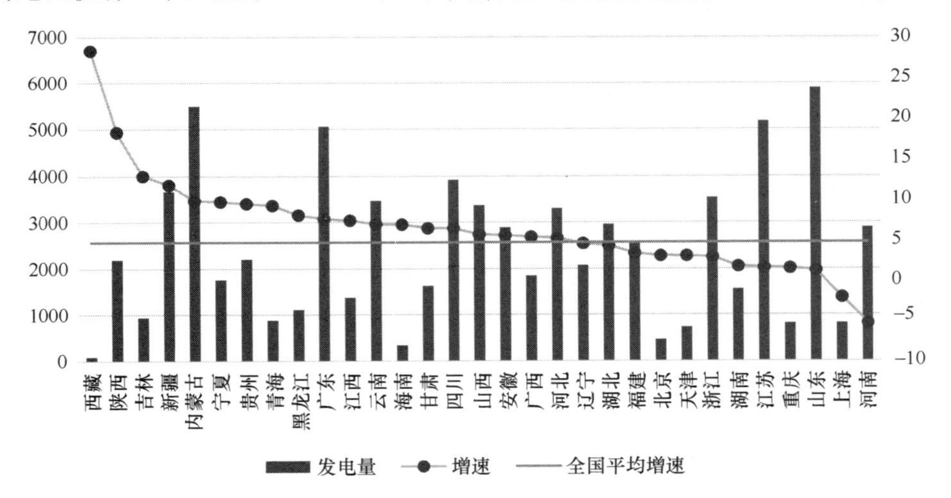

图 6-12　2019 年全国分地区发电量趋势图

数据来源：同花顺 iFinD，笔者整理而得。

与各省份发电量增长情况相比，发电量增速的地区差异更大，如图 6-13 所示，2019 年发电量增速最高区域西北是最低区域华中的近 5 倍，但发电量西北却不及华中，因为发电量不仅受地区用电需求的影响，还受装机增速等其他因素影响，未来，随着发电装机向资源禀赋丰富地区转移，跨区输电比例扩大，发电量增速的区域性差异将愈加明显。

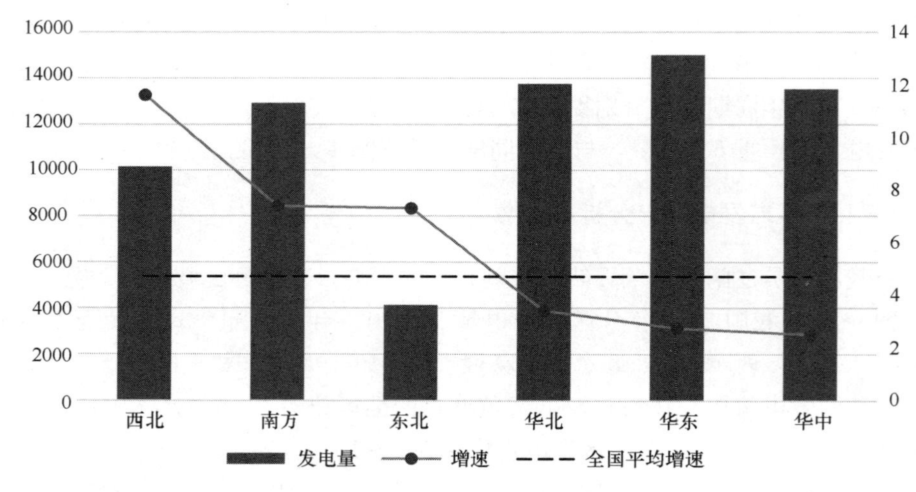

图 6-13　2019 年分地区发电量及增长情况

数据来源：同花顺 iFinD，笔者整理而得。

分地区看，2019 年，西北地区发电量 10146.30 亿千瓦时，同比增长 11.60%，增速在各地区中最高；华中地区发电量 13516.56 亿千瓦时，同比增长 2.50%，增速在各地区中最低，但仍然较去年有所增长。

（四）生产安全

2019 年，全国未发生重大以上电力人身伤亡事故，没有发生水电站大坝漫坝、垮坝事故以及对社会有较大影响的电力安全事件。电力安全生产事故数量连续三年下降，电力建设领域安全状况明显好转，电力设备事故总量显著减少，大部分监管区域安全状况稳定。

二、电力行业供应

近年来，随着特高压电网建设提速，城市配电网以及农网升级改造稳步推进，全国建设新增变电容量及输电线路长度持续增加，电力供应能力及可靠性不断增强。

2019 年，全国电力可靠性继续保持较高水平。发电方面，纳入电力可靠性统计的各类发电机组等效可用系数均达到 90%以上。其中，燃煤机组等效可用系数 92.79%，比上年提高 0.53 个百分点；燃气-蒸汽联合循环机组等效可用系数 92.37%，比上年降低 0.1 个百分点；水电机组等效可用系数 92.58%，比上年提高 0.28 个百分点；核电机组等效可用系数 91.01%，比上年降低 0.83 个百分点。输变电方面，架空线路、变压器、断路器三类输变电主要设施的可用系数分别为 99.453%、99.641%、99.873%，架空线路可用系数比上年提高0.124 个百分点，变压器和断路器可用系数比上年降低 0.100 和 0.035 个百分点。直流输电系统合计能量可用率 86.165%，比上年降低 5.893 个百分点，合计能量利用率 46.44%，比上年提高 2.33 个百分点。供电方面，全国平均供电可靠率 99.843%，比上年提高 0.023 个百分点；用户平均停电时间 13.72 小时/户，比上年降低 2.03 小时/户；用户平均停电频率 2.99 次/户，比上年降低 0.29 次/户。

（一）发电效率分析

1. 设备利用小时分析

因发电装机容量快速增长，而电力需求增长缓慢，2005～2019 年期间发电设备平均利用小时虽有起伏（图 6-14），但整体上呈下降态势，其中 2013～2016 年降幅最大。2017～2018 年，受益于全社会用电量快速增长，以及发电装机增速放缓，全国发电设备平均利用小时数实现止跌回升。全年发电设备平均利用小时数分别为 3790 小时和 3862 小时，同比增长 5 小时和 72 小时。2019 年全国发电设备平均利用小时数再次下降，而且降幅很大，全年发电设备平均利用小时数 3469 小时，同比下降 393 小时。

分类型来看，全国水电设备平均利用小时为 3499 小时，比上年同期减少 114 小时；全国火电设备平均利用小时为 3856 小时，比上年同期减少 505 小时；全国核电设备平均利用小时 6710 小时，比上年同期减少 474 小时；全国风电设备平均利用小时 1882 小时，比上年同期减少 213 小时。

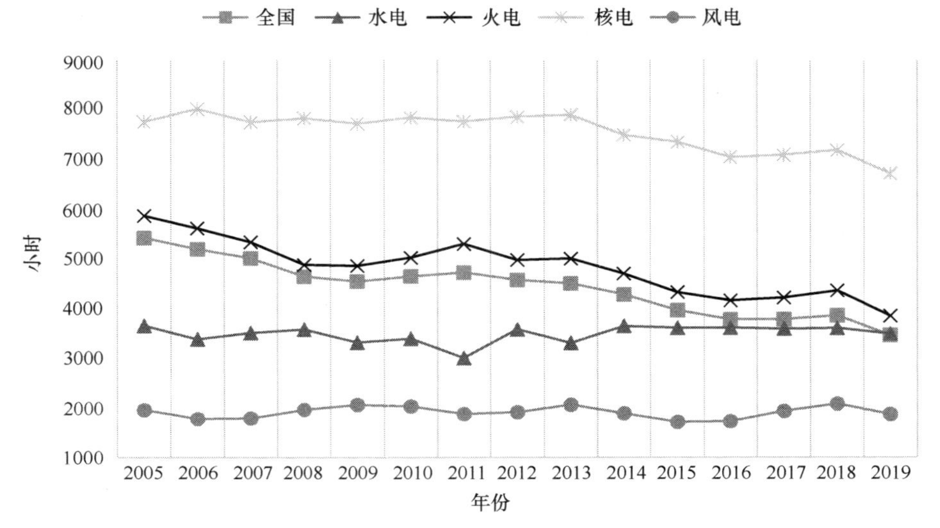

图 6-14 2005～2019 年全国发电设备累计平均利用小时变动趋势图

数据来源：中国电力企业联合会、各年《电力工业统计资料汇编》、同花顺 iFinD。

2. 供电煤耗水平分析

如图 6-15 所示，2006～2019 年期间，供电煤耗水平逐步下降，下降幅度逐步减小。其中 2017 年以前，年度同比降幅在 3 克/千瓦时以上，2018～2019 年没有延续前几年 3 克/千瓦时下降值，年度降幅均为 1 克/千瓦时。

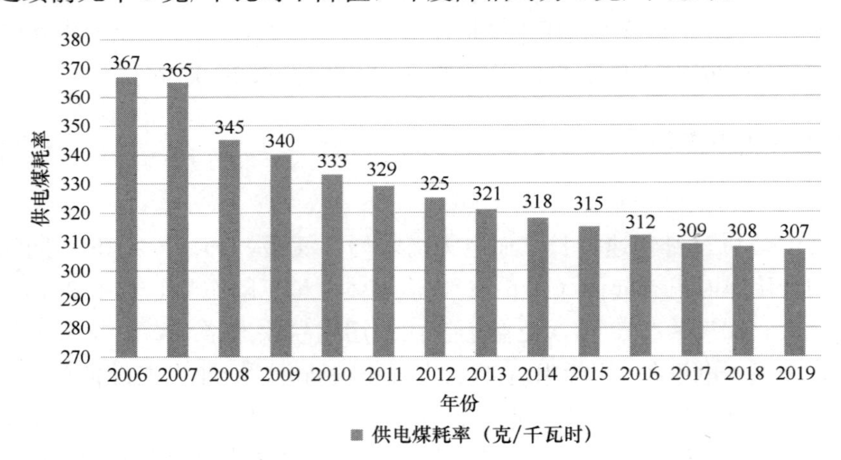

图 6-15　2006～2019 年供电煤耗趋势图

数据来源：中国电力企业联合会，同花顺 iFinD。

（二）电网运行状况

1. 电网规模有所增加

2018 年全国新增交流 110 千伏及以上输电线路长度和变电设备容量 56973 千米和 31024 万千伏安，分别比上年下降 1.9%和 4.8%；由于国家大气污染防治行动计划重点输电通道已陆续投产，新增直流输电线路和换流容量分别为 3325 千米和 3200 万千瓦，比上年分别下降 61.3%和 59.5%。截至 2018 年底，全国电网 35 千伏及以上输电线路回路长度 189 万千米，比上年增长 3.7%。其中，220 千伏及以上输电线路回路长度 73 万千米，比上年增长 7.0%。全国电网 35 千伏及以上变电设备容量 70 亿千伏安，比上年增长 5.4%。其中，220 千伏及以上变电设备容量 43 亿千伏安，比上年增长 6.0%。2018 年，全国共投产 2 条直流跨区特高压线路，新增跨区输电能力 1500 万千瓦。截至 2018 年底，全国跨区输电能力达到 13615 万千瓦，其中，交直流联网跨区输电能力 12281 万千瓦；跨区点对网送电能力 1334 万千瓦。

截至 2019 年底，初步统计全国电网 35 千伏及以上输电线路回路长度 194 万千米，比上年增长 3.4%；全国电网 35 千伏及以上变电设备容量 65 亿千伏安，比上年增长 7.6%；全国跨区输电能力达到 14815 万千瓦（跨区网对网输电能力

13481万千瓦；跨区点对网送电能力1334万千瓦）。全年新增交流110千伏及以上输电线路长度和变电设备容量57935千米和31915万千伏安，分别比上年增长1.7%和2.9%。全年新投产4条特高压输电线路，其合计输电线路长度和变电容量分别为5432千米和3900万千伏安。

2. 线路损失率及变化情况

图6-16显示，2008～2019年线路损失率整体上呈下降趋势，但中间有所起伏。2018年最低，为5.90%，其他年份线路损失率均在6%以上。

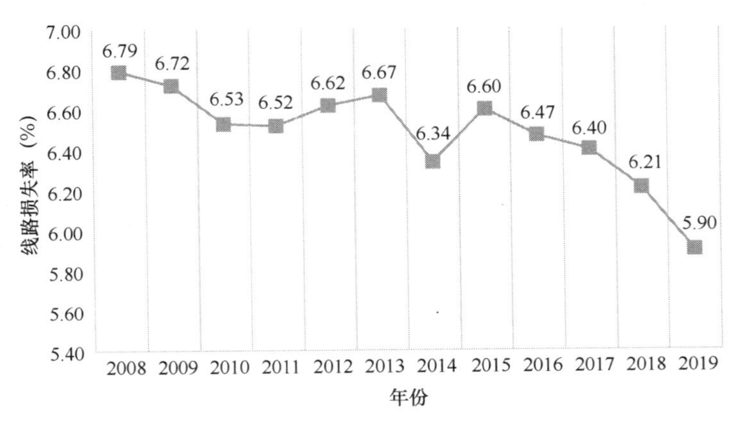

图6-16　2008～2019年线路损失率情况

数据来源：中国电力企业联合会、同花顺iFinD。

（三）售电总量

图6-17显示2005～2019年中国售电总量呈上升趋势，近年来受宏观经济转

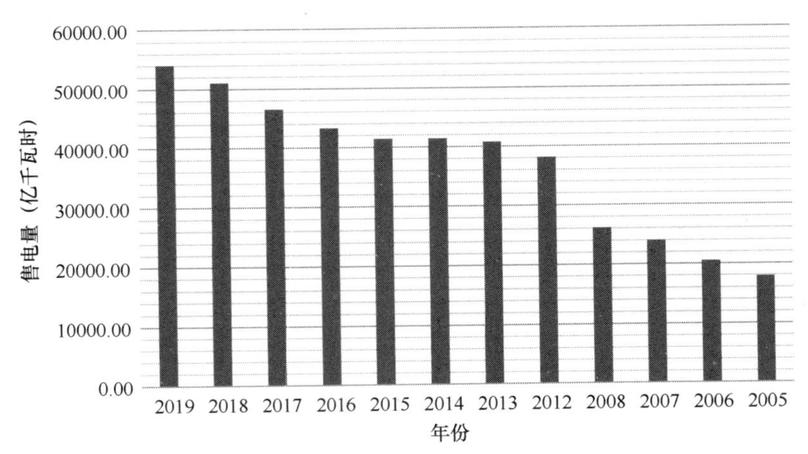

图6-17　2005～2019年全国售电量统计图

数据来源：同花顺iFinD。

型的影响，售电量整体上有所减缓，2015 年增长率较 2014 年下降，增速放缓明显。但 2016 年开始售电量回升明显。2019 年全年售电量 54049.00 亿瓦时，同比增长 5.89%。

全国人均用电量 5186 千瓦时/人，比上年增加 241 千瓦时/人；全国电力供需形势总体平衡，东北和西北区域电力供应能力富余，部分省级电网在局部时段采取了有序用电措施。

第三节　电力行业发展成效

改革开放以来，随着经济体量的迅速扩大，我国电力行业开始高速发展，在发展速度、发展规模和发展质量方面取得了巨大成就，发生了翻天覆地的变化。在全国联网、解决无电人口等方面取得了举世瞩目的成绩，但也必须看到我国电力发展仍面临清洁能源消费比重偏低、配置资源效率低下、体制机制有待完善等重重挑战。2014 年 6 月，在中央财经领导小组六次会议上，习近平总书记创造性提出“四个革命、一个合作”能源安全新战略。电力行业按照党中央、国务院统一部署，积极落实能源“四个革命、一个合作”发展战略，在保障电力系统安全稳定运行和可靠供应、提供电力能源支撑的同时，加快清洁能源发电发展，加大电力结构优化调整力度，持续推进电力市场化改革，大力推动电力科技创新，狠抓资源节约与环境保护，积极应对气候变化，倡导构建全球能源互联网，持续扩大电力国际合作，电力行业发展取得新的成绩，为国家经济社会发展、能源转型升级和落实国家“一带一路”倡议做出了重要贡献。

一、电力行业运行成效

（一）电力供输成效

改革开放 40 多年来，我国电力供应能力快速发展，建设规模也在不断扩大，电力工业作为国民经济发展最重要的基础产业，为经济增长和社会进步提供的强力保障和巨大动力。

1. 电力供应能力持续增强

1978 年底，我国发电装机容量为 5712 万千瓦，其中，水电装机 1728 万千瓦，占总装机容量的 30.3%，火电装机容量 3984 万千瓦，占总装机容量的比重约为69.7%。发电量为2565.5亿千瓦时，水电发电量446亿千瓦时，占总发电量的17.4%，火电发电量2119亿千瓦时，占总发电量的82.6%，仅相当于现在一个省的规模水平。人均装机容量和人均发电量分别还不足0.06千瓦和270千瓦时。发电装机容量和发电量仅仅分别位居世界第八位和第七位。改革开放之初的电力发展规模不但远低于世界平均水平，也因为严重短缺成为制约国民经济发展的瓶颈。

改革开放开启了电力建设的大发展，此后经历9年时间，到1987年我国发电装机容量达到第一个1亿千瓦，此后又经历8年时间，到1995年达到2.17亿千瓦。到了1996年，装机容量达到2.4亿千瓦，发电装机容量和发电量跃居世界第二位，仅次于美国。2006年起，每年新增发电装机在1亿千瓦左右。2011年，我国发电装机容量与发电量超过美国，成为世界第一电力大国。2015年，我国装机容量达到15.25亿千瓦，人均发电装机容量历史性突破1千瓦。2019年底，我国装机容量达到20.1亿千瓦，发电量73266亿千瓦时，分别是1978年的35倍和28倍以上。42年来我国电力工业从小到大，从弱到强，实现了跨越式快速发展。

此外，高参数大容量发电机组也成为电力供应主力。改革开放初期，我国电力科技水平较为落后，中国只有为数不多的20万千瓦火电机组，30万千瓦火电机组尚需进口。核电站直到20世纪80年代才在国外的帮助下建成。42年来，随着技术进步及电源结构的优化，目前我国不仅在装机总量和发电量上是世界大国，而且电力装备业也已全面崛起，并已跻身世界大国行列。我国装备了具有国际先进水平的大容量、高参数、高效率的发电机组。

2. 电网规模稳步增长

改革开放之初，我国电网建设相对滞后，全国220千伏及以上输电线路长度仅2.3万千米，变电容量约为2528万千伏；历经42年的建设，全国电网建设也取得了举世瞩目的成就，最高电压等级从220千伏、500千伏逐步发展到当前的1000千伏、±800千伏，电压层级分布日趋完善。1978年我国35千伏以上输电线路维护长度仅为23万千米，变电设备容量为1.26亿千伏安，截至2019年底，全国35千伏及以上输电线路回路长度194万千米，是1978年的8.4倍，变电设备容量65亿千伏安，是1978年的51.59倍。“十二五”时期，新疆、西藏、青海玉树藏族自治州、四川甘孜州北部地区相继结束了孤网运行的历史，全国彻底解决了无电人口用电问题，电网成为满足人民美好生活需要的重要保障。我国电网规模2005年以来稳居世界第一，电网建设总体保证了新增17亿千瓦电源的接入，满足了新增电量6万亿千瓦时的供电需求，有力支撑了社会经济的快速发展。

跨区输电能力大幅提升，我国的发电资源与电力负荷呈现明显的逆向分布，煤电资源主要分布在东北、华北和西北，风电资源主要集中在“三北”和华东沿海地区，太阳能光伏资源主要分布在西北和华北地区，而负荷中心集中于东南部沿海和中部地区，跨省跨区电网建设已成为我国解决资源分布不均、优化发电资源的重要手段，我国已基本建成“西电东送、南北互供、全国联网”的电网配置资源格局，8 条 1000 千伏特高压交流线路和 13 条±800 千伏特高压直流线路相继投运，电力资源的大范围调配成为常态。2006～2018 年，我国跨区输电容量增长了 5 倍，西南、西北和华中三个区域的输出电量规模最大，合计占比超过 3/4；34 个省市中，20 个省市净电量输出超过 10 太瓦时，13 个省市净电量输入超过 10 太瓦时；作为水电资源丰富的西南地区，云南和四川是全国跨省外送电量比例最大的省份，2018 年均超过 40％；而北京和上海作为人口密度最大的城市（除香港和澳门），年用电量超过 40％为外来电。2019 年全国跨区输电能力达到 14815 万千瓦（跨区网对网输电能力 13481 万千瓦；跨区点对网送电能力 1334 万千瓦）。全国完成跨区送电量 0.5 万亿千瓦时，比上年增长 12.2％；跨省送电量 1.4 万亿千瓦时，比上年增长 11.4％。

电网电压等级不断提升。改革开放之初，我国电网最高电压等级为 330 千伏，1981 年第一条 500 千伏超高压输电线路——河南平顶山至湖北武昌输变电工程竣工。1989 年第一条±500 千伏超高压直流输电工程——葛洲坝至上海直流输电工程，单极投入运行。2005 年第一个 750 千伏输变电示范工程青海官亭至甘肃兰州东正式投运。2009 年建成投运第一条 1000 千伏特高压输电线路（晋东南—荆门），我国电网进入特高压时代。2010 年建成投运两条±800 千伏特高压直流输电线路（云广、向上），我国又迎来特高压交直流混联电网时代。2018 年±1100千伏新疆准东—安徽皖南特高压直流输电线路（3324 千米）投运。

（二）电力生产成效

1. 电源结构多元化和清洁化

改革开放 42 年来，电力生产逐渐由初始的规模导向、粗放式发展过渡到以“创新、协调、绿色、开放、共享”五大发展理念为引领的绿色低碳发展理念。经过 42 年的发展，我国电源投资建设重点向非化石能源方向倾斜，电源结构持续向结构优化、资源节约化方向迈进，多项指标世界第一，综合实力举世瞩目。

新能源发电投资占比显著提高。2019 年，风电、核电、水电、火电发电投资占电源总投资比重为 37.9％、11.6％、25.6％、19.3％。火电及其煤电投资规模大幅下降，为 2006 年以来最低水平。

电源结构得到明显改善。改革开放初，我国电源构成仅有火电与水电，结构较为单一，其中火电3984万千瓦，占比69.7%，水电1728万千瓦，占比30.3%。其他清洁能源则从零起步。特别是党的十八以来，在“四个革命、一个合作”能源安全新战略指引下，我国的电源结构已形成水火互济、风光核气生并举的格局。截至2019年底，全国火电装机11.9亿千瓦，在全国装机中占比59.2%；水电装机3.56亿千瓦，占比17.73%；核电装机0.49亿千瓦，占比2.42%；风电装机2.1亿千瓦，占比10.45%；太阳能发电装机2.05亿千瓦，占比10.18%。

水电长期领先，综合实力举世瞩目。我国水电发展起步较早，并长期在世界水电领域保持领先的地位。2004年，以公伯峡水电站1号机组投产为标志，中国水电装机容量突破1亿千瓦，居世界第一。2010年，以小湾水电站4号机组为标志，中国水电装机容量突破2亿千瓦。2012年，三峡水电站最后一台机组投产，成为世界上最大的水力发电站和清洁能源生产基地。此后，溪洛渡、向家坝、锦屏等一系列巨型水电站相继开工建设。2019年，中国水力发电装机3.56亿千瓦，占到全球水电总装机容量近30%。

风、光、核电后来居上，多项指标世界第一。2000年，我国风电装机仅有30多万千瓦，2010年则突破4000万千瓦，超越美国成为世界第一风电大国。2015年2月，我国并网风电装机容量首次突破1亿千瓦。1991年12月15日，我国自行设计、研制、安装的第一座核电站——秦山一期核电站并网发电，从此结束了中国大陆无核电的历史。目前中国大陆地区在用核电机组达38台，装机容量约3700万千瓦；在建18台，装机容量约2100万千瓦，总装机容量和在建容量分列世界第四和世界第一。1983年，总装机容量10千瓦的我国第一座光伏电站在甘肃省兰州市榆中县园子岔乡诞生。近几年光伏发电加速发展，光伏领跑者计划、光伏扶贫计划和分布式光伏计划全面启动，国内光伏发电产业发展由政策驱使逐步转向市场化，装机容量实现爆发式增长。光伏发电新增装机从2013年开始连续居于世界首位，并于2015年超越德国成为累计装机全球第一。

2. 电力科技水平不断提升

改革开放42年来，我国通过实施一大批重大科技项目，推动科技实力实现跨越式提升，实现了科技实力从“赶上时代”到“引领时代”的伟大跨越。42年来，我国出台了多项能源科技发展规划及配套政策，走出了一条引进、消化吸收、再创新的道路，能源技术自主创新能力和装备国产化水平显著提升。我国电力工业快速发展的背后，是电力科技实力不断提升的支撑。目前，我国多项自主关键技术跃居国际领先水平。

火电技术不断创新，达到世界领先水平。高效、清洁、低碳火电技术不断创新，相关技术研究达到国际领先水平，为我国火电结构调整和技术升级做出贡献。超超临界机组实现自主开发，大型循环流化床发电、大型 IGCC、大型褐煤锅炉已具备自主开发能力，二氧化碳利用技术研发和二氧化碳封存示范工程顺利推进。燃气轮机设计体系基本建立，初温和效率进一步提升，天然气分布式发电开始投入应用。燃煤耦合生物质发电技术已在 2017 年开展试点工作。

可再生能源发电技术已显著缩小了与国际先进水平的差距。水电、光伏、风电、核电等产业化技术和关键设备与世界发展同步。中国水电工程技术挺进到世界一流，特别是在核心的坝工技术和水电设备研制领域，形成了规划、设计、施工、装备制造、运行维护等全产业链高水平整合能力。风电已经形成了大容量风电机组整机设计体系和较完整的风电装备制造技术体系。规模化光伏开发利用技术取得重要进展。核电已经从最初的完全靠技术引进，到如今以福清 5 号机组和防城港 3 号机组为代表的“华龙一号”三代核电技术研发和应用走在世界前列，四代核电技术、模块化小型堆、海洋核动力平台、先进核燃料与循环技术取得突破，可控核聚变技术得到持续发展。

电网技术水平处于国际前列。掌握了具有国际领先水平的长距离、大容量、低损耗的特高压输电技术，我们运行着全球最大的电网，使之成为我国大范围资源优化配置的重要手段。电网的总体装备和运维水平处于国际前列。特高压输电技术处于引领地位，掌握了 1000 千伏特高压交流和±800 千伏特高压直流输电关键技术。已建成多个柔性直流输电工程，智能变电站全面推广，电动汽车、分布式电源的灵活接入取得重要进展，电力电子器件、储能技术、超导输电获得长足进步。

前沿数字技术与电力技术的融合正在成为新的科技创新方向。当前，发电技术、电网技术与信息技术的融合不断深化，大数据、移动通信、物联网、云计算等前沿数字技术与电力技术的融合正在成为新的科技创新方向，以互联网融合关键技术应用为代表的电力生产走向智能化。我国已开展新能源微电网、“互联网+”智慧能源、新型储能电站等示范项目建设，正在推动能源互联网新技术、新模式和新业态的兴起。

3. 电力生产安全不断提升

改革开放以来，我国电力生产安全性不断提升，近年来成效明显。2018 年，全国未发生较大以上电力人身伤亡事故，未发生电力系统水电站大坝垮坝、漫坝以及对社会造成重大影响的安全事件。电力可靠性主要指标总体保持在较高水平。其中，4 万千瓦及以上水电机组以及 10 万千瓦及以上煤电机组、燃气轮机组、核电机组的等效可用系数分别为 92.30%、92.26%、92.47%、91.84%。除核电机组的等效可用系数提高 0.74 个百分点外，其他分别比上年下降 0.25 个百分点、0.5 个百分点和 0.13 个百分点。架空线路、变压器、断路器三类主要输变电设施的可用系数分别为99.328%、99.741%、99.908%，均低于上年。直流输电系统合计能量可用率、能量利用率分别为92.15%、44.11%，分别比上年下降3.20个百分点和10.31个百分点；总计强迫停运35次，比上年增加2次。全国10（6、20）千伏供电系统用户平均供电可靠率为99.820%，比上年提高0.006个百分点；用户平均停电时间15.75小时/户，比上年减少0.52小时/户；用户平均停电频率3.28次/户，与上年持平。

2019年，全国未发生重大以上电力人身伤亡事故，没有发生水电站大坝漫坝、垮坝事故以及对社会有较大影响的电力安全事件。电力安全生产事故起数连续三年下降，电力建设领域安全状况明显好转，电力设备事故总量显著减少，大部分监管区域安全状况稳定。

（三）电力消费持续增长

改革开放以来，经济结构对应的产业电量排序经历了从“二一三”到“二三一”，再到“三二一”的调整，电力消费弹性系数，也经历了由小于1到大于1继而降至小于1的“A”型发展。通过产业结构调整促进电力消费结构优化，三次产业及居民用电结构表现出“两升两降”的特点，即第一、二产业用电占比双降，第三产业及居民用电占比快速上升，用电结构从1986年的6∶82∶7∶5演变为2017年的2∶70∶14∶14。“六五”至“九五”时期，我国尚处于工业化初期，全国电力供需整体紧张，表现为经济增速普遍大于用电增速（除“七五”时期，经济过热导致严重通货膨胀，经济增速明显下降外），严重缺电成为制约经济快速发展的瓶颈。从用电量增长贡献率的角度看，“七五”至“九五”期间，第二产业对用电量增长的贡献率居首但快速下降，第三产业和居民贡献率快速上升。其后，2002～2007年连续6年全社会用电量增速均超过11%。与此同时，第二产业用电量在“十五”至“十一五”期间成为拉动全社会用电量增长的主力。“十二五”以来，随着经济进入新常态，电力消费由粗放型高速增长向中高速转变，电力弹性系数降至1以下，即为了支撑经济增长1%，电力消费增速仅需增长0.8%，较“十五”和“十一五”电力消费弹性系数分别下降了0.5和0.3。

二、电力市场建设成效

我国坚持市场化的改革方向不动摇，市场作为资源配置的主导地位不断提升。也是推动电力工业快速发展的强大动力。在改革开放的大背景下，电力行业不断解放思想深化改革，经历了电力投资体制改革、政企分开、厂网分开、配售分开等改革。电力体制机制改革既是我国经济体制改革的重要组成部分，也是我国垄断行业走向竞争、迈向市场化的一种探索。电力领域每一次改革，都为电力行业以及社会经济激发出无穷活力，产生深远影响。在售电侧改革与电价改革、交易体制改革、发用电计划改革等协调推下，2019 年电力市场建设加快，电力市场交易更加活跃。

（一）电力投资体制改革促进投资主体多元化

改革开放前和改革开放初期，电力行业一直实行集中统一的计划管理体制，投资主体单一，运行机制僵化，投资不足且效率低下。20 世纪 80 年代初，为了解决电力短缺以适应国民经济蓬勃发展的新局面，以 1981 年山东龙口电厂正式开工兴建为标志，拉开了电力投资体制改革的序幕。此轮电力投资体制改革通过集资办电、利用外资办电、征收每千瓦时 2 分钱电力建设资金交由地方政府办电等措施，吸引了大量非中央政府投资主体进行电力投资，打破了政府独家投资办电的格局，促进了电力投资主体多元化。这次改革比较成功地解决了电源投资资金来源问题，极大地促进了电力特别是电源的发展。1978 年，全国电力装机只有 5712 万千瓦，到 2001 年底，全国各类电力装机已经达到 33849 万千瓦。同时，1988～2002 年，随着改革开放的不断深入，按照公司化原则、商业化运营、法制化管理的改革思路，我国电力行业逐步实现了政企分开，并颁布实施了《电力法》，确立了电力企业的法人主体地位。

（二）厂网分开改革形成电源市场化竞争格局

2002 年，国务院出台 5 号文件，明确按照“厂网分开、竞价上网”的原则，将原国家电力公司一分为七，成立国家电网、南方电网两家电网公司和华能、大唐、国电、华电、中电投五家发电集团，以及四家辅业集团公司。出台了电价改革方案和相应的改革措施，改进了电力项目投资审批制度。在东北、华东、南方地区开展了电力市场试点工作。厂网分开后，电源企业形成了充分竞争的市场化格局，进一步提升和发挥了市场机制的推动作用，激发了企业发展的活力，使得电力行业迎来了又一次快速发展的新机遇，这期间无论是电源建设规模，还是电网建设规模，都达到过去几十年来电力建设的顶峰。

（三）新电改加快推动电力交易市场化

2015 年 3 月，《中共中央国务院关于进一步深化电力体制改革的若干意见》（中发〔2015〕9 号）印发，开启了新一轮电力体制改革，当年，六个配套文件也相继出台，随后各项改革试点工作迅速推进。2017 年，电力体制改革综合试点扩至 22 家；输配电价改革试点已覆盖全部省级电网；售电侧市场竞争机制初步建立，售电侧改革试点在全国达到 10 个，增量配电业务试点则达到 195 个，注册登记的售电公司超过 1 万家；交易中心组建工作基本完成，组建北京、广州两个区域性电力交易中心和 32 个省级电力交易中心。电力现货市场建设试点启程，八个地区被选为第一批电力现货市场建设试点。全国电力市场化交易规模再上新台阶。截至 2019 年底，北京电力交易中心举行增资协议签约仪式，共引入 10 家投资者，新增股东持股占比 30%。此外，国家电网区域 24 家省级交易机构均已出台股份制改革方案，22 家增资扩股实施方案已报国务院国资委审批，6 家交易机构增资方案获得国务院国资委批复，实现进场挂牌。我国电力交易机构股权结构进一步多元化。

（四）市场化改革降低企业用电成本

随着新一轮电力体制改革的推进，大用户直购电、跨省跨区竞价交易、售电侧零售等具有市场化特质的电量交易已初具规模，市场化交易电量占比日益提高，降低了企业用电成本。新电改历时 3 年，完成各省级电网（西藏除外）输配电价核定，核定后全国输配电价较原购销价差降低 1 分/千瓦时，核减 32 个省级电网准许收入约 480 亿元。2017 年，全国市场化交易电量累计达 1.63 万亿千瓦时，约占全社会用电量的 26%，2018 年我国电力市场化交易电量更是高达到 2.1 万亿千瓦时。2019 年，全国各电力交易中心组织完成市场交易电量 28344 亿千瓦时，比上年增长 37.2%。其中，全国电力市场电力直接交易电量合计 21771.4 亿千瓦时，占全社会用电量的 30.0%，占电网企业销售电量的 36.8%。

（五）电力普遍服务水平显著提升

电力不仅支撑了我国工业的高速发展，满足了城市的消费，还大力服务于农村经济发展、农民生产生活。40 年来，通过全面解决无电地区人口用电问题、大力推进城乡配电网建设改造和动力电全覆盖、加大电力扶贫工作力度，电力普遍服务水平显著提升。

改革开放之初，我国的农村电气化水平极低，从 1982 年起，随着“自建、自管、自用”和“以电养电”等政策的实施，全国农村电气化建设有序推进。1983 年、1990 年、1996 年，国家先后组织了三批共 600 个农村水电初级化试点县建设。1996 年，全国有 14 个省（市区）实现了村村通电、户户通电。截至 2012 年底，全国还有 273 万人口没有用上电，主要分布在新疆、四川、青海、甘肃、内蒙古、西藏等偏远地区。国家能源局审时度势，于 2013 年正式启动《全面解决无电人口用电问题三年行动计划（2013～2015 年）》。至 2015 年底，随着青海省果洛藏族自治州班玛县果芒村和玉树藏族自治州曲麻莱县长江村合闸通电，全国如期实现“无电地区人口全部用上电”目标。

改革开放之初，农村电网薄弱，我国高度重视农村电网建设与改造，长期以来保持持续投入。1998 年以来，陆续实施了一二期农网改造、县城农网改造、中西部地区农网完善、无电地区电力建设，农网改造升级工程。2016 年启动新一轮农村电网改造升级工程，截至 2019 年底，新一轮农网改造升级三大攻坚任务“农村机井通电”、“小城镇中心村农网改造升级”、“贫困村通动力电”顺利完成，显著提升了农村供电能力，农村电力消费快速增加，带动了农村消费升级和农村经济社会发展。

光伏扶贫成为精准扶贫的重要方式。光伏扶贫被国务院扶贫开发领导小组列为精准扶贫十大工程之一。2014 年，国家能源局、国务院扶贫办联合印发《关于实施光伏扶贫工程工作方案》，并随后启动光伏扶贫试点工作。截至 2019 年底，覆盖贫困户百万户。此外，各地根据国家政策还自行组织建设了一批光伏扶贫电站。通过 3 年多的努力，光伏扶贫取得了稳定带动群众增收脱贫、有效保护生态环境、积极推动能源领域供给侧改革“一举多得”的效果，成为精准扶贫的有效手段和产业扶贫的重要方式，增强了贫困地区内生发展活力和动力。

三、电力行业节能减排

为缓解资源环境约束，应对全球气候变化，国家持续加大节能减排力度，将节能减排作为经济社会发展的约束性目标。42 年来，电力行业持续致力于发输电技术以及污染物控制技术的创新发展，目前煤电机组发电效率、资源利用水平、污染物排放控制水平、二氧化碳排放控制水平等均达到世界先进水平，为国家生态文明建设和全国污染物减排、环境质量改善做出了积极贡献。

（一）电力能效水平持续提高

1978 年全国供电煤耗 471 克/千瓦时，电网线损率为 9.64%，厂用电率 6.61%。改革开放以来，受技术进步，大容量、高参数机组占比提升和煤电改造升级等多因素影响，供电标准煤耗持续下降。截至 2019 年底，全国 6000 千瓦及以上火电厂供电标准煤耗 307 克/千瓦时，比 1978 年降低 164 克/千瓦时，煤电机组供电煤耗水平持续保持世界先进水平；电网线损率 5.9%，比 1978 年降低 3.74 个百分点，处于同等供电负荷密度国家先进水平。

（二）电力环境保护基础建设与改造全覆盖

改革开放之初，我国以煤为主要燃料的火电厂对环境造成严重污染，1980年，我国火电厂粉尘排放量为398.6万吨，二氧化硫排放量为245万吨。1990年，电力粉尘、二氧化硫和氮氧化物排放量分别为362.8万吨、417万吨、228.7万吨。改革开放40年来，电力行业严格落实国家环境保护各项法规政策要求，火电脱硫、脱硝、超低排放改造持续推进，截至2019年底，全国火电厂单位发电量耗水量1.21千克/千瓦时，比上年下降0.02千克/千瓦时；粉煤灰、脱硫石膏综合利用率分别为72%、75%，均比上年提高1个百分点，综合利用量持续增加。

（三）电力排放绩效显著优化

2019年，全国电力烟尘、二氧化硫、氮氧化物排放量分别约为18万吨、89万吨、93万吨，分别比上年下降约12.2%、9.7%、3.1%；单位火电发电量烟尘、二氧化硫、氮氧化物排放约0.038克/千瓦时、0.187克/千瓦时、0.195克/千瓦时，分别比上年下降0.006克/千瓦时、0.024克/千瓦时、0.011克/千瓦时。单位火电发电量废水排放为54克/千瓦时，比上年下降3克/千瓦时。截至2019年底，达到超低排放限值的煤电机组约8.9亿千瓦，约占全国煤电总装机容量的86%。

2019年，全国单位火电发电量二氧化碳排放约838克/千瓦时，比上年下降3克/千瓦时；单位发电量二氧化碳排放约577克/千瓦时，比上年下降15克/千瓦时。以2005年为基准年，从2006年到2019年，通过发展非化石能源、降低供电煤耗和线损率等措施，电力行业累计减少二氧化碳排放近200亿吨，有效减缓了电力行业二氧化碳排放总量的增长。其中，供电煤耗降低对电力行业二氧化碳减排贡献率为37.0%，非化石能源发展贡献率为61.0%。

第四节　电力行业政府监管与治理

中华人民共和国成立之初电力行业实行的是高度垄断的经济体制，后面经历了燃料工业部、水利工业部到第二次、第三次电力工业部的成立。这其中的复制与重建，每一次改动都耗费了极大的人力物力，而改革的历程也是极为艰难的，在电力行业改动的这些阶段中，由于经济体系复杂与环境的影响，改动的过程中多是管理方式、政策和制度的调整，就是本质而言并无实质性的变动。

1978 年以党的十一届三中全会召开为契点，我国电力产业政府管理体制也发生了巨大的变革，首次从严格的管制过渡到放松阶段。1985 年电力行业市场化改革，经历三个主要的行业改革阶段，尤其是 2002 年，国家电力公司的分拆，中国电力市场由传统垂直一体化垄断模式逐步过渡到现阶段的部分开放竞争模式。目前中国电力市场中，“厂网分开 ”和“竞价上网 ”已经基本实现，市场竞争只对发电侧开放。在中国电力市场结构中，是由各类发电企业、输电企业和供电企业承担着基本的运营业务。

在立法上，为了电力行业管理有法可依，国务院出台了《电力监管条例》以及《电力法》等法规条例；在规制上，为了扩展多渠道投资，实行了放松的规制，改变了以往垄断一体化模式；在电价上，实行了竞价上网，为方便管理，也出台了更为科学的电价管理方法。

电力行业管理体制改革，以服务电力体制改革为目标。几十年的改革使得电力产业确实得到了飞速的发展，在未来的发展中，完善电力监管机构、提高电力行业效率、健全法律机制仍有很大的空间，要全面实现这些目标，完善电力产业结构还需要相当长的时间。

一、电力行业监管机构

从中华人民共和国成立之初到目前为止，电力行业监管机构改革可划分为三个阶段：无独立监管机构阶段、有独立监管机构阶段和大部制改革阶段。电力行业监管机构改革稍滞后于行业本身的改革，在很长的一段时间内，电力行业并无独立的监管机构，直到 2003 年中国电力监管委员会正式挂牌成立，标志着独立监管机构的出现，中国电力行业也被誉为是“最早探索政府行政部与监管机构职能分离”（即“政监分离”）的代表性行业，但是电力监管委员会仅维持十年，在机构改革“大部制”的背景下，2013 年电力监管委员会即被撤销，其职责与 2008 年成立的国家能源局进行整合，成立新的国家能源局，由国家发展和改革委员会统筹管理。

（一）电力监管委员会成立背景

1997 年 3 月开始的电力改革，首先是实行政企分开，国家电力公司宣告成立，在国家电力公司与电力部双轨运行一年后，1998 年撤销电力部，组建国家经贸委电力司，原电力部拥有的行政管理职能移交国家经贸委，在中央层面实现电力产业的政企分开，中央有关部委收回电力项目审批权和电价定价权。政企分开后的国电公司承担电力资产经营职能，不再具有行政管理职能，接受国家经贸委等部门的行政管理与监督，按企业集团模式经营。电力行业成为垂直一体化的垄断经营行业。垄断经营造成了电力行业效率低下，国有资产流失严重，并存在一定的腐败行为。

原有的对应于计划经济体制和垂直一体化的电力工业结构的政府规制体制，已不能适应新形势下电力工业发展的要求，制约着我国电力工业的进一步发展和电力资源配置与运营效率的提高。在这种背景下，2002 年 3 月，国务院正式批准国家计委的《电力体制改革方案》，并成立电力体制改革工作小组，第三轮电力改革开始。2002 年 4 月，国家计委公布电力体制改革方案，决定将国家电力公司分拆为 11 个公司，成立电力监管委员会。2002 年 12 月，电力资产重组进入实施阶段，中国电力新组建（改组）的 11 家公司正式宣告成立，实现了厂网分开，引入了竞争机制。

2003 年 3 月中国电力监管委员会正式挂牌成立，在此之前国务院下发了电监会三定方案（即职能配置、内设机构和人员编制）。电监会下设七个职能部门，主要有十项管理职责。

（二）电力监管委员会机构职能设计

在国务院 2003 年批准的电力监管委员会三定方案中规定电力监管委员会有十项主要职责，根据职责下设 7 个职能部门，人员编制 98 人。2004 年 7 月。电力监管委员会下设六个区域电力监管局批准成立，区域电监局是国家电监会的派出机构。至此，我国电力监管组织结构大致搭建完成，即三级纵向垂直监管体系：中国电力监管委员会、大区域电监局、有关城市的监管专员办公室。

电力监管委员会下设的七个职能部门是：办公厅（国际合作部）、政策法规部（电力体制改革办公室）、市场监管部、输电监管部、供电监管部、价格与财务监管部（稽查局）、人事培训部（机关党委）。

电力监管委员会下设立华北、东北、西北、华东、华中、南方等 6 个区域电力监管局（简称电监局），并向有关城市派驻监管专员办公室。区域电监局的主要职责是：依据电力监管委员会授权，监管电力市场运行，规范电力市场行为，维护公平竞争；监管辖区内电力企业和电力调度交易机构；负责辖区内电力行政执法、行政处罚和行政诉讼等涉及的有关法律事务；负责辖区内电力安全和可靠性监管；负责辖区内电力市场统计和信息发布，管理辖区内电力业务许可证；依法查处辖区内电力企业的违法违规行为。①

---

① 背景及职能设计部分内容参考：唐诗林，周洋．我国电力监管机构改革中的问题及对策［J］．合作经济与科技，2004（16）：8-10.

（三）电力监管委员会运行中存在的问题

电力监管委员会成立 10 年来，根据时任电力监管委员会主席吴新雄的说法，主要抓了 6 个方面的监管：一是安全监管，确保电网不发生大面积的停电事故，不发生重大人身伤亡；二是市场准入监管，市场竞争要规范有序，首先市场的主体要规范；三是价格和成本监管，建立公开、公平、公正的电力市场秩序，为促进电价改革打好基础；四是交易监管，建立完善公开、公平、公正的电力市场交易机制；五是节能减排监管，促进转变发展方式，提升电力行业发展水平和企业竞争力；六是供电服务监管，通过监管提高供电的服务水平。

其中，一、五、六项属于社会性监管，主要是出于保障劳动者和消费者的安全、健康、卫生，以及环境保护、防止灾害为目的，对物品和服务的质量制定一定的标准，并禁止、限制特定行为的监管。二、三、四项属于经济性监管，是为防止发生资源配置低效和确保公平，对企业的进入、退出、价格、投资、财务会计，以及服务的数量和质量等有关行为实施监管. 然而有关市场准入监管和价格监管这两项核心职权，即便在 2005 年国务院颁布的《电力监管条例》中，也没有明确授予电力监管委员会。

一直以来，电价是由国家发展和改革委员会和物价部门管理的。在经济性监管领域，从开端的电力市场主体准入资格，到电力市场末端的价格核定，电力监管委员会都缺少强有力的监管权限，因此在推动电力市场化改革方面长期力不从心。此外，作为国务院直属事业单位，电力监管委员会的法律地位并不明晰，也使其发展前景不明。

（四）“大部制”改革

继 2003 年电力监管委员会成立以来，能源管理机构的顶层设计也动作不断：2005 年国务院成立国家能源领导小组，作为国家能源工作的高层次议事协调机构；2008 年国务院机构改革又设立了国家能源局，主要承担发展和改革委员会的能源产业管理职责，同时根据第十一届全国人大第一次会议审议批准，国务院又成立国家能源委员会，同样也是高层次的议事协调机构；2013 年将电力监管委员会与国家能源局重组。

短期内如此频繁的机构调整，源自于能源问题涉及多领域、多部门。在我国，能源问题涉及石油、天然气、电力、核能、水力等多个行业，分属多个不同的政府部委管辖，这种分业监管的机构设置模式导致 2008 年国家能源局仍要面对多个部委和一些地位强势的大型垄断型国有企业，在能源产业规划和政策设计上难以形成通盘考虑，相关产业的替代竞争机制也难以形成。同时，作为副部级的政府机构，国家能源局面对众多行政级别比它高的部委和国有企业履行其综合管理职能，其协调成本和制度交易成本巨大。

在这种能源管理体制下，能源主管部门热衷于通过投资项目审批、价格制定和生产规模控制等监管方式，而在能源布局、特高压建设、新能源与可再生能源发展、油气资源开发、环境保护等重大发展战略、规划，以及能源体制改革等宏观政策职能方面的建树不多。这种干预微观经济主体的行为、忽略宏观战略的监管备受诟病，能源管理体制改革的呼声不断。

（五）能源行业监管机构“大部制”机构改革特点

第 7 次国务院机构改革在前几次改革的基础上着力推进机构合并，突出政府职能转变，职能转变既包括横向层面政府部门间的职能调整和划转，还包括政府减少在市场、社会等领域的职能，以及纵向层面中央向地方下放权力。新的国家能源局开始向宏观战略、宏观规划、宏观政策、能源改革和能源监管等领域转移，并在微观管理上实行简政放权，简化办事程序，提高办事效率，强调事后监管。

1. 职能扩权

职能转变首先要求政府系统内部不同部门间职能的科学配置和分工合作，具体而言就是厘清部门职责边界，合并同类项，减少部门职责重叠、交叉和分散，理顺部门职责关系。

2013 年的新国家能源局的主要职责涵盖了划入原国家能源领导小组办公室职责、国家发展和改革委员会的能源行业管理有关职责，以及原国防科学技术工业委员会的核电管理职责等，对能源、煤炭、石油、天然气、电力（含核电）、新能源和可再生能源这些传统上分业管理、各自为政的领域进行集中统一监管。在 2013 年 9 月的一次国家能源局内部座谈会上，时任国家发展和改革委员会副主任兼国家能源局局长吴新雄强调，能源监管职责包括能源规划和能源政策及项目落实情况监管、电力安全监管、能源市场及交易监管、能源成本监管、电网和油气管网公平开放监管、能源市场准入监管、参与协助能源价格监管、能源消费总量控制和能源行业节能减排监管、能源行业行政执法等 8 大类监管职责。这实际上至少在监管职能上，国家能源局进行了扩权。

2. 简政放权

能源管理政府部门间的职能整合后，需要考虑如何向市场、企业和社会转移一些政府不应管、管不好的职能。本轮国务院改革方案提出了 5 个方面的放权，即：减少和下放投资审批事项；减少和下放生产经营活动审批事项；减少资质许可和认定；减少转向转移支付和收费；减少部门职责交叉和分散。随后在 2013

版国家能源局的“三定”方案中，明确取消了 8 项职责。

电力企业安全生产和安全监管工作一直以来是电监会的重要监管领域，保障着电力系统安全稳定运行。该项职责取消后，新的国家能源局将把工作重点放在事后监管上，包括对现有电力安全监管规章、标准和规范性文件的清理、修订和制定工作的监管等。

此外，本次机构改革还将原属发展和改革委员会的供电营业区的设立、变更审批职权与供电营业许可证核发职责整合为一项行政许可，下放到地方，更好地调动了地方政府的积极性。①

二、电力行业监管制度

我国市场化改革过程中，公用事业行业改革普遍吸收了当代经济学、法学的基本原则，顺应了时代潮流，纷纷进行了市场改革。这其中以电力行业首当其冲，2003 年电力体制改革之后，电监会成为监管电力行业的主角，它不仅承担着一般的经济职能，还承担着维护市场秩序的重任。虽然电力行业监管在进行大刀阔斧的改革，但也必须看到当前电力监管法律尚不健全，配套措施不到位，在实践中依然存在着监管漏洞。

（一）电力监管制度的法律基础

电力监管作为我国电力领域的一项新生事物，对促进电力工业的迅速高效发展发展具有重要意义。电力监管机构随着电力市场的需要应运而生，作为一个新设机构如何发挥应有的作用，进行有效监管成为其设立的重要内容。制定完善的法律法规是对电力市场实施有效监管的前提和基础。因此，加强我国电力监管立法以及制定相应的完善的法律法规，实现电力监管机构对电力企业以及电力市场中的运行过程进行有效的调控干预，发挥市场资源优化配置的作用。19 世纪，西方发达国家已经开展经济领域的监管，随着经济管制思想不断发展，并由美国逐渐向世界上主要的市场经济国家扩散。因此，英国、加拿大等国在进行市场化改革的过程中，颁布相应的电力法以及电力监管法，加强电力市场监管的法制建设。我国电力法制建设是从 20 世纪 80 年代开始起步的，近 10 年来，我国加快了电力立法和电力监管立法的步伐，电力体制改革不断深入，对加强电力工业法制建设，保障电力安全，完善电力行业监管，提高电力服务质量，推动电力工业

① “大部制”部分内容参考：陈新春，焦连志．大部制视角下的电力监管机构改革［J］．上海电力学院学报，2015（1）：91-94.

发展等方面具有重要作用。

近年来，我国电力监管立法取得重大进步。现行《电力法》颁布实施以来，在促进电力改革与发展过程中发挥重要作用，是电力立法和电力监管立法体系中的核心，而其他行政法规如《电力监管条例》、《电网调度管理条例》、《电力设施保护条例》是该体系的重要补充，其中《电力监管条例》共六章，三十七条，是我国电力市场化进入实质化改革的标志，我国行政管理转向现在监管的具体体现。该条例规定了电监会的主要职责，并赋予其必要的监管手段和监管措施，明确电监会及其工作人员的行为规范。同时国家相关主管部门制定了涉及电力领域的诸多部门规章，如《电力市场监管办法》、《电力监管信息公开办法》、《电力市场运营基本规则》，形成了以调整电力领域相关社会关系的法律、行政法规、部门规章为基本框架的电力和电力监管法律体系。

（二）电力市场准入监管制度

市场准入监管是电力监管机构的基本监管职能之一，也是电监会的基本职能。市场准入监管就是电力监管部门对欲进入电力市场从事经营活动的主体进行资质审查，对符合条件者或者授予电力经营特许权，或颁发电力经营许可证，允许其进入电力市场从事经营活动。目的是避免自然垄断产业的重复投资而造成社会资源的浪费。电力市场准入普遍采用了许可证制度，通过详细的许可证条款，符合法定限制条件的不同的电力业务领域具有不同的许可证政策，所以不同的电力业务有不同的许可，主要包括发电许可证、输电许可证、供电许可证（配电许可证、售电许可证）主体才能获得许可从事电力业务。我国《电力法》规定电力供电许可证制度，主要内容包括电力许可制度的范围、电力许可制度的程序、违反电力许可证制度的法律责任等主要内容。伴随我国电力体制改革的不断深入，为了满足对发电、输电业务进行有效监管的需要，我国在《电力监管条例》以及以后陆续颁发的法律法规中，不断完善电力许可证制度，努力建立有效的电力业务许可证制度。

（三）电力市场竞争监管制度

电力行业具有自然垄断的属性，但是并不意味着电力行业各个环节都具有垄断性，在 2002 年《电力体制改革方案》以来，电力体制改革的特征为打破垄断，引入竞争。电力行业中的发电市场和售电市场从原来的一体化的垄断电力产业分离出来，电力市场具有了竞争性。目前，电力监管一般包括对垄断性的输电、配电环节的政府管制和对具有竞争性的发电、售电市场的监管以及电力市场的竞争程度与市场结构决定着电力监管机构的职能。而如何确保电力企业之间进行公平有序、充分竞争是电力监管面临的新课题。

（四）电网安全监管制度

安全电网监管应该包括对电网系统和电力安全的监管。《电力监管条例》中规定，电力监管机构负责监管发电厂并网、电网互联以及发电厂与电网协调运行中执行规章规则的情况等，对电力安全方面：一方面对重大电力生产安全事故处理制定预案，另一方面对重大生产事故建立应急处理制度。2007 年电监会颁布了《电网运行试行办法》，对电网的规划、设计与建设、并网和互联电网进行规定。对电网安全监管是电力监管机构的重要责任，对预防和减少电力事故具有重要作用。

（五）电价监管制度

电价监管主要是对电力批发、输配电和零售价格进行监管。电力监管机构拥有电力价格核准和管理权力，制定价格公式和定价原则，以实现对电力价格的监管。电力市场化改革以后，大多数国家以“厂网分开、竞价上网”的方式，主要依靠市场资源配置作用，来确定竞争性环节、垄断性环节的电价标准和水平。而就目前我国电力监管法律法规，存在大部分属于原则性的规定，可操作性不强。电监会也只能在价格监管方面具有提建议的权利，而不是决定权。

（六）我国电力监管制度存在的问题

1. 电力监管制度在电力基本法中缺位

《电力法》的实施，曾经在一定程度上保障和促进了我国电力工业的发展，但实施 10 多年来，许多配套法规仍迟迟未能出台。不利于维护电力市场主体的合法权益和电力的安全运行。电力改革不断深入，《电力法》原先的立法环境发生了重大变化，在电力监管实践中存在着明显的历史局限性。其实行的是单一电力行政管理模式。这种模式有悖于电力管理的宗旨，满足不了建立“政企分开、公平竞争、开放有序、健康发展”的电力市场体制需求。而且对电力市场的建立运作以及开展有效竞争等内容涉及较少，对输电、配电垄断性企业也缺少约束性的监管，特别是缺乏指导电力监管制度改革方面的法律条款。法律的缺失给电力市场改革以及电力行业发展带来许多危害。首先，在维护电力市场的有效竞争环境过程中监管陷入“无法可依”的困境，电力监管工作难以进行。其次，法规的缺乏又导致监管决策的不透明，投资者无法通过正常渠道获取投资决策信息。再次，没有依法进行权力分配和管理，相关政府部门不可能形成有效的协调机制，相互之间制定政策出现冲突不足为奇。诚信政府失信于投资者，这将给电力市场改革带来极大的风险。最后，新设立的电监会以及其新出台的一系列监管规则与电力法相抵触，不利于法规之间的协调性，容易出现部门权益纷争，给电力监管工作带来极大的波动性，为电力体制市场改革的推进造成障碍。

2. 配套制度不健全

电力监管法律体系中，电力基本法律作为核心，而政府部门颁布的行政法规是该体系的重要补充，如《电力监管信息公开办法》《电价管理条例》《电力监管条例》。《电力监管条例》主要内容包括总则、监管机构的监管职能职责、监管措施、法律责任和附则等方面。该条例在一定程度上为电监会进行电力市场监管提供了法律依据，在一定意义上结束了电监会执行监管无法可依的局面。但是该条例也有许多不尽人意的地方。首先，在许多地方还是原则性规定，缺乏可操作性，需要制定更具体的实施细则和相配套的规章。其次，该条例有一些内容和其他法律法规有交叉冲突的地方，这就给监管部门带来执行难的问题。另外，该条例规定监管机构审查办法供电许可证，经贸委发放供电营业许可证，这种规定不利于提高行政效率，也容易造成监管机构和经贸委之间的行政冲突。更科学合理的规定是两证统一由一个部门发放和管理。该条例赋予电监会的权力和其他政府部门之间的权力存在冲突。随着电力体制改革，厂网分开使得发电厂和电网企业成为独立的市场主体，对不同主体应该颁发不同的市场准入许可证，而现行的电营业许可证已经不能适应。不仅对供电业务实施监管而且还应对发电、输电业务实施监管。近年来，虽然电力监管部门出台了许多与电力法相关电力监管相配套的行政法规、部门规章，但是要真正对电力监管活动进行有效的法律指导仍显不足。

3. 电力监管机构的职责不明确、权责脱节

我国电力监管职权配置存在职责不明，权责不一的分散现象。而对垄断性产业的监管是系统性极强的工作，电价审批、市场准入、投融资管理、成本监控等相关监管必须密切协同，才能取得预期的效果。我国电力监管体制仍然处于从计划管理体制向市场经济条件下现代监管体制过渡的阶段，存在管理主体多元化、职能分散，如发展和改革委员会负责电力基建项目的审批，电监会负责电力技改项目审批，财政部负责成本规则的制定和财政监督，工商局批准企业经营范围。由此可见，我国的电监会、发展和改革委员会、各地经贸委、财政部、工商局等机构都具有一定的电力监管权，形成多头监管的局面，破坏了监管职能系统性的设置和职能分工，造成监管协调难度大、成本高、效率低的后果。具体表现如电价监管，由于财政部门负责制定电价成本规则。电价制定和审批由国家发展和改革委员会负责，成本监控和电价监管的分离，造成电价的不合理。而在开放市场条件下实施有效监管，平衡和调节国家、消费者、投资者、电力企业

等方面利益，电监会必须具备市场准入监管和价格监管职能，而我国电监会恰恰在职权上缺位，造成电价定价协调难度大。

4. 监管信息披露不充分

电力监管信息披露是指监管机构披露监管过程中监管依据、过程和结果，接受公众的监督。由于电力行业是具有公益性的特殊行业，而且具有高度专业化、系统化的要求，对于发电、输配电、售电等具体情况，在电力企业与消费者、电网企业与发电企业、调度交易机构与发电企业、监管机构与电力企业、监管机构与消费者之间存在严重信息不对称。因此，进行行之有效的监管难之又难。只有进行有效的信息披露，社会公众和其他市场主体才能发挥监督作用，而监管机构才能发挥有效的监管作用，以防止信息不对称带来的市场机制失灵，造成资源浪费。此外，电力行业的投资者为了追求利益的最大化，会用尽办法俘获监管者，而要避免这种行为的发生，民主决策机制就变得非常重要，民主决策将大大降低监管者被俘获的可能。信息不对称，披露不充分，使民主决策的可能性降低，所以就我国现在的电力信息披露而言还不充分，导致监管决策与实施民主程度不够。

5. 没有形成对电力监管的制约机制

电力监管部门作为行使公共权力的公众代理人，必须兼顾有关各方的利益，正确处理包括发电企业与电网企业之间的关系、电网企业与终端用户的关系及发电企业间的关系、不同类型的终端用户间的关系等。我国目前的监管体制存在“政监不分”，即制定政策监管职能合二为一和缺少民主监管渠道的现象。监管过程受多方因素的影响，监管部门在进行监管过程中可能会侵害电力市场主体的合法权利，违法做出决策。此外，由于缺少民主监管的渠道，除了依法提请行政诉讼外，在项目审批、定价服务等制定过程中无法进行民主监督。对于如何避免监管机构滥用权力，对监管者的行为进行制约，对电力产业的投资者、竞争性服务供应商以及消费者意义重大。因此，必须在监管过程中强调司法救济的地位和作用。但是根据我国司法检查范围来看，电监会制定的规范性文件的行为是抽象行政行为，司法审查的主要是具体行政行为。因此，通过行政诉讼进行救济的可能性减少。再加上电力监管机构职责不明确，权责脱节，追究责任困难，监管行为的法律责任缺失，即使提起行政诉讼也会出现无法可依的局面。建立一个良好高效的监管制约体系，避免决策失误和监管机关滥用权力，加强对监管权力的限定，制约变得十分重要，以此实现法律对电力监管的责、权、利一致性监管的要求。

三、电力行业政府治理

（一）电力行业价格改革阶段

电力行业政府治理与电力行业价格改革密切相关，不同的电价改革阶段，电价监管特点也有很大的差异，中华人民共和国成立至今，电价改革大致可以分为六个阶段，每个阶段的电价监管都有其特点。

第一阶段：1985 年以前，国家执行指令性电价。1985 年之前，我国电力行业的特点就是发、输、配、售一体化，中央政府既是发电者，又是供电者，电源和电网全部都由政府出资建设，也并不存在发电和输、配电环节之间的上网电价；因此这个阶段的电价是狭义的，仅指面向终端受电用户的销售电价，实施的是指令性电价，政府是电价定价的绝对且唯一的主体。这一时期的电价分为照明、非工业、普通工业和大工业用电几大类。20 世纪 60 年代以后，全国电价水平基本统一，国家开始统一对某些高耗电的农业和工业生产用电实行优惠电价。党的十一届三中全会以后，国家对销售电价进行了局部调整，部分地区开始实行峰谷电价和季节性电价。国家将电力部门维持直接运营费用和电力设备折旧作为核定电价的最主要因素，即此时的政府认为社会主义电力工业只需维持简单再生产，不考虑电力建设的投资回报，电力运行机构也是政府的一个部门，而非可盈利机构，所以该阶段的指令电价基本无利润可言。到了 20 世纪 80 年代中期，随着改革开放全面铺开，中国经济呈几何增长，但由于电力工业长期处于简单维持再生产的模式，严重滞后于经济发展，各地的电力供应均无法满足经济发展的需要，出现了全国闹电荒的窘境，原本应该承载国民经济腾飞的电源、电网，反而在此时成为制约经济发展的短板，于是我国启动了电价改革。

第二阶段：1985～1997 年，国家执行还本付息电价。1985 年是我国电价改革历程中里程碑式的一年。由于电力供应紧张局面逐渐凸显，国家开始实行多家办电、多渠道集资办电的政策，出台了《关于鼓励集资办电和实行多种电价的暂行规定》，开始逐步放开电源建设环节，鼓励和支持地方政府和企业出资建设电厂，电源侧建设投资主体不再是国家独家经营，呈多样化发展趋势。此时，虽然电厂、电网基本上仍为一体，但独立于电网的发电厂已经开始登上历史舞台，与之相匹配的上网电价的概念也逐渐开始清晰，代售加价的出现为后来输配电价的形成奠定了基础。鉴于独立发电单位的出现，燃料价格上涨和投资回报率等因素都被加入到电价的考量中，电价的制定不再以单一维持简单的再生产为原则。实行“老电老价”、“新电新价”的政策，从而形成了“一厂一价”，甚至“一机一价”的局面。此种模式在某种意义上确保了发电厂的利润，从而起到了鼓励多样化出资建设电厂的作用，保护了电价改革的萌芽。

第三阶段：1997～2002 年，国家执行经营期电价。20 世纪 90 年代中后期，我国局部地区出现了电力供应大于需求的现象，这时还本付息电价政策逐渐显示出一些弊端。随着钢铁、铜材等原材料价格的上涨，作为资本密集型行业，电力建设项目的造价节节攀升。“八五”期间，发电机组平均造价较“七五”期间建设同等水平的投入翻了一倍。为适应外部环境的变化，1998 年政府针对性地调整电价政策，停用“还本付息”电价政策，改用“经营期电价”政策。经营期电价政策，将电力建设在经济寿命周期内各年度的预计成本支出和还贷计划加入定价考量，通过计算电力项目每年度的现金流量，按照项目经济寿命周期内的内部收益率来测算电价。经营期电价政策反映了电力项目投资和普通商品投资一样，需要按社会平均先进成本定价的普遍规律，统一了电力企业的资本金收益率水平，规范了电力行业的经营法则。

第四阶段：2002 年“厂网分开”后“竞价上网”前，国家实施临时上网电价。2002 年，电力体制改革逐步推进，国家发布《国务院关于印发电力体制改革方案的通知》（国发〔2002〕5 号），开启了实质性操作层面的改革。厂网分开，发电部分分别划入大唐、华能、华电、国电和中电投五大发电集团公司，标志着电力体制改革正式进入到竞争性电力市场建设的攻坚克难环节。与此同时，国家颁布临时上网电价管理办法，用于厂网分开后的电价管理。该政策允许原参与电网统一核算、没有单独上网电价的电厂可制定临时结算上网电价，借此保障了厂网分离后各类电厂的正常运营，继而为电力工业全面引入市场竞争机制做好必要的铺垫，起到承上启下的重要作用。

第五阶段：2005～2014 年。2005 年国家发布《国家发展改革委关于印发电价改革实施办法的通知》（发改价格〔2005〕514 号），制定了上网电价、输配电价和销售电价管理办法，将上网电价、销售电价与燃料价格挂钩。此次电价管理办法的变动根据国务院《电价改革方案》（国办发〔2003〕62 号）有关要求制定，标志着我国开始实行新的电价管理机制。根据这三部管理办法的有关精神，政府电价主管部门按照合理补偿成本、合理确定收益以及依法计入税金原则，在竞价上网前核定或通过政府部门招投标确定发电企业的上网电价。同时，在同一地区新建的同类型发电机组之间上网电价由政府电价主管部门统一核定，并事先向社会公布，同时逐步统一原已核定的发电企业上网电价。核定的上网电价与燃料价格波动联动，体现电能构成，符合经济规律。

第六阶段：2014 年开始，国家陆续在深圳、蒙西等地开展输配电价改革试点，出台《中共中央国务院关于进一步深化电力体制改革的若干意见》（中发

〔2015〕9号）及其6个配套文件和《输配电定价成本监审办法（试行）》（发改价格〔2015〕1347号），电价形成机制市场化改革进入新阶段。根据出台的一系列文件，国家将按照“管住中间、放开两头”的思路，输配电价由政府根据“准许成本加合理收益”分电压等级核定，用户或售电主体按照其接入的电网电压等级所对应的输配电价支付费用；公益性外的发售电价格由市场形成；电网企业履行保底供应商义务，确保无议价能力用户有电可用。

（二）我国电力行业价格监管存在的问题

尽管随着电力市场化改革的推进，电力行业价格监管亦不断改革和加强，但由于改革尚浅加上行业本身在经济发展中的特殊性，使得我国电力行业价格监管比任何国家都要复杂，现阶段电价监管仍然存在许多问题。

1. 发电环节

（1）市场竞争问题。五大发电集团占领的发电市场份额已近寡头垄断，2009年后，各发电集团纷纷从各省圈地建发电厂，继续不断扩大各自地盘。由此带来的后果是：发电市场逐步被少数集团寡头垄断，市场竞争将逐步失灵。2009年、2011年电煤不断上涨全国闹电荒时，五大发电集团很多机组纷纷抱团停机，倒逼国家发展和改革委员会提高上网电价，就是一个典型的案例。

（2）煤电联动问题。2004年底，煤电联动政策开始实施，规定不少于6个月为一个联动周期，如果周期内平均煤价跟前一个周期相比，变化幅度达到或超过5%，便相应对电价进行调整。该政策出台后半年时间，第一次煤电联动出现。2005年5月根据联动政策，电价随煤炭价格上调2.52分钱，随后在2005年11月煤价波动第二度符合联动时，业界预期的电价上调并未如期而至，原因是国家未有动作；2008年虽然又连续实施了两次煤电联动，但纵观煤电联动历次调整，自2004年政策出台后，煤炭价格成倍翻番，电价依旧裹足不前，上涨不到40%。调整时间不及时和调整幅度不到位情况时有发生，其主要原因是国家层面的宏观调控，出于控制CPI过渡上涨等。限制电价应有的上调，大大压缩电价上调空间，拉长电价上涨的时间，造成煤电联动政策与实施过程有一定程度的差异。但“发一度，亏一度”的现象直接导致相当一部分发电企业和电网企业经营步履维艰，电力供应急剧萎缩短缺，电力行业整体信心不足、状态低迷等局面。同时，煤炭还存在一个输送运力紧缺和输送成本高等问题。虽说煤炭的发电效率较其他一次能源低，还伴生着环境污染严重的问题，在今后很长一段时间，在我国新能源还不能完全取代火力发电的主导地位，所以煤电联动政策亟待完善。

（3）节能减排和环境保护问题。在电价政策方面，由于历史原因，小机组普遍煤耗高、负担重、无规模效应，导致生产成本高，无竞争优势，所以国家一般对小机组给予一定的电价优惠政策，电价普遍高于大机组。另外，小机组技术改造资金匮乏，无法安装脱硫装置，也无法实行脱硫电价政策。而水电的电价主要集中在前期建设和厂址居民迁移、环境改造的巨大投入，需着重计算在经济寿命周期内各年度的成本和还贷。

2. 输配环节

（1）监管和透明度问题。输配环节具有自然垄断属性，自然受到国资委、财政部、发展和改革委员会、电监委等国家有关部口的监管，当然监管的角度会有所不同。国家立足于电价管理考量，以发展和改革委员会和电监委监督为主。其中，发展和改革委员会对电网企业从输配电价形成的角度收集电价成本相关信息和数据，并监审成本，核实涉及定价因素的成本，进而实现对电网成本的全方位监审，以此方式服务输配电定价。而电监会主要通过核算成本、检查费用分摊是否规范合理等内容，对电网企业成本控制进行监管，进而通过监管建立健全电网企业的成本约束和激励机制，并以此为出发点，鞭策电网企业提升自身管理，达到降本增效的目的，与此同时也为输配电价的合理核定奠定基础。所以，监管部门希望电网企业各种成本信息公开透明。但客观上，电网企业由于行业的技术特性，其设备标准、折旧标准、维护标准没有社会通用标准，往往由电网企业来制定各种标准，监管人员往往缺乏专业知识难以识别。主观上，电网企业基于国家输配分开的要求，也不愿意将企业输配成本信息分得非常清楚，也不愿意主动将有关信息报送监管部口。

（2）电网建设可持续发展问题。随着国民经济的飞速发展，电能需求增速也是迅猛异常。在市场供需之手的推动之下，电力企业增容扩建是必然的趋势。浙江省在“十一五”期间在电网建设中投入资金高达 860 亿元，其中 170 亿元用于特高压工程建设，500 亿元用于输电主网建设，175 亿元用于新农村输配电网建设。国家电网“十一五”期间累计自有资金短缺 9000 亿元。由于电价机制不健全等原因，电网公司资产赢利能力不强，成本增长高于收入增长，赢利空间不断压缩，自我积累能力弱，资产负债率不断上升，部分单位已接近 80％警戒线，电网自我发展能力严重不足，需要在电价政策中给予充分考虑。

（3）县代管体制制约问题。全国还有很多县供电局管理体制为代管，因无资产纽带关系，国家电网的电网建设资金无法投入到代管的各县供电局，加上各代管县供电局资产规模小，赢利能力弱，融资能力差，因此，各代管县供电企业电网薄弱，配网、农网建设和发展长期受到制约，农村和农民用电权益受到损害。

3. 销售环节

（1）交叉补贴问题。以我国华东三省一市为例，居民电价均远远低于工商业电价，甚至低于大工业电价。居民用户和工商业用户电费负担的倒挂，造成了用电过程中工商业用户对居民用户的交叉补贴问题，不能客观地反映各类用户真实的供电成本水平。

（2）惩罚性电价问题。为指导推动节能环保产业加快发展，国务院出台《“十二五”节能环保产业发展规划》。国家发展和改革委员会制定政策，对能源消耗超过限额标准的企业实行惩罚性电价，推进高耗能企业加快技术改造力度，促进节能减排。例如，我国东部某市为了加快淘汰落后产能，推进产业转型升级，促进资源节约型和环境友好型社会建设，在执行基本电价的基础上，还实施了差别电价政策，即对允许类企业和鼓励类企业执行正常电价水平，对限制类、淘汰类企业按国家和省有关加价政策提高电价，自 2011 年起对全市不锈钢企业和制造业执行差别电价政策，电价在正常电价水平上加收 0.3 元/千瓦时。惩罚性电价政策是一个非常好的政策，但在实际执行中，也碰到一些实际问题，一些地方政府为了追求 GDP 和就业的需要，对部分高耗能企业进行了地方保护，导致惩罚性电价政策的作用受到制约，也产生了社会公平性问题。

第七章　电信行业发展报告[1]

从1994年至2008年的十五年间，我国电信行业先后经历了两次剧烈的行业拆分重组。我国于20世纪90年代前中期开始计划并实施邮电的政企分离，由此开启了我国电信行业的第一次拆分重组。1994年，吉通通信有限责任公司（吉通）和中国联合通信有限公司（中国联通）相继正式挂牌成立。1997年北京电信长城移动通信有限责任公司（电信长城）成立。1998年中国电信将其全国寻呼业务剥离出来，单独成立了国信寻呼集团公司。1999年国信寻呼和电信长城并入中国联通，中国国际网络通信有限公司（中国网通）成立。2000年中国电信集团公司和中国移动通信集团公司正式成立挂牌，分别负责移动电话业务和固网服务。2001年中国铁道通信系统有限公司（中国铁通）和中国卫星通信集团公司（中国卫通）正式挂牌成立。2002年北方九省一市电信公司从中国电信剥离，与网通、吉通合并，成立中国网络通信集团公司（中国网通）。至此，我国形成了联通、移动、卫通、铁通、网通和电信六家电信公司的格局。

2008年我国开始了新一轮电信行业重组。2008年中国卫通的基础电信业务并入了中国电信，中国电信收购联通CDMA网络，而联通则收购了网通成立了新中国联合网络通信有限公司。2009年铁通公司

[1] 除特别说明外，本章数据均来源于2008～2018年《中国通信统计年度报告》（中华人民共和国工业和信息化部，人民邮电出版社）。本章所有图表均由本章前三节作者整理加工。

的铁路通信的相关业务、资产划转给铁道部后，铁通公司仍作为中国移动的独立子公司从事固定通信业务服务。至此网通并入联通，铁通并入中国移动，卫通的基础电信业务并入了中国电信，奠定了中国电信、中国移动和中国联通三家电信公司的基本格局。2014 年中国电信、中国移动、中国联通和中国国新又出资成立了中国铁塔股份有限公司，主要从事通信业相关基础设施的建设、维护和运营。

伴随着行业的拆分重组，我国通信技术也在频繁迅速更迭。在移动通信技术方面我国已经历三次技术变革。我国电信行业完成第一轮行业拆分重组后，中国移动及中国联通拥有 GSM 网络牌照（2G 牌照），而电信仅有固话及宽带牌照。完成第二次行业拆分重组后，2009 年初工信部正式向三大电信运营商发放了 3G 运营牌照，中国移动获得了 TD-SCDMA 牌照，中国联通获得了 WCDMA 牌照，中国电信则收购了中国联通的 CDMA 牌照。3G 技术方兴未艾，4G 时代便已到来。2013 年底工信部又向三大电信运营商发放了 4G 运营牌照。中国移动、中国电信和中国联通都获得了 4GLTE 牌照。2019 年 6 月工信部又向三大运营商正式发放了 5G 运营牌照，标志着 5G 技术开始大规模民用普及。在互联网传输技术方面我国也先后经历了 xDSL（数字用户线路）和 FTTH（光纤到户）两代传输技术。其中 xDSL 先后大致又分为 IDSL、HDSL、SDSL 和 ADSL 四种，相应传输速率逐渐提高。2012 年我国开始普及 FTTH/O 技术，其传输速度远高于 xDSL 技术。

我国电信行业长期大规模拆分重组和频繁技术进步冲击，导致我国电信行业在投资、建成、服务生产与供应等各方面，相较于其他城市公用事业表现出一些独有特点。其一，政府主导的行业拆分重组导致行业结构复杂且变化剧烈；其二，技术快速更迭导致行业服务种类繁多且更迭迅速；其三，反映行业状况的各项指标变化趋势复杂，不具有单调性，各项指标往往在短期内剧烈变动。鉴于此，本章将主要对我国电信行业在 2008～2018 年十年间的发展情况进行介绍分析。首先，2009 年我国完成了第二次电信行业的拆分重组，从而奠定了当前“电信、移动、联通三分天下”的基本格局；其次，由于统计口径和统计指标的差异，时间跨度扩大至 2008 年之前将导致较多统计指标难以前后衔接；最后，2017 年为当前公开可得数据的最近年限。

第一节 电信行业投资与建设

我国电信业固定资产投资主要集中在投资规模最大的前三项分项投资上，依次分别为移动电信固定资产投资、传输类固定资产投资以及互联网及数据通信投资。2008～2018年三者累计共完成投资额30224.1亿元，占总固定资产投资累计完成额的77.3%以上。分地区来看，我国电信业在移动电信以及互联网及数据通信固定资产投资中对西部地区有一定程度倾斜。

2008～2018年间我国通信光缆建成长度保持较快平稳增长，年均增加363.9万公里，年均增速达20.3%以上。2008～2018年间我国移动电话基站建成数量保持较快增长，平均增速达26.3%以上，年均建成61.1万座。移动电话语音信道和移动短消息中心容量在2013～2014年出现增长乏力，并在2016～2017年出现了负增长。2018年我国电信业xDSL宽带接入端口数量仅为0.11亿个，而FTTH/O宽带接入端口则达到了7.71亿个，表明我国在2013～2018年的五年时间内，基本完成了从xDSL向FTTH/O互联网传输技术的全面升级过渡。我国移动电话交换机容量逐年快速增加，年均增速达8.7%。

一、电信行业固定资产投资情况

（一）电信行业固定资产总投资

2008～2018年间，我国电信行业固定资产投资累计完成40106亿元，年均增加2.18%，各年投资规模处于3000～4525亿元范围内。根据11年间电信固定资产投资完成额变化趋势，该过程大致可分为三个阶段。如图7-1所示，第一阶段为2008～2009年，其中2008年投资额为3068亿元，2009年增加至3773亿元，较2008年增加22.98%。第二阶段为2010～2015年，该阶段固定投资额逐年递增，其中2010年投资额由2009年的3773亿元骤降至3022亿元，为11年中投资额最低的一年。随后5年时间内以8.47%左右的增速逐年递增，至2015年投资额增加至4525亿元。第三阶段为2016～2018年，2016年电信固定资产投资较上年减少17.35%，降低至3739亿元，并在2017年维持在该投资水平上变化不大，2018年进一步降低至3507亿元。由图7-1还可见，2008年我国电信行业固定资产投资在全社会投资中的占比为1.78%，随后大约以年均

0.13%的幅度逐年递减，至 2012 年降至 1%以下为 0.97%，至 2018 年降低至 0.54%。

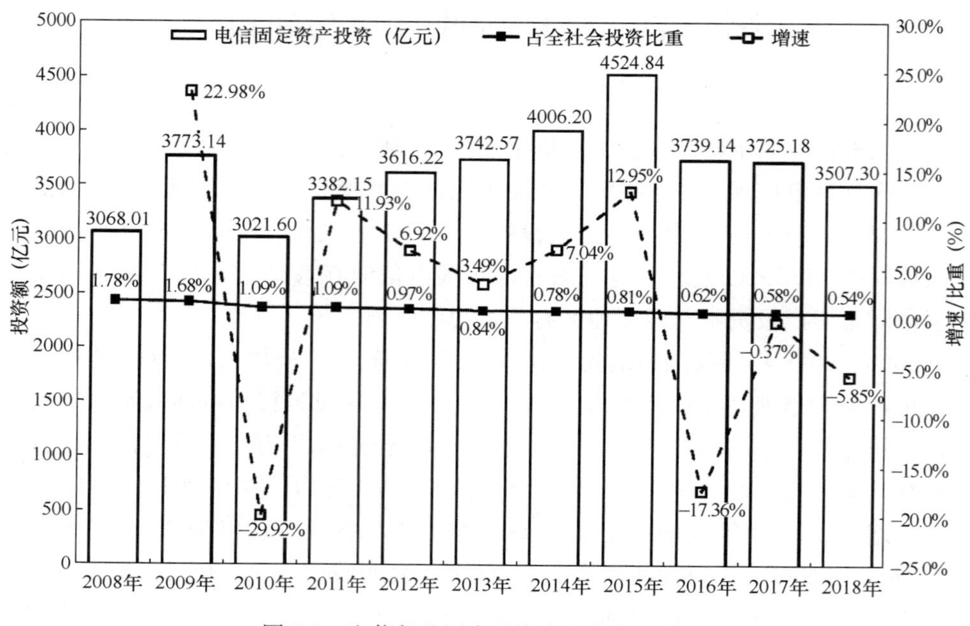

图 7-1　电信行业固定总资产投资完成情况

（二）电信行业固定资产分项投资情况

我国电信行业固定资产总投资通常分为固定电信投资、移动电信投资、互联网及数据通信投资、创新及增值平台投资、业务支撑系统投资、传输投资、局房和营业场所投资、其他固定资产投资，共 8 类分项固定资产投资。从各分项固定资产投资的投资规模、分项投资占比以及投资增速来看具有以下特点。

首先，2008～2018 年间我国电信业固定资产投资主要集中在投资规模最大的三项分项投资上，该三项投资依次为移动电信固定资产投资、传输类固定资产投资以及互联网及数据通信投资。三者累计完成投资额 30224.1 亿元，占总固定资产投资累计完成额的 77.3%以上。

上述规模最大的三项固定资产投资在历年间波动较为剧烈，且不具有单调的增减趋势，但表现出一定的周期性。

2008～2018 年间电信行业固定资产投资结构整体平稳，但固定电信投资、互联网及数据通信以及其他电信投资在结构上有较为显著变化。如图 7-2、图 7-3 以及表 7-1 所示。

电信行业固定资产分项投资增速表 **表 7-1**

年份	固定电信投资	移动电信投资	互联网及数据通信投资	创新及增值平台投资	业务支撑系统投资	传输投资	局房及营业场所投资	电信其他投资
2009	−1.5%	34.8%	47.4%	14.4%	35.7%	20.6%	79.9%	−33.3%
2010	10.8%	−30.8%	18.4%	−5.6%	−37.0%	−18.5%	−45.3%	−2.6%
2011	51.9%	7.4%	8.0%	3.0%	11.2%	22.6%	−0.7%	21.9%
2012	16.6%	1.2%	−4.7%	−36.1%	5.4%	46.5%	3.9%	6.2%
2013	−80.9%	−3.2%	22.3%	6.2%	7.4%	13.6%	36.0%	21.9%
2014	−14.3%	35.8%	−21.7%	−14.7%	−10.6%	2.0%	−6.3%	−18.0%
2015	−73.6%	13.7%	79.0%	0.4%	10.5%	4.7%	17.8%	−49.7%
2016	−30.5%	−22.6%	13.0%	21.7%	−4.0%	−41.0%	−7.0%	−0.9%
2017	−6.8%	5.0%	−17.2%	29.4%	−7.4%	1.5%	−0.1%	−13.8%
2018	−28.0%	−15.5%	−2.5%	23.2%	9.5%	−6.0%	7.9%	22.2%

注：表中不同颜色代表投资额的不同增减阶段。

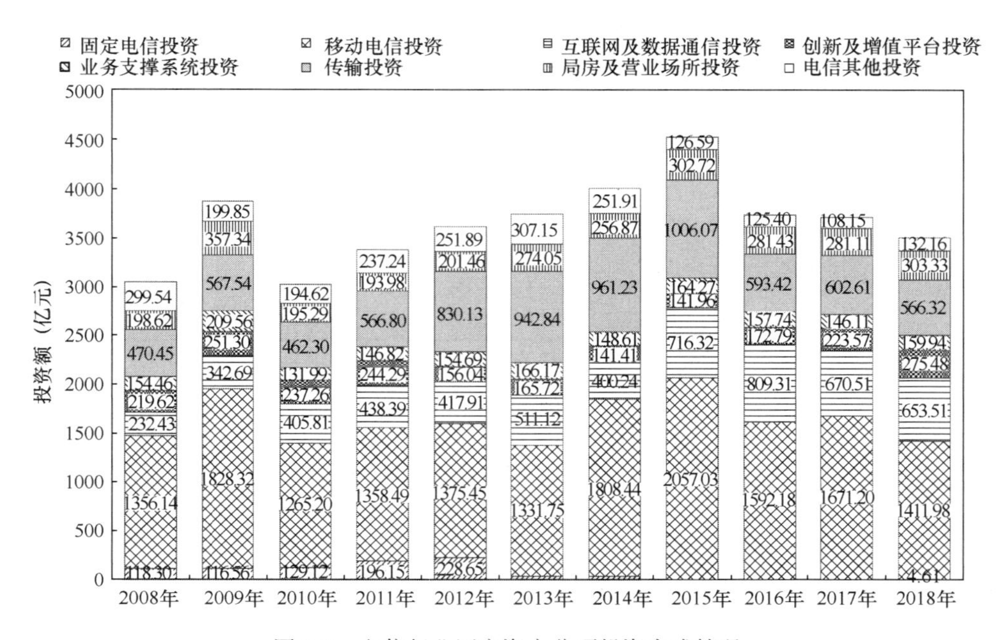

图 7-2 电信行业固定资产分项投资完成情况

移动电信固定资产投资累计完成 17056.2 亿元，占电信固定资产总投资累计完成额的 42.5%以上，年均增加 2.6%，各年投资额在 1250 亿～2050 亿元的范围内，变动较大。如图 7-2 及表 7-1 所示，其变化过程大致可分为四个阶段（表 7-1 中不同颜色标示了各分项投资的不同变化阶段）：第一阶段 2008～2009 年，投资额由 1356 亿剧增至 1826 亿元，增加 34.8%；第二阶段 2010～2012 年，2010 年投资降低至 1265 亿，较 2009 年降低 30.8%，然后逐年缓慢增加，到 2012 年投资额为 1375 亿元；第三阶段 2013～2015 年，该阶段投资进入快速增加阶段，2013 年投资额为 1332 亿元，随后逐年快速增加，至 2015 年增加到 2057 亿元；第四阶段为 2016～2018 年，2016 年和 2017 年投资额较为平稳，维持在 1650 亿元左右，2018 年降低至 1411 亿元。2008～2018 年间移动电信固定资产投资在各分项投资中最为主要，且其占比较为稳定，一直保持在 40%左右，最低时为 2013 年的 35.6%，如图 7-3 所示。

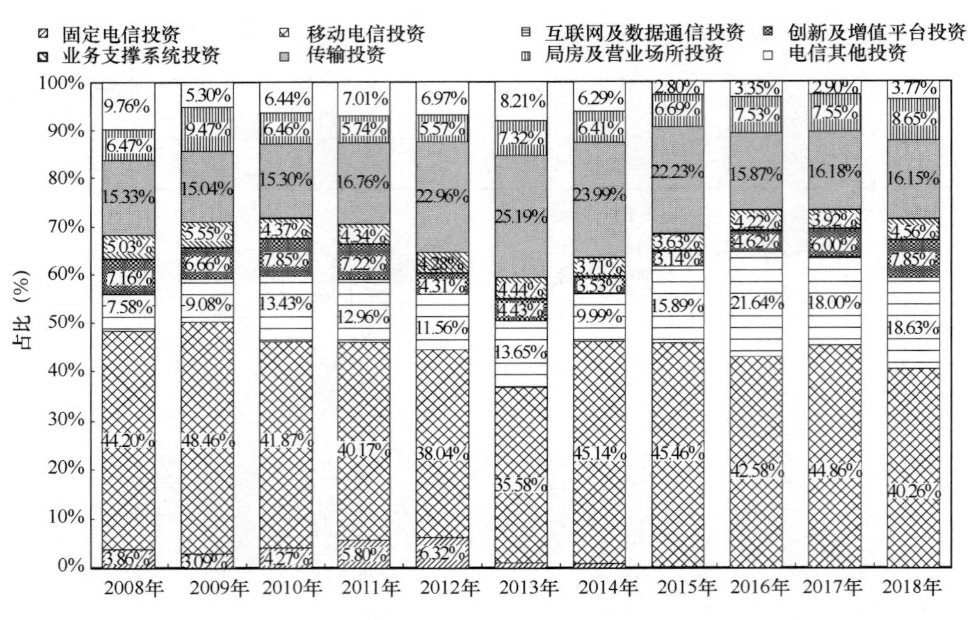

图 7-3　电信行业固定资产分项投资占比情况

传输固定资产投资累计完成 7569.7 亿元，占总固定资产累计投资完成额 18.9%以上，年均增加 4.6%，其投资规模在 250 亿～1000 亿元的范围内变动。如图 7-2 及表 7-1 所示，其变化过程大致可分为三个阶段：第一阶段 2008～2009 年，投资额由 2008 年的 470.5 亿元增加至 2009 年的 567.5 亿元，增加 20.6%；第二阶段 2010～2015 年，该阶段投资额以 17.9%的增速逐年快速递增，至 2015 年投资额增加至 1006.07 亿元，为十年间投资规模最大的一年；第三阶段 2016

～2018年，投资额快速回落至600亿元左右，并基本保持恒定。传输类固定资产投资在所有分项投资占比中处于第二主要位置，2012～2015年间该项投资保持在22%左右，其余年份维持在16%左右，如图7-3所示。

图7-4进一步展示了移动通信固定资产投资在我国东、中、西三个地区的占比变化情况。尽管东部地区发展水平高于中西部地区，但由图可见，我国电信业在该项固定资产投资中，对西部地区有一定倾斜。2010年该项投资在东部地区占比47.7%，2018年则下降至41.9%，相比之下西部地区则由2010年的25.3%增加至2018年的29.9%，类似中部地区则由24.5%增加到了27.7%。

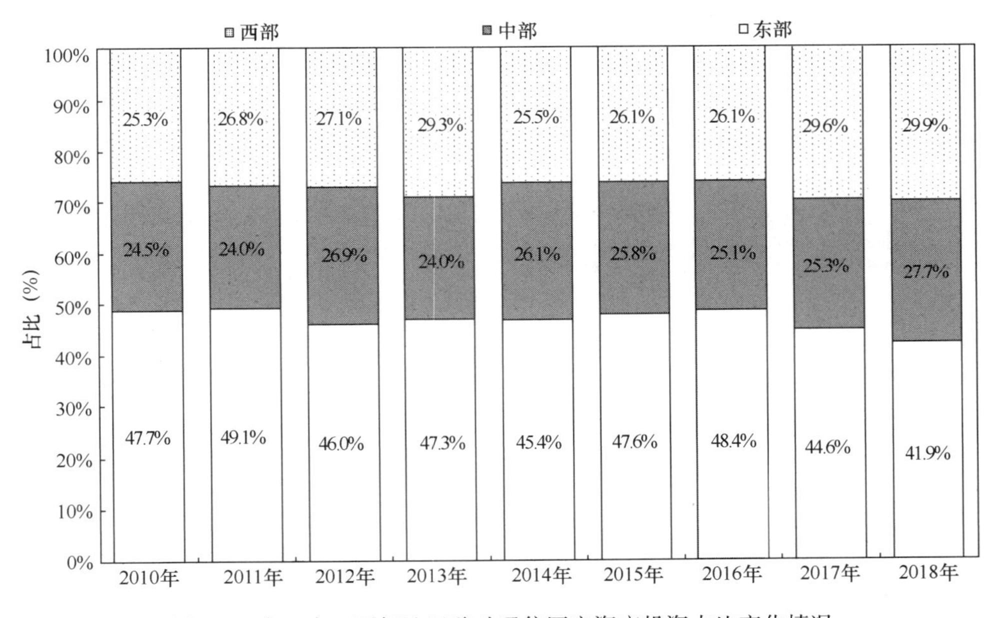

图7-4　东、中、西部地区移动通信固定资产投资占比变化情况

互联网及数据通信固定资产投资累计完成投资5598.2亿元，占总固定资产累计投资完成额13.9%以上，年均增加14.2%，变化范围在230亿～810亿元。如图7-2及表7-1所示，其变化过程大致可分为三个阶段：第一阶段2008～2011年，投资额由2008年的232.4亿元逐年增加至2011年的438.4亿元，年均增速24.6%；第二阶段2012～2013年，2012年投资额较上年微弱回落，为417.9亿元，但随后2013年又快速增加到511.1亿元，增幅22.3%；第三阶段2014～2016年，2014年投资回落至400.2亿元，较上年减少21.7%，随后2015年剧增至716.3亿元，2016年进一步增加至809.3亿元，平均增速46%以上；第四阶段2017～2018年，投资额再次大幅回落至650亿～670亿元的范围内。2008～2018年间，该项投资在总固定资产投资结构中发生了比较显著的根本性变化。

如图 7-3 所示，该项投资在 2008 年时占比仅为 7.58%，随后逐年扩大，至 2016 年达到最高为 21.7%，2017～2018 年有所减少，但占比仍在 18%～19%。

图 7-5 进一步展示了互联网及数据通信固定资产投资在我国东、中、西部三个地区的占比变化情况。在该项固定资产投资中，中西部受到了更大的倾斜。由图 7-5 可见，2010 年东部地区的该项投资占比为 56.6%，到 2018 年则降低至 42.2%，下降了 14.4 个百分点。与之相比，西部地区则由 2010 年的 18.2%增加至 2018 年的 30.9%，增加了 12.7 个百分点；中部地区则由 24.6%增加至 2018 年的 27.0%，增加了 2.4 个百分点。

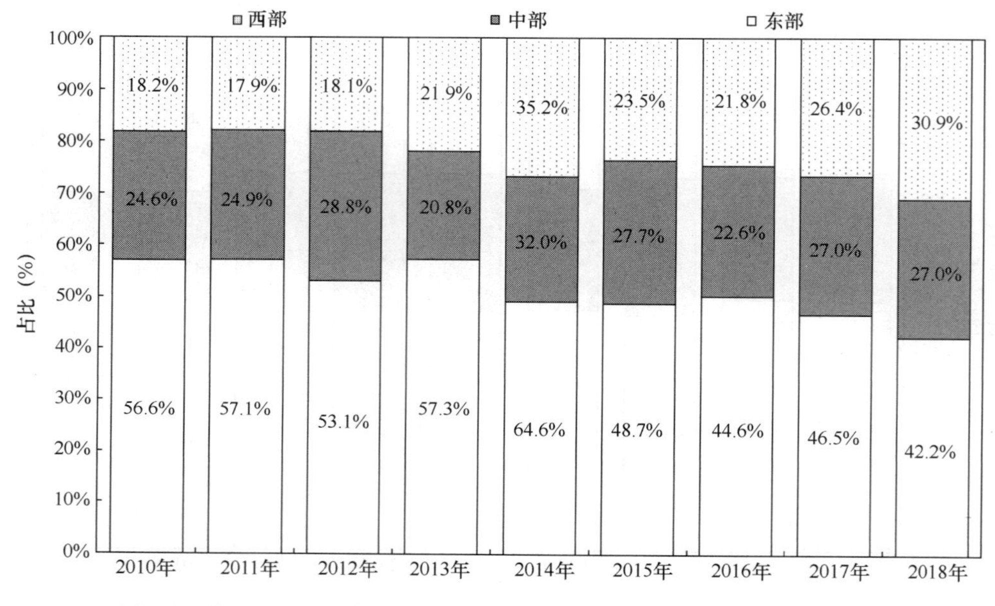

图 7-5　东、中、西部地区互联网及数据通信固定资产投资占比变化情况

固定电信投资总体投资规模较小，2008～2018 年累计完成投资 897.8 亿元，仅占电信总固定资产投资累计完成额的 2.23%。该项投资在 2008～2018 年间的变化过程分为增加和降低两个阶段：第一阶段 2008～2012 年，投资额以年均 19.4%的速度快速上升，由 2008 年的 118.3 亿元增加至 2012 年的 228.7 亿元；第二阶段 2013～2018 年，2013 年投资额骤减至 43.8 亿元，较上年减少 80.9% 以上，随后该项投资逐年快速递减，年均减少 39.0%，至 2018 年该项投资仅为 4.6 亿元。该项投资在总投资的结构中发生了较为显著的变化，如图 7-3 所示，第一阶段该投资占比从 2008 年的 3.86%逐年扩大至 2012 年的 6.32%，随后又迅速下降，至 2018 年仅为电信业总固定资产投资的 0.17%。

（三）电信行业固定资产分地区投资情况

2008～2018 年我国东、中、西三个地区的电信业固定资产投资情况如图 7-5、图 7-7 和图 7-8 所示。东部地区历年投资额在 1550 亿～2090 亿元的范围内波动，历年占比 47%左右，年均增速 1.75%，共累计完成投资 19101.9 亿元，占总投资累计完成额的 47.6%；中部地区历年投资额在 700 亿～1150 亿元的范围内波动，历年占比在 23%左右，年均增速 3.65%，累计完成投资 9494.4 亿元，占总投资累计完成额的 23.7%；西部地区历年投资额在 700 亿～1160 亿元的范围内波动，历年占比在 25%左右，年均增速 5.1%，累计完成投资 10197.8 亿元，占总投资累计完成额的 25.4%。由图 7-6 可以发现，东、中、西三个地区的电信业固定资产投资比例基本保持恒定，东部占比 47%左右，中部及西部地区各占比 25%左右，且西部地区占比略高于中部地区。由图 7-7 可见，三个地区的电信固定资产投资增速基本保持一致，其中 2009 年三个地区固定资产投资较上年均有 20%以上的增加，而 2010 年和 2016 年三个地区较上年均有 20%左右的投资额减少发生。2011～2015 年三个地区投资额增速具有一定差异，但基本都在 0～15%的范围内，其中中部地区变动幅度略大于其他地区。

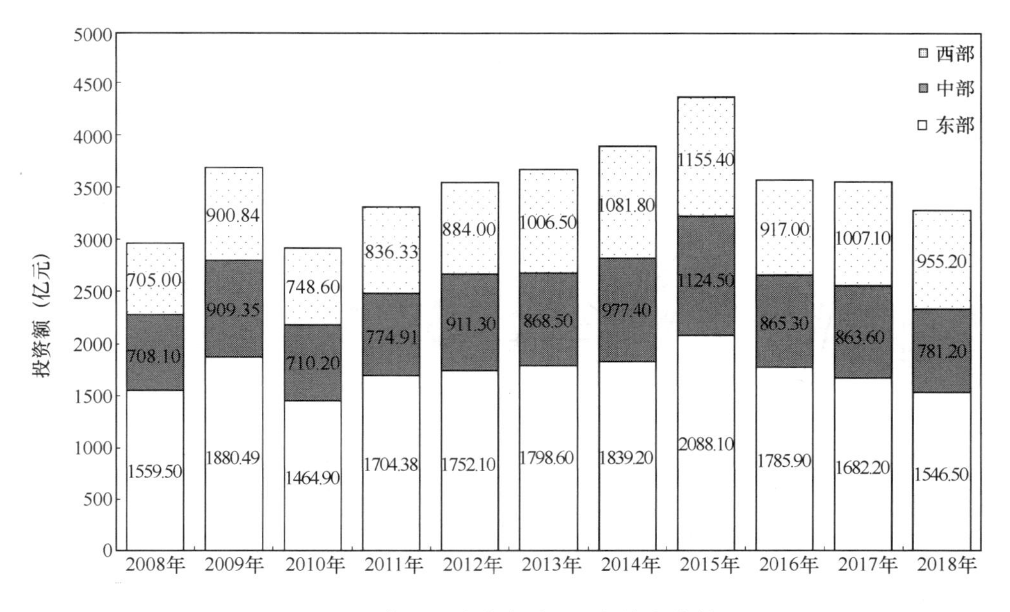

图 7-6 电信业固定资产分地区投资变化情况

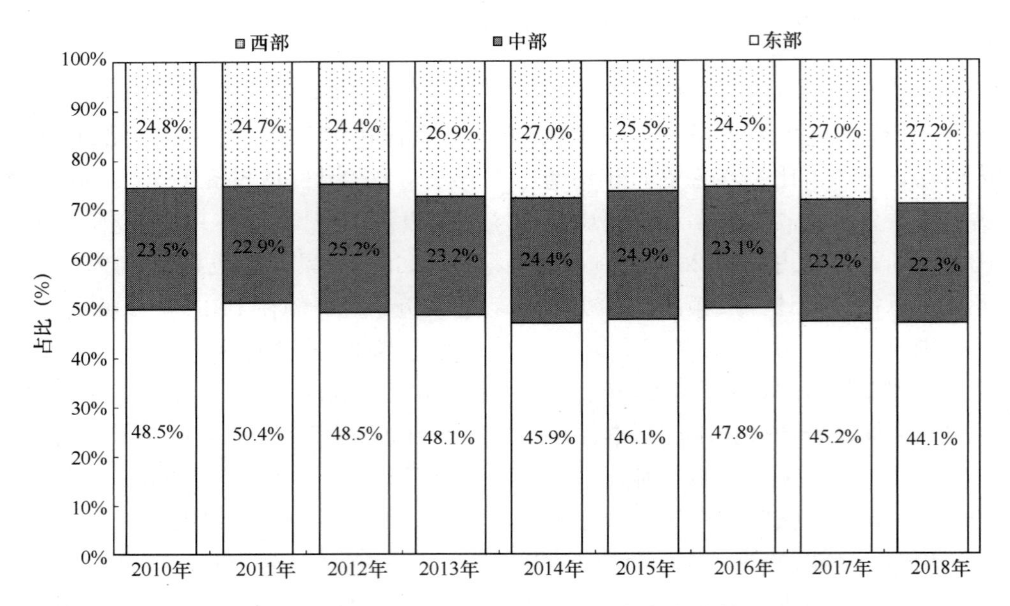

图 7-7　电信业固定资产分地区投资结构变化情况

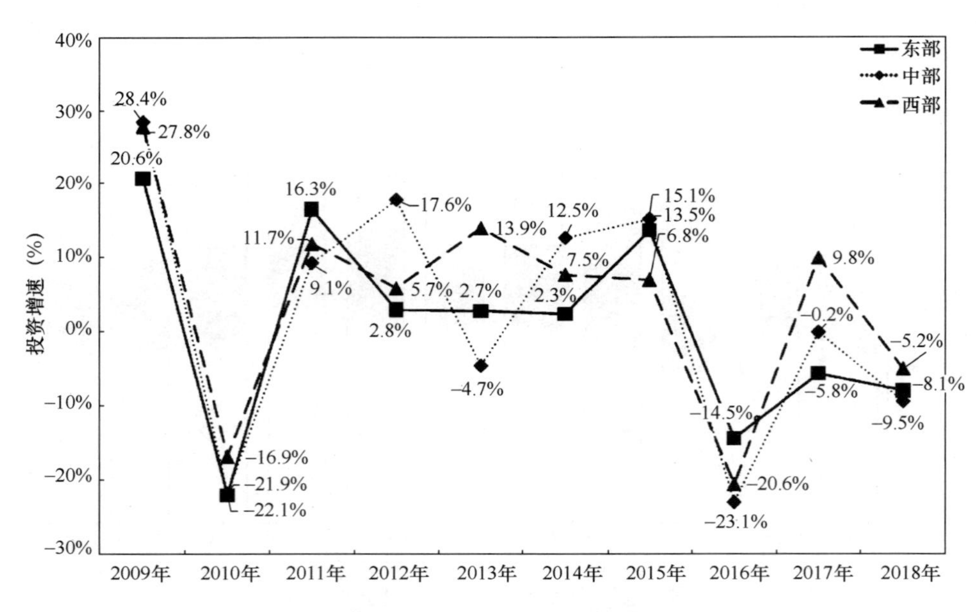

图 7-8　电信业固定资产分地区投资增速变化情况

二、电信行业通信能力建成情况

（一）光缆线路长度

2008～2018 年间我国通信光缆建成长度保持较快平稳增长，年均增加 363.9 万公里，年均增速达 20.3%以上。如图 7-9 所示，2008 年光缆线路长度为 677.8 万公里，随后 4 年间增速均保持在 22.06%以上，到 2012 年光缆线路建成长度达到 1479.3 万公里，较 2008 年增加 1.2 倍；2013～2014 年光缆线路建成长度增速有所放缓，年增速为 18%左右，到 2014 年光缆线路建成长度为 2061.3 万公里，较 2008 年增加 2.1 倍以上；随后 2015～2017 年间，每年增速再次提高至 20%以上；2018 年增速放缓，较上年增加 14.2%。截至 2018 年全国光缆线路建成长度达到 4316.8 万公里，较 2008 年增加 5.3 倍以上。

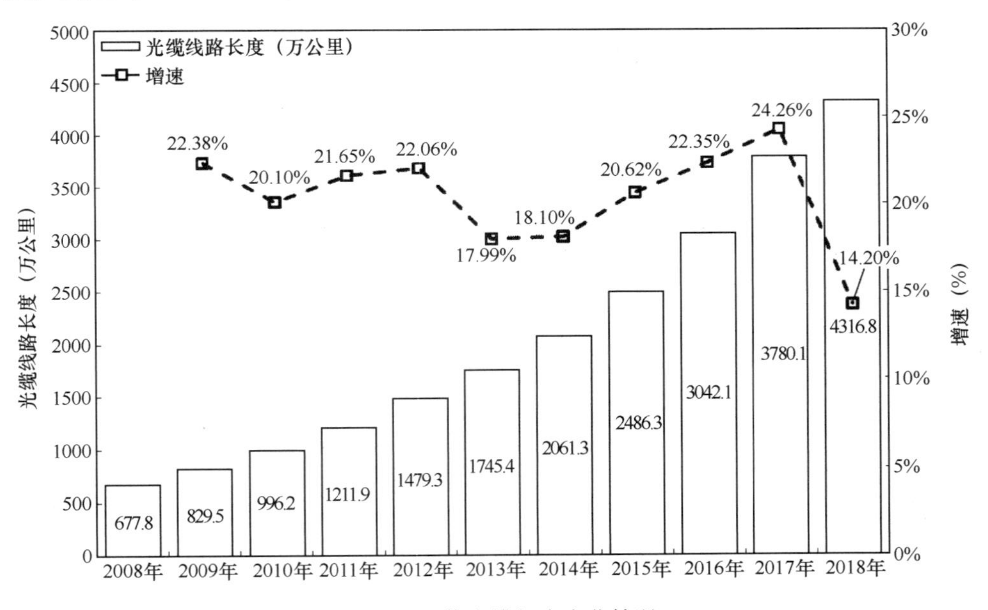

图 7-9 通信光缆长度变化情况

通信光缆按照功能和布局可分为长途光缆、本地网中继光缆和接入网光缆。其中长途光缆用以远距离不同城市间通信信号传输，本地网中继光缆用以在城市内部连接各个通信中心机房，接入网光缆又称为用户光缆，用以连接家庭用户和通信机房。图 7-10、图 7-11 和图 7-12 反映了上述三类光缆线路长度的相关变化情况。

由图 7-10、图 7-11 和图 7-12 可见，三类光缆线路中长途光缆线路长度最

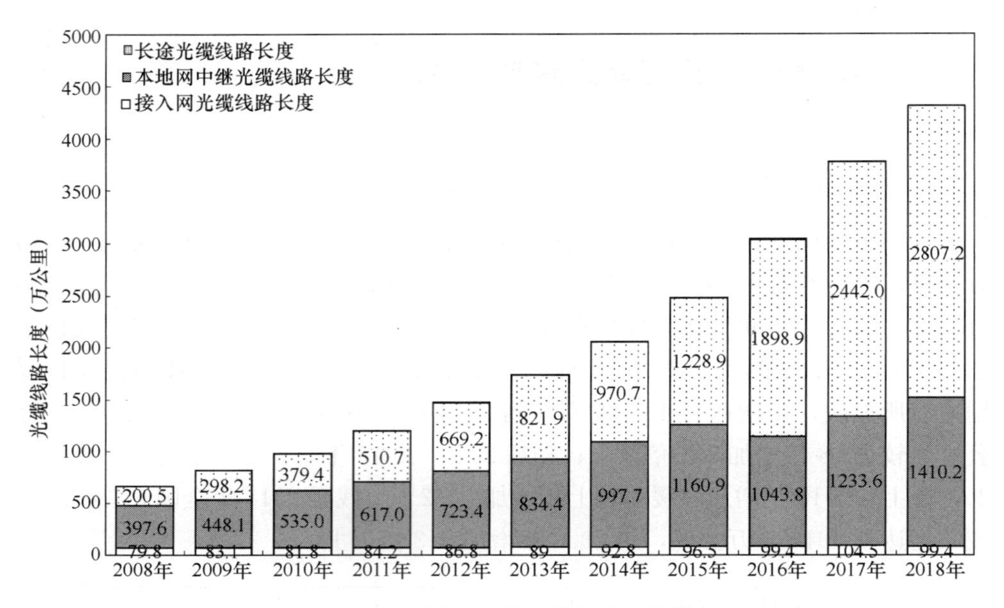

图 7-10　不同类型通信光缆长度变化情况

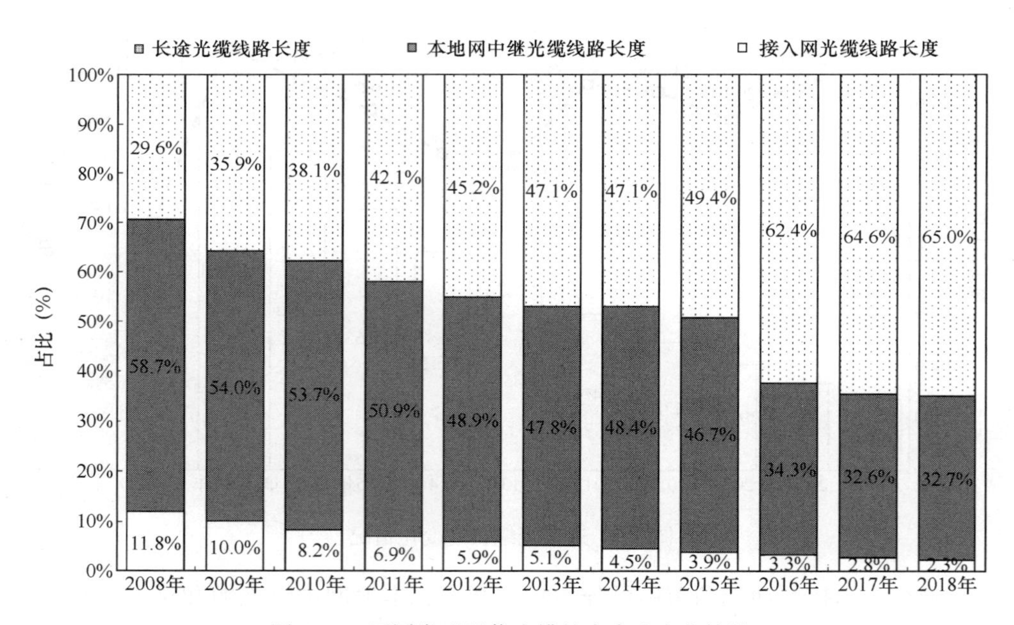

图 7-11　不同类型通信光缆长度占比变化情况

短，2007 年该类光缆线路长度为 79.8 万公里，随后大约以 3.1％的年均增速缓慢增长，至 2017 年达到 104.5 万公里，并且在 2018 年首次出现长度减少，为 99.4 万公里。本地网中继光缆线路 2008 年为 397.6 万公里，除 2016 年外，其

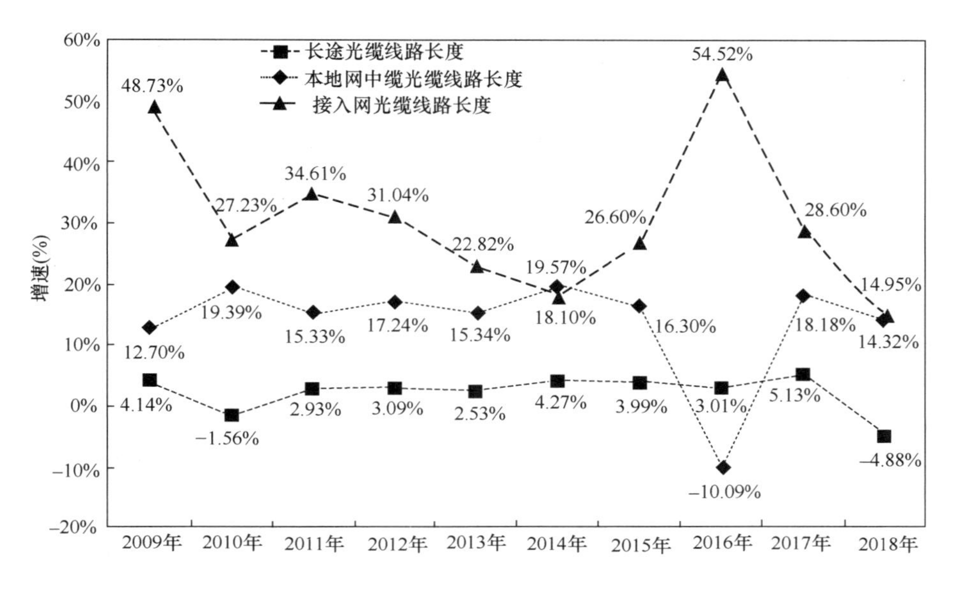

图 7-12　不同类型通信光缆长度增速变化情况

余各年增速均在 15%上下，到 2017 年该类光缆线路建成长度达 1410.2 万公里，在三类光缆线路中占比为 32.7%。三类光缆线路中，增速最快的为接入网光缆线路，2007 年该类线路长度仅为 200.5 万公里，但其增速较快，年均增速达 30.7%，除 2018 年外各年均维持在 20%以上，尤其在 2009 年和 2016 年两年，增速分别达到了 48.7%和 54.5%。到 2018 年该类光缆线路长度达到 2807.2 万公里，在三类光缆线路中最长，占比从 2008 年的 29.6%增长到 65.0%。

（二）移动电话基站数量

移动电话基站即公用移动通信基站，是指在一定的无线电覆盖区中，通过移动通信交换中心，与移动电话终端之间进行信息传递的无线电收发信电台。移动基站数量是反映电信通信能力最为重要的指标之一。移动通信技术按照代际划分，目前可分为 2G、3G、4G 以及 5G 四代技术，相应的移动电话基站也分为四类。我国早期三大电信运营商中，中国移动公司和中国联通公司拥有 2G 经营牌照（即 GSM 牌照），中国电信公司则运营固定电话、宽带业务，但拥有 CDMA 牌照。

如图 7-13 所示，2008～2018 年间我国移动电话基站建成数量保持较快增长，平均增速达 26.3%以上，年均建成 61.1 万座。2008 年我国移动电话基站为 59.8 万座，2009 年 3G 移动通信开始民用普及，基站数量迅速增加至 111.1 万座，较 2009 年增加 61.0%。2013 年增速回落至 25.8%，并逐年放缓，至 2013

年降低到 16.65%。2013 年底 4G 通信技术正式开始民用普及，由此 2014 年基站数量再次迅猛增加，增速骤增至 45.56%。随后基站数量增速又开始逐步放缓，到 2018 年增速降低至 7.84%，移动电话基站建成数量达到 667.2 万座。

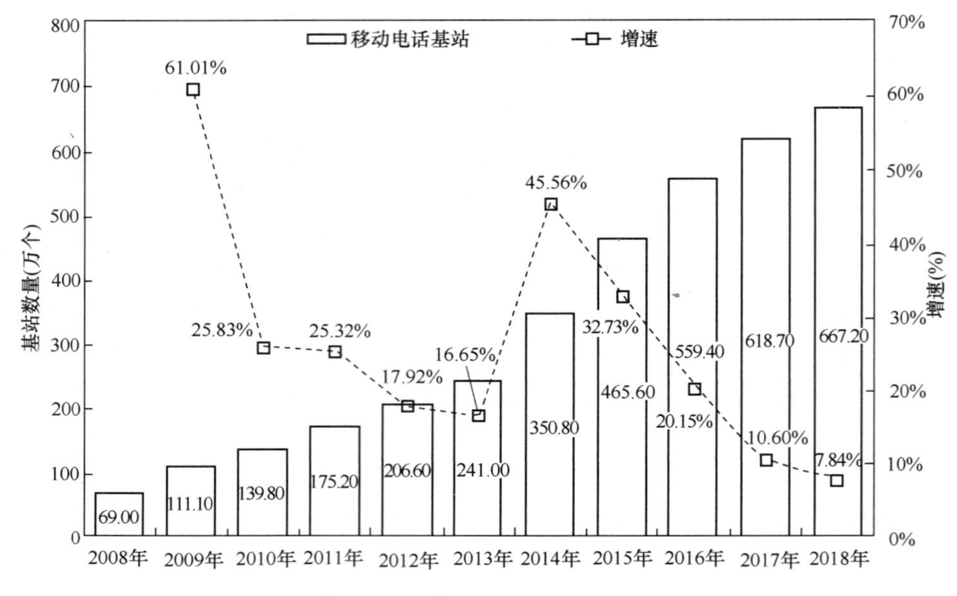

图 7-13　移动电话基站数量变化情况

图 7-14 和图 7-15 反映了我国 2008～2018 年间三类移动电话基站的数量及增

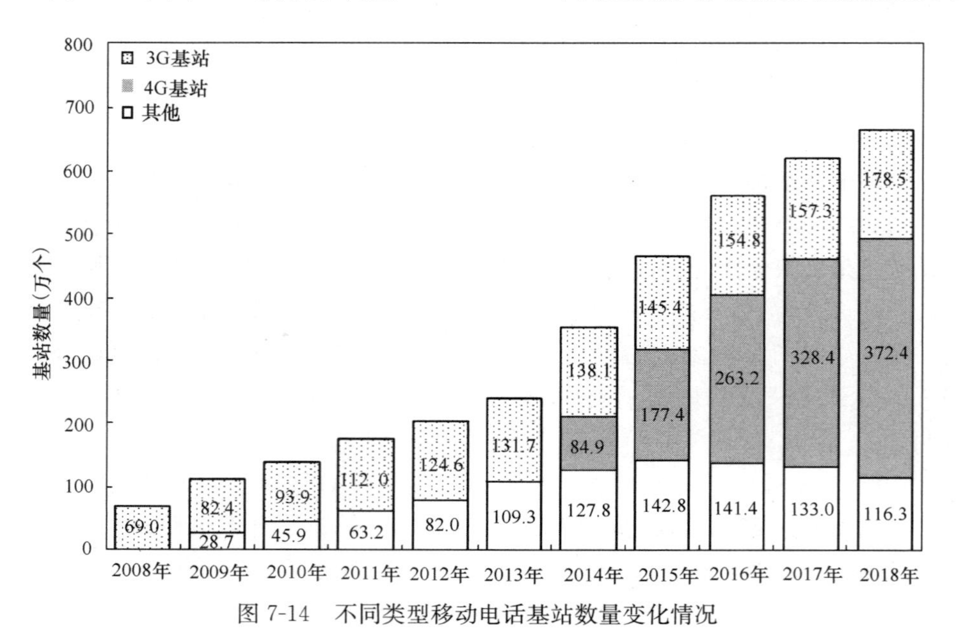

图 7-14　不同类型移动电话基站数量变化情况

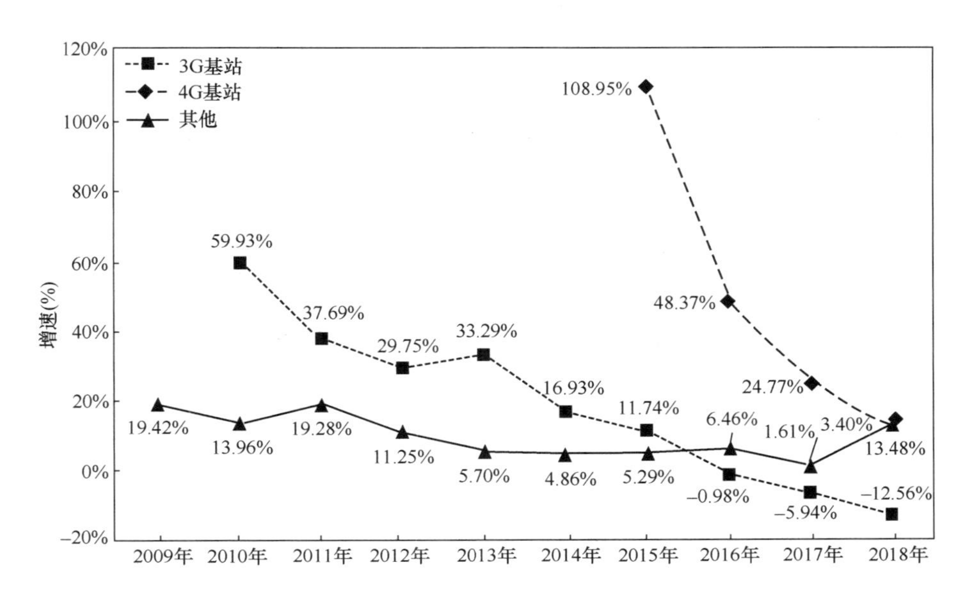

图 7-15 不同类型移动电话基站数量增速变化情况

速变化情况。首先，尽管新一代通信技术的出现会引起上一代通信基站数量比例的降低，但上一代移动电话基站数量绝对值仍会保持增加，表明一定时期内新旧移动通信技术共存，对旧技术的取代需要一定过程。其次，4G 通信技术开始普及后，其相应移动通信基站建设速度显著高于 3G 技术普及过程中 3G 基站的建设速度。

2008 年我国累计建成移动电话基站 69 万座，且均为非 3G/4G 基站。2009 年 3G 通信技术开始普及后，非 3G/4G 基站建成数量仍处于较快增长中，增速达到 19.2%，2010 年增速为 14.0%，2011 年甚至再次上升，达到 19.3%，此后增速才开始逐渐回落，到 2017 年仍有 1.61%的增速，如图 7-14 所示。

2009 年 3G 移动通信技术开始正式投入商用后，3G 基站开始建成投入使用，当年共建成 28.7 万座。2010 年 3G 基站数量迅速增加，该类基站累计建成 45.9 万座，较上年增加 59.93%，但随后增速逐渐回落，在 2011～2013 年保持在 30%左右，2014 年再次开始回落，到 2016 年 3G 移动电话基站数量首次出现负增长，到 2017 年降低至－5.94%。截至 2017 年，我国累计建成 3G 移动通信基站 142.8 万座（2016～2017 年出现负增长），年均建成 34.8 万座，年均增速为 22.8%。

2014 年 4G 移动通信技术开始正式商用，4G 基站开始建成投入使用。2014 年当年共建成 4G 移动通信基站 84.9 万座。2015 年 4G 基站累计建成数量骤增至 177.4 万座，较上年增加 108.95%，随后增速开始回落，到 2018 年仍有

13.48%的增速。截至2018年，我国累计建成4G移动通信基站372.4万座，年均增速60.7%，年均建成4G基站71.87万座。由此可见，4G移动通信基站建设速度远快于3G通信技术普及过程中3G基站的建设速度。

（三）移动电话语音信道及短消息中心容量

移动电话语音信道是在移动电话语音通话过程中，通信信号的物理性传输通路。如图7-16所示，2008～2017年间我国移动电话语音信道数量变化过程可分为三个阶段。第一阶段2008～2009年，2008年我国移动电话语音信道数量为4062.4万个，2009年急剧增加到6254.3万个，增速达到54.0%；第二阶段2010～2011年，2010年移动电话语音信道数量增加至7328.8万个，增速回落至17.2%，2011年增速小幅上升，为18.8%，建成信道数量为8706.6万个；第三阶段2012～2017年，信道数量缓慢增加，增速逐渐放缓，2012年增速降低至6.6%，并逐年降低，到2016年信道数量增速仅为1.5%，累计建成信道数量为10415.0万个，2017年移动电话语音信道数量首次出现微弱负增长，降低幅度为5.1%。

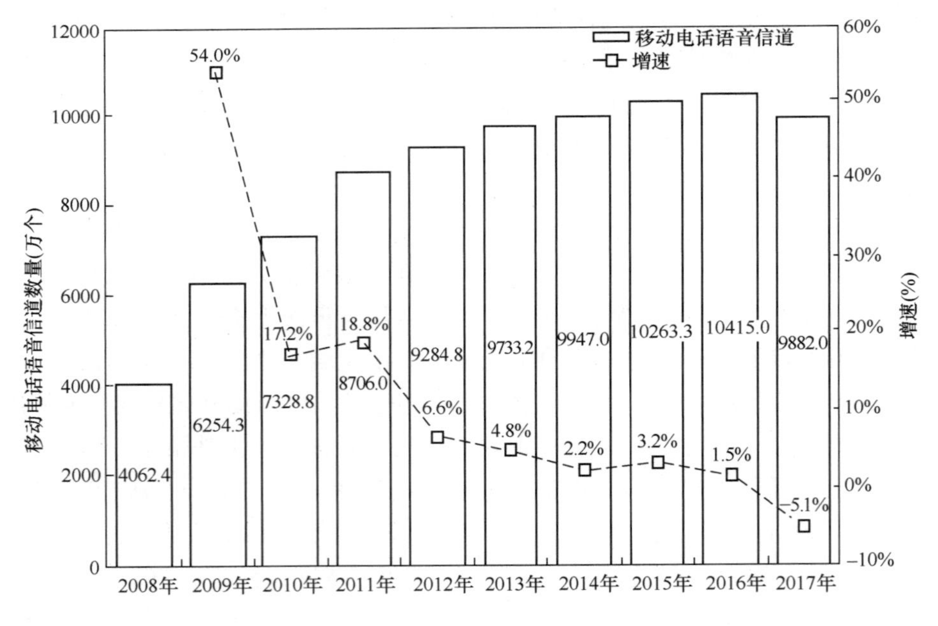

图7-16 移动电话语音信道数量变化情况

图7-17反映了2008～2018年间我国移动短消息中心容量的变化情况。与移动电话语音通信信道数量类似，该过程大致可分为三个阶段：第一阶段2008～2010年，该阶段中我国移动短消息中心容量迅速增加，2008年我国移动短消息

中心容量为 33.8 亿条，随后 2009 年增加至 38.3 亿条，增速为 13.3%，2010 年移动短消息中心容量骤增至 51.8 亿条，增速达到 35.1%；第二阶段 2011～2013 年，该阶段增速放缓，2011 年增速骤然放缓至 8.5%，随后又缓慢上升，到 2013 年增速为 12.0%，容量增加至 69.7 亿条。第三阶段 2014～2017 年，该阶段增速进一步放缓并出现负增长，2014～2015 年短消息中心容量缓慢增加，两年增速分别为 2.4%和 1.3%，容量分别为 71.3 亿条和 72.3 亿条，随后到 2016～2017 年，容量开始出现负增长，增速分别降低到－2.5%和－1.9%。

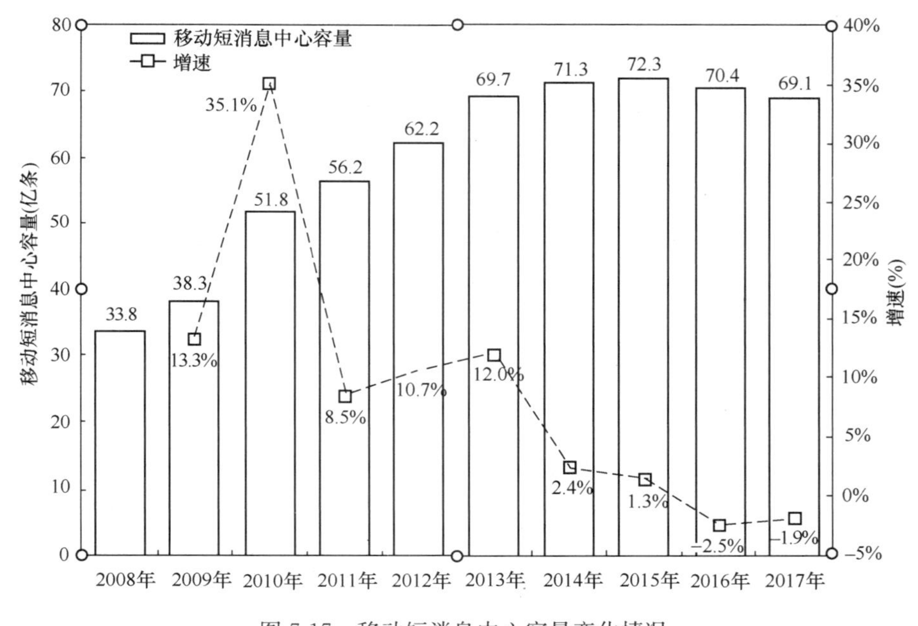

图 7-17 移动短消息中心容量变化情况

由上述分析可见，移动电话语音信道和移动短消息中心容量在 2013～2014 年出现增长乏力，并在 2016～2017 年出现了负增长。导致该现象产生的部分可能原因在于，移动互联网通信的迅速发展与普及，在极大程度上取代了传统的移动语音和短消息通信需求。首先，3G 和 4G 通信技术的相继出现和快速普及，极大地提高了移动互联网通信传输速率，为移动互联网通信普及提供了通信传输技术条件。其次，移动智能手机制造技术迅速进步，国产智能手机产量迅速扩大，手机价格快速下降，3G、4G 智能手机得以短时间内普及，为移动互联网通信普及提供了必要的硬件条件。第三，以腾讯、阿里巴巴、百度等为代表的各大互联网公司，相继开发出了各种基于智能移动终端的软件（APP），例如微信、QQ 以及淘宝等移动终端 APP 得到极大普及，从而为移动互联网通信普及提供了相应软件条件。最后，国家出台电信行业价格规制政策，极大降低了移动互联网流量服务资费，则为移动互联网通信普及提供了更为高效便利的市场条件。

（四）互联网宽带接入端口

除基于电信运营商提供的移动互联网流量服务外，其余民用互联网通信均要通过互联网固定宽带接入互联网。互联网固定宽带不仅为PC机等固定终端提供互联网接入服务，移动终端也可通过终端路由器等设备连接互联网宽带。因此，互联网宽带接入端口数量是反映我国基础电信业中互联网接入服务的重要指标。

如图7-18所示，我国互联网宽带接入端口数量在2008～2018年间的变化过程大致可分为三个阶段。第一阶段为2008～2012年，该阶段中互联网宽带接入端口迅速增加。2008年我国互联网宽带接入端口为1.09亿个，随后大约以31.2%的年均增速逐年增加，到2012年接入端口数量达到3.21亿个。第二阶段为2013～2014年，该阶段互联网宽带接入端口缓慢增加，两年增速均维持在12%左右。第三阶段为2015～2017年，其中2015年增速骤然增加至42.3%，互联网宽带接入端口数量增加至5.77亿个，随后增速又迅速下降，2016年和2017年增速分别降低到了23.5%和8.9%，接口数量分别增加到7.13亿个和7.76亿个。到2018年接口数增加至8.68亿个，较上年增加了11.8%。

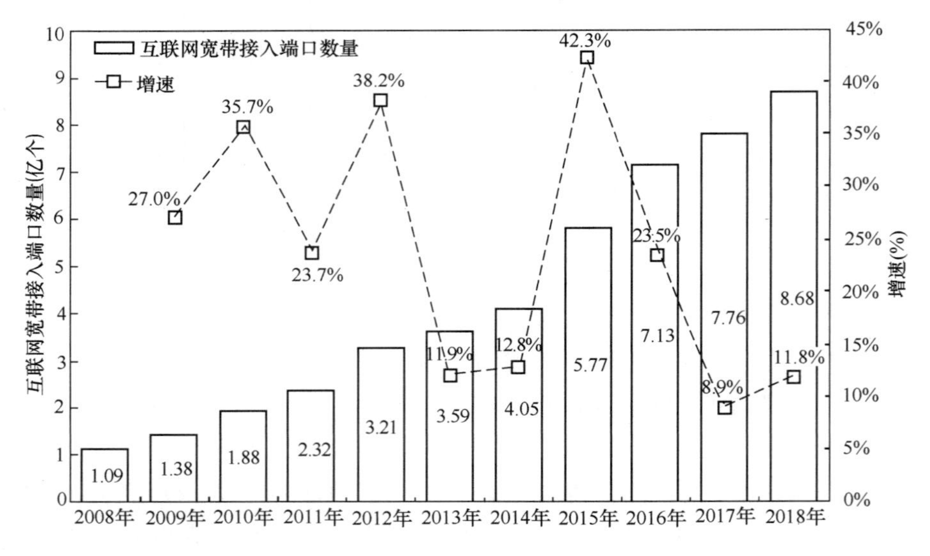

图7-18 互联网宽带接入端口数量变化情况

导致上述变化过程的主要原因可能在于，第一阶段互联网宽带接入端口快速增加为基于xDSL技术的接入端口普及过程。相比于当年需求，到2012年该类端口安装基本饱和。2013年我国开始大规模普及FTTH/O（光纤到户）技术，因而2013年开始新增的FTTH/O端口一部分用以替代xDSL旧端口，由此导致第二阶段内端口接入数量增长缓慢。

图 7-19 和图 7-20 一定程度上反映了上述分析。2009～2011 年 xDSL 端口均保持较快增长速度，而到 2012 年时该类宽带接入端口增速已降至 2%，说明该类端口到 2012 年时已增长乏力。随后到 2013～2014 年，随着 FTTH/O 技术普

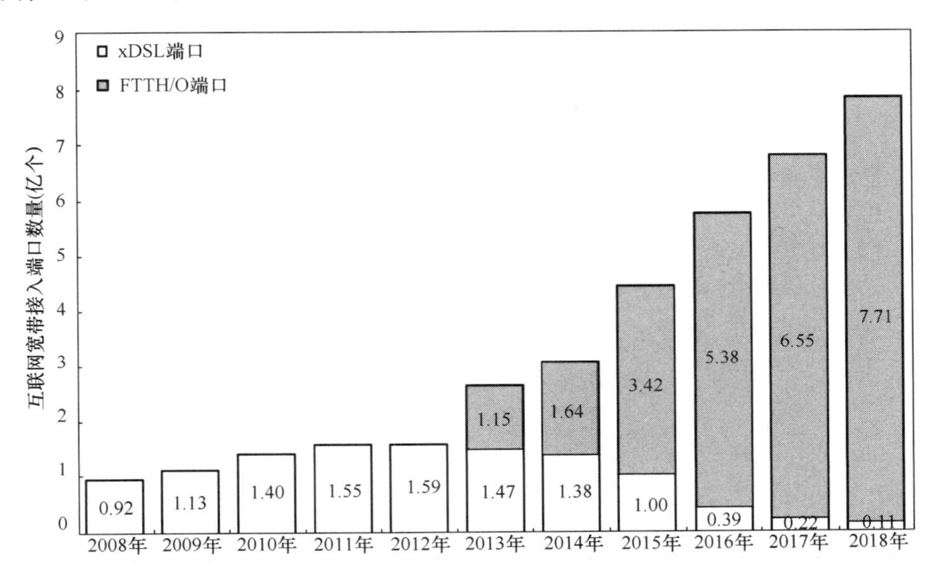

图 7-19 互联网宽带接入端口数量变化情况

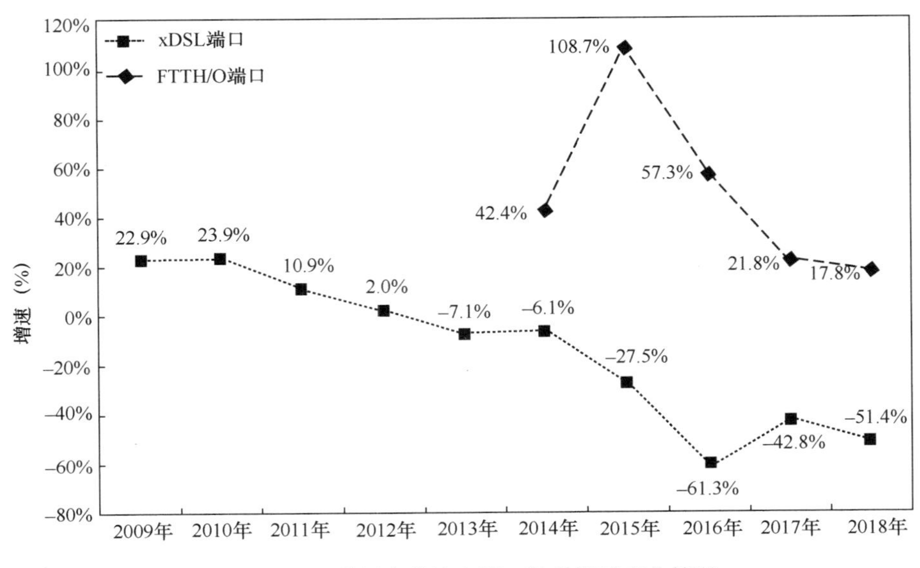

图 7-20 互联网宽带接入端口数量增速变化情况

及 xDSL 宽带接入端口开始减少，其增速分别降低至－7.1％和－6.1％，说明该类宽带接入端口可能正在被 FTTH/O 端口替代。到 2015 年后，FTTH/O 端口急剧增加，增速达到 108.7％，相比之下 xDSL 宽带接入端口则进一步急剧减少，2015～2018 年四年间增速分别为－27.5％、－61.3％、－42.8％及－51.4％。到 2018 年，xDSL 宽带接入端口数量仅为 0.11 亿个，而 FTTH/O 宽带接入端口数量则达到了 7.71 亿个，表明我国在 2013～2018 年的五年时间内，基本完成了从 xDSL 向 FTTH/O 互联网传输技术的全面升级过渡。

（五）交换机容量

图 7-21 和图 7-22 分别反映了我国电信行业三类交换机容量和增速的变化过程。其中固定长途电话交换机容量数量较少，且逐年减少。2008 年该类交换机容量为 0.17 亿路端，随后大约以－2.0％的速度逐年减少，到 2013 年时该类交换机容量减少速度进一步提高，到 2017 年一直维持在－16％的水平，截至 2018 年该类交换机数量仅有 0.04 亿路端，较 2008 年大约减少 76.8％。局用交换机容量在 2008 年时有 5.09 亿门，随后到 2014 年大约以年均－3.7％的速度缓慢降低，到 2015 年该类交换机容量猛然下降，当年增速为－35.8％，随后到 2016～2017 年减少速度有所放缓，大约为－14％，但 2018 年再次骤然减少，增速达到－41.03％。截至 2018 年我国局用交换机数量已减少至 1.14 亿门，较 2008 年减少了 77.5％。与上述两类交换机截然不同，我国移动电话交换机容量历年均远

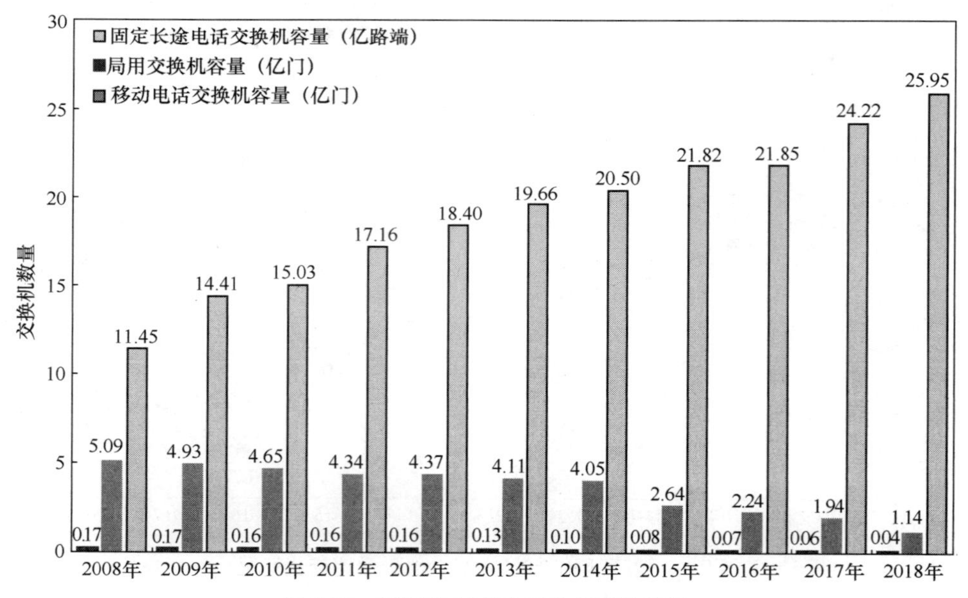

图 7-21　不同类型交换机数量变化情况

高于上述两类交换机容量，且逐年增加，年均增速达到了8.9%，其中2009年、2011年以及2017年，该类交换机容量增速最高，分别达到了25.8%，14.2%和10.8%。这一变化过程表明，经过2008～2018年十年时间，固定电话通信已基本被移动和互联网通信取代。

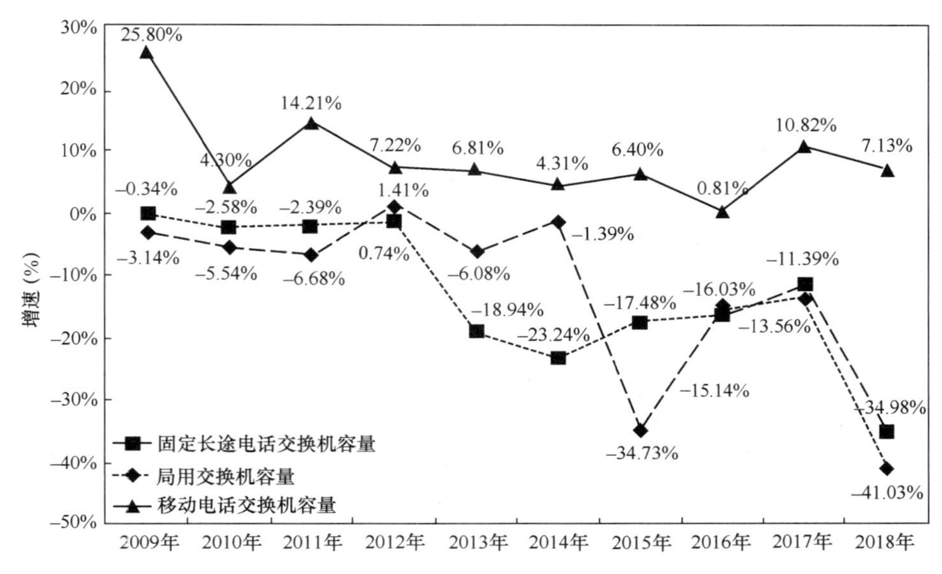

图7-22　不同类型交换机数量变化情况

第二节　电信行业生产与供应

2008～2018年间，我国电信行业累计完成227156.2亿元业务量，年均增加27.9%。2008～2018年间，我国固定电话通话业务量以年均－15.2%的速率逐年迅速减少，到2017年时固话本地通话时长仅为1499.5亿分钟，较2008年减少了80.9%。我国移动电话通话量经过2007～2013年快速增长后，在2015年开始缓慢负增长，显现出增长乏力的迹象，这表明移动电话通话可能遭受了互联网通信的冲击。2010年我国移动短信业务总量为8277.5亿条，到2017年下降至6641.4亿条，但2018年短信业务量又猛增至11398.6亿条，在短信业务总量中占比90.2%。尽管短信业务量总体下滑，但“非点对点短信业务量”仍然处于快速增长中，表明“非点对点短信”在我国通信服务中仍具有重要价值和大量需求。2012年我国移动互联网接入总流量仅为8.8亿GB，人均接入流量0.649GB，到2018年总量达到709.0亿GB，人均量达到50.81GB，总量及人均量在五年内增长26倍以上。

2008～2018 年间，我国电信业固定电话用户以年均 5.5%的速度持续减少，至 2018 年减少至 1.92 亿户。而同一时期内，我国移动电话用户规模以年均 9.5%的速度持续快速扩大，10 年累计增加 9.25 亿户，至 2018 年达到 15.66 亿户，按当年年末全国总人口计算，移动电话普及率达到 112 部/百人，标志着我国已完全实现“人均一部”的移动电话普及。2008～2018 年间，我国互联网宽带接入用户逐年快速增加，年均增速达 17.4%，十年累计增加 3.25 亿户。FTTH 技术开始投放市场后，其用户占比急剧扩大，截至 2018 年达到 90.4%，表明 FTTH 互联网接入技术在我国已基本实现普及。

一、电信行业业务量

（一）电信行业总业务量

2008～2018 年间，我国电信行业累计完成 227156.2 亿元业务量，年均增加 27.9%。根据 11 年间电信总业务量变化趋势，以 2013 年为界，该过程大致可分为四个阶段，如图 7-23 所示。第一阶段为 2008～2012 年，在该阶段各年电信业务完成总量以较快增速逐年递增。2008 年全年我国电信业业务总量为 7552.4 亿元，随后大约以 15%的增速，逐年增加，至 2011 年达到 11725.8 亿元。2012 年增速放缓至 10.72%，当年完成业务总量为 12982.4 亿元。第二阶段为 2013～

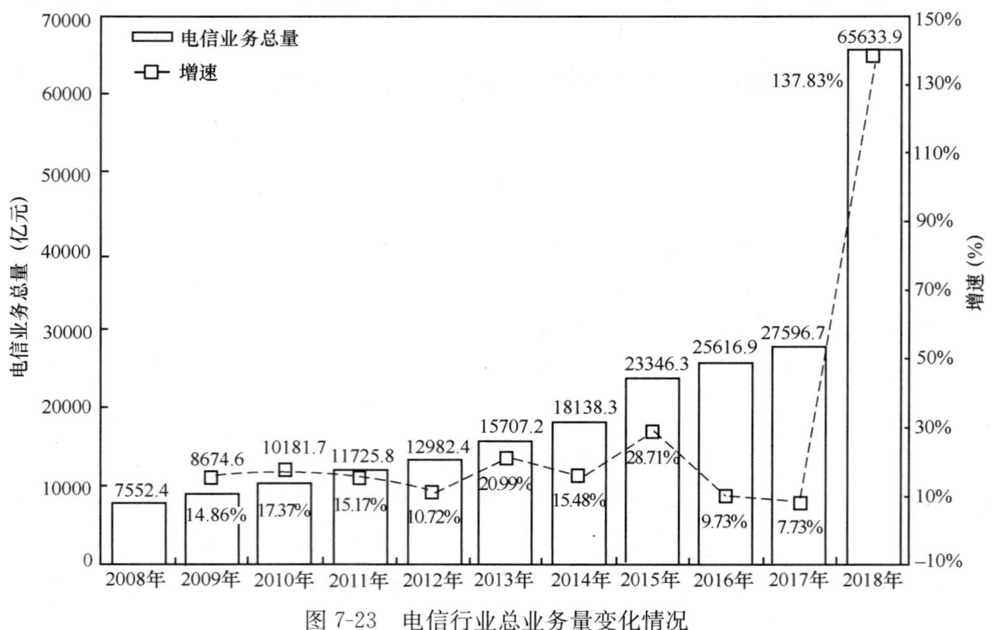

图 7-23　电信行业总业务量变化情况

2015 年，该阶段业务总量增速急剧提高，业务总量呈现大规模增长。其中 2013 年业务总量急剧增加到 15707.2 亿元，较 2012 年增加了 20.99%；随后 2014 年业务量增速有所放缓，为 15.48%，业务总量为 18138.3 亿元；2015 年电信业务总量再次出现大规模增加，并首次突破 20000 亿元，达到 23346.3 亿元，当年增速达到 28.71%。第三阶段为 2016～2017 年，该阶段业务总量增速大幅回落，其中 2016 年增速为 9.73%，业务量为 25616.9 亿元，2017 年增速为 7.73%，业务量增加至 27596.7 亿元。第四阶段 2018 年业务量猛然扩大，较上年增幅达到 137.83%，业务量达到 65633.9 亿元。

从我国电信业技术革新普及，固定资产投资以及相应设备建成情况的角度来看，导致了上述电信业务总量在 2013～2015 年的急速增加的主要动力来源于，4G 移动通信业务和 FTTH/O 固定宽带业务开始大规模普及。首先，2013 年底工信部向三大运营商正式发布了 4G 运营牌照，标志 4G 通信技术开始大规模普及；与此同时，FTTH/O（光纤到户）宽带技术同年开始大规模普及；其次，由表 7-1 可见，2013～2015 年电信业固定资产在移动通信和互联网及数据通信两类固定资产的投资上，增速急剧上升；第三，由图 7-13 和图 7-18 可见，2013～2015 年的 4G 通信基站以及 FTTH/O 宽带接入端口大量增加。

（二）固定电话通话时长

2008～2018 年间，我国固定电话通话业务量一直处于逐年快速下降的过程中。图 7-24 是我国固定电话通话时长的变化情况，2008 年我国固定电话通话时长为

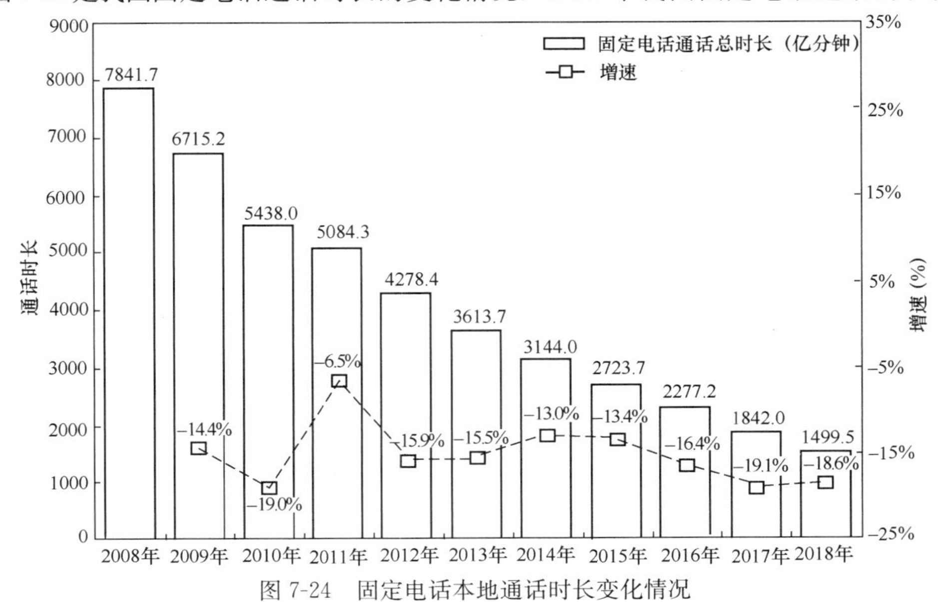

图 7-24　固定电话本地通话时长变化情况

7841.7 亿分钟，随后以年均－15.2％的速率逐年减少，到 2018 年时固话本地通话时长仅为 1499.5 亿分钟，较 2008 年减少了 80.9％。

相比于固定电话，更为便捷的移动电话通信和互联网通信快速普及，显然是我国电信业固定电话通话量快速下降的最直接原因。但在此过程中，伴随着大规模人口迁移的城镇化则可能为固话的淘汰起到了助推作用。一方面，在向各地区中心城镇流动并集中的大量人口中，来自我国中西部落后农村地区的居民占据绝大多数。另一方面，大部分迁入城市的农村人口在短期内难以成为具有固定工作和居所的城市户籍居民，而是作为流动人口在城市内部或城市间保持流动状态。因此，固定电话很难满足城镇化过程中流动人口的通信需要。

图 7-25 反映了我国东、中、西三个地区在 2008～2018 年固话通话时间占比情况。从图中可以发现，尽管固定电话通话主要分布在东部地区，但随着时间推移，中西部地区的占比逐年下降。2008 年西部和中部地区的固话本地通话占比分别为 20.9％和 21.6％，到 2018 年则分别降低到 20.1％和 19.2％，而东部地区 2008 年占比为 57.5％，到 2018 年则上升到 60.7％。

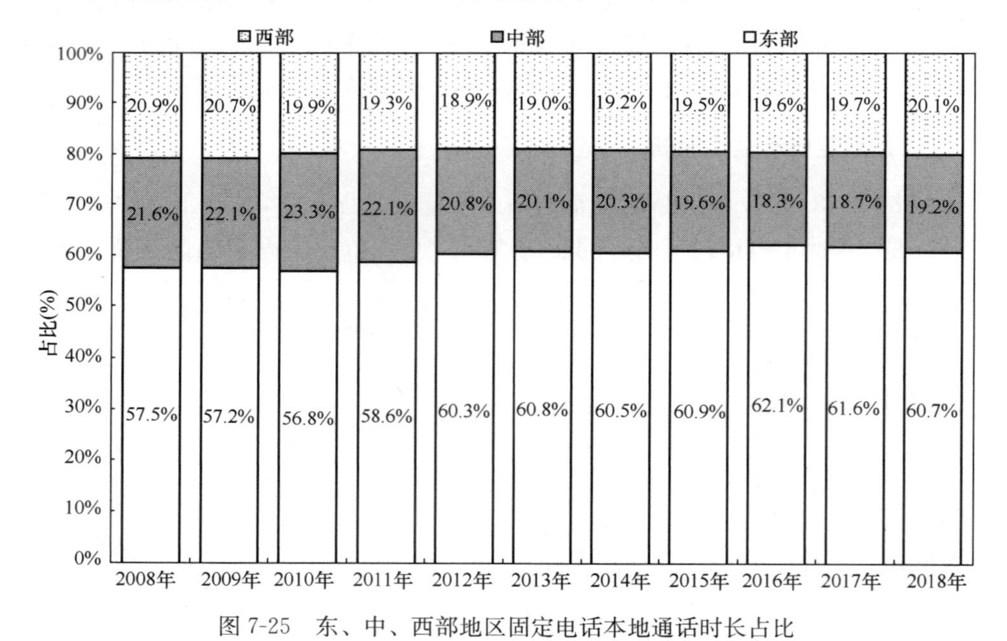

图 7-25　东、中、西部地区固定电话本地通话时长占比

（三）移动电话通话时长

移动电话是替代传统固话的主要通信方式之一。2008～2018 年间，我国移动电话通话量总体经历了“先增加，后减少”的过程。如图 7-26 和图 7-27 所示，2008 年我国移动电话通话总时长（来去通话合计）为 29355.6 亿分钟，随

后以大约 20%的速度增长至 2011 年，然后增速逐年降低，到 2014 年放缓至 1%，通话量增加到 59012.7 亿分钟，为 2008～2018 年间最大值。到 2015 年通话量开始出现小幅下降，当年增速为－2.6%，到 2018 年通话时长降低至 51125.2 亿分钟，当年增速为－5.2%。

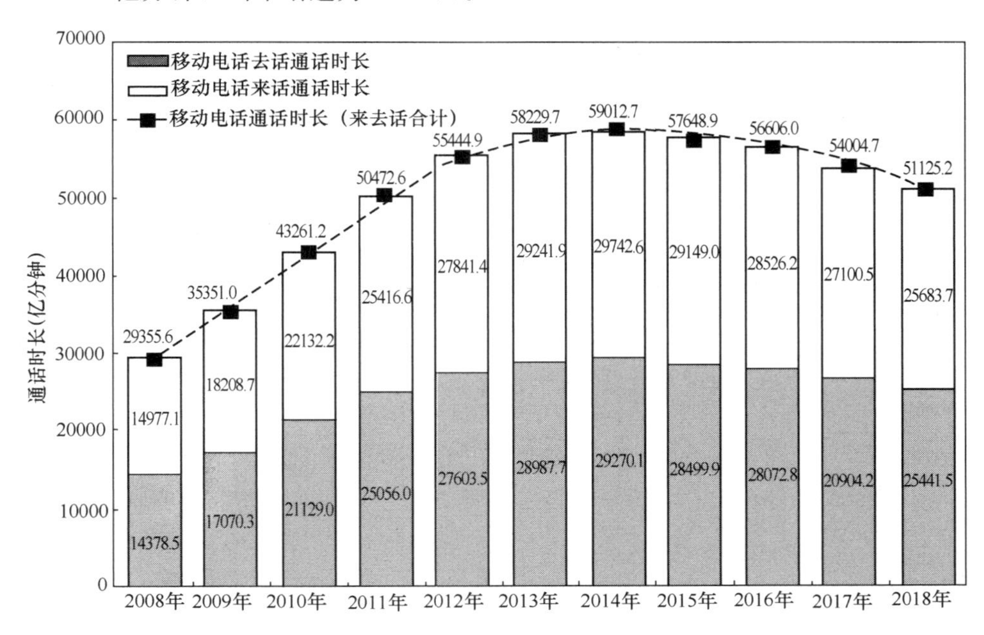

图 7-26　移动电话通话时长变化情况

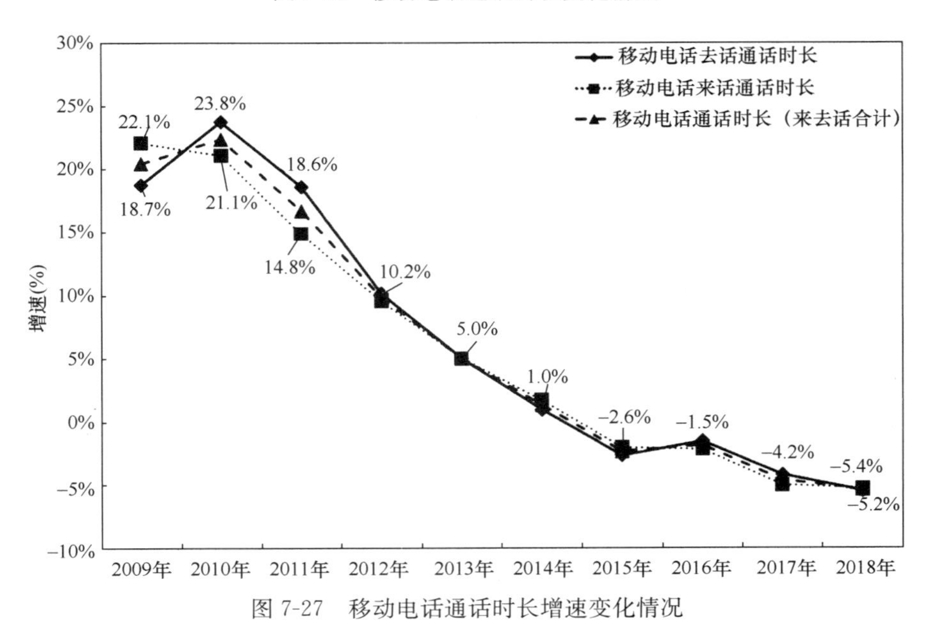

图 7-27　移动电话通话时长增速变化情况

移动通话量经过2007～2013年快速增长后，2015年开始缓慢负增长，显现出增长乏力的迹象，这表明移动电话通话可能遭受了互联网通信的冲击。2013年4G通信技术和光纤到户宽带开始大规模商业普及，这使得移动互联网和固定宽带的传输速度大幅度提高，从而能够在移动终端上实现较高质量的互联网语音通话，甚至是视频通话。

从移动通话量在东、中、西三个地区的占比分布上看，三者大致保持了“2：1：1”的比例，但该比例随时间有所变化，中、西部地区的占比逐年扩大，如图7-28所示。2010年中、西部地区的移动通话量占比分别为24.2%和24.6%，到2018年该占比分别增加至25.8%和28.1%；相比之下，东部地区2010年通话量占比51.2%，到2018年则降低至46.1%。

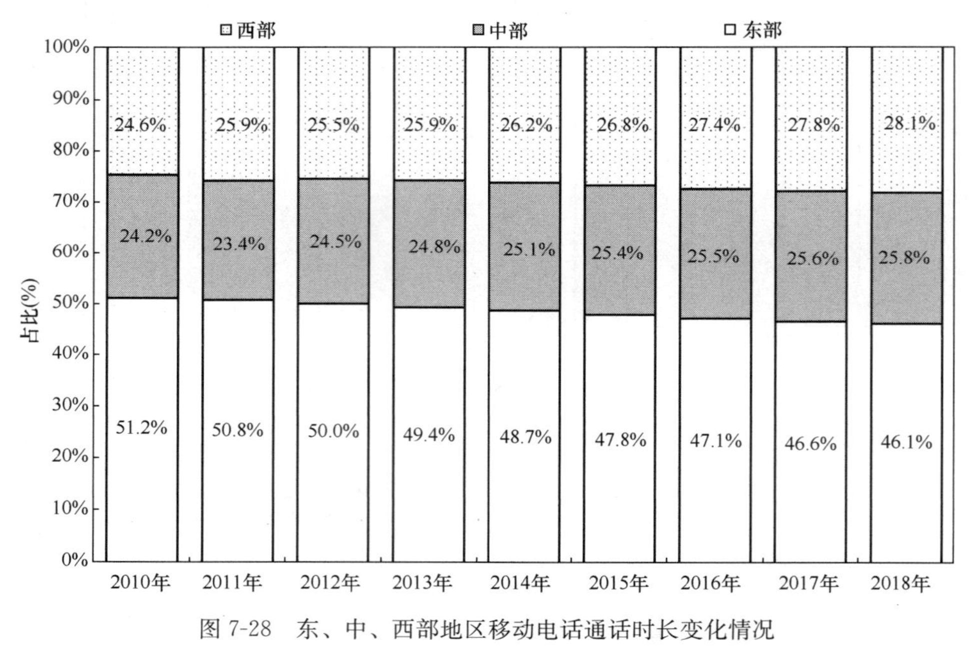

图7-28　东、中、西部地区移动电话通话时长变化情况

（四）移动短信业务量

移动短信是移动电话通话外的另一种重要通信方式。短信和彩信又分为“点对点”和“非点对点”两类。点对点短信是指两个通信终端（主要为移动电话）之间相互发送和接收短信/彩信，主要使用者为个体居民；非点对点短信则主要是指移动终端（移动电话）与SP运营商[①]之间相互发送和接收的短信，其主要

① SP运营商是指电信增值服务提供商，即通过运营商提供的增值接口为用户提供服务，然后由运营商在用户的手机费和宽带费中扣除相关服务费，最后运营商和SP再按照比例分成。

使用者是提供电信增值服务的 SP 运营商和其用户。

图 7-29 和图 7-30 描述了 2010～2018 年我国电信业移动短信业务量的变化情况。2010 年我国移动短信业务总量为 8277.5 亿条，然后逐年小幅增加，到 2012 年达到 8973.1 亿条，随后又开始逐年下滑，其中 2014～2015 年降幅较大，分别

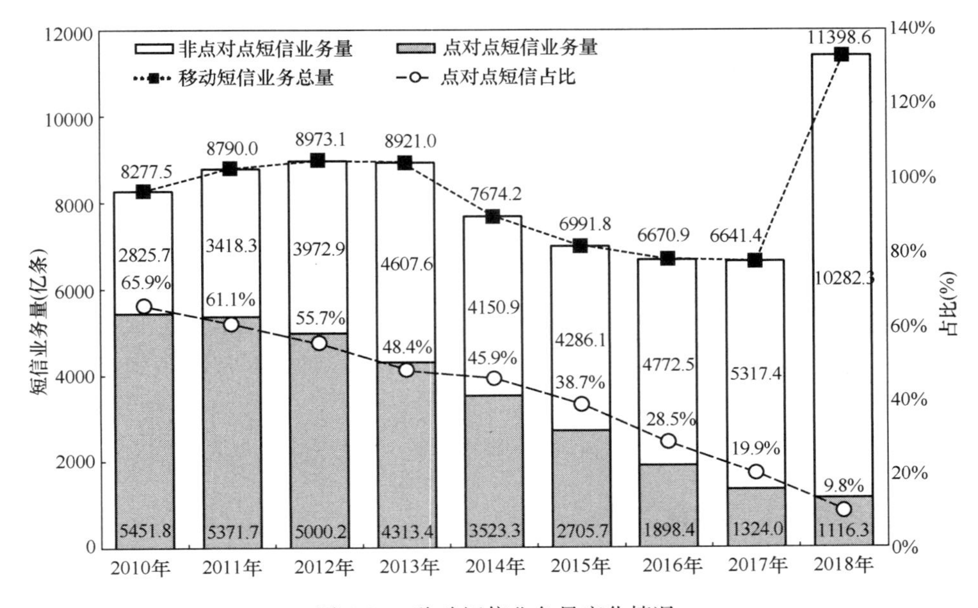

图 7-29 移动短信业务量变化情况

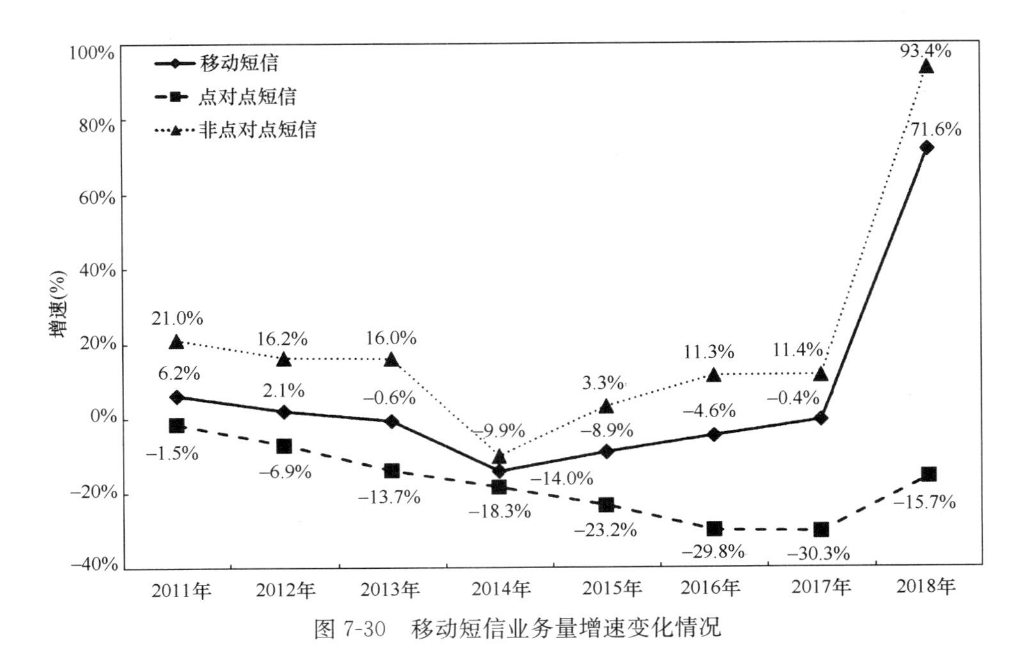

图 7-30 移动短信业务量增速变化情况

为−14.0%和−8.9%，到 2017 年下降至 6641.4 亿条。但 2018 年短信业务量又猛增至 11398.6 亿条。进一步分类来看，从 2011 年开始“点对点短信”业务量一直处于逐年减少的过程，且其在总短信业务量中的占比逐年降低。2010 年“点对点短信”业务量为 5451.8 亿条，在总移动短信业务量中占据较大比例，占比达 65.9%；2011 年“点对点短信”业务量较上年减少 1.5%，随后减少速度逐年加快，到 2018 年“点对点短信”业务量仅为 1116.3 亿条，而其在总业务量中的占比迅速降低至 9.8%。相比之下，除 2014 年以外，以 SP 移动短信为主的“非点对点短信”业务量则逐年递增，2010 年该类短信业务量为 2825.7 亿条，占比为 34.1%，到 2017 年该类短信业量增加到 5317.4 亿条，在总短信业务量中占比达到 80.1%，2018 年又猛然增加到 10282.3 亿条，在总量中占比进一步扩大至 90.2%。

移动互联网的快速发展对电信行业传统移动短信及彩信造成了较大冲击，进而可能导致其业务量出现下滑，尤其是在 2013 年 4G 移动互联网技术开始大规模普及之后。但值得注意的是，“非点对点短信业务量”仍然处于快速增加中，这说明“非点对点短信”在我国通信服务中仍具有重要价值和大量需求。

（五）移动互联网流量

近年来，我国电信业移动互联网业务几乎在以爆炸式的增长速度飞速发展，其中移动互联网接入流量增速甚至超过了几何级数增长速度。如图 7-31 所示，

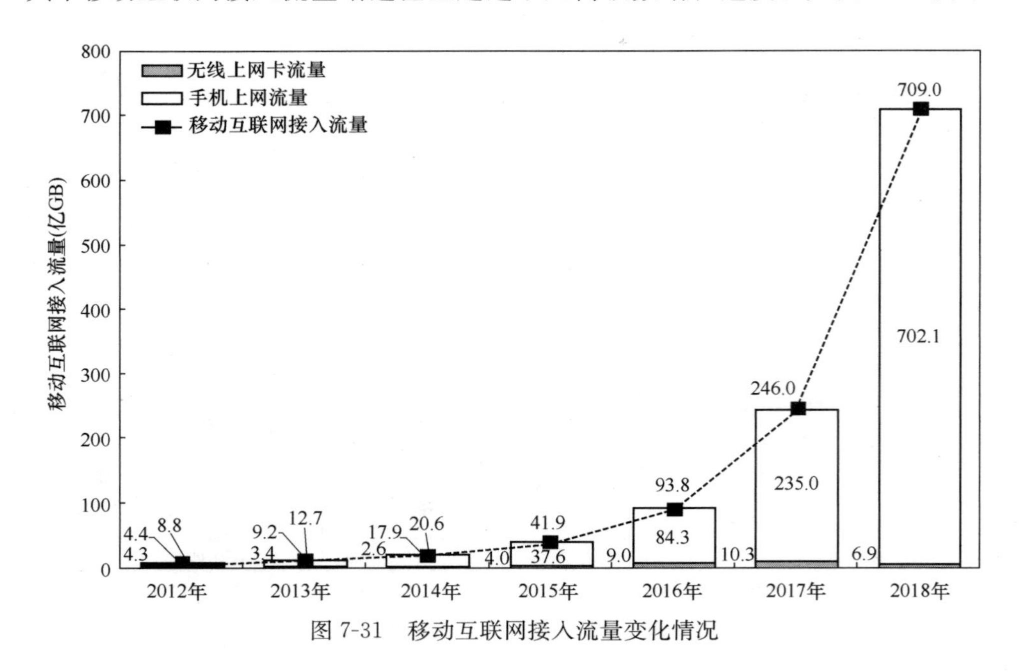

图 7-31　移动互联网接入流量变化情况

2012年我国移动互联网接入总流量仅为8.8亿GB，人均接入流量0.649GB，到2018年总量达到709.0亿GB，人均量达到50.81GB，总量及人均量在五年内增长26倍以上①。从接入流量构成来看，2012年手机和移动网卡的互联网接入流量基本相当，但随后后者增长缓慢，甚至在2013年、2014年两年内有所减少；相比之下，手机接入互联网流量规模迅速扩大，到2018年手机接入流量在总接入流量中占比99%。

图7-32反映了移动互联网接入流量增速变化情况，由图可见，移动互联网接入流量增速2013年、2014年分别为44.3%和62.8%，到2015年增速骤升至103.1%，2016～2018年增速进一步增加到124.0%、162.3%及188.2%。从增速构成来看，手机接入流量增速几乎一直保持在100%以上，2017年、2018年两年甚至分别达到了178.8%和198.7%，也即其增速超过了每年“翻一番”的几何级数。移动网卡接入流量增速相对缓慢，甚至在2013年、2014年两年内有所减少，由于2014年之前移动网卡接入流量占比较大，因而在较大程度上拉低了2013年、2014年总体接入流量增速。

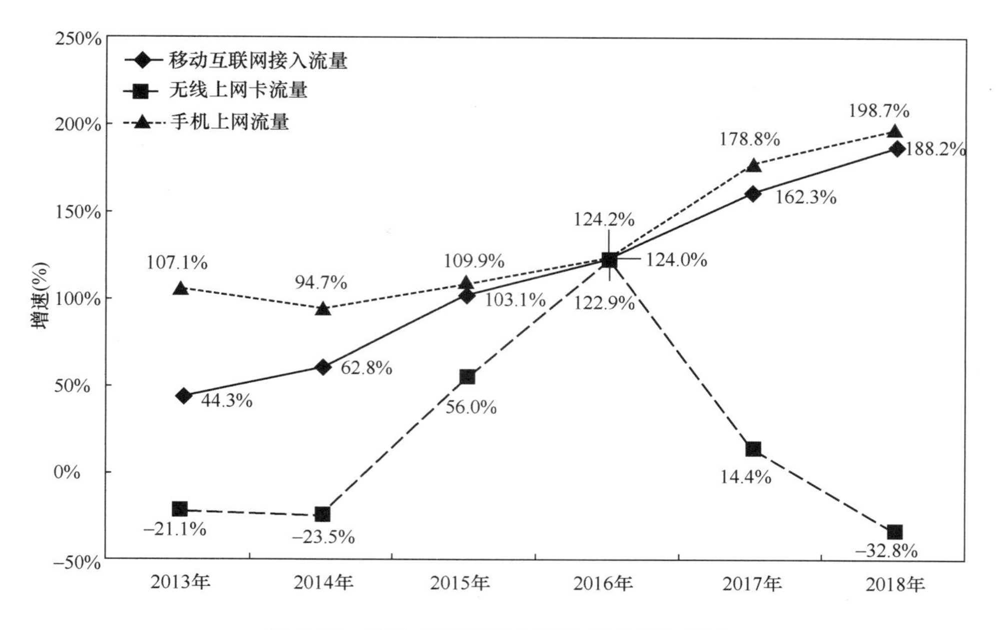

图7-32 移动互联网接入流量增速变化情况

① 国家统计局公布数据，我国2012年、2017年末总人口分别为135404万人和139538万人。网址：http：//data. stats. gov. cn/easyquery. htm？cn=C01。

尽管我国东、中、西三个地区的经济发展水平依次相对更为滞后，但在移动互联网发展速度上似乎表现出了相反的趋势。如图 7-33 所示，2011 年我国东、中、西三个地区在移动互联网接入总流量中分别占 61.3%，20.7%和 18.0%。但随后一直到 2018 年，中部和西部地区的接入流量占比持续扩大，到 2018 年中部地区占比 24.6%，较 2011 年提高 3.9 个百分点，而西部地区占比则达到 28.3%，较 2011 年提高 10.3 个百分点。相比之下，东部地区则由 2011 年的 61.3%降低到 2018 年的 47.1%，减少 14.2 个百分点。由此说明，2011～2018 年 7 年时间内，在移动互联网接入流量增长速度上，西部地区的高于中部地区，中部地区高于东部地区。

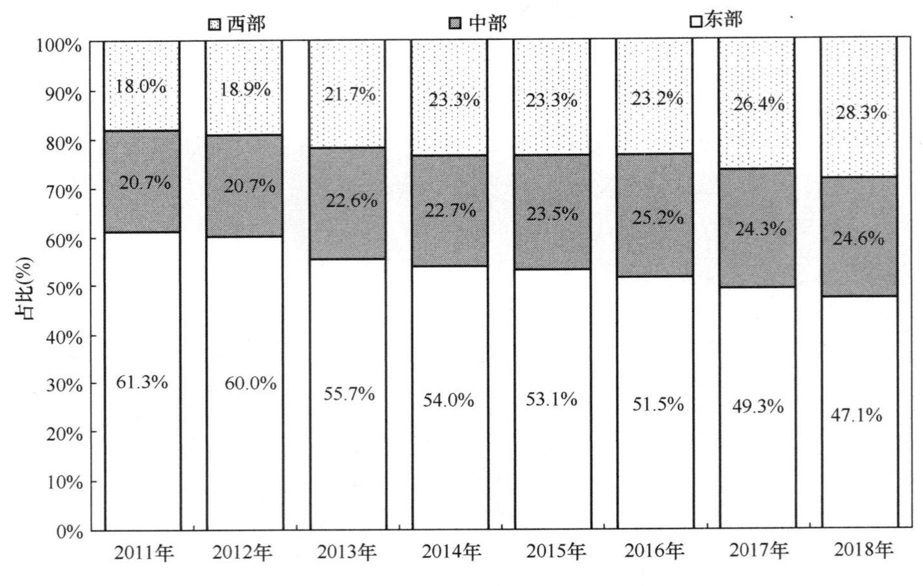

图 7-33　东、中、西部地区移动互联网接入流量占比变化情况

二、电信行业用户情况

（一）固定电话用户

2008～2018 年间，我国电信业固定电话用户以年均 5.5%的速度持续减少。图 7-34 描绘了 2008～2018 年我国固定电话用户数量变化情况，2008 年我国各类固话用户规模为 3.4 亿户，随后经过连续 9 年下降，到 2018 年固话用户规模缩减至 1.92 亿户，累计减少 1.48 亿户。该变化过程大致分为三个阶段。第一阶段为 2008～2012 年，该阶段固话用户减少速度逐年放缓，由 2009 年的－7.82%降

低至 2012 年的－2.44%。进入第二阶段 2013～2016 年后，固话减少速度逐渐加快，2016 年达到－10.55%，固话数量由 2012 年的 2.78 亿户迅速降低至 2016 年的 2.07 亿户，降幅达到 25.5%。第三阶段为 2017～2018 年，该阶段固话用户数量降幅逐渐缩小，总量基本维持不变，两年分别为 1.94 万户和 19.2 亿户，其中 2018 年降幅仅为 0.86%。

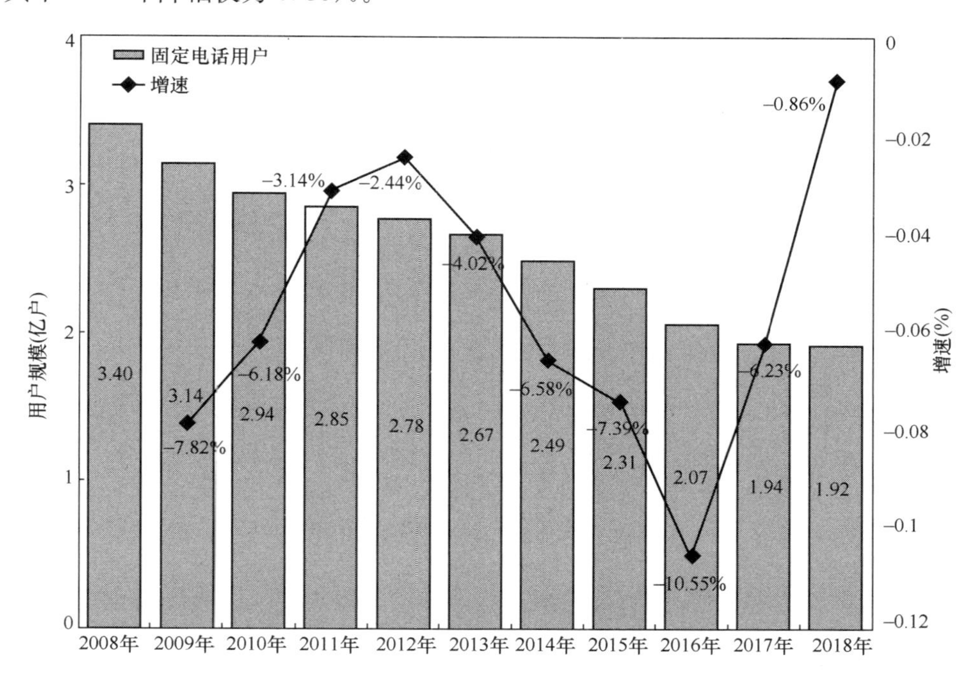

图 7-34 固定电话用户规模变化情况

(二) 移动电话用户

2008～2018 年间，我国移动电话用户规模以年均 9.5%的速度持续快速扩大，11 年累计增加 9.25 亿户，至 2018 年达到 15.66 亿户，按当年年末全国总人口计算，移动电话普及率达到 112 部/百人，标志着我国完全实现“人均一部”的移动电话普及率。如图 7-35 所示，移动电话用户总规模分两个阶段快速增长，第一阶段为从 2008 年的 6.41 户持续增长至 2014 年的 12.86 亿户，随后 2015 年用户规模小幅下降至 12.71 亿户；第二阶段为从 2015 年的 12.71 户持续增加至 2017 年的 15.66 亿户。

如图 7-35 所示，从不同类型移动电话用户规模的变化来看，以 3G 和 4G 通信技术大规模普及为节点，该变化过程又分为三个阶段。第一阶段为 2008～2012 年，

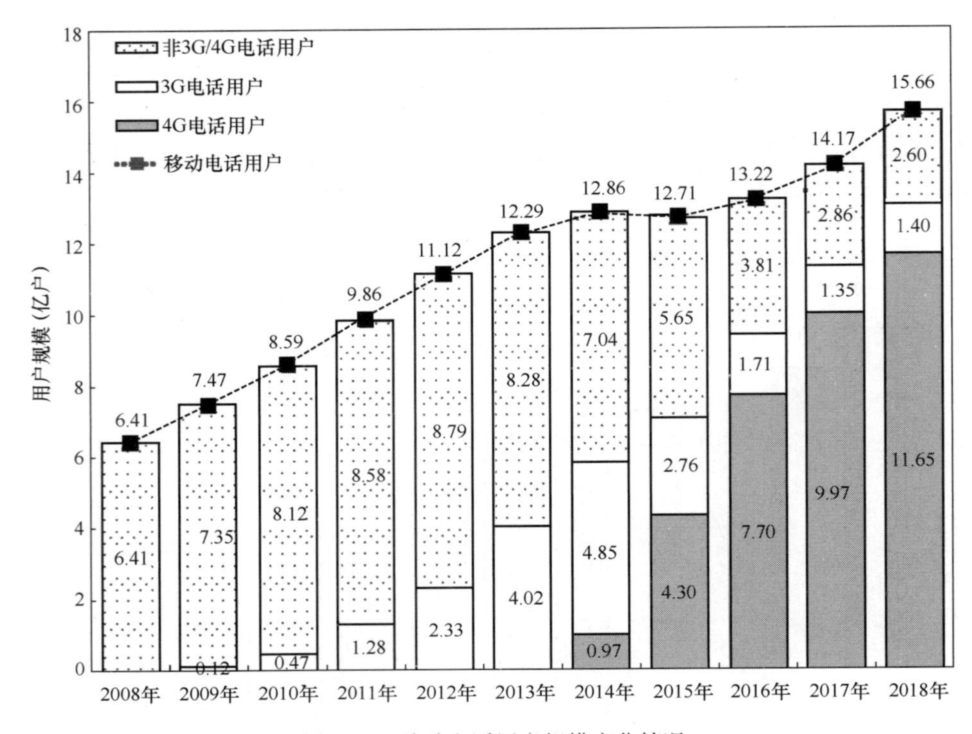

图 7-35　移动电话用户规模变化情况

该阶段内 3G 用户出现并快速增加，但其规模有限，非 3G/4G 移动电话用户规模同时增加，2008 年非 3G/4G 用户规模为 6.41 户，2009 年 3G 用户仅 0.12 亿户，到 2012 年非 3G/4G 用户增加至 8.79 亿户，3G 用户增加至 2.33 亿户；第二阶段 2013～2014 年，非 3G/4G 用户规模开始快速减少，2013 年减少至 8.28 亿户，3G 用户规模急剧扩大，2013 年扩大至 4.02 亿户，随后 2014 年 3G 和非 3G/4G 用户规模同时缩减，分别缩减至 2.76 亿户和 7.04 亿户，与此同时 4G 用户开始出现，并迅速增加至 0.97 亿户。第三阶段 2015～2018 年，该阶段内 4G 用户爆炸式增长，大规模替换 3G 和非 3G/4G 用户，2018 年非 3G/4G 用户降低至 2.6 亿户，3G 用户降低至 1.4 亿户，而 4G 用户则增加至 11.65 亿户。

图 7-36 描绘了 2008～2018 年移动电话用户构成变化情况。由图可见，3G 和 4G 用户相继出现导致非 3G/4G 用户规模占比逐年下降，从 2008 年的 100% 最终降低到 2018 年的 16.6%。3G 用户规模占比则经历了先增加后减少的抛物线过程。2009～2014 年 3G 用户规模占比持续增加，并一度增加至 2014 年的 37.7%，随后又在 2014～2017 年间开始迅速下降，到 2018 年下降至 9.0%。4G 用户规模占比从 2014 年开始便一直处于急剧扩张过程中，2014 年占比仅为 7.6%，经过 4 年到 2018 年占比已达到 74.4%。

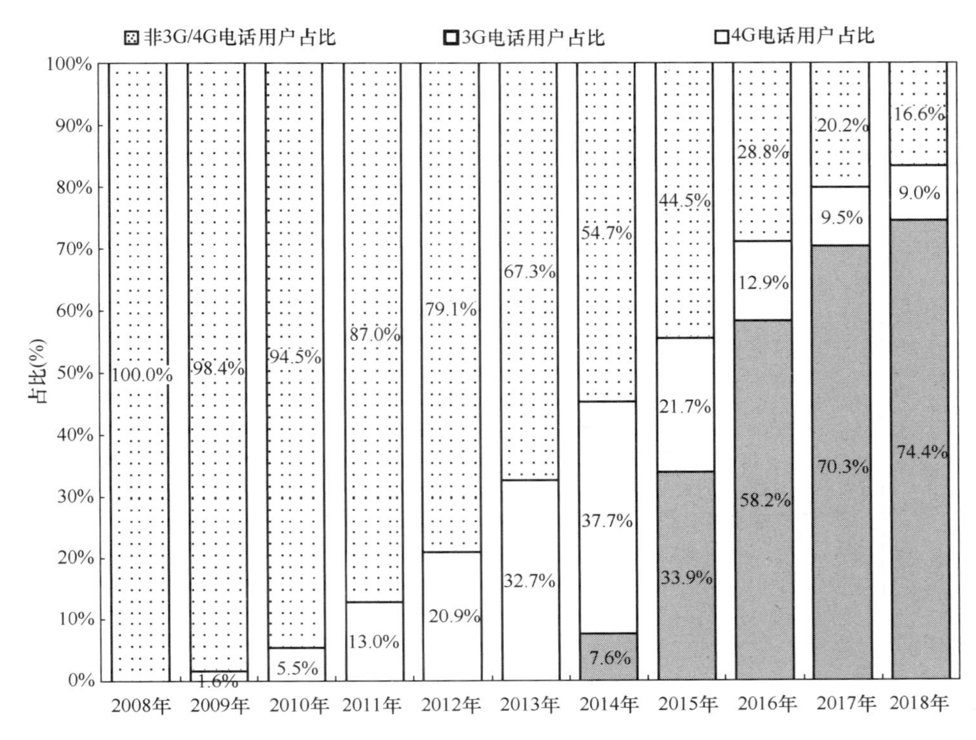

图 7-36 移动电话用户构成变化情况

图 7-37 反映了移动用户总规模和不同类型移动用户规模在 2008～2018 年间的增速变化情况，图中反映出两条较为明显的变化规律。首先，图中 3G 和 4G 用户规模增速曲线表现出类似的变化规律，当新技术开始进入市场普及时，其用户规模在初始阶段的扩张速度会急剧增加，随后迅速下降。例如，3G 用户数量增速在 2010 年一度达到 281.8%，到 2014 年便迅速降至 20.8%；而 4G 用户数量增速在 2015 年达到 342.4%，2017 年急剧下降至 29.5%。其次，新技术出现后，旧技术用户会被新技术迅速替代而急剧减少。例如，3G 技术出现后，非 3G/4G 用户增速在 2013 年便下降至－5.9%，并持续降低；而 4G 技术出现后，2015 年 3G 用户增速由 20.8%骤降至－38.1%。

（三）互联网用户

2008～2018 年间，我国互联网宽带接入用户逐年快速增加，年均增速达 17.5%，十年累计增加 3.25 亿户。如图 7-38 所示，2008 年我国互联网宽带接入用户规模为 0.83 亿户，2009 年增加至 1.04 亿户，增速达 25.5%。随后用户规模逐年扩大，但增速放缓，2014 年用户规模增加至 2.00 亿户，增速放缓至

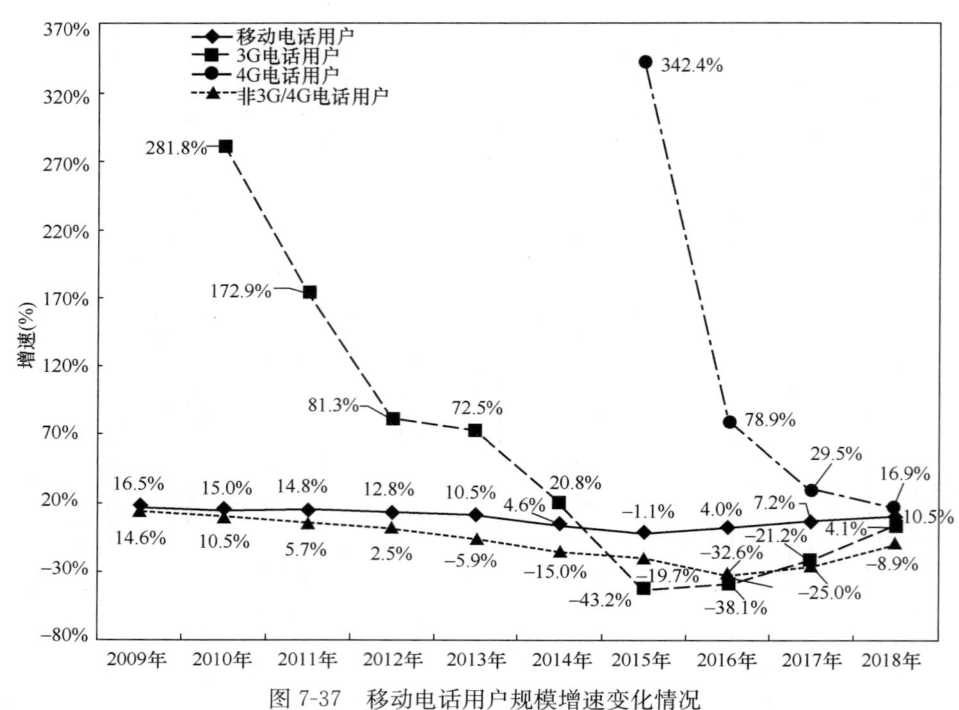

图 7-37　移动电话用户规模增速变化情况

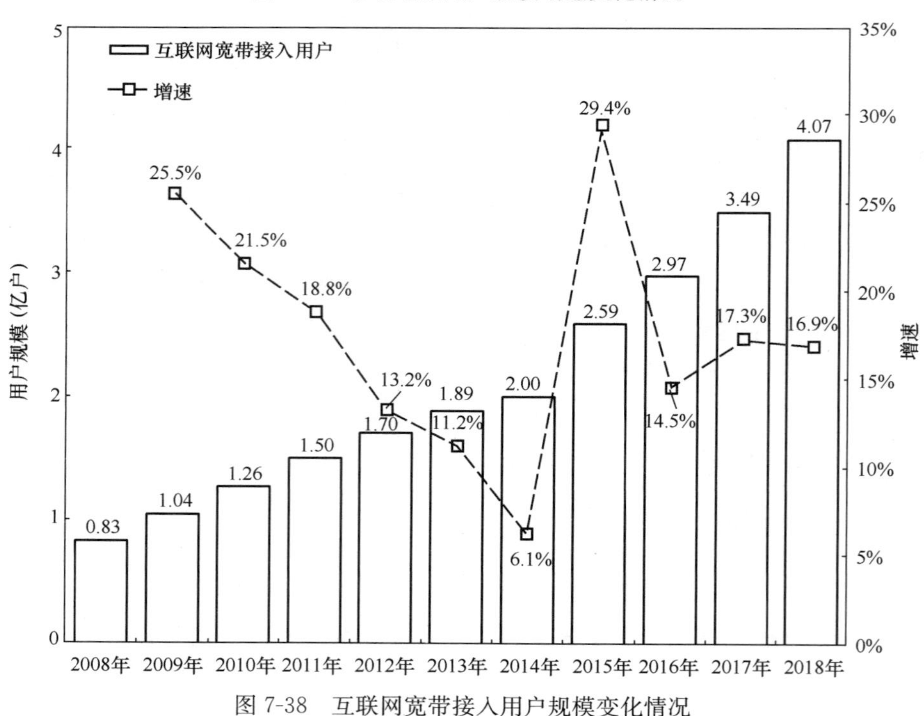

图 7-38　互联网宽带接入用户规模变化情况

6.0%。2015年增速急剧上升到29.4%，用户规模扩大至2.59亿户，2016～2017年增速下滑至16%左右，2017年用户规模增加至3.49亿户。

目前我国互联网宽带接入形式可分为LAN（局域网）、xDSL（数字用户线路）和FTTH（光纤到户）三类用户。2013年我国开始大规模普及FTTH互联网宽带技术。图7-39更为详细地描绘了2008～2018年上述三种类型互联网接入用户规模变化情况，LAN用户规模有所增加，但总体保持较低比例，2017年该类用户为0.41亿户；xDSL用户规模在2008～2012年逐年扩大，2012年该类用户规模达到1.15亿户，为历史最大值。2013年FTTH开始大规模普及后，该类用户规模开始迅速缩减，到2017年该类用户仅剩余0.11亿户。2012年开始出现FTTH用户，当年规模为0.12亿户，随后该类用户数量急剧增加，到2018年达到3.68亿户，占比90%以上。

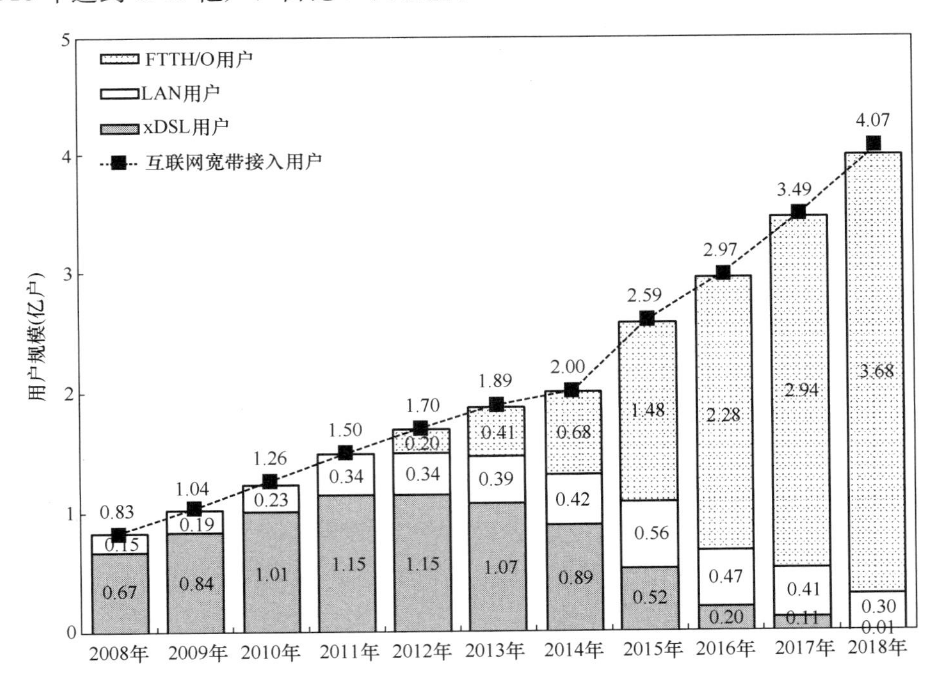

图7-39　不同类型互联网宽带接入用户规模变化情况

图7-40反映了历年各类互联网接入用户的分布变化情况。2008～2011年，xDSL用户与LAN用户比例基本维持在1∶4。2012年开始出现FTTH用户后，xDSL用户占比首先遭到挤压而开始逐渐减小，到2015年该类用户占比缩减至20.2%，到2017年则仅占3.2%。LAN用户占比相对较为稳定，2008～2015年一直保持在20%左右，但2016年、2017年该类用户占比开始下降，占比分别为15.9%和11.7%。FTTH用户出现后，占比急剧扩大，2018年达到90.4%，表

明 FTTH 互联网接入技术在我国已基本实现普及。

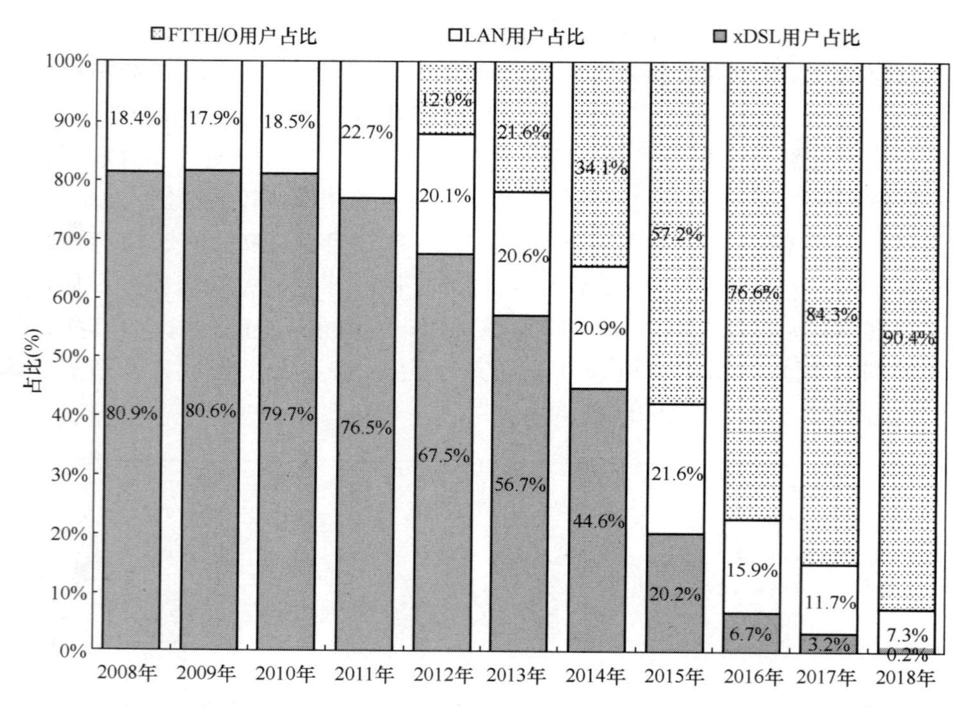

图 7-40 不同类型互联网宽带接入用户规模占比情况

图 7-41 进一步刻画了各类互联网宽带接入用户规模增速变化情况。由图可以发现与 3G 和 4G 用户规模类似的变化规律，当新技术出现并开始大量投放市场后，其用户规模在初始阶段的扩张速度会急剧增加，随后迅速下降；与此同时，旧技术用户会被新技术迅速替代而急剧减少。如图 7-41 所示，2012 年 FTTH 技术开始应用，2013～2015 年保持较高增速，2015 年一度增加至 117.1%，随后增速又开始迅速回落，2017 年时下降至 29.1%。与此同时，xDSL 用户增速迅速下降，2013 年为－6.5%，2016 年迅速降低至最低值－62.3%，2017 年虽有所回升，但仍有－43.3%，2018 年则进一步降至－94.5%。

图 7-42 和图 7-43 反映了我过互联网宽带城市和农村接入用户量和增速变化情况。由图 7-42 可见，农村互联网宽带用户逐年扩大，2010 年该类用户为 0.25 亿户，2018 年增加至 1.17 亿户，相应其占比则从 2010 年的 19.6%增加至 2018 年的 28.8%，共增加 9.2 个百分点。这表明我国农村地区互联网宽带接入用户增速高于城市，由图 7-42 可见，农村用户增速在 2011 年、2013 年、2015 年、2017 年以及 2018 年均达到 30%左右，显著高于城市用户规模的同期增速。

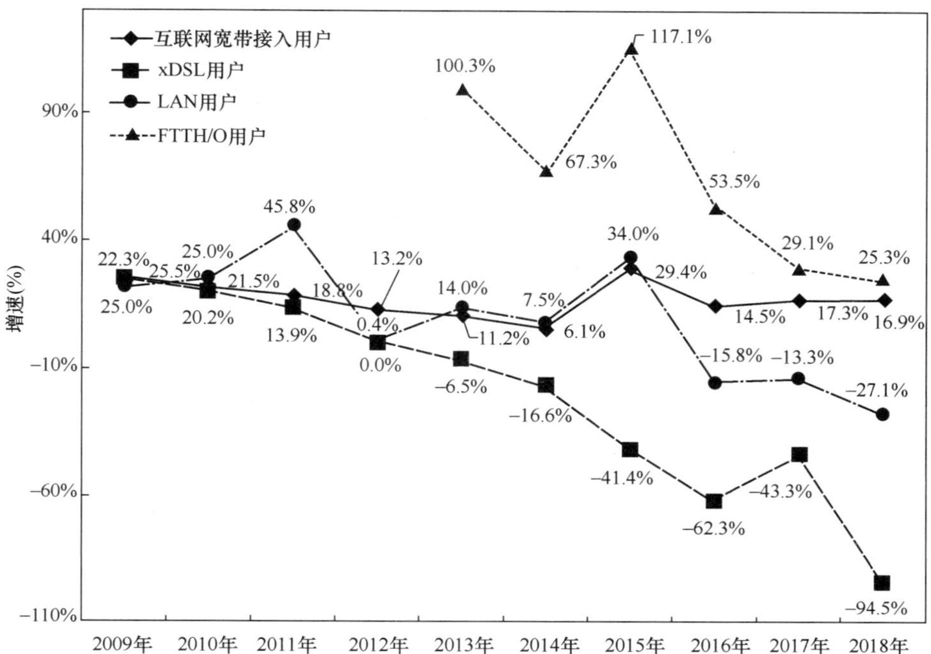

图 7-41　不同类型互联网宽带接入用户增速变化情况

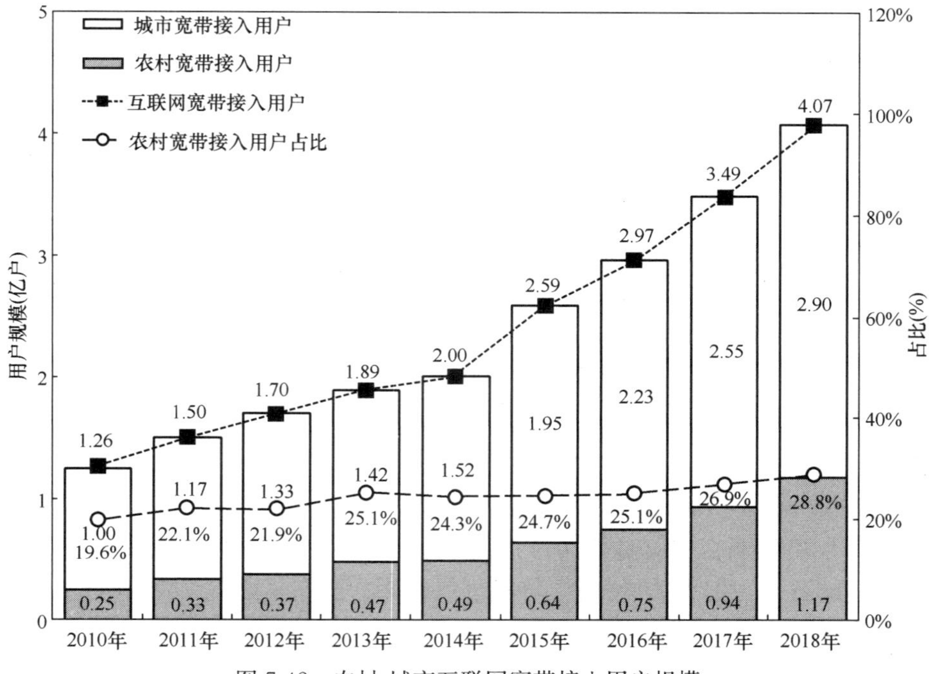

图 7-42　农村-城市互联网宽带接入用户规模

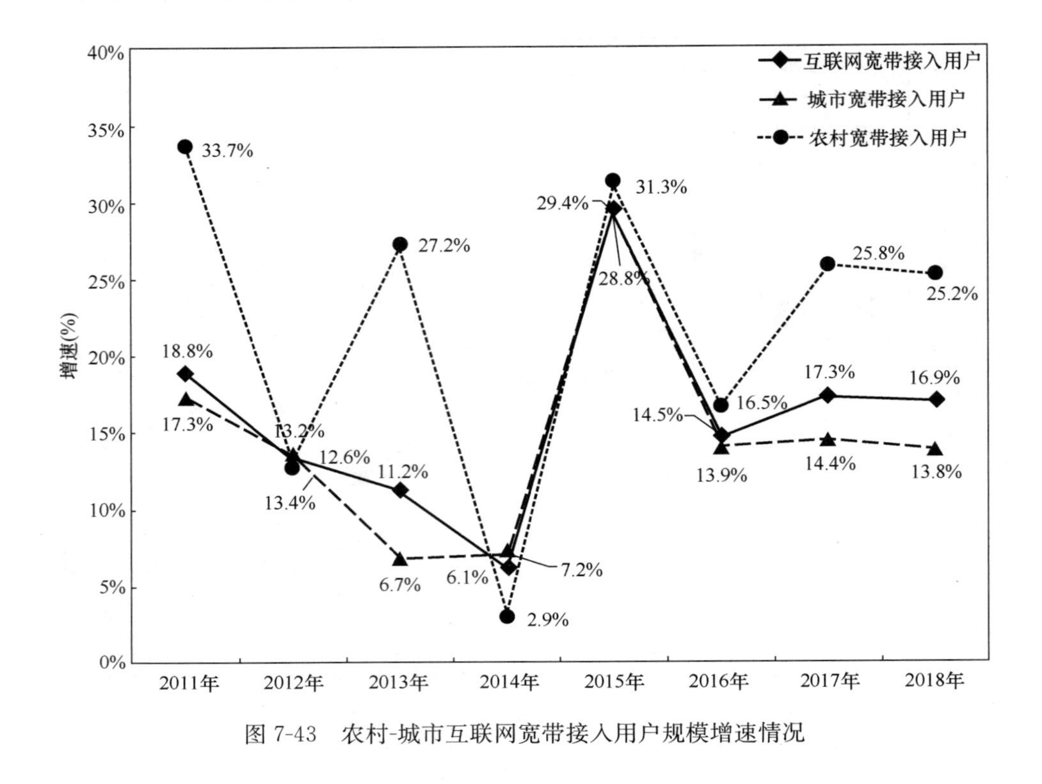

图 7-43　农村-城市互联网宽带接入用户规模增速情况

第三节　电信行业发展成效

2009 年我国电信业完成了第二次拆分重组后，奠定了移动、电信、联通“三足鼎立”的基本行业格局。经过十年发展，我国电信行业在资产投资积累、行业经济效益以及业务普及等各个方面，均取得了长足进步和显著成效。

在经济效益方面，2008～2018 年间我国电信业业务总量保持快速增加，年均增速达 27.9%，十年累计完成业务量 227156.2 亿元；与此同时，我国电信业收入以 4.8%的年均速度逐年增加，并累计实现收入 119295.8 亿元；2008～2018 年我国电信业增加值总体保持快速增加，十年累计实现增加值 64770.9 亿元，年均增加 4.0%。与此同时，伴随电信业务总量持续扩大，我国电信业成本花费也在不断上升。2008～2018 年间，我国电信业累计花费成本 119295.8 亿元，年均增加 8.4%，高于年均收入增速 3.6 个百分点。

在固定资产方面，不同固定资产指标规模均以较快增速逐年扩大。2008～

2018 年间，我国电信行业固定资产原值以 5.9%的年均增速逐年递增，规定资产总值以 4.8%的年均增速逐年递增，固定资产净值以 3.6%的年均增速逐年增加。尽管电信业增加值逐年增加，但其在当年 GDP 中占比逐年降低。2008～2018 年间我国电信业累计实现利润 17862.5 亿元，年均增速仅为 1.63%。2008～2018 年间我国电信业固定资产折旧速度加快，新增固定资产比重持续下降。

在业务普及方面，2008～2018 年我国移动电话普及率快速大幅提高，2013 年我国移动电话普及率达到 90.3 部/百人，达到基本普及，2018 年普及率进一步增加至 112 部/百人，为 2008 年普及率的 2 倍以上，表明移动电话在我国居民中已达到完全普及的状态。互联网固定宽带和移动互联网业务规模的迅速扩大，使我国互联网普及在 2008～2018 年间取得显著发展成效。2018 年我国互联网普及率达到 59.6%，也即平均每 100 人中有 59.6 人为互联网网民，为 2008 年的 2.6 倍。到 2018 年我国网民数量达到 8.29 亿人，网民数量年均增速达 11.0%。移动电话和移动互联网通信的相继大规模普及，快速取代传统固定电话业务，到 2018 年固话普及率已下降至 13.8 部/百人，较 2008 年下降一半。

一、电信行业经济效益

（一）电信行业业务总量

2008～2018 年间，我国电信行业累计完成 227156.2 亿元业务量，年均增加 27.9%。根据 2008～2018 年电信总业务量变化趋势，以 2013 年为界，该过程大致可分为三个阶段，如图 7-44 所示。第一阶段为 2008～2012 年，在该阶段各年电信业务完成总量以较快增速逐年递增。2008 年全年我国电信业业务总量为 7552.4 亿元，随后大约以 15%的增速逐年增加，至 2011 年达到 11725.8 亿元。2012 年增速放缓至 10.72%，当年完成业务总量为 12982.4 亿元。第二阶段为 2013～2015 年，该阶段业务总量增速急剧提高，业务总量呈现大规模增长。其中 2013 年业务总量急剧增加到 15707.2 亿元，较 2012 年增加了 20.99%；随后 2014 年业务量增速有所放缓，为 15.48%，业务总量为 18138.3 亿元；2015 年电信业务总量再次出现大会规模增加，并首次突破 20000 亿元，达到 23346.3 亿元，当年增速达到 28.71%。第三阶段为 2016～2017 年，该阶段业务总量增速大幅回落，其中 2016 年增速为 9.73%，业务量为 25616.9 亿元，2017 年增速为 7.73%，业务量增加至 27596.7 亿元。2018 年电信业务总量出现爆发式增长，达到 65633.9 亿元，较上年增加 37.8%。

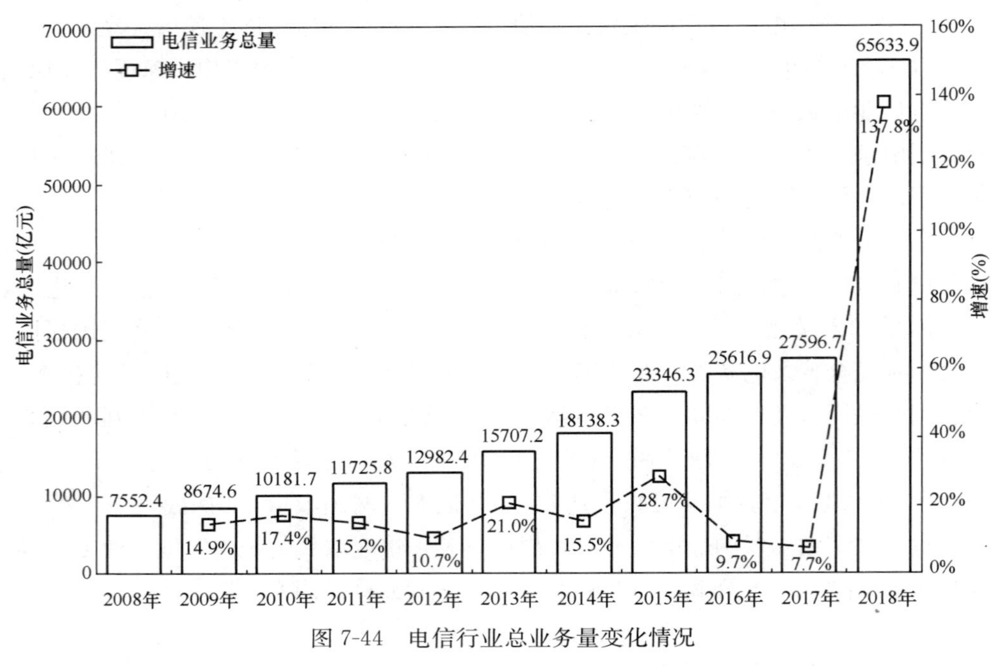

图 7-44　电信行业总业务量变化情况

(二) 电信业收入及成本

2008～2018 年间，我国电信业收入大体逐年增加，累计实现收入 119295.8 亿元，年均增加 4.8%。如图 7-45 所示，2008 年我国电信业全年实现收入 8148.0

图 7-45　电信业收入变化情况

亿元，随后收入规模及收入增速逐年增加，到2011年增速达到8.8%，并且在2012年首次突破1万亿元收入，达到10758.3亿元。2013年继续保持8.5%的增速，但随后增速开始放缓，至2015年增速下滑至−2.0%，当年全年实现收入11665.2亿元。2016～2018年收入增速再次提高，分别达到2.9%、5.3%和2.9%。2018年全年实现收入13005.7亿元，为11年来收入最高的一年。

伴随电信业务总量持续扩大，我国电信业成本花费也在不断上升。2008～2018年间，我国电信业累计花费成本59918.9亿元，年均增加8.4%，高于年均收入增速3.6个百分点。如图7-46所示，2008年我国电信业全年花费成本3941.6亿元，随后一直到2011年成本及增速均保持逐年递增的趋势，2011年花费成本达到4980.2亿元，较上年增加14.2%。2012年成本花费为5240.3亿元，成本增加有所放缓，较上年增加5.2%。但随后成本再次进入快速增加阶段，增速逐年快速增加，到2015年成本增加幅度达到17.5%，成本花费达到7698.9亿元。2016年仍保持较大增幅，较上年成本增加接近1000亿元，增幅达到11.9%。2017年和2018年成本花费较2016年基本持平，分别为8632.2亿元和8744.0亿元。

图7-46 电信业成本变化情况

（三）电信业增加值及利润

2008～2018 年我国电信业增加值总体保持快速增加，累计实现增加值 64770.9 亿元，年均增加 4.0%。如图 7-47 所示，2008 年我国全年电信业增加值为 4557.2 亿元，经过 10 年发展到 2017 年，电信业增加至达到 6619.9 亿元。2008～2014 年电信业增加值以较高增速逐年增加，除 2010 年增速较低为 1.3% 外，其余各年均保持较高增速，2011 年和 2014 年两年增速均在 9%以上。2014 年后增速回落，2016 年增速一度下滑到－4.0%，随后 2017 年和 2018 年增速再次上升至 3.2%和 1.6%。

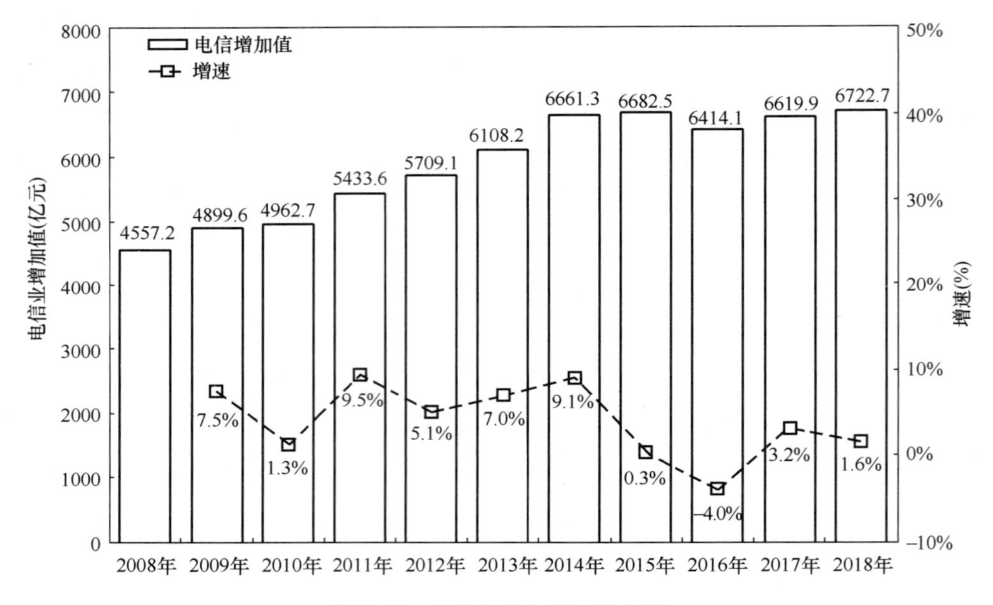

图 7-47　电信业增加值变化情况

尽管电信业增加值逐年增加，但其在当年 GDP 中占比逐年降低。如图 7-48 所示，2008 年和 2009 年我国电信业增加值在当年 GDP 中占比分别为 1.45%和 1.44%，随后该占比逐年降低，2015 年降低至 1%以下，2018 年降低至 0.7%。

2008～2018 年间我国电信业累计实现利润 17862.5 亿元，年均增速仅为 1.6%。受多方面因素影响，其总体变化趋势较为复杂。由图 7-49 可见，其变化过程大致分为三个阶段。第一阶段为 2008～2009 年，该阶段电信业利润基本维持在 1740 亿元左右。第二阶段为 2010～2012 年，2010 年电信业利润大幅下降至 1458.5 亿元，较上年减少－15.7%，随后又开始快速回升，2011 年和 2012 年增幅分别达到 14.4%和 7.7%，利润分别达到 1668.3 亿元和 1797.3 亿元。第

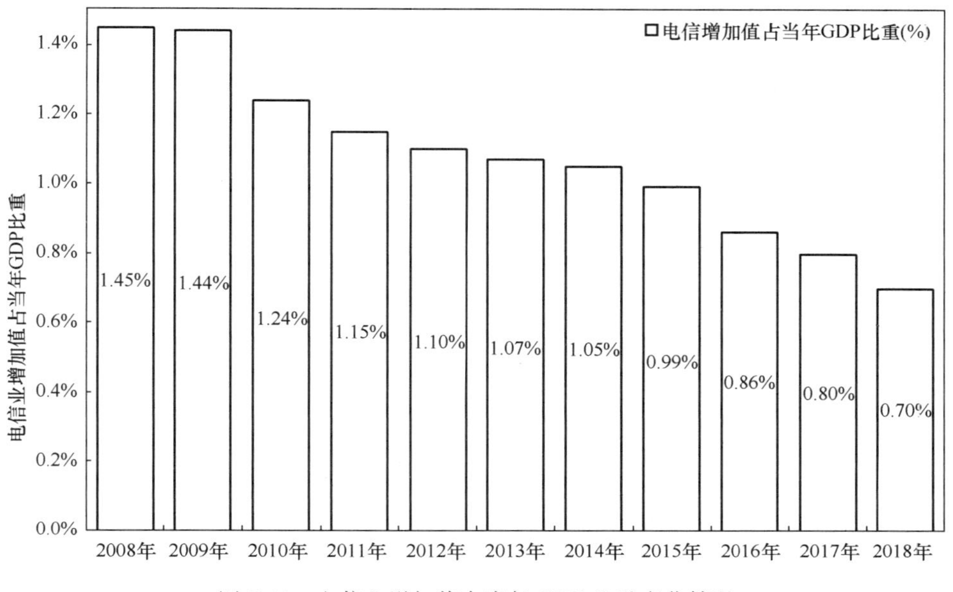

图 7-48　电信业增加值占当年 GDP 比重变化情况

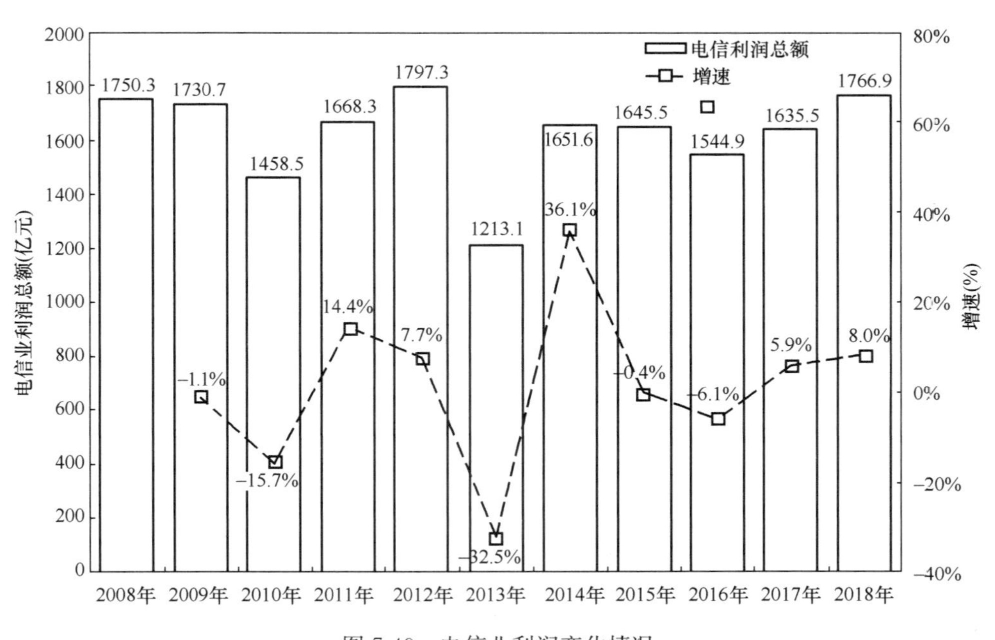

图 7-49　电信业利润变化情况

三阶段 2013～2018 年，2013 年利润再次大幅下滑至 1213.1 亿元，为 11 年间电信行业利润最低的一年，2014 年利润额又再次大幅回升到 1651.6 亿元，并在随后 2015～2017 年三年间维持在 1600 亿元的水平上下波动，2018 年利润达到

1766.9 亿元，为 11 年中最高一年。

二、电信行业资产状况

2008～2018 年间，我国电信行业资产原值以 5.9%的年均增速逐年递增。如图 7-50 所示，2008 年我国电信业资产原值为 22594.9 亿元，随后逐年递增，增速保持在 5.0%～9.0%之间。2018 年资产原值达到 39810.2 亿元，为 11 年间资产原值最高的年份。

图 7-50　电信固定资产原值变化情况

2008～2018 年间，我国电信行业资产总值以 4.8%的年均增速逐年递增。如图 7-51 所示，2008 年我国电信业资产总值为 19857.4 亿元，随后逐年递增，增速保持在 5%左右。2016 年资产总值达到 31803.9 亿元，为十年间资产总额最高的年份，2017 年资产总额以 0.5%的降幅微弱下降至 31654.7 亿元。

2008～2018 年，我国电信业资产净值以 3.6%的年均增速逐年增加。如图 7-52所示，2008 年我国电信业固定资产净值为 11050.1 亿元，随后逐年增加至 2014 年。2015 年电信固定资产净值较上年减少 4.2%，而 2016～2017 年资产净值再次持续增加。2017 年电信固定资产净值达 15743.7 亿元，为十年来电信资产净值最高的年份。

从历年固定资产总值中刨除净值得到电信业在建工程价值，如图 7-53 所示。2008～2018 年，我国电信业在建工程数量逐年递增，其中 2011～2015 年保持较

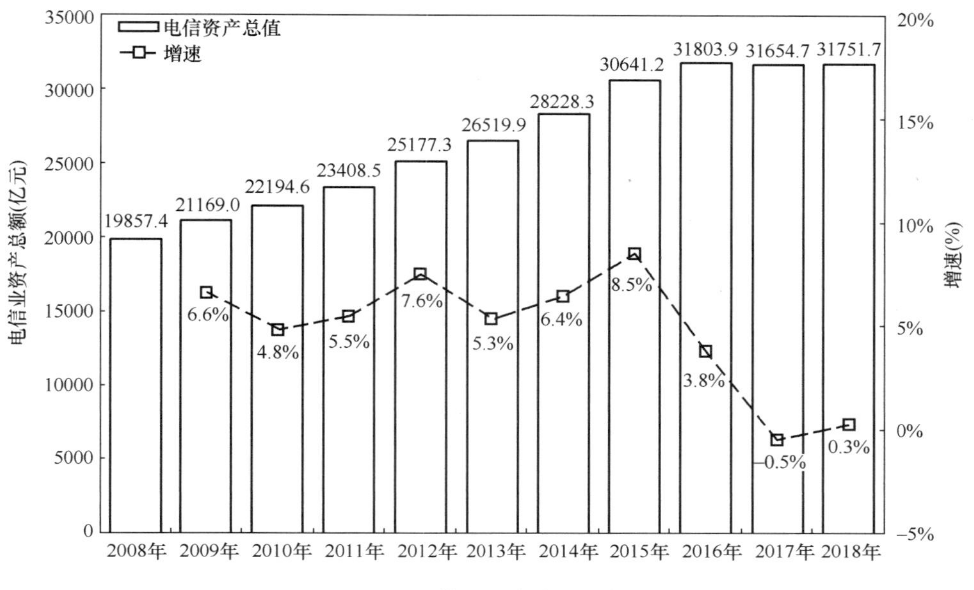

图 7-51　电信业总资产变化情况

图 7-52　固定资产净值变化情况

快增速，2015 年增速达到 23.7%。随后 2016～2018 年增速回落，在建工程价值维持在 16000 亿元左右。

图 7-54 中的“电信固定资产有用系数”反映了 2008～2018 年间我国电信业固定资产折旧（新旧）程度。如图 7-53 所示，2008 年和 2009 年该系数为 0.489

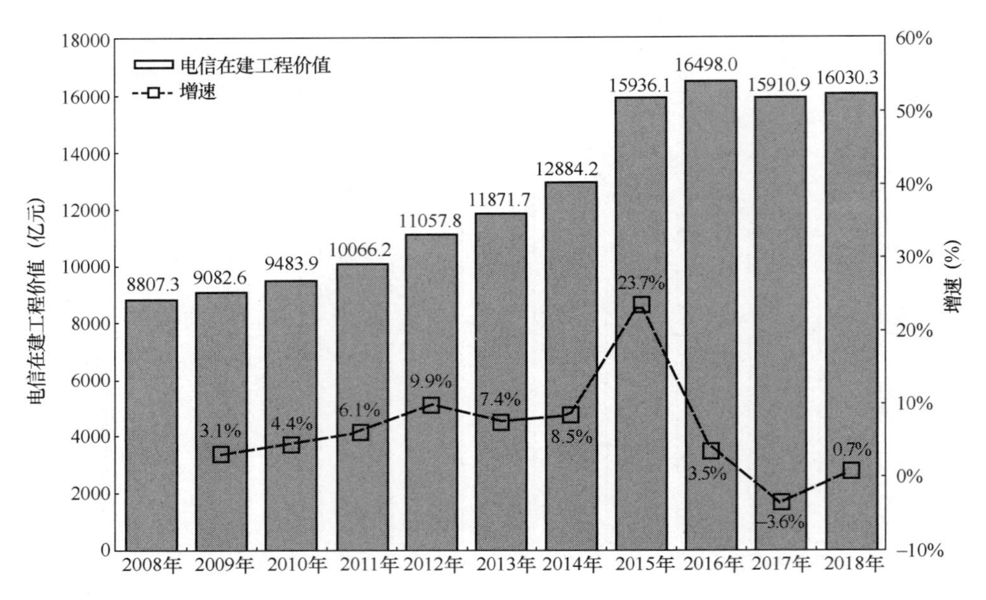

图 7-53 电信业在建工程价值变化情况

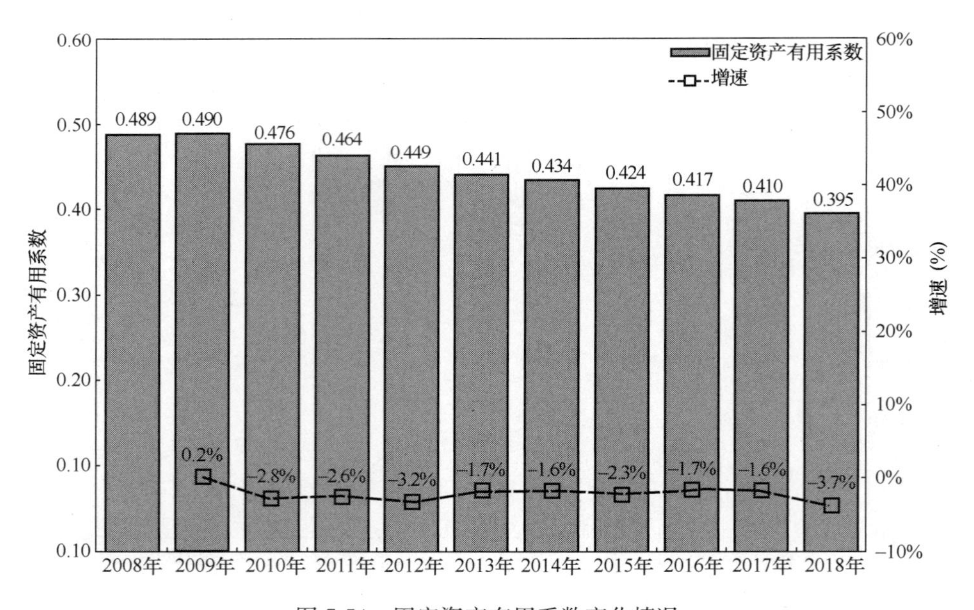

图 7-54 固定资产有用系数变化情况

和 0.490，随后该系数以 2%的速度逐年递减，到 2018 年该系数下降至 0.395。该结果表明，我国 2008～2018 年间我国电信业固定资产折旧速度加快，新增固定资产比重下降。

三、电信行业业务普及率

移动电话和移动互联网通信的相继大规模普及，导致传统固定电话业务被快速取代，进而在统计数据上表现出固话普及率的快速下降。如图 7-55 所示，2008 年我国固话普及率为 25.8 部/百人，随后大约以−6.6%的速度逐年降低，到 2018 年固话普及率已下降至 13.8 部/百人，较 2008 年下降一半。

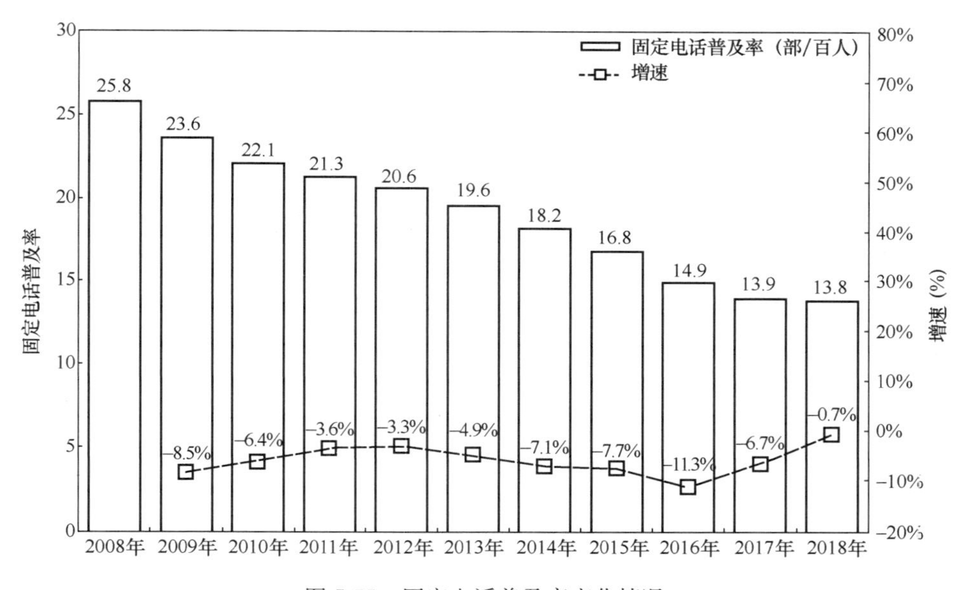

图 7-55 固定电话普及率变化情况

2008～2018 年我国移动电话普及率快速大幅提高，2013 年我国已基本实现移动电话普及。如图 7-56 所示，2002～2018 年间我国移动电话普及率变化过程大致分为两个阶段。第一阶段 2008～2014 年，2008 年我国移动电话普及率为 48.5 部/百人，随后普及率以较快增速逐年上升，但增速逐年放缓。其中 2009 年增速为 16.1%，到 2014 年增速下降至 4.1%，而普及率上升至 94 部/百人。第二阶段 2015～2018 年，2015 年移动电话普及率小幅下降至 92.5 部/百人，随后又开始回升。2018 年我国移动电话普及率上升至 112 部/百人，为 2008 年普及率的 2 倍以上，同时表明我国移动电话平均拥有量已超过每人一部，移动电话在居民中已达到完全普及的状态。

互联网固定宽带和移动互联网业务规模的迅速扩大，使我国互联网普及在 2008～2018 年间取得显著发展成效。如图 7-57 所示，2008 年我国互联网联网普及率仅为 22.6%，也即平均每 100 个居民中仅有 22.6 人为网民。随后互联网普

图 7-56　移动电话普及率变化情况

图 7-57　互联网普及率变化情况

及率逐年增加，且年均增加 3.7 个百分点。2018 年我国互联网普及率达到 59.6%，也即平均每 100 人中有 59.6 人为互联网网民，为 2008 年的 2.6 倍。图 7-58 进一步描绘了我国 2008～2018 年历年网民数量的变化情况，由图可见，2008 年我国网民数量仅为 2.98 亿人，到 2018 年网民数量达到 8.29 亿人，网民数量年均增速达到 11.0%。

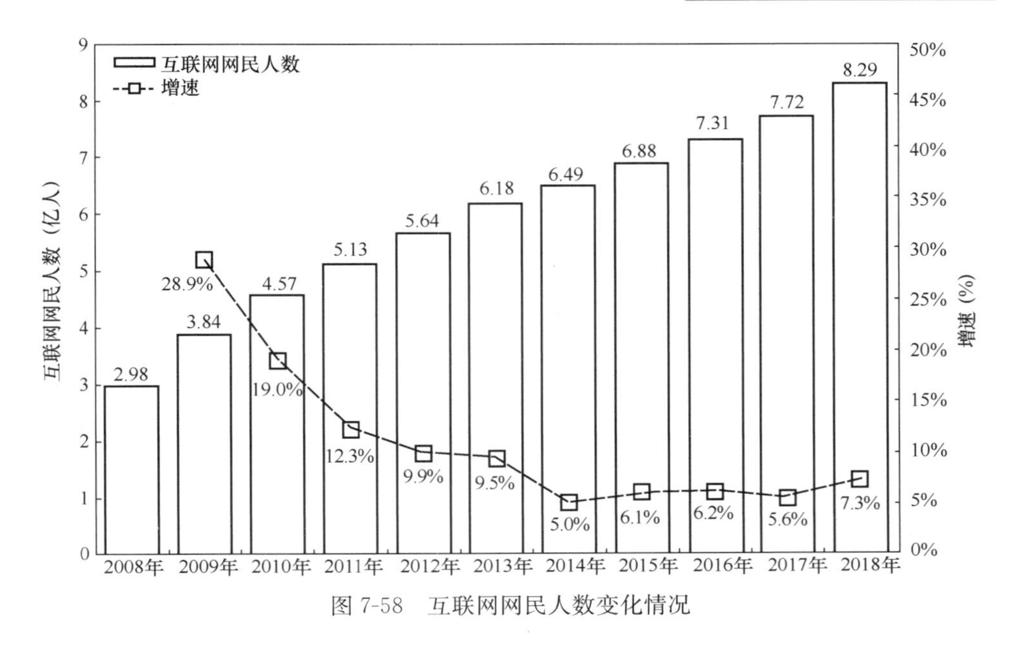

图 7-58　互联网网民人数变化情况

四、电信综合价格指数水平

类似于其他价格指数，电信综合价格指数的变化反映电信行业中各种电信业务价格的普遍变化情况。我国电信业综合价格指数水平在 2008～2018 年的各年中均有不同程度的下降，表明我国电信业服务价格普遍持续下降。如图 7-59 所

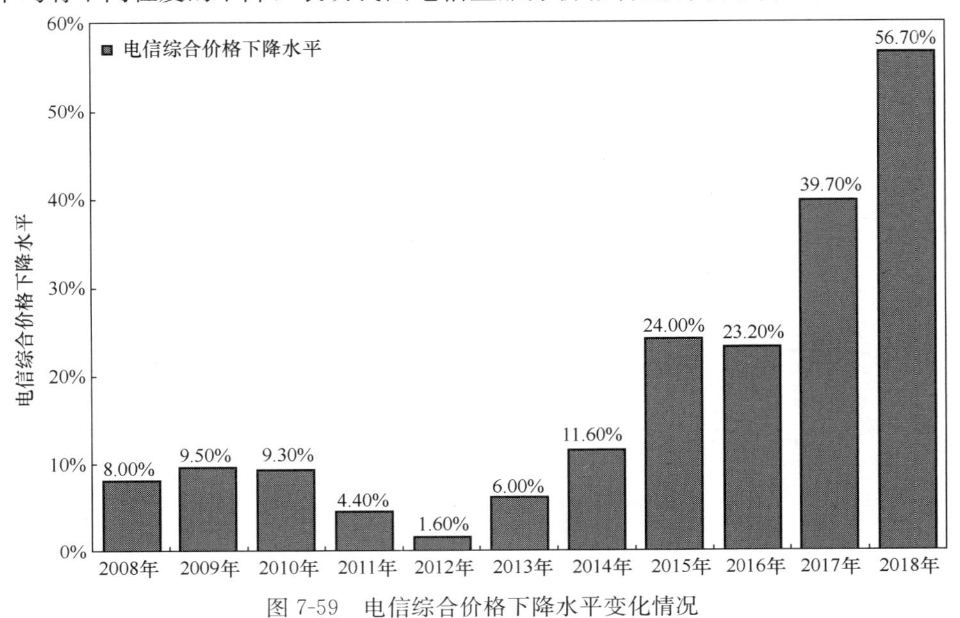

图 7-59　电信综合价格下降水平变化情况

示，2008～2010 年三年中我国电信综合价格指数下降水平均在 8%以上；2011～2013 年该价格指数降幅较低，其中 2012 年仅为 1.6%，2013 年为 6%；随后电信综合价格指数下降水平开始快速提高，其中 2014 年该指数下降水平达到 11.6%，2015 和 2016 年则达到 24%左右，2017 年和 2018 年则进一步分别达到 39.7%和 56.7%。

五、其他

我国三大电信运营商均提供移动电话国际漫游服务。如图 7-60 所示，2008 年中国移动公司提供 237 个国家或地区的国际漫游服务，2012 年后范围进一步扩大，到 2014 年中国移动公司在 251 个海外国家或地区提供移动电话漫游业务，2017 年进一步扩大至 257 个国家或地区。2008 年中国电信提供移动电话国际漫游服务的海外国家或地区为 211 个，2011 年增加至 258 个国家或地区，2015～2016 年有所减少，2017 年再次增加至 262 个。2008 年中国联通提供移动电话国际漫游服务的海外国家或地区为 202 个，在三大电信运营商中数量最少，但 2011 年迅速扩展到 246 个，2016 年达到 258 个，2017 年又减少至 252 个，与中国移动和中国电信基本持平。

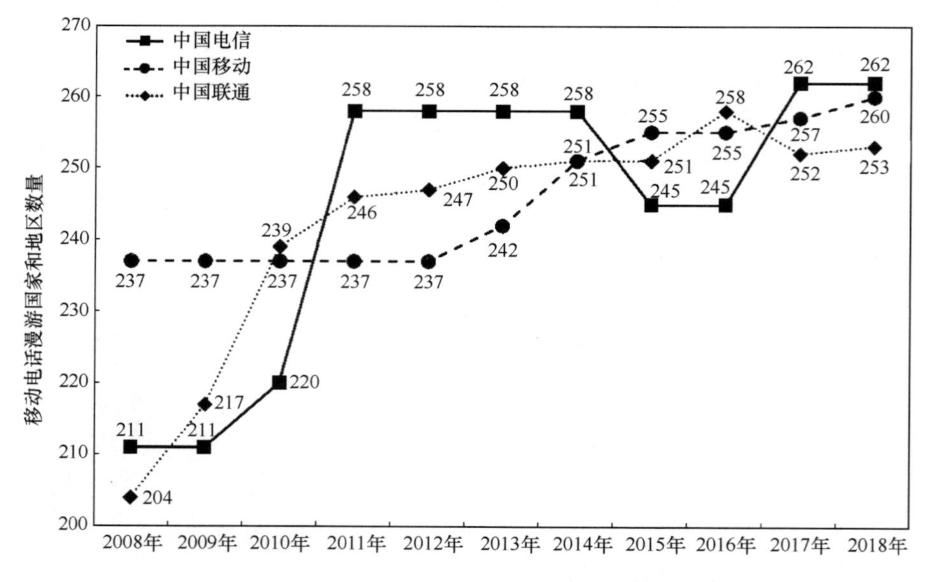

图 7-60　移动电话国际漫游国家和地区

2008～2018 年间，我国电互联网国际出口带宽迅速增加，年均增速在 31.2%以上，至 2018 年带宽达到 895MB/s。如图 7-61 所示，2008 年我国互联网国际出口带宽仅为 64MB/s，随后大约以 30%的增速逐年增加至 2012 年，2013 年受 4G 移动互联网和光纤到户宽带的大规模普及，出口带宽猛增至 341MB/s。随后在 2014～2016 年三年内，出口带宽又以 20%～30%的年增速持续增加，至 2018 年带宽增加至 895MB/s，为 2008 年的 13.97 倍。

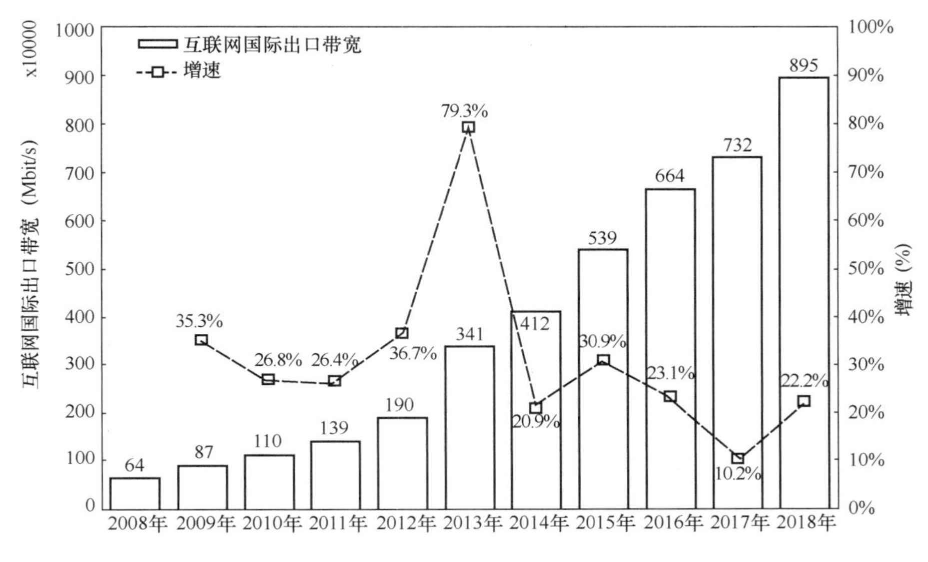

图 7-61 互联网国际出口带宽变化情况

第四节 电信行业政府监管与治理

电信行业监管与治理是一项复杂而影响重大的事业。电信行业需要依靠电信网络来提供电信服务，因此，电信行业具有自身的特殊性，正确认识电信行业的技术经济特性是理解电信行业监管与治理的基础和依据。本节首先分析电信行业的基本特性，在此基础上，讨论电信行业监管与治理机构及其手段。

一、电信行业政府监管与治理的必要性

电信行业是指通过互相有机连接的交换转换设备、传输设备、电信终端设备构成的电信网络来传递与处理信息、提供服务。电信行业具有明显的技术特征和经济特征。

电信行业的技术特征主要表现在横向的全程全网性、纵向的强技术关联性和异质替代性。首先，横向的全程全网特性是指一个地理区域内的电信企业无法仅以自己的力量完成电信网络上全部信息的传递，因而需要全网的配合。其次，电信基础设施和电信服务这两个领域的纵向技术关联度非常密切，协作化的要求很高，因而通常会形成一体化的组织结构。一家企业拥有互补性网络，能有效提升每一种网络的价值，从而提升整个企业网络的价值。最后，异质替代特征是指采用不同的通信技术或者技术组合可以完成同样的服务。这种特性主要体现在两个方面：一是竞争性替代，二是互补性替代。例如，IP 技术出现后，移动运营商利用 IP 电话与固话运营商的传统有线长途电话竞争长途通信市场，从而形成竞争性替代。

电信行业的经济特性主要包括规模经济、范围经济、自然垄断特性和网络外部性。首先，规模经济性，即在一定的网络容量内，随着用户数量的增加，单位运营成本呈递减趋势。电信行业的规模经济性呈现出三个方面的特征：一是电信行业的平均生产成本随着用户密度的增加而减少；二是电信行业平均资本性支出成本随着用户密度的增加总体上出现较为明显的递减趋势；三是电信行业总的收入利润率随着用户密度的增加呈现出十分显著的递增趋势（郑奇宝，2005）。其次，范围经济性，是指以联合生产多样产品而取得的成本收益（史普博，1999），电信业的范围经济性主要体现在以下三个方面：网络基础设施的共用性、边际成本不相关和专业分工。再次，自然垄断性表现为显著的规模经济性和成本弱增性，成本弱增性意味着由一家企业生产所有产品的成本低于多家企业分别生产这些产品的成本之和（Clarkson 和 Miller，1982）。具有自然垄断特性的产业主要进行进入管制和价格管制。Berg 和 Tschirhart（1988）列示了不同情况下对自然垄断产业进行管制的对策，详见表 7-2。最后，电信网络拥有正负两方面的外部性。一是通信网络上用户间的正外部性，原用户由于新用户的加入而增加收益；二是负外部性，是指网络的"拥塞性"，由于通信系统的用户太多，很多用户不得不等待（王俊豪，2000）。

自然垄断的管制对策 **表 7-2**

垄断的类型	进入有障碍	进入无障碍 有承受力	无承受力
强自然垄断	价格管制：使价格高于边际成本以消除企业的亏损，同时避免垄断价格	不管制：借助于潜在的竞争者进入的威胁迫使垄断者制定盈亏相抵的价格	管制：①使价格高于边际成本以消除企业的亏损，同时避免垄断价格；②不允许潜在竞争者进入市场
弱自然垄断	价格管制：使价格等于边际成本，允许企业盈利	不管制：借助于潜在的竞争者进入市场的威胁，迫使垄断者制定等于边际成本的价格	管制：①使价格等于边际成本，允许企业盈利；②不允许潜在竞争者进入市场

二、电信行业监管与治理机构

1998年3月9日九届全国人大一次会议审议批准了国务院机构改革方案，正式批准在原邮电部和电子部的基础上组建中华人民共和国信息产业部，作为中国电信行业的监管与治理机构。信息产业部的主要职能包括：拟定国家信息产业发展战略、方针政策和总体规划；依法对电信和信息服务市场进行监管，实行必要的经营许可制度，进行服务质量监管，保障公平竞争，保证普遍服务，按国家规定组织对邮政和电信普遍服务的补贴等。按照改革目标，信息产业部不从事电信业务经营活动，实现管制职能与电信业务的完全分离。

为了推进信息化和工业化融合，2008年再次进行国务院机构改革，组建工业和信息化部，将原信息产业部的产业监督职能合并到工业和信息化部。工业和信息化部替代原信息产业部成为我国电信业的监管部门，政府将国有资产管理权限之外的其他监管行为，如牌照发放、产业发展、价格监管、普遍服务等职能配置给工业和信息化部。各省、自治区、直辖市通信管理局，负责地方电信业的监管工作。

我国电信行业监管采用的是政监合一的模式，即工业和信息化部既是电信行业政策制定者，也是电信行业的监督者。由于我国至今还没有一部《电信法》，以国务院“三定方案”形式授权的工业和信息化部，只是国务院的一个工作部门，在电信管制过程中必然缺乏明确的法律地位，也不可能得到法律的充分授权。根据英美等经济发达国家的经验，电信管制机构作为行使监督权的机构，应具有独立性，以有利于公平、公正地开展管制活动（王俊豪，2001）。

三、电信行业政府监管与治理手段

（一）通过法制建设提升“依法行政”能力

电信行业政府监管与治理机构的依法行政能力对行业的发展起着至关重要的作用。在做了大量的电信立法的基础性工作后，信息产业部于1999年12月向国务院上报了《中华人民共和国电信条例（送审）稿》。之后，信息产业部与国务院法制办对送审稿进行了研究，征求了国家计委等35个国务院部门和广东等5个地方及中国电信、中国联通等6家企业的意见，经反复研究修改，形成了《中华人民共和国电信条例（草案）》。最终，该草案经国务院第31次常务会议通过，于2000年9月25日发布施行。《中华人民共和国电信条例》（以下简称《电信条例》）的颁布实施，是电信行法制建设中的一座重要里程碑，为电信行业监管与治理部门依法行政提供了重要依据。

进一步完善电信法律体系，加快《电信法》立法工作的进度。从 1980 年提议到现在，历时 39 年而难产的《电信法》立法工作终于迎来了新的进展。2019 年 1 月 24 日，电信法立法专家组第一次研讨会在北京召开，并已将电信法列入十三届全国人大常委会立法规划。未来五年是电信法立法的关键时期，要以时不我待、只争朝夕的精神大力推动电信法立法工作。在电信法起草中，坚持发展优先、监管优化；坚持明确纲要、搭好框架；坚持突出重点、急用为先。通过《电信法》明确监管机构的设置、法律地位、职责权限，详细清晰界定监管目的和监管程序，明确监管机构的独立性、监管机构和被监管者的权利义务关系，明确法律责任和法律救济手段，将有助于作为行政主体的监管机构执法行为提供相应的法律保障，提升电信监管的可预见性，从而从整体上提升电信监管水平。

同时认真开展《行政许可法》的宣传、培训工作，全面贯彻落实《全面推进依法行政实施纲要》，推动落实《信息产业全面推进依法行政的实施意见》，配合出台了司法解释。为有效利用电信网码号资源，保障公平竞争，促进电信事业的健康发展，依据《电信条例》，信息产业部联合财政部和发展改革委员会出台《电信网码号资源占用费征收管理暂行办法》和《电信网码号资源占用费标准》。

（二）加强行业宏观指导力度，促进行业有序发展

信息和工业化部加强电信行业运行状况的监测分析，为适应行业转型、创新以及行业管理的需要，不断修改完善统计指标体系，根据需要开展有关专题调查和抽样调查。及时发布市场运行状况、竞争态势等重要信息，定期发布电信行业运行状况季报、中报和年报，为电信业发展提供信息支撑。

继续组织做好“一书一会”工作。加强对行业发展前沿性问题的研究，注重创新，每年定期发布《中国电信业发展指导》。《中国电信业发展指导》主要介绍当年电信业发展环境、发展思路及目标、主要任务及重点工作举措，提出下一年电信行业发展目标及主要任务。每年定期组织举办中国电信业发展与政策通报会，加强发展引导，推动政务公开，提高政策透明度。

全面启动“十四五”规划工作。通过“十四五”规划起草任务部署会，了解电信行业存在的问题和痛点，找准发展方向和发力点，为起草规划提供思路依据，加大通信规划专家委员会对政府规划工作的支撑力度。

（三）放松进入监管，推动数网竞争

就进入监管而言，电信业政府监管与治理机构通过引入竞争主体、产业重组

和业务重组等手段，电信业逐渐呈现出数网竞争格局。

1. 放松管制、引入竞争（1980～1998 年）

1980 年以前，我国电信业主要由政府（原邮电部）直接垄断经营。1994 年中国联通公司成立，是由中央直接管理的国有重点企业，公司的经营范围为全国性基础电信业务和增值业务，从而打破电信市场独家垄断的局面。到 1998 年为止，中国联通的自由资金只有中国邮电电信总局（简称中国电信，它既是中国联通的管理者，又是其竞争对手）中国电信的1/260，营业收入仅为中国电信的1/112。中国电信处于绝对垄断阶段（高红冰，2011）。

2. 产业重组和横向拆分阶段（1999～2008 年）

1999 年 2 月中国电信拆分成新中国电信、中国移动和中国卫星公司，寻呼业务并入联通公司，并给网通、吉通和铁通公司颁发了电信运营许可证。网通的主营业务是数字数据传输；铁通的主要经营范围是固定电话业务、IP 电话业务、互联网业务和无线寻呼业务；卫通的主要经营业务范围包括通信、广播及其他领域的卫星空间段业务，卫星移动通信业务，互联网业务，基于卫星传输技术的话音、数据、多媒体通信业务等。由此国内共有 7 家电信运营商，初步形成电信市场分层竞争格局。2001 年 11 月，国务院批准《电信体制改革方案》，对固定电信企业进行重组整合，将中国电信再度拆分成南北两大电信集团，南方中国电信，北方中国电信与网通、吉通等组建了新网通，以便形成有效竞争的局面。2002 年 5 月 16 日，新的中国电信集团及中国网通集团正式挂牌成立。2003 年 6 月，吉通并入网通集团。2004 年中国铁通作为国有独资基础电信运营企业运行。这样，我国电信市场形成中国移动、中国电信、中国网通、中国联通、中国铁通五大运营企业加上中国卫星的格局。

3. 全业务重组（2008 年至今）

随着移动固话替代效应加剧，移动业务发展迅速，固话业务呈现出逐年下降趋势，电信企业间发展差距逐步扩大，电信竞争出现严重失衡。为形成相对稳定的电信竞争格局，2008 年 5 月 24 日，工业和信息化部、国家发展和改革委员会以及财政部联合发布《关于深化电信体制改革的通告》，通告指出鼓励中国电信收购中国联通 CDMA 网（包括资产和用户），中国联通与中国网通合并，中国卫通的基础电信业务并入中国电信，中国铁通并入中国移动，同时也开始发放 3G 牌照。电信行业的改革使得原本独家垄断的行业逐渐形成了寡头垄断的局面。经历了三十年的改革，电信业通过放松管制、引入竞争以及产业重组，逐步形成了中国电信、中国移动、中国联通三大运营商，逐渐呈现了数网竞争的局面。

（四）放松价格监管，促进市场竞争

20 世纪 90 年代，中国电信业政府监管与治理机构对电信业实行了放松管制

的改革，提出并实施了“打破垄断，引入竞争”的改革政策。为了适应电信市场发展的要求，从 20 世纪 90 年代开始，我国电信业价格监管也进行相应的改革，不断放松价格监管，改革历程大致可分为引入市场调节价，给予企业一定的定价权、简化资费备案手续，切实下放定价权、部分电信业务实行资费上限管理、全面实行价格上限管理、全面实行市场调节价等阶段，促进市场竞争。

1. 引入市场调节价，给予企业一定的定价权（1994～1999 年）

为了鼓励电信市场竞争，电信价格管制也转变为以政府指导价为主，市场调节价为辅的管制方式，给予企业一定的定价权。开始引入不对称管制政策，对中国联通等新进弱势企业的资费可以在电信资费水平的基础上，上下浮动 10%。在市场竞争的压力下，以往电信企业乱涨价行为演变为无序的价格战，电信资费管制的重点也随之转变为整顿和规范无序竞争和价格战。

这一阶段在总体资费水平下调的前提下，实行局部性资费调整，且仅限于资费水平的调整。1994～1997 年间，邮电部联合国家计委、财政部对电信业务资费进行了一系列的调整。1994 年，邮电部为了更好地发展移动业务而颁布《邮电部关于加强移动电话机管理和调整移动电话资费标准的通知》，将基本通话费每月 150 元调整为基本月租费每月 50 元，本业务区内通话费由每分钟 0.50 元（主叫或被叫均按每分钟收取通话费）调整为每分钟 0.40 元（主叫或被叫均按每分钟收取通话费）。

1995 年为了进一步发挥全网综合效率，满足用户需求，邮电部决定调低或取消部分邮电资费标准，根据《邮电部关于调低部分邮电资费标准的通知》，一是降低数据业务资费标准，下浮幅度在 30%以内；二是移动电话入网费由 3000～5000 元降低到 2000～3000 元，具体标准由各省邮电管理局会同该省物价部门确定。1996 年，国家计委、邮电部发布《关于改革邮电价格的通知》，具体决定如下：为了缓解市内电话亏损的矛盾，缩小市话与长途电话的价差，适当提高市内电话指导性通话费标准，由现行每 3 分钟（不足 3 分钟按 3 分钟计算）指导价每次 0.10 元调整为中准指导价每次 0.12 元，允许上下浮动的幅度不超过 20%，营业区内通话费中准价每分钟 0.40 元，允许上下浮动的幅度为不超过 25%，降低除广东省以外的其他国内地区的国际及港澳台电话通话费标准，下降幅度为 30%，简化长途电话计费等级，由现行的 12 级简化为 4 级。

1997 年，国家计委、国家经贸委、邮电部联合颁布的《移动电话价格管理暂行规定》，再次下降移动电话入网费，由 2000～3000 元降到 1000～3000 元，允许上下浮动 20%，但浮动后的具体标准应处于国家规定的上下限标准内。为了适应中国电信业市场发展的迫切需求，1999 年 3 月、10 月信息产业部联合国家计委和财政部相继出台一些措施，降低中国电信出租给经营性互联网租费，进一步降低中国电信出租的数字、数字数据、模拟电路资费标准。将中国网通、吉通公司向互联网服务商收取的实行包月制的网络使用费，平均降低45%。电信业进行了一系列资费调整活动，为日后其他领域引入竞争创造了良好的条件。

2. 简化资费备案手续，切实下放定价权（2000～2005年）

随着1999年中国电信业顺利完成第一次纵向分拆重组，初步形成电信市场分业务竞争格局，从而使得电信业发展初期垄断运营时期实行的业务间交叉补贴政策难以为继。在竞争的环境下，新的竞争者通常会进入边际利润最高的长途和国际电信业务。由此，在位运营商将会受到降低补贴的压力，否则就会失去高利润市场用户。为了使资费政策适应电信市场的现实需要，2000年9月国务院颁布《电信条例》的第二十三条明确提出，电信资费标准实行以成本为基础的定价原则。

2000年12月25日信息产业部、国家计委、财政部联合发布《关于电信资费结构性调整的通知》（信部联清〔2000〕1255号），决定对我国现行部分电信资费进行结构性调整，2001年1月1日正式执行。这次资费调整优化了固定本地电话资费结构，大幅降低国内长途、国际及港澳台长途、互联网上网费以及电路出租费等业务的资费，取消电信业务附加费，对已经形成充分竞争的寻呼机服务费、IP电信业务资费、服务器托管业务和其他增值业务等四项业务实行市场调节价，一律实行申报备案制。这次资费调整以业务成本为导向，根据业务成本重新设定电信业务的价格，使其更加接近于提供该种业务的成本，进而降低了利润过高的长途电信业务资费标准，提高了亏损业务的本地电话资费水平，极大地改变本地电话和长途电话的不合理资费结构，消除了长途业务长期补贴本地业务的局面。这实际上是一次资费再平衡的过程，减少了电信业务间的交叉补贴，缓解了电信资费的结构性矛盾，改善了资源配置效率，培育了公平竞争的市场环境。2001年7月进一步取消了固定电话初装费和移动电话入网费，电信业务资费的制定和收取日益合理。

2002年，信息产业部联合国家计委依据《价格法》《电信条例》和相关法律法规，出台了一系列关于电信资费管理的规范性文件。这标志着我国电信资费的制定向着更加科学、规范的方式转变。信息产业部对电信业务经营者在自主制定政府指导价标准幅度内的电信业务资费和市场调节价的电信业务资费需要履行的备案行为做出了明确规定，简化了资费备案手续，切实下放定价权，真正体现电信资费向市场化过渡的指导政策。2004年，信息产业部会同国家有关部门研究出台《关于进一步加强电信资费监管工作有关事项的通知》（信部联清〔2004〕204号），以进一步加强各集团公司对下属公司的资费管理。

在收益率管制下，政府承担企业的运营成本，且补偿给被管制企业合理的资本回报率。2000～2005 年，我国基础电信业的资费定价模式基本属于这种类型。其理论基础是基于总成本的定价理论，基本公式是：

资费总收入＝总成本＋合理报酬

总成本＝经营成本＋折旧＋税

合理报酬＝利息＋所有者权益×合理利润率

其通常做法是：首先是电信企业向管制机构提出提高价格的申请，管制机构接受申请后，根据企业的历史成本数据和各投入要素的价格变化，通过上述基本公式确定企业运营的总成本做出相应的调整，最后确定企业的投资回报率，作为企业在某一特定时期内（通常为一年时间）的定价依据。但在实际执行中存在以下问题：一是没有严格按地区和业务核算成本，这与业务资产的界定不清和成本分摊方法比较随意有关。二是利润率的确定缺乏依据，这与目前的普遍服务实施方式及对电信业务的性质认识有关，因此，目前的政府定价方式不符合垄断业务管制的基本原则，不能保证社会福利最大化。

3. 部分电信业务实行资费上限管理（2006～2009 年）

2000 年电信业务资结构再平衡为推行价格上限管制奠定了良好的基础，2002～2004 年的改革措施为推行上限管制确立了必要的制度环境。到 2005 年我国电信业务总量达到了 12028.54 亿元，每年的行业增速远超过 GDP 的增速。2005 年电信业务用户总数超过了 7.4 亿户，其中固定电话用户超过 3.5 亿户，移动电话用户超过 3.9 亿户。中国逐渐从一个通信落后国家赶超成为世界最大的电信市场。此外，各电信企业集团公司陆续成立，健全了企业内部电信资费管理机制，电信资费市场化改革的条件逐步成熟。2005 年 8 月 19 日信息产业部、国家发展和改革委员会发布了《关于调整部分电信业务资费管理方式的通知》，决定调整国内长途、国际长途、港澳台长途、手机国内漫游通话费和固定本地网营业区间通话费等部分电信业务的资费管理方式，实行资费上限管理，资费上限暂按现行资费标准执行，政府主管部门将视市场情况适时调整资费上限标准，电信企业也可以提出调整申请。国内长途电话通话费、国际长途电话及台港澳地区电话通话费、移动电话国内漫游通话费上限标准由信息产业部商议，后由国家发展和改革委员会调整，固定电话本地网营业区间通话费上限标准由各省通信管理局会同同级价格主管部门调整，以上规定自 10 月 1 日正式执行。至此，中国电信基础语音业务处于收益率管制与价格上限管制的混合价格管制时期。

此次电信资费管理方式的调整，表面上看好像是将电信业务的定价权交给了运营商，但实际上此政策的出台只是将少量定价权交给企业。一是此次资费管理方式改革只涉及了部分电信业务，而非所有的基础语音业务；二是长途电信市场经过长期竞争，其实际资费水平远远低于现行的政府定价；三是虽然将国内移动漫游费和本地网区间通话费改为价格上限管制，但由于运营商在这两种业务上都具有完全的垄断地位，因此，电信企业并没有降低资费的动力。基于上述原因，对部分电信业务实行价格上限管制，而其余基础电信业务实行收益率管制，这种混合价格管制对电信产业的影响不会很大，电信产业依然需要进一步放松价格管制，推进激励性价格管制改革。

4. 全面实行价格上限管理（2010～2014 年）

2008 年全业务重组使得三大电信运营商实现了垂直一体化经营，如果继续对垄断电话业务实行收益率管制方式，将会使得纵向一体化的运营商有机会实施妨碍竞争的交叉补贴。为了发挥资费结构对电信市场结构的调节作用，2009 年 11 月 18 日工业和信息化部、国家发展改革委印发了《关于调整固定本地电话等业务资费管理方式的通知》，对固定本地电话业务的基本月租费、本地网营业区内通话费、本地网无线接入电话（俗称“无线市话”或“小灵通”）业务基本月租费、本地网通话费的资费以及出租电路长期租用资费由现行政府定价改为实行上限管理。

这次改革主要调整了上述电信业务资费的价格管理形式，并不涉及具体资费标准的调整。改革前，这些电信业务资费均实行政府定价。电信企业推出的各种资费优惠套餐，也需要政府主管部门审批。改革后将实行价格上限管理方式，具体做法是：电信企业应当至少向用户提供一款与现行标准资费的资费结构、计费单位相同，且各项资费水平均不高于现行标准资费的资费方案。现行标准资费是指各省、自治区、直辖市 2001 年电信资费结构性调整时确定的固定本地电话的基本月租费、本地网营业区内通话费，以及现行各省、自治区、直辖市确定的本地网无线接入电话的基本月租费、本地网通话费的标准资费。同时，电信企业可以根据市场情况和用户需求制定其他资费方案，自主确定资费结构、计费单位和资费标准。至此，基础电信业务（除移动本地通信业务外）基本上实现了价格上限管制，中国电信业进入价格上限管制时期。

5. 全面实行市场调节价（2014 年至今）

工业和信息化部联合国家发展和改革委员会于 2014 年 5 月 9 日联合发布《关于电信业务资费实行市场调节价的通告》。通告提出，对所有电信业务资费实行市场调节价，电信企业可以自主制定具体资费结构、资费标准和计费方式。同时，为切实保护用户权益，文件对电信企业资费方案设计、宣传推广、协议签订和准确计费等方面提出了多项要求。

2015 年 5 月 14 日，国务院办公厅《关于加快高速宽带网络建设推进网络提速降费的指导意见》（国办发〔2015〕41 号），要求加快推进宽带网络基础设施建设，进一步提速降费，提升服务水平。“提速降费”是党中央、国务院的重大决策部署。2019 年 3 月 5 日，国务院总理李克强在十三届全国人大二次会议上做政府工作报告。报告提出，今年中小企业宽带平均资费再降低 15%，移动网络流量平均资费再降低 20%以上，在全国实行“携号转网”，规范套餐设置。2019 年 5 月 14 日的国务院常务会议对今年网络提速降费工作做出专项部署。

三大运营商积极响应落实国家网络提速降费新要求、新部署，推出了具体举措。中国电信：全面下调套外流量价格。针对用户担心产生高额套外流量费的情况，2019 年 1 月，中国电信全面下调套餐外流量资费至不超过 0.03 元/MB，套外流量资费降幅最高达到 90%，确保用户知情、敢用、放心用。中国移动：达量不限速，支持多人“畅享”。自 2019 年 4 月 20 日起，中国移动陆续在北京、四川、辽宁等 10 个省（市）试点推出了畅享系列套餐。中国联通：大幅下调港澳台地区数据漫游资费。为满足用户港澳台地区漫游使用需求，2019 年 6 月 1 日起，中国联通将调整港澳台地区漫游流量费，大幅提升每日 25 元封顶高速流量，同时调整港澳台地区数据漫游日套餐包流量。

（五）加强质量监督，改善服务质量

电信行业在控制价格的同时应该保证服务质量，这样才能提高消费者利益。否则，电信运营商将会产生降低服务质量标准的刺激。为了促进我国电信事业健康、有序、快速地发展，维护电信用户的合法权益，加强对电信业务经营者服务质量的监督管理，根据《中华人民共和国电信条例》及有关法律、行政法规的规定，2001 年 1 月 5 日第 5 次部务会议通过信息产业部令第 6 号《电信服务质量监督管理暂行办法》和第 7 号《电信用户申诉处理暂行办法》。《电信服务质量监督管理暂行办法》明确了电信管理机构服务质量监督的六大职责。《电信用户申诉处理暂行办法》规范了电信行业用户申诉处理行为。为了保护电信用户的合法权益，规范用户申诉处理行为，2016 年 5 月 17 日工业和信息化部第 23 次部务会议审议通过《电信用户申诉处理办法》，同时废止《电信用户申诉处理暂行办法》。

为了进一步加强电信服务监管，增加电信服务质量的透明度，2001 年 2 月 14 日信息产业部印发《电信服务质量通告制度》的通知（信部电〔2001〕114 号），根据《中华人民共和国电信条例》的有关规定，信息产业部和省、自治区、直辖市通信管理局对电信业务经营者的电信服务质量状况实行电信服务质量通告制度，并以“电信服务质量通告”的形式向社会公布。电信服务质量通告的内容包括：①申诉受理机构处理电信用户申诉情况；②电信业务经营者定期上报的电信服务质量的有关内容；③电信服务质量用户满意度指数调查评价结果；④电信监管机构对电信业务经营者的服务质量检查结果；⑤电信管理机构对电信业务经

营者严重违反电信服务质量有关规定的处理决定；⑥其他需要通告事项。

为了进一步强化社会监督，信息产业部2001年印发《电信服务质量用户满意度指数评价制度》（信部电〔2001〕896号），引入许多发达国家通用的用户满意度制度评估电信服务质量。2002年信息产业部首次采用用户满意度指数公布了2001年全国电信用户满意度指数。2003年，在借鉴先进国家成功经验的基础上，对2001年的测度方案进行修改完善，信息产业部正式发布了《电信服务质量用户满意度（TCSI）测评方案》，包括满意度、忠诚度、用户抱怨、预期质量、感知质量、感知价值、感知公平和品牌印象等八大指标，以及质量特性分析、用户改进要求识别等。

为进一步加强电信服务质量监督管理工作，便于电信行政主管部门及时了解、掌握电信服务质量状况，有针对性地采取措施，促进电信服务质量的不断改善和提高，以保护电信用户的合法权益，信息产业部印发《电信服务质量报告制度》（信部电〔2001〕347号）。

为了提高电信服务质量，维护电信用户的合法权利，保证电信服务和监管工作的系统化和规范化，依据《中华人民共和国电信条例》，信息产业部第八次部务会议审议通过中华人民共和国信息产业部令第36号《电信服务规范》，自2005年4月20日起施行。《电信服务规范》对包括固定网本地及国内长途电信业务等8类电信业务服务都制定了明确的规范标准。

目前，我国电信服务质量监管以“一部条例、一项规范、两个办法、三项制度”为支撑，遵循针对性、公平性、客观性、经济性和可操作性原则，将“政府监管、企业自律、社会监督”有机地结合起来，保障电信行业服务水平不断上升。

（六）规范电信设备进网审批工作

为了加强对电信设备的进网管理，保证电信网的安全畅通，贯彻国家的产业政策，维护国家利益和用户权益，根据国务院有关规定，2001年5月10日信息产业部发布并实施《电信设备进网管理办法》。《电信设备进网管理办法》相关规定如下：明确电信设备内涵。电信设备是指利用有线、无线的电磁或光，发送、接收或传送语音、文字、数据、图像或其他任何性质信息的硬件和软件系统的统称。信息产业部对接入公用和专用电信网使用的电信设备实行进网许可证制度，凡接入公用和专用电信网使用的电信设备必须具有信息产业部颁发的进网许可证和进网标志，未获得进网许可证和进网标志的电信设备不得在国内销售、刊登广告和进网使用。宏观控制进网许可证发放办法。信息产业部根据国家产业政策和国内市场需求情况，对申请进网的电信设备通过发放进网许可证的办法进行宏观控制。明确审批机构。信息产业部电信管理局（以下简称电信管理局）对电信设备负责进行全国统一进网审批、颁发进网许可证工作。经电信管理局授权，电信设备进网受理部门（以下简称进网受理部门）承担电信设备进网申请的受理工作。地区电信管理机构负责本辖区内电信设备进网的监督管理工作。

为规范电信新设备进网检测、试验工作，规范进网试用批文的审批、发放、管理程序，确保电信设备进网许可的权威性、公正性和一致性，信息产业部依据《电信设备进网管理办法》，制定《电信新设备进网试验管理暂行办法》，2003 年 5 月 6 日予以印发并实施。《电信新设备进网试验管理暂行办法》规定：电信新设备是指应实行进网许可制度，但尚无正式国家标准、行业标准的，或未列入《第一批实行进网许可制度的电信设备目录》的电信设备。电信新设备在符合国家产业政策和不影响网络安全畅通的条件下，准予进网试验，由信息产业部颁发进网试用批文。

2014 年 9 月 23 日工业和信息化部公布并实施《工业和信息化部关于废止和修改部分规章的决定》，根据国家行政审批项目清理工作的统一要求，对《电信设备进网管理办法》进行了修正，取消了对电信设备进网检测机构授权的行政许可项目，并依法调整电信设备进网受理审批流程和电信设备进网产品目录。在保证产品质量的前提下，对手机等部分设备的进网检测项目进行了适当削减，减轻了生产厂家的负担。同时加大证后监督和市场监管力度，加强电信设备进网管理，完善进网管理制度，整顿电信设备进网秩序。

（七）积极打造 5G 核心能力，推动 5G 应用创新

为深入贯彻落实习近平总书记关于推动 5G 网络加快发展的重要讲话精神，全力推进 5G 网络建设、应用推广和技术发展，充分发挥 5G 新型基础设施的规模效应和带动作用，支撑经济高质量发展。2020 年 3 月 24 日工业和信息化部发布《工业和信息化部关于推动 5G 加快发展的通知》（工信部通信〔2020〕49 号）。通知相关内容如下：

1. 加快 5G 网络建设部署

加快 5G 网络建设进度。基础电信企业要进一步优化设备采购、查勘设计、工程建设等工作流程，抢抓工期，最大限度消除新冠肺炎疫情影响。支持基础电信企业以 5G 独立组网（SA）为目标，控制非独立组网（NSA）建设规模，加快推进主要城市的网络建设，并向有条件的重点县镇逐步延伸覆盖。加大基站站址资源支持。鼓励地方政府将 5G 网络建设所需站址等配套设施纳入各级国土空间规划，并在控制性详细规划中严格落实；在新建、改扩建公共交通、公共场所、园区、建筑物等工程时，统筹考虑 5G 站址部署需求；加快开放共享电力、

交通、公安、市政、教育、医疗等公共设施和社会站址资源。对于支持力度大的地区，基础电信企业要加大投资，优先开展5G建设。加强电力和频率保障。支持基础电信企业加强与电力企业对接，对具备条件的基站和机房等配套设施加快由转供电改直供电；积极开展网络绿色化改造，加快先进节能技术应用推广。调整700MHz频段频率使用规划，加快实施700MHz频段5G频率使用许可；适时发布部分5G毫米波频段频率使用规划，开展5G行业（含工业互联网）专用频率规划研究，适时实施技术试验频率许可。进一步做好中频段5G基站与卫星地球站等其他无线电台（站）的干扰协调工作。推进网络共享和异网漫游。进一步深化铁塔、室内分布系统、杆路、管道及配套设施共建共享。引导基础电信企业加强协调配合，充分发挥市场机制，整合优势资源，开展5G网络共享和异网漫游，加快形成热点地区多网并存、边远地区一网托底的网络格局，打造资源集约、运行高效的5G网络。

2. 丰富5G技术应用场景

培育新型消费模式。鼓励基础电信企业通过套餐升级优惠、信用购机等举措，促进5G终端消费，加快用户向5G迁移。推广5G＋VR/AR、赛事直播、游戏娱乐、虚拟购物等应用，促进新型信息消费。鼓励基础电信企业、广电传媒企业和内容提供商等加强协作，丰富教育、传媒、娱乐等领域的4K/8K、VR/AR等新型多媒体内容源。推动“5G＋医疗健康”创新发展。开展5G智慧医疗系统建设，搭建5G智慧医疗示范网和医疗平台，加快5G在疫情预警、院前急救、远程诊疗、智能影像辅助诊断等方面的应用推广。进一步优化和推广5G在抗击新冠肺炎疫情中的优秀应用，推广远程体检、问诊、医疗辅助等服务，促进医疗资源共享。实施“5G＋工业互联网”512工程。打造5个产业公共服务平台，构建创新载体和公共服务能力；加快垂直领域“5G＋工业互联网”的先导应用，内网建设改造覆盖10个重点行业；打造一批“5G＋工业互联网”内网建设改造标杆网络、样板工程，形成至少20大典型工业应用场景。突破一批面向工业互联网特定需求的5G关键技术，显著提升“5G＋工业互联网”产业基础支撑能力，促进“5G＋工业互联网”融合创新发展。促进“5G＋车联网”协同发展。推动将车联网纳入国家新型信息基础设施建设工程，促进LTE－V2X规模部署。建设国家级车联网先导区，丰富应用场景，探索完善商业模式。结合5G商用部署，引导重点地区提前规划，加强跨部门协同，推动5G、LTE－V2X纳入智慧城市、智能交通建设的重要通信标准和协议。开展5G－V2X标准研制及研发验证。构建5G应用生态系统。通过5G应用产业方阵等平台，汇聚应用需求、研发、集成、资本等各方，畅通5G应用推广关键环节。组织第三届“绽放杯”5G应用征集大赛，突出应用落地实施，培育5G应用创新企业。推动5G物联网发展。以创新中心、联合研发基地、孵化平台、示范园区等为载体，推动5G在各行业各领域的融合应用创新。

3. 持续加大5G技术研发力度

加强5G技术和标准研发。组织开展5G行业虚拟专网研究和试点，打通标准、技术、应用、部署等关键环节。加速5G应用模组研发，支撑工业生产、可穿戴设备等泛终端规模应用。持续支持5G核心芯片、关键元器件、基础软件、仪器仪表等重点领域的研发、工程化攻关及产业化，奠定产业发展基础。组织开展5G测试验证。基础电信企业进一步优化5GSA设备采购测试流程，根据建设计划明确测试时间表，促进相关设备加快成熟。持续开展5G增强技术研发试验，组织芯片和系统开展更广泛的互操作测试，加速技术和产业成熟。结合国家频率规划进度安排，组织开展毫米波设备和性能测试，为5G毫米波技术商用做好储备。提升5G技术创新支撑能力。支持领先企业利用5G融合新技术，打造并提供行业云服务、能力开放平台、应用开发环境等共性平台，鼓励建设相关开源社区、开源技术基地，促进开放式应用创新。加快5G检测认证平台建设，面向5G系统、终端、服务、安全等各环节提升测试、检验、认证等服务能力，降低企业研发及应用成本。

第八章　铁路运输行业发展报告

铁路是国家战略性、先导性、关键性重大基础设施，是国民经济大动脉。铁路管理体制实现政企分开，建立了行业监管体系，政府职能转变和简政放权成效明显，行业充分发挥社会主义制度优势和中国铁路体制优势，铁路建设投资规模达到历史最高位。同时，铁路安全监管、铁路服务监管、铁路建设质量监管体系逐步建立，行业监管能力进一步增强，为服务国家战略、促进经济社会发展发挥了先行作用。本章分别介绍了铁路运输行业投资与建设、运输与服务能力、行业发展绩效以及行业安全与监管等内容。

第一节 铁路运输行业投资与建设

铁路是国家战略性、先导性、关键性重大基础设施，是国民经济大动脉、重大民生工程和综合交通运输体系骨干，在经济社会发展中的地位和作用至关重要。2019 年铁路行业坚持稳中求进的工作总基调，按照高质量发展要求，聚焦交通强国、铁路先行，深化强基达标、提质增效，统筹推进铁路安全稳定、建设发展等各项工作，铁路安全保持稳定，铁路投资任务全面完成。

一、交通强国建设带来新机遇

铁路运输主要作为旅客和大宗货物的基础性运输方式，受到宏观经济走势和国家行业政策的影响较大。铁路行业与国家宏观经济和固定资产投资具有密切的关联性，而铁路投资保持高位也会有效支撑经济的发展，尤其是在经济存在下行预期的时候，铁路方面的投资一般都会保持较强规模。铁路固定资产投资成为扩大有效投资的重要力量，保证铁路固定资产投资的规模和增速，对于我国经济平稳运行有着重要的支撑意义。

2019 年中共中央、国务院印发实施《交通强国建设纲要》，分两阶段建设交通强国，形成涵盖快速、干线和基础的“三张交通网”；全国实现都市区 1 小时通勤、城市群 2 小时通达、全国主要城市 3 小时覆盖的“123 出行交通圈”。根据《交通强国建设纲要》，我国未来铁路发展的任务主要集中在如下几个方面：第一，在“四纵四横”① 高速铁路的基础上，形成以“八纵八横”主通道为骨架、区域连接线衔接、城际铁路补充的高速铁路网②，建设城市群一体化交通

① 四纵四横是中华人民共和国铁道部《中长期铁路网规划（2008 年调整）》，中国高速铁路发展以客车速度为每小时 200 公里以上“四纵四横”客运专线为重点，加快构建快速客运网的主骨架。“四纵”是指：北京—上海客运专线，北京—武汉—广州—深圳（香港）客运专线，北京—沈阳—哈尔滨（大连）客运专线，上海—杭州—宁波—福州—深圳客运专线。“四横”是：徐州—郑州—兰州客运专线，上海—杭州—南昌—长沙—昆明客运专线，青岛—石家庄—太原客运专线，上海—南京—武汉—重庆—成都客运专线。

② 高速铁路主通道规划新增项目原则采用时速 250 公里及以上标准（地形地质及气候条件复杂困难地区可以适当降低），其中沿线人口城镇稠密、经济比较发达、贯通特大城市的铁路可采用时速 350 公里标准。区域铁路连接线原则采用时速 250 公里及以下标准。城际铁路原则采用时速 200 公里及以下标准。具体请参见国家发展和改革委员会、交通运输部、中国铁路总公司联合发布的《中长期铁路网规划》（发改基础〔2016〕1536 号），http：//www.nra.gov.cn/jgzf/flfg/gfxwj/zt/other/201607/t20160721_26055.shtml。

网，推进干线铁路、城际铁路、市域（郊）铁路、城市轨道交通融合发展，实现省会城市高速铁路通达、区际之间高效便捷相连。第二，建设普速铁路网，完善东部网络布局，扩大中西部路网覆盖，推动资源丰富和人口相对密集贫困地区开发性铁路建设，提高对扶贫脱贫、地区发展、对外开放、国家安全等方面的支撑保障能力。第三，构筑多层级、一体化的综合交通枢纽体系。依托京津冀、长三角、粤港澳大湾区等世界级城市群，推动以省会城市为枢纽与周边互联互通，优化铁路枢纽布局，修编铁路枢纽总图。建设一批全国性、区域性的多式联运交通枢纽，并研究制定综合枢纽建设、运营、服务等标准规范。我国近年来铁路客运和货运量走势图如图 8-1 所示。

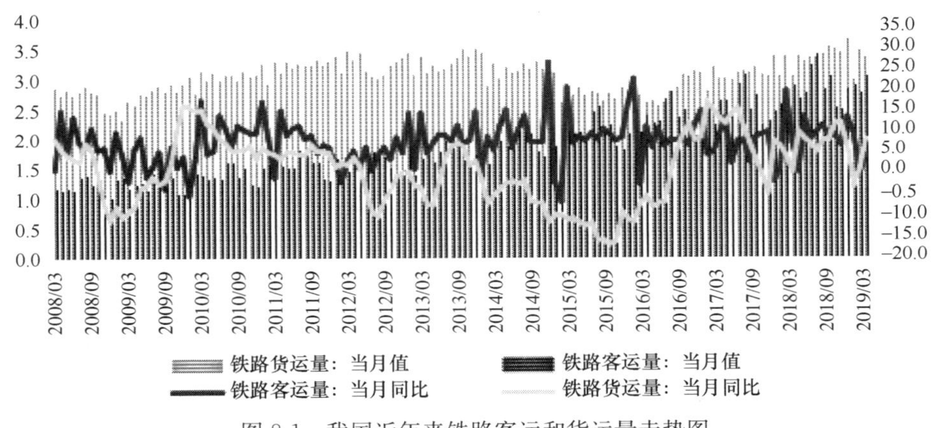

图 8-1 我国近年来铁路客运和货运量走势图

资料来源：铁路统计公报，WIND。

二、铁路投资保持高位运行

根据铁道统计公报，全国铁路固定资产投资额整体呈快速上升趋势，2014 年铁路固定资产投资达到 8088 亿元，2015～2018 年，全国铁路固定资产投资分别为 8238 亿元、8015 亿元、8010 亿元和 8028 元[①]。2019 年全年共计完成铁路固定资产投资额为 8029 亿元（图 8-2），其中国家铁路完成投资 7511 亿元；投产新线 8489 公里，其中高铁 5474 公里（图 8-3）。到 2019 年底，全国铁路营业里程达到 13.9 万公里以上，其中高铁 3.5 万公里。根据中长期规划所确定的铁路建设任务，预计未来几年铁路固定资产投资将基本维持在每年约 8000 亿元的投资规模，2019 年已顺利完成年度指标。

① 参见国家铁路局发布的历年铁道统计公报，http：//www.mot.gov.cn/tongjishuju/tielu/201905/P020190530365089148979.pdf。

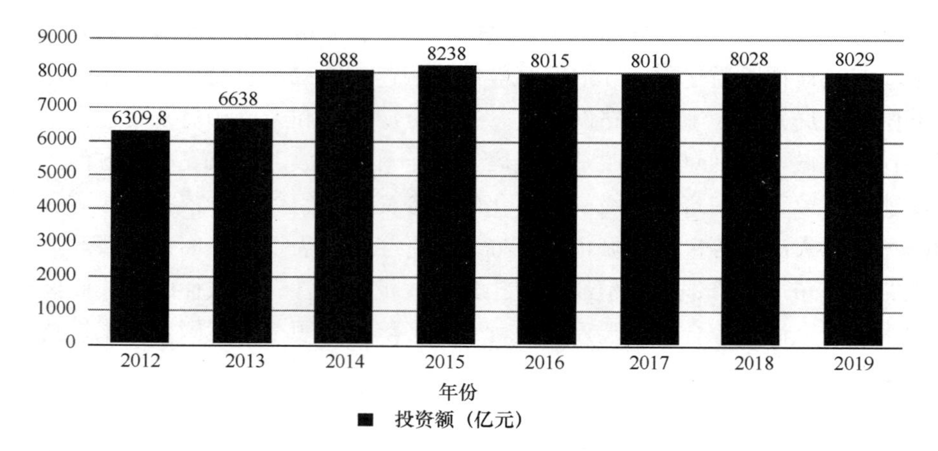

图 8-2　2012～2019 年我国铁路固定资产投资额增长情况

资料来源：产业信息网，WIND。

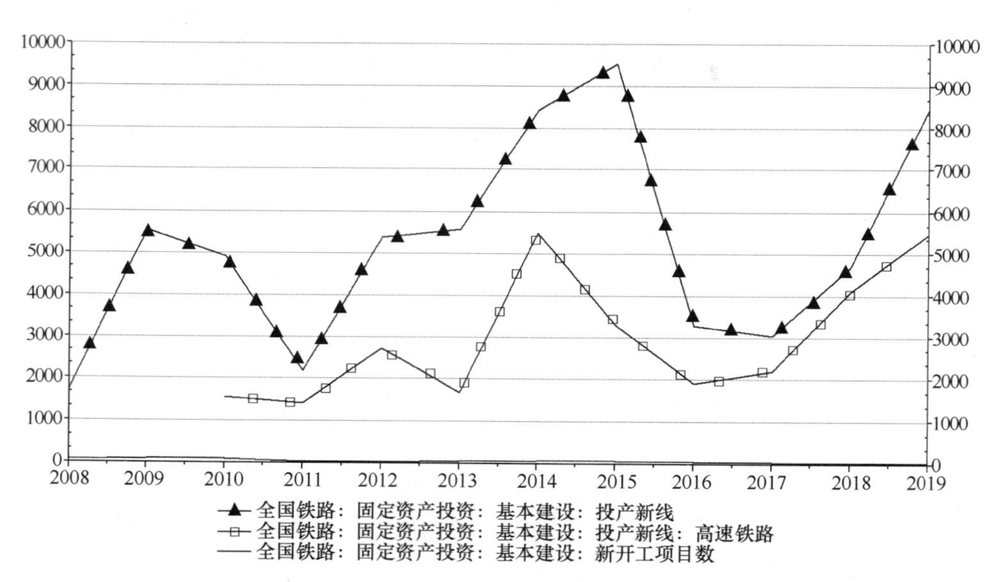

图 8-3　我国铁路固定资产分项增长情况

资料来源：WIND。

根据数据统计分析，铁路建设投资中的大部分归属于高铁建设，高速铁路总造价结构中占比最大的部分是高铁基础建设，约占 60%，信息化、电气化投资等约占 25%，机车车辆购置约占 15%。

近年来全国铁路固定资产投资始终保持着较大规模的增长。2019 年全国铁路固定资产投资（含基本建设、更新改造和机车车辆购置）完成 8029 亿元，投产新线 8489 公里，其中高速铁路 5474 公里。路网规模方面，全国铁路营业里程达到13.9万公里，其中，高速铁路营业里程达到3.5万公里；复线里程8.3万公里，复线率59.0%；电气化里程10.0万公里，电化率71.9%；西部地区铁路营业里程5.6万公里。全国铁路路网密度145.5公里/万平方公里。就移动装备方面，全国铁路机车拥有量为2.2万台，其中，内燃机车0.8万台，电力机车1.37万台。全国铁路客车拥有量为7.6万辆，其中，动车组3665标准组、29319辆。全国铁路货车拥有量为87.8万辆。

三、铁路建设取得跨越式发展

（一）铁路建设里程位居世界前列

改革开放四十多年以来，铁路行业发展实现了历史性突破和成就，其中的突出亮点之一正是我国近年来大力发展的高铁。2008年8月，我国第一条高铁——京津城际高铁开通运营，是中国高铁时代正式到来的里程碑，随后，我国的高速铁路发展态势迅猛，呼啸而来，吹响了世界高铁时代的首轮号角。目前我国已经形成了世界上最具现代化的铁路网和最发达的高铁网。据统计，2019年末全国铁路营业里程达到13.9万公里，比上年增长6.1%（图8-4、图8-5），其中高铁营业里程达到3.5万公里，高铁营运里程占铁路营运里程占比达到25.18%（图8-6、图8-7），比上年上升3.05%，占世界高铁总量的66.3%。我国复线里程7.6万公里，复线率58.0%；电气化里程9.2万公里，电气化率达到70.0%；铁路电气化率、复线率分别居世界第一和第二位。全国铁路路网密度145.5公里

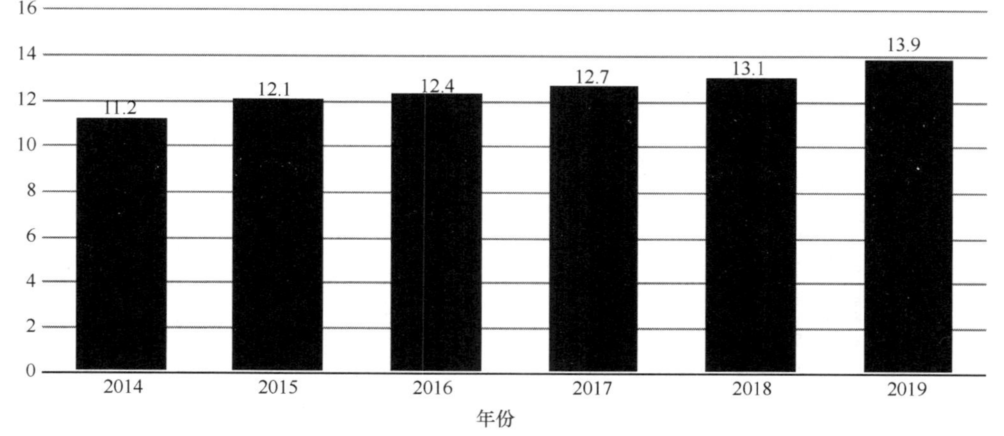

图8-4　2014～2019年全国铁路营业里程

资料来源：交通运输行业统计公报，产业信息网。

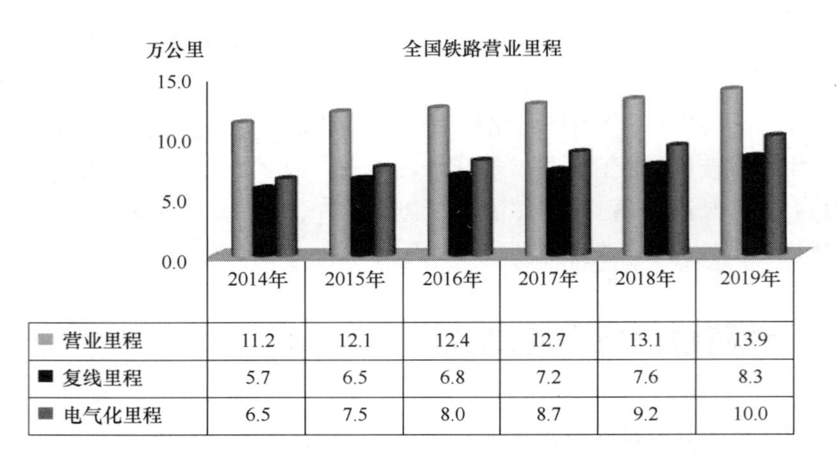

图 8-5　全国铁路营业里程

资料来源：2019 年铁道统计公报

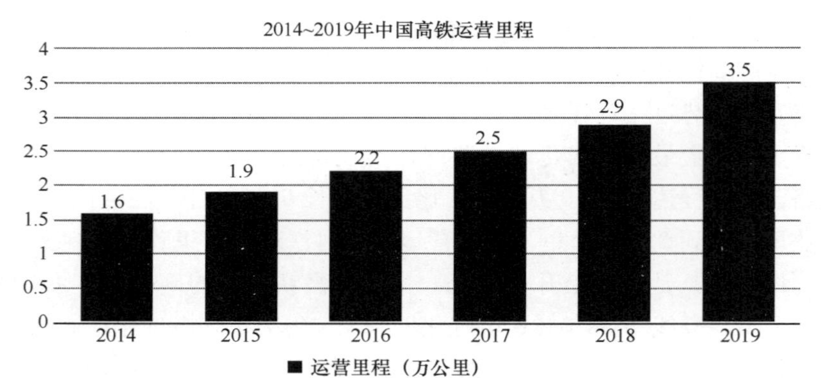

图 8-6　2014～2019 年我国高铁营运里程

资料来源：铁路统计公报，产业信息网。

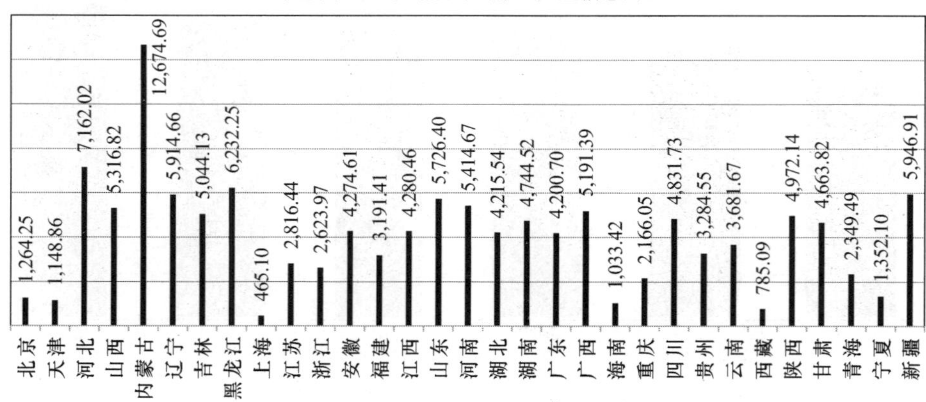

图 8-7　我国各省铁路总里程比较（单位：万公里）

资料来源：WIND。

/万平方公里，比上年增加9.5公里/万平方公里（图8-8）。其中，西部地区铁路营业里程达到5.3万公里，交通运输短板不断补强，由此可见，铁路发展考虑到结合区域发展战略，加速东部地区优化升级，推动中部地区大通道大枢纽建设，推进东北地区提质改造，促使各项重大国家规划协调衔接。在我国铁路网络建设保持稳定增长的基础条件之上，高速铁路建设飞速发展，自2008年至2019年末，高速铁路从0到3.5万公里，中国高铁已成为我国一大标志性亮点，令世界瞩目。

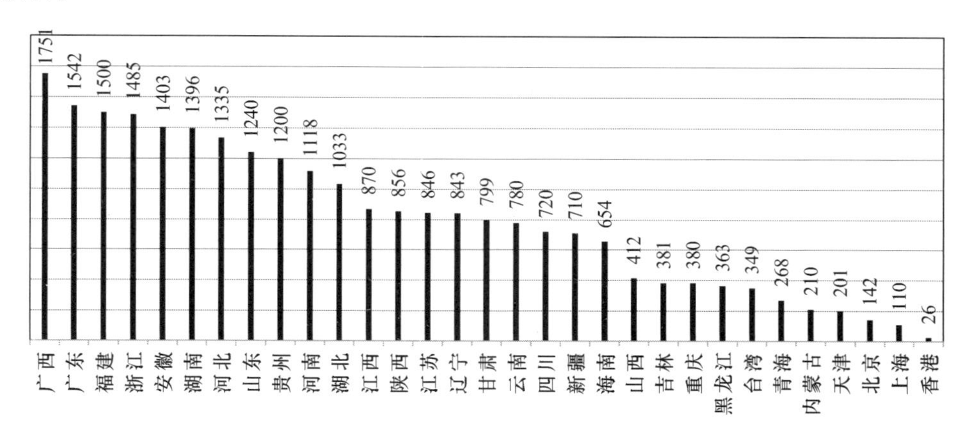

图8-8 我国各省高速铁路总里程比较（单位：万公里）

资料来源：前瞻产业研究院。

（二）高速铁路成为未来我国铁路建设的重点

2019年我国有成贵高铁、连镇高铁、京张高铁、张大高铁等共计11条高铁线路开通运营，攻破了桥梁、客站、地理环境等设计建造难题，展现了中国速度和中国品质。我国高铁营业里程已超过世界其他国家高铁营业里程总和，关键因素正在于我国铁路总体规划具有稳定性和连续性，并且注重对规划细节的动态调整，在保持制度规划坚韧性的同时，又不断抓住机遇变革创新。

（三）城市群快速铁路网络不断完善

改革开放以来，我国城镇化快速发展，2019年城镇常住人口8.48亿人，常住人口城镇化率达到60.60%，相比于2008年46.99%的人口城镇化率有了大幅提升，并且以大城市为依托、以中小城市为重点，逐步形成辐射大的城市群。随着城镇化水平提高、城市群发展、人口和产业集聚，客运需求对交通基础设施承载能力提出了更高要求。尽快形成高速铁路、区际干线、城际铁路和既有线提速线路有机结合的快速铁路网络，有助于满足大流量、高密度、快速便捷的客运需求，为广大城乡居民提供大众化、全天候、便捷舒适的公共交通运输服务，同时拓展区域协调发展的空间。我国中长期铁路规划重视抓住中心城市群的枢纽功能，既通过城市群铁路网建设满足居民出行需求，又通过铁路网联通区域经济发展。

通过既有线路提供城际运输＋新建城际铁路模式，预计 2020 年中国城际铁路营业里程将达 3.6 万公里，占全国铁路里程 24％。根据国家发展和改革委员会、交通运输部《城镇化地区综合交通网规划》中制定的目标，至 2020 年，京津冀、长江三角洲、珠江三角洲三大城市群基本建成城际交通网络，相邻核心城市之间、核心城市与周边节点城市之间实现 1 小时通达，其余城镇化地区初步形成城际交通网络骨架，大部分核心城市之间、核心城市与周边节点城市之间实现 1～2 小时通达。城际铁路运营里程达到 3.6 万公里（其中新建城际铁路约 8000 公里），覆盖 98％的节点城市和近 60％的县（市）（表 8-1）。预计 2030 年基本建成城镇化地区城际交通网络，核心城市之间、核心城市与周边节点城市之间实现 1 小时通达。

2020 年中国城际铁路建设发展目标　　表 8-1

地区	城际铁路运营里程（公里）	其中：新建城际铁路（公里）	覆盖节点城市数量	区域内覆盖县（市）程度
京津冀地区	2800	850	13	40％
长江三角洲地区	6400	1270	26	80％
珠江三角洲地区	1400	440	9	40％
长江中游地区	6000	960	28	50％
成渝地区	3600	820	15	90％
海峡西岸地区	1850	460	11	60％
山东半岛地区	1700	480	12	80％
哈长地区	1600	10	45％	
辽中南地区	1400	270	11	60％
中原地区	500	300	9	70％
东陇海地区	700	100	5	50％
关中—天水地区	1100	410	7	70％
北部湾地区	1600	320	10	70％
太原地区	1000	190	8	20％
滇中地区	1600	440	4	75％
黔中地区	750	60	6	60％
呼包鄂榆地区	700	400	7	20％

续表

地区	城际铁路运营里程（公里）	其中：新建城际铁路（公里）	覆盖节点城市数量	区域内覆盖县（市）程度
兰州—西宁地区	380	—	4	50%
天山北坡地区	1000	—	9	—
宁夏沿黄地区	400	180	4	—
藏中南地区	1000	—	5	40%
其他陆路边境口岸城镇化地区	—	—	—	—
合计	36000	8000	213	60%

资料来源：智研咨询。

（四）铁路交通扶贫攻坚作用的进一步发挥

2019 年，国家铁路集团有限公司有序推进连接和服务贫困地区的铁路建设，14 个集中连片特困地区、革命老区、少数民族地区、边疆地区累计完成铁路基建投资 4175.8 亿元，占铁路基建投资总额的 75.9%；西部地区完成铁路基建投资 1588 亿元，占铁路基建投资的 28.9%。2019 年，国家铁路集团有限公司还完成了京张高铁、京雄城际北京西至大兴机场段、京港高铁昌赣段、成贵高铁、郑渝高铁郑襄段、徐盐高铁、浩吉铁路等 51 条新线建成投产。并进一步形成路地、路企合资合作推进铁路建设模式，2019 年铁路基建投资中地方政府和企业的资本金达到 2095 亿元，较 2016 年提高 31.3 个百分点。推进杭绍台铁路、盐通铁路等 EPC 项目，铁路建设市场化改革迈出重要步伐。

第二节　铁路运输行业运输与服务能力

铁路运输行业持续发展，高铁建设加快了我国铁路运输能力的提高。铁路客运量保持增长，高铁已成为铁路客运的主力；铁路货运在大宗货物运输中持续发挥优势，助力污染防治和环保战略。但是，与铁路运输能力的快速提升相比，铁路服务能力仍然较难满足经济发展和社会需求，依旧制约着铁路运输发展。本节从铁路运输能力和服务能力两个方面，重点分析我国近年来取得的客货运量增长、国际交流增多、票价改革、乘车服务精细化等成就，并对其中存在的问题进行分析。

一、铁路运输能力持续提升

（一）铁路客运量保持增长，高铁占比超过六成

国家铁路局发布的 2019 年铁道统计公报显示，2019 年全年，全国铁路旅客发送量为 36.60 亿人，比上年增加 2.85 亿人，增长 8.4%（图 8-9）；其中，国家铁路 35.79 亿人，比上年增长 7.9%。全国铁路旅客周转量完成 14706.64 亿人公里，比上年增加 560.06 亿人公里，增长 4.0%（图 8-10）。其中，国家铁路 14529.55 亿人公里，比上年增长 3.3%。

图 8-9　2014～2019 年全国铁路旅客发送量

资料来源：铁道统计公报。

图 8-10　2014～2019 年全国铁路旅客周转量

资料来源：铁道统计公报。

从我国高铁客运量来看，2019 年，全国动车组列车共发送旅客 4.6 亿人次，同比增长 16.9%，日均发送旅客 742 万人次，占全国铁路旅客发送量的 62.5%。

铁路客运运营方面，2019 年，国家铁路集团有限公司推行高铁市场化“一日一图”，持续优化高铁客运产品结构，探索建立高铁票价市场化灵活调整机制，推进高铁电子客票、站车智能化服务和铁路与地铁安检互认，开展普速站车达标提质，完善重点群体旅客普惠性服务，不断改善旅客出行体验。“复兴号”保有量达到 712 组，占动车组保有量的 19.4%，“复兴号”开行以来累计发送旅客 5 亿人，平均客座率 74.4%，较高铁平均客座率高出 0.8 个百分点，高铁动车组已累计运输旅客突破 90 亿人次，成为中国铁路旅客运输的主渠道，中国高铁的安全可靠性和运输效率世界领先。

运输安全方面，2019 全年全国铁路未发生铁路交通特别重大、重大事故；发生较大事故 4 件，同比增加 3 件。铁路交通事故死亡人数比上年下降 8.1%（图 8-11）。

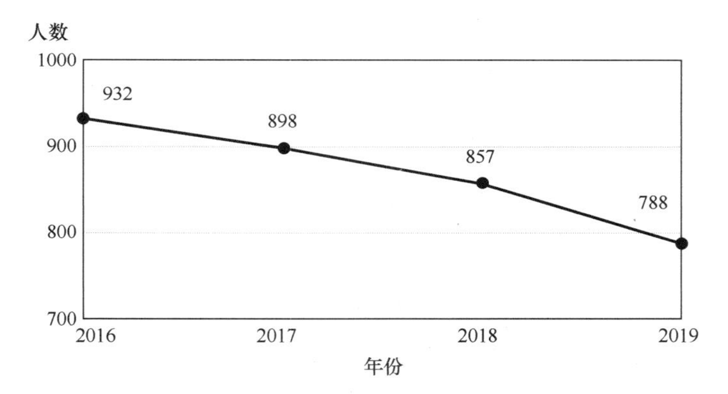

图 8-11 “十三五”以来铁路交通事故死亡人数变化趋势

资料来源：国家铁路局 2019 年铁路安全情况公告。

（二）铁路货运总发送量突破 43 亿吨，助力污染防治攻坚战

2019 年全国铁路货运总发送量完成 43.89 亿吨，比上年增加 2.96 亿吨，增长 7.2%（图 8-12）。其中，国家铁路 34.40 亿吨，比上年增长 7.8%。全国铁路货运总周转量完成 30181.95 亿吨公里，比上年增加 1254.11 亿吨公里，增长 4.3%（图 8-13、图 8-14）。其中，国家铁路 27009.55 亿吨公里，比上年增长 4.7%。

2019 年，铁路货运按照中央调整运输结构、增加铁路运输量的决策部署，完善西煤东输、北煤南运体系，开通浩吉铁路，唐山至呼和浩特铁路、瓦塘至日照铁路煤炭运量同比增长 45% 和 79.4%；积极推动疏港矿石“公转铁”运输，北方主要沿海港口疏港矿石运量同比增长 15.2%。货运增量行动取得显著成效，

图 8-12　2014～2019 年全国铁路货运总发送量

资料来源：铁道统计公报。

图 8-13　2014～2019 年全国铁路货运总周转量

资料来源：铁道统计公报。

图 8-14　2014～2019 年全国铁路总换算周转量

资料来源：铁道统计公报。

2018 年和 2019 年两年来铁路货运增加的运量与公路完成同样货运量相比，节省标准煤 380 万吨，减少二氧化碳排放 934 万吨。

在铁路货物运输中，大宗货物运量占铁路货运总量的比例基本稳定保持在 90%以上。根据《2018～2020 年货运增量行动方案》的目标，目前看来第一、二阶段铁路货运增势强劲，全力组织西煤东运、北煤南运，发展集装箱多式联运，有序承接“公转铁”运量，强化运输调度集中统一指挥，路网和装备运用效率明显提升，全国货物运输结构明显优化，铁路、水路承担的大宗货物运输量显著提高，货运增量行动实现良好开局。按照三年行动方案的要求，集装箱运输应当作为铁路货运增量行动的重要着力点，突出发展铁海联运、铁江联运、国际联运，全面提升多式联运的效率和质量。不过，当前我国物流成本仍较高，距离完全发挥铁路货运、水运等低成本低能耗的优势，还有很大的进步空间。

二、铁路服务能力取得较大进步

近些年来，无论是从运输效率还是产业效益来说，中国铁路发展均处于世界先进位置。然而，相较于经济高速发展，我国铁路运输能力和服务质量依旧存在较大的差距：从客运来看，旅客买票难、乘车难的问题并没有彻底解决，重要干线承受着较大的运输压力，客运服务和设备安全均存在质量隐患；从货运来看，经济发展和社会需求仍然要求铁路提供更优质的货运服务，通过提升服务质量与其他运输方式竞争货运市场。回顾近十年的发展历程，铁路运输的服务能力和服务质量都取得了较大进步。

（一）高铁列车升级提速，运客能力持续扩张

我国高铁在投入运营后，在列车开行数量、速度等级、本线与跨线比例、单车载客能力等方面进行了数轮升级。以京沪高铁为例，时速 300 公里的列车在 2011 年占比 63.81%，2016 年底占比 98%，全线开行列车已实现“全高速”（表 8-2）。2017 年 9 月，“复兴号”动车组在京沪高铁上有 7 对运行，一年后增至 23 对，其中 15 对按照 350 公里/时的速度运行。2019 年 1 月，京沪高铁首次投入运营 17 辆超长版“复兴号”动车组，载客能力提升了 7.5%。高铁列车进行提速将有助于改善服务质量，提升旅客发送能力。推进出行服务快速化、便捷化，通过高铁构筑大容量、高效率的区际快速客运服务，提升主要通道旅客运输能力。

2011～2019年京沪高铁历年各等级列车开行情况　　表8-2

时间	速度等级（公里/小时）	日均开行数量（列/天）	占比
2011年	300	134	63.81%
	250	76	36.19%
2012年	300	158	75.24%
	250	52	24.76%
2013年	300	222	83.15%
	250	45	16.85%
2014年	300	245	91.42%
	250	23	8.58%
2015年	300	322	93.06%
	250	24	6.94%
2016年	300	441	97.78%
	250	10	2.22%
2017年7月	300	489	98%
	250	10	2%
2017年9月	350	7对“复兴号”动车组在京沪高铁按时速350公里	
2018年9月	350	运行“复兴号”列车23对（时速350公里“复兴号”15对，占比65%）	
2019年1月	350	17辆超长版时速350公里复兴号，单车运能增加7.5%	

资料来源：前瞻产业研究院。

（二）高铁票价改革试点推开，定价机制改革加速

2019年1月，铁路行业探索灵活可控的高铁票价调整机制，深化一日一价、一车一价可行性研究并择机试点。我国高铁票价改革进一步深化，通过区分铁路线路性质、车组运行速度、选乘车厢种类、车组运行日期等因素，细化票价调整机制，更好地适应旅客出行需求（表8-3）。对于具备稳定收益预期的经营性铁路，应当助力铁路企业按照市场化运作模式，建立合理有效的定价机制，促使运营主体的运营收入能覆盖运输成本，并且可以持续获得正常利润，赋予铁路企业充足的自主定价权。

高铁票与普铁车票二等座定价策略 表 8-3

里程（km）	高铁车票价率[元/(人·km)]	中速车票价率[元/(人·km)]	定价标准
0～500	0.46	0.34	基准价
500～1000	0.414	0.306	基准价 9 折
1000～1500	0.368	0.272	基准价 8 折
1500～2000	0.322	0.238	基准价 7 折
2000～5000	0.276	0.204	基准价 6 折

资料来源：前瞻产业研究院。

（三）提升铁路货物增量，促进“公转铁”转型

2019 年，国家铁路集团有限公司贯彻中央调整运输结构、增加铁路运输量的决策部署，根据《2018～2020 年货运增量行动方案》，进一步提升运输能力，降低物流成本，优化产品供给。积极推动疏港矿石“公转铁”运输，北方主要沿海港口疏港矿石运量同比增长 15.2%，其中京津冀地区的曹妃甸、京唐、黄骅港在 2019 年疏港矿石运量分别增长 50%、156%、81%。中国铁路总公司从 2018 年来以环渤海及山东、江苏北部沿海港口为重点，坚持“一港一策”，逐港制定疏港矿石铁路运输方案。唐山市政府与中国铁路北京局集团有限公司签署战略合作框架协议，按照“集疏分开、专业运营”的港口集疏运新模式，增加唐山区域铁路货运量，并且从调整港口铁路管理体制、优化配置运力资源、完善铁路运输组织、建设企业专用线等方面提出一系列改革方案，曹妃甸港疏港矿石在 2019 年全部实现“公转铁”。国家铁路集团有限公司将继续支持推进唐曹、水曹铁路建设，支持企业修建铁路专用线，并在运力配置等方面予以重点保证，为承接“公转铁”运量提供能力保障。

（四）优化服务流程，打造服务精品

新时期铁路精神凝练为“安全优质、兴路强国”① 八个字，近年来，铁路运输行业明显加强了客户服务的规范化、流程化管理，在人员编制、操作流程、任务分配等方面更加精细化。乘坐组编制由其岗位人员编制标准确定，旅客列车单独运行时间越长，编制人员越多，保证列车长和列车员的数量，行李、广播、餐

① 2014 年 1 月 9 日，中国铁路总公司党组书记、总经理盛光祖同志在总公司工作会议上，将新时期铁路精神凝练为“安全优质、兴路强国”八个字，要求全路以学习宣传习近平总书记系列讲话精神为重点，深入开展中国特色社会主义、中国梦和社会主义核心价值观教育，大力弘扬新时期铁路精神，巩固全路干部职工团结奋斗的共同思想基础。http：//www.china－railway.com.cn/qywh/tljs/201403/t20140326_42713.html

车、供水人员配备合理，为旅客提供全方位的服务。如单程运行 18 个小时以上者，旅客列车乘务人员需要满足正副列车长各一人，列车员每辆 2 人，行李员每列 2 人，广播员 1 人，餐车人员若干人，供水人员每辆茶炉车 1 人等（表 8-4）。

单列铁路列车乘务人员编组情况 **表 8-4**

人员种类	人员构成
列车长（列）	正、副共 2 人
列车员（节）	每节车厢 2 人
广播员（列）	每列 1 人
餐车人员（列）	每日 1 餐者配备 7 人；每日 2 餐者配备 8 人；每日 3 餐者配备 9 人；单程 22 小时以上配备 10 人
供水人员（列）	每节茶炉车 1 人

资料来源：根据网络公开资料整理。

铁路服务具体流程主要包括准备阶段、乘务阶段和退乘阶段，铁路行业企业针对每一服务阶段制定了详细的操作规范，以保障客运服务质量。以乘客上车前“准备阶段”为例，乘务员需要提前 2 个小时到派班室报道，确认当日担当乘务情况。第一，参加出乘任务布置会，接受列车长布置的重点工作，接受命令传达要准确无误，乘务任务要布置清楚；第二，参加业务学习，接受列车长业务抽考；第三，检查对讲机、补票机、站车无线交互系统等设备的性能状态；第四，值乘人员精神饱满，着装及人容标准需要严格执行相关规定，整理制服、帽子、胸卡、头饰、皮鞋以及乘务箱和车门钥匙等；第五，列队集合。

第三节　铁路运输行业发展成效

“十一五”“十二五”是我国铁路发展的重要时期。十余年来，铁路部门以科学发展观为指导，深入贯彻落实党中央、国务院关于加快发展铁路的决策部署，铁路建设取得重要进展，客货运量保持快速增长，技术创新取得显著成效，对经济社会发展的运输保障作用明显提升，各项目标任务已经全面完成。2019 年，铁路运输行业发展提出了新要求，要求努力加强现代化铁路建设，构建现代综合交通运输体系，建设交通强国。

一、铁路行业体制机制实现重大突破

(一) 组建中国国家铁路集团有限公司

铁路运输行业的科学发展，既需要在指标、基础设施硬件上有所突破，也需要在体制机制上通过改革进一步激发活力。2019 年 6 月 18 日，经国务院批准同意，中国铁路总公司改制成立中国国家铁路集团有限公司（图 8-15），在北京挂牌。通过组建国家铁路局和中国国家铁路集团有限公司，深化实施政企分开，进一步简政放权，引入市场机制，保障服务质量和高效安全。大幅削减铁路行政审批事项，进一步推进简政放权，加快政府职能转变，激发市场主体活力。2017 年 1 月，国家发展和改革委员会下发的《关于进一步下放政府投资交通项目审批权的通知》将非跨省新建普通铁路项目等四项政府投资项目审批权限下放给中国铁路总公司和省级政府，发挥规划对项目的有效管理，最大限度下放审批权限。

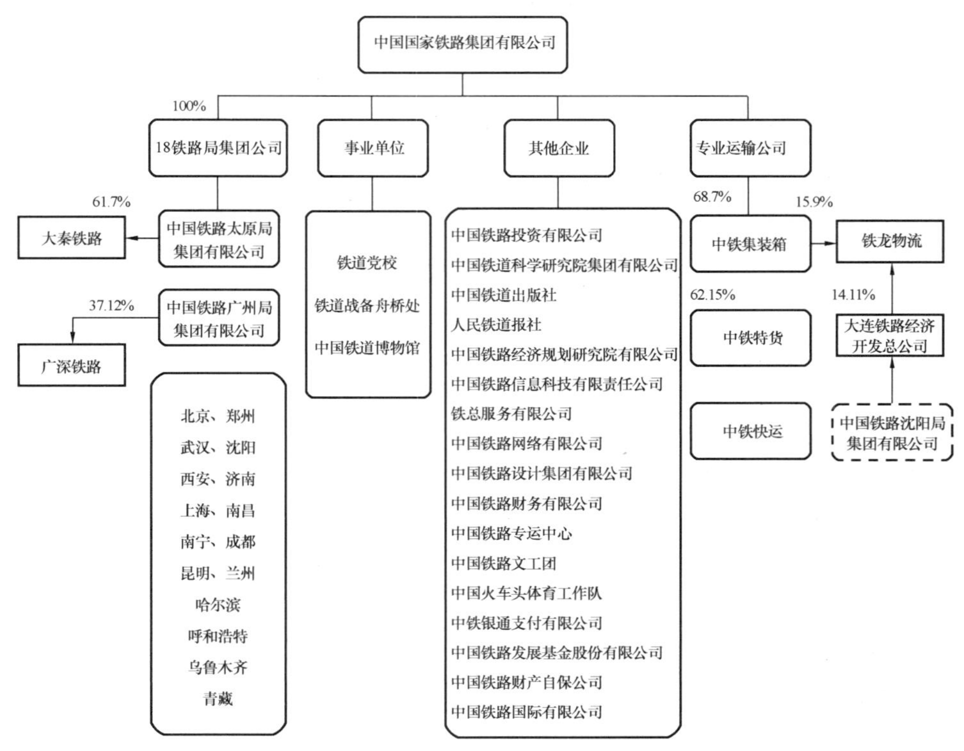

图 8-15 中国国家铁路局集团公司管理及股权架构

资料来源：国家铁路集团有限公司官网。

（二）推进投融资体制改革创新

我国铁路仍处于建设发展期，需要快速推进铁路投融资体制改革，进一步鼓励和扩大社会资本投资建设铁路，进一步完善铁路发展支持政策。此前我国铁路建设主要采取合作建设模式，即由中国铁路总公司牵头、中国铁路总公司和地方政府公共筹集资本金（政府财政资金），其余资金主要以铁路建设基金、银行贷款等方式融资。随着铁路改革的不断推进，在中国铁路总公司和地方政府的合作中，地方政府在合资铁路中的出资比例逐渐提高，城际铁路、支线铁路等项目的建设主导权由中国铁路总公司逐渐过渡到地方政府和社会资本方。未来国家铁路集团有限公司将主要负责建设路网干线项目，不再投资城际铁路以及支线铁路。

随着铁路建设权逐步下放，省级铁路改由地方政府规划建设，普速铁路审批权放开，建设资金也更多改由建设地方政府自筹。在交通投资预算约束下，地方政府将通过积极吸引社会资本进入铁路项目投资来缓解资金压力，有效提升了铁路建设的市场化程度，更多关注铁路项目本身的效益，减少地方铁路建设对国家资金的过度依赖，也有助于地方铁路项目的质量提升。

2019 年铁路行业坚持政府主导、市场化运作、多元化投资的原则，继续进一步深化投融资体制改革，完善细化投融资政策，积极拓展融资渠道，控制投融资风险。加强铁路法律法规对投融资机制的保障，建立和完善铁路建设资金保障和政府债务风险防控的平衡机制，合理控制建设规模、建设标准、建设时序等，与实际发展需求和投融资能力相协调。深化企业管理体制和经营机制改革创新，大力发展多元化经营，统筹运输业务、延伸业务、其他业务协调发展，增强企业发展活力和效益，探索铁路经济新业态。

（三）深化铁路行业政府信息公开

2019 年，国家铁路局全面推进政务公开工作，结合监管履职实际，有序推进制度建设、平台优化、政府信息主动公开等工作，工作质量和效率不断提升。

进一步加强信息公开的制度体系建设。国家铁路局在 2019 年修订发布《国家铁路局政府信息公开实施办法》，制定发布《国家铁路局 2019 年政务公开工作实施方案》，明确年度信息发布重点工作。完成政府网站《公开目录》栏目升级改造工作，对目录文件进行分类并增加索引号、名称、内容概述、生成日期等内容，方便社会公众查询，提升互动时效，确保公开内容准确可用。

进一步加强与网民的互动回应。及时办理《局长信箱》《投诉举报》等渠道的网民投诉、建议及咨询类信息，对具有普遍性的意见建议及回复结果在网上公开，并对运输类投诉举报邮件按季度对外公开处理情况。

进一步增强主动公开的工作意识和工作方法。主要通过政府网站和《铁道政言》政务微博及时发布各类履职信息。推进“互联网＋政务服务”，及时公开行政许可相关信息。及时发布国家铁路局安全生产委员会联络员、铁路设备监管工作、铁路工程监管工作、汛期防洪监督检查工作会议以及相关监管信息。发布年度铁路安全情况公告以及铁路运输高峰期、恶劣气象条件和重要国事活动期间等关键时期的监督检查信息。强化铁路法规、标准信息发布及政策解读工作。通过政府网站向社会公开征求《铁路法》《铁路机车车辆驾驶人员资格许可办法（征求意见稿）》《铁路专用设备生产企业信用管理暂行办法（征求意见稿）》意见，对铁路建设工程招投标政策文件进行清理并公布现行有效文件情况。发布《磁浮铁路技术标准（试行）》等铁道行业标准 78 项，发布多项铁道行业技术标准英文译本和小语种译本，推动发布《铁路旅客运输服务质量》等国家标准 15 项。

二、科学技术支撑产业先进制造力

（一）技术标准不断细化严格

2019 年为破解铁路重大科技课题，国家科技主管部门和产业主管部门集中全国优势力量，协同联合攻关，在铁路运输行业涌现出一系列技术标准规程和创新科技成果。2019 年，铁路行业修订发布一批重要技术标准。报经国家标准化管理委员会审批发布《铁路旅客运输服务质量》《道砟清筛机》《机车车辆动力学性能评定及试验鉴定规范》等铁道国家标准 15 项。发布铁道行业标准（技术标准）公告 9 批，《机车车辆强度设计及试验鉴定规范总则》《铁路站场无线通信系统技术条件》和《铁路机车车辆驾驶人员健康检查规范》等技术标准 51 项，《ZD9/ZDJ9 系列电动转辙机》TB/T 3113—2015 和《铁路货车篷布》TB/T 1941—2013 标准修改单 2 项。发布铁道行业标准（工程建设标准）公告 8 批，《磁浮铁路技术标准（试行）》《高速铁路安全防护设计规范》和《铁路专用线设计规范（试行）》等工程建设标准 19 项。发布铁路工程造价标准公告 1 批，《铁路工程估算定额（第一册通信工程）》等工程造价标准 8 项。发布关于下调铁路工程造价标准增值税税率的公告 1 批。发布《铁路列车荷载图式》《交流传动电力机车》《交流传动内燃机车》等铁道行业标准（技术标准）英文译本 25 项。发布铁路工程施工质量验收系列标准、《铁路旅客车站设计规范》和《铁路工程环境保护设计规范》等铁道行业标准（工程建设标准）英文译本 22 项，发布《高速铁路设计规范》俄文译本 1 项、印尼文译本 1 项。报经国家市场监督管理总局审批发布《数字指示轨道衡检定规程》国家计量规程规范 1 项。发布《动车组测量仪表量值保证规范》《铁路接触网张力测量仪检定规程》铁道行业计量规程规范 2 项。2019 年铁道行业获国家科学技术奖 6 项。其中国家技术发明二等奖 2 项：株洲中车时代电气股份有限公司“高压大电流 IGBT 芯片关键技术及应用”、中南大学“高速列车—轨道—桥梁系统随机动力模拟技术及应用”。国家科技进步二等奖 4 项：中国铁道科学研究院集团有限公司“高速铁路高性能混凝土成套技术与工程应用”、中铁第一勘察设计院集团有限公司“长大深埋挤压性围岩铁路隧道设计施工关键技术及应用”、中南大学“强风作用下高速铁路桥上行车安全保障关键技术及应用”、西南交通大学“重载列车与轨道相互作用安全保障关键技术及工程应用”。铁路重大科技创新成果库 2019 年度入库 280 项，其中铁路科技项目 48 项、铁路专利 51 项、铁路技术标准 27 项、铁路科技论文 154 项。

（二）高铁技术助力国际合作与市场竞争

“十二五”期间，铁路尤其是高铁日益成为我国对外交流合作新名片和共建“一带一路”倡议的重要领域[①]。《交通强国建设纲要》指出要开放合作面向全球、互利共赢，推进与周边国家的铁路互联互通，发展铁路国际班列，推进跨境道路运输便利化；加大对外开放力度，深化铁路交通国际合作，促进铁路运输政策、规则、制度、技术、标准“引进来”和“走出去”。铁路建设、装备、运输等企业积极开拓国际市场，承建的土耳其安伊高速铁路建成通车，肯尼亚蒙内铁路等开工建设，雅万高铁和中老、匈塞等铁路合作积极推进，机车车辆等装备实现较大规模整装出口。

总体来说，中国的高铁技术在国际市场上已经形成如下优势：一是适应性强。中国辽阔的国土覆盖了世界上大多种类的自然地理环境，中国的高铁网络也是世界上路网最复杂、运营与服务需求最复杂的，为中国高铁满足世界其他地区的需求带来了领先优势。二是自主化程度高。目前，除了极少数的关键零部件仍然需要进口外，几乎所有的配套设备都能在中国国内解决，中国已经形成了世界上最为完善的高铁产业配套体系。三是技术体系完整。中国高铁技术和产品实现了从时速 200 公里到时速 400 公里全覆盖。四是中国高铁具备强大的建设和运营大规模路网的能力，在建设和运营等方面有着成本优势。五是中国高铁已经形成了完整而配套的科技创新能力体系，拥有独一无二的技术规模和布局。

---

① 参见《铁路“十三五”发展规划》(发改基础〔2017〕1996 号)。

三、绿色铁路建设助力生态文明建设

随着经济社会持续快速发展，我国能源资源环境约束日趋加剧，生态环境承载能力弱，需要加快转变经济发展方式，加快构建“两型”社会，增强可持续发展能力。铁路具有环保、低能耗等天然优势，是效率最高、排放最低的交通方式之一，对于节省全球能源消耗和温室气体排放量具有重要作用。以铁路增加的货运量与公路完成同样货运量相比，可节省 299 万吨标准煤，减少二氧化碳排放 736 万吨。对于中长距离运输来说，铁路在节能、节地、环保、经济等方面具有明显的比较优势，近些年来，我国在铁路规划建设中，贯彻落实资源节约和环境保护政策，采用先进设计和施工技术，节约土地资源和保护生态环境，更加注重统筹各种运输方式协调发展，推动“公转铁”，加强各种运输方式有机衔接和综合枢纽建设，因而在节能减排上取得了较大进步。根据国家铁路局 2019 年统计公报结果显示，在综合能耗上，国家铁路能源消耗折算标准煤 1634.77 万吨，比上年增加 10.57 万吨，增长 0.7%。单位运输工作量综合能耗 3.94 吨标准煤/百万换算吨公里，比上年减少 0.13 吨标准煤/百万换算吨公里，下降 3.2%。单位运输工作量主营综合能耗 3.84 吨标准煤/百万换算吨公里，比上年减少 0.03 吨标准煤/百万换算吨公里，下降 0.88%（图 8-16）。

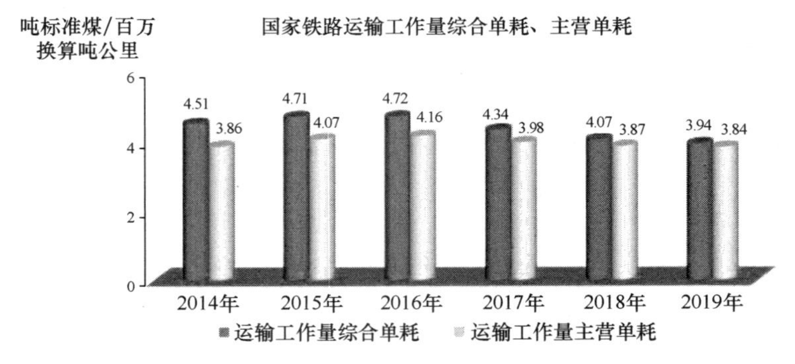

图 8-16 近年来我国铁路运输工作量能耗持续降低

资料来源：2019 年铁道统计公报，国家铁路集团有限公司 2019 年统计公报。

在主要污染物排放量上，国家铁路化学需氧量排放量 1764 吨，比上年减排 114 吨，降低 6.1%。二氧化硫排放量 5438 吨，比上年减排 4398 吨，降低 44.7%（图 8-17）。同时重视沿线绿化，国家铁路绿化里程 5.16 万公里，比上年增加 0.28 万公里，增长 5.7%。

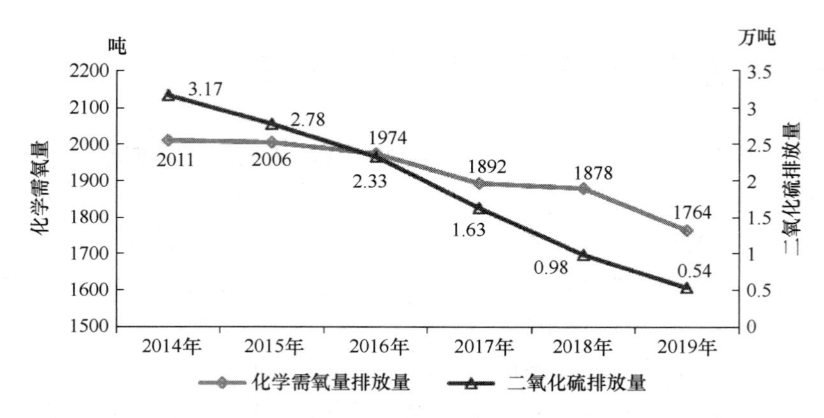

图 8-17 近年来我国铁路污染物排放量大幅降低

资料来源：2019 年铁道统计公报，国家铁路集团有限公司 2019 年统计公报。

四、运输服务格局和品质取得提升

（一）公益性运输作用凸显

我国铁路现代化进程快速推进，铁路快速发展对经济社会发展做出了积极贡献，通过承担公益运输任务和打造现代物流体系，满足多元化需求。

一批快速铁路建成投产，大大缩短区域时空距离，为促进区域协调发展、加快城镇化和工业化进程提供支撑。高速铁路发展推动了产业结构优化升级、增强企业科技创新能力并带动沿线旅游、商贸等服务业的快速发展，促进综合运输体系优化。西部铁路的建设和运营，改善了西部地区基础设施条件，增强了地区自我发展能力，加快了老少边穷地区脱贫致富和经济社会发展，坚持巩固铁路扶贫成果，为实现脱贫攻坚目标多做贡献。始终坚持把国家利益和社会利益放在第一位，根据国家铁路局的统计数据，近年来铁路在抗击重大自然灾害和其他应急运输中发挥了骨干支撑作用，铁路 90％的运力用于确保关系国计民生的煤炭、冶炼、石油、粮食等重点物资运输，承担了学生、农资等大量公益性运输任务，保障了国民经济平稳运行和人民群众生产生活需要。

铁路行业积极打造绿色高效的现代物流系统。加快推进港口集疏运铁路、物流园区集大型工矿企业铁路专用线等“公转铁”重点项目建设，推进大宗货物及中长距离货物运输向铁路和水运有序转移，推动铁水、公铁等联运发展，推广跨方式快速换装转运标准化设施设备，形成统一的多式联运标准和规则。

（二）便民化服务持续完善

在近些年来，铁路运输行业大力推动便民化措施，提升服务体验，实施便民利民举措，加快客货营销由传统方式向电子商务转变，实现铁路与客户远程直接服务，积极推广电话订票、互联网售票、电子客票、银行卡购票、自动售检票等方式，最大限度方便旅客和货主。深化货运组织改革，创新货运业务流程，加快推进集中受理、优化装车等服务方式，提高运输效率和效益。加快建设铁路客户服务中心，实行“一站式”办理、“一条龙”服务，拓展服务功能，提升服务水平。加强公共信息服务工作。进一步改善站车服务设施，强化站车乘降、供水、供暖、卫生、餐饮、信息等基本服务，全面提高站车服务质量和水平。近年来，随着互联网和移动支付的快速发展，铁路运输服务多样性、选择性、舒适性和便捷性不断增强。动车组承担客运比重快速增长，12306 网络售票和移动客户端全面推广，客运量年均增长 10%，人民群众的获得感与活跃度明显增强。货运能力不断释放提升，重点物资运输保障有力，受理服务明显改善，中欧班列形成品牌效应。运输安全基础进一步夯实，国防和应急保障能力也显著增强。

第四节 铁路运输行业安全与监管

“安全第一”是铁路永恒的主题。安全是铁路正常运输秩序的保证，是万千旅客得以顺利回家的定心丸。铁路安全事关广大铁路人，也关系着千万旅客。《交通强国建设纲要》单独列出一部分强调交通运输必须注重安全保障完善可靠、反应快速。提升本质安全水平，及持续加大铁路基础设施安全防护投入，从建设、运营、养护、监测检测等阶段提升关键铁路基础设施安全防护能力，完善铁路基础设施安全技术标准规范；完善交通安全生产体系，强化企业主体责任，明确部门监管责任，完善安全责任体系，关注风险预防控制和自然灾害防治，增强科技兴安的能力；强化交通应急救援能力，建立健全综合交通应急管理体制机制、法规制度和预案体系，加强专业设备设施和队伍建设。

一、铁路安全基本概况

围绕加快推进交通强国建设的国家战略，铁路行业始终保持清醒头脑，深刻认识新时代铁路安全工作面临的挑战，切实提高安全生产的政治责任意识。铁路行业在 2019 年，坚持红线意识和底线思维，着重关注高铁和旅客列车安全，落实企业安全生产主体责任，健全完善铁路安全监管体系，综合整治高铁沿线安全。不同主体共同为铁路安全工作付出心血汗水，有力地维护着铁路的持续稳定安全运行。

（一）夯实不同主体安全责任

2019 年国家铁路局及所属各地区铁路监督管理局坚持紧密围绕交通强国铁路篇建设和“安全质量服务创新年”主题，突出重大安全风险防范，深入推进安全监督检查和行政执法。突出对高铁及重载铁路等重点项目、隧道及大跨高墩桥梁等关键结构、勘察设计及验收等重要环节的监管，开展设备生产企业、动车组检修质量安全、高铁基础设施运用状态检测、铁路专用产品质量等监督检查（表 8-5）。此外，《铁路法》等法律法规修订工作取得阶段性进展，修订发布《铁路机车车辆设计制造维修进口许可办法》等规章，编制发布《磁浮铁路技术标准（试行）》等 72 项铁道行业标准。

2019 年铁路监管部门行政执法情况汇总　　表 8-5

行政检查	
检查组次	2181 组次
检查重点单位和场所	4562 个
检查发现问题隐患	13209 个
发放问题整改通知书	693 份
向地方政府和企业发函	571 件
开展安全生产约谈	56 次
行政执法	
依法实施行政处罚	205 起
做出行政处罚决定	335 个

资料来源：2019 年铁路安全情况公告。

明确铁路行业安全各方主体责任。

（1）铁路运输企业认真落实安全生产主体责任。国家铁路集团有限公司及所属单位、各地方铁路运输企业夯实基础、提升质量，推进标准化、规范化建设，狠抓安全关键和薄弱环节，构建安全保障体系和双重预防机制，提升企业安全管理水平。

（2）铁路建设、勘察设计、施工、监理等参建单位层层落实安全责任。严格监管工程项目质量安全，推进安全质量的标准建设、红线控制、源头管控，强化检查和隐患排查，在按期推进铁路工程建设任务的同时紧抓工程质量安全。

（3）铁路设备制造、修理企业加强产品质量源头管控和检验检测，全力保障新线开通和新装备投用，在产品生产全过程贯穿产品信用体系建设，为铁路运输提供坚实可靠的技术质量保障。

（4）有关部门、各级地方人民政府积极维护铁路安全，构筑多部门、多地方的联合监管工作机制。住房和城乡建设部、交通运输部、应急管理部等相关部门及检察机关、公安机关和各级地方人民政府认真履行确保铁路运输安全的法定职责，共同努力，协调配合，健全“双段长”制，高铁沿线环境安全明显改善。12个省份颁布了保障铁路安全的地方性法规或政府规章，26个省份与铁路监管机构、铁路运输企业建立了铁路沿线环境综合整治长效机制，协同监管、综合治理的工作格局正在形成。

（二）铁路安全存在的主要问题

2019年，根据国家铁路集团发布的安全工作报告显示，铁路安全工作取得显著成效，但也存在一些薄弱和短板。

（1）沿线环境安全方面。个别地区行人非法上道问题突出，行人非法上道仍是铁路交通事故造成人员伤亡的主要原因，全年因行人非法上道穿越线路导致铁路交通较大事故1件。公铁交汇区段机动车肇事撞击铁路桥梁、侵入线路，沿线彩钢瓦、防尘网、塑料大棚等被大风吹上线路，非法施工挖断电缆等影响铁路运行安全问题时有发生。整体来看，2019年全国铁路未发生铁路交通特别重大、重大事故；发生较大事故4件，同比增加3件。铁路交通事故死亡人数和10亿吨公里死亡率均同比下降。

（2）现场安全管理方面。个别单位作业标准执行、安全关键卡控存在薄弱环节。专用铁路、铁路专用线安全管理薄弱，发生铁路交通较大事故2件，调车冲、脱、挤惯性问题多发。

（3）自然灾害影响方面。全年因自然灾害发生较大事故1件。强降雨、台风等恶劣天气引发的山体滑坡、泥石流导致设备设施受损、线路中断、列车停运等问题较为突出，既有普速铁路抗灾能力建设需进一步加强，应急处置面临严峻考验。

（4）主要行车设备方面。机车车辆、通信信号、接触网等设备故障时有发生，主要行车设备源头质量和养护维修质量需进一步提高。部分地方铁路企业安全投入不足、设备管理基础薄弱。

二、铁路行业安全监管

高铁是铁路旅客运输的主渠道，随着我国高铁路网的快速扩张、运输规模的持续扩大，技术装备的迭代升级，高铁安全工作面临的形势日趋严峻和复杂。高铁建设运营必须坚持生命至上、安全第一的理念，安全是做好一切工作的前提和基础，是铁路发展必须坚守的底线。党中央、国务院高度重视铁路安全，通过铁路立法为确保高速铁路安全提供制度遵循和法治保障，建立预防为主、依法管理、综合治理的高铁安全风险防控体系。

（一）铁路安全监管的沿革与发展

1. 单一主体监管期（1989～2020 年）

监管主体仅为铁路部门，监管内容逐渐扩充。铁路是我国国民经济和社会发展的重要基础设施，国家高度重视铁路安全工作。早在 1989 年，国务院就制定公布了《铁路运输安全保护条例》，2004 年又对该条例进行了全面修订，对于保障铁路运输安全发挥了重要作用。2013 年国务院颁布《铁路安全管理条例》，从铁路建设、运输、线路、运营等方面全面加强铁路安全管理，保障铁路运输安全和畅通，保护人身安全和财产安全，铁路安全监管的内容范围大大增加，逐渐走向全过程、全方位的安全监管。不过在这三十多年间，监管主体始终只有铁路监督管理部门，地方政府、铁路运输企业、铁路建设、运输、设备制造维修单位的工作人员以及社会公众都属于被监管对象，配合铁路监管部门的工作。

2. 多元主体监管期（2020 年 7 月 1 日至今）

多个政府部门联合监管，全面覆盖安全监管领域。铁路安全是国家安全的重中之重，随着社会不断发展变化，需要对铁路安全保护管理制度中不适应改革要求的规定进行调整。交通运输部、公安部、自然资源部、生态环境部、住房和城乡建设部、水利部、应急管理部于 2020 年 5 月 14 日联合发布《高速铁路工程安全防护管理办法》，从高铁线路安全防护、高铁设施安全防护、高铁运营安全防护以及高铁监督管理方面，织密高铁安全防护网络，旨在加强高速铁路安全防护，防范铁路外部风险，保障高速铁路安全和畅通，维护人民生命财产安全。

《交通强国建设纲要》单独列出一部分强调交通运输必须注重安全保障完善可靠、反应快速。提升本质安全水平，及持续加大铁路基础设施安全防护投入，从建设、运营、养护、监测检测等阶段提升关键铁路基础设施安全防护能力，完善铁路基础设施安全技术标准规范；完善交通安全生产体系，强化企业主体责任，明确部门监管责任，完善安全责任体系，关注风险预防控制和自然灾害防治，增强科技兴安的能力；强化交通应急救援能力，建立健全综合交通应急管理体制机制、法规制度和预案体系，加强专业设备设施和队伍建设。

（二）铁路安全监管体系的构建

（1）建立多元主体的高铁安全防护责任体系，形成政府部门依法监管、企业实施主动防范、社会力量共同参与的综合治理格局。从政府部门监管层面，国家铁路局和地区铁路监督管理局分别负责全国和辖区内的高速铁路安全监管工作，各级公安、自然资源、生态环境、住房和城乡建设、交通运输、水利、应急管理等部门和消防救援机构依照法定职责做好保障高速铁路安全的相关工作。从企业层面，铁路运输、建设、设备制造维修等相关企业落实安全生产主体责任。从社会参与层面，落实“谁执法谁普法”的普法责任制，加强保障高速铁路安全有关法律法规、安全生产知识的宣传教育，支持和鼓励社会力量积极参与高铁安全防护工作。另外，需要区分铁路的种类性质，明确地方铁路公司、地方政府、合资铁路中不同主体的安全责任。

（2）建立协调配合、联防联控的高铁沿线安全环境治理体系。高铁沿线违法占地、违法建设、违法经营等违法违规行为导致安全隐患频现，风险防控难度不断加大。铁路监管部门要协调相关部门以及高速铁路沿线人民政府构建综合治理体系，建立路地协商机制，加强联防联控，切实落实护路联防责任制，推进铁路沿线安全环境综合治理常态化、规范化、制度化。区分铁路设计、建设、运营等不同阶段过程中安全监管的重点，细化落实各阶段中不同主体的责任。

（3）建立技术与人工相结合的高铁安全保障体系，最大化利用现代信息技术手段防范自然灾害与人为侵害。强调对高铁沿线实行全封闭管理，保障车站广场、候车区、列车车厢等重要场所以及高速铁路桥梁、隧道等重点部位的人员和设施设备安全。为完成维护国家安全、反对恐怖主义的任务，防止外来不确定风险冲击高铁运行安全，高速铁路沿线重点区段安装设置周界入侵报警系统，并加强对高速铁路线路的视频监控。相关单位依法建立地质、气象灾害预警信息互联互通机制，铁路运输企业针对灾害采取相应防范措施。

第九章　政　策　解　读

第一节　综合性法规政策解读

财政部《政府和社会资本合作（PPP）项目绩效管理操作指引》解读

一、出台背景

在近年来国家出台的各项 PPP 相关政策和规章中，PPP 项目的绩效考核和管理问题虽多有提及，但大多停留在总体原则和宏观构建的层面上，没有规定具体的实施细则和操作办法。由于各项政策发布的部门不同，政策规定的重点和方向也不尽相同，这就导致一些政策在绩效考核内容、项目监测时间和考核主体等方面存在规定互相冲突的情况。随着 PPP 模式在我国的不断发展，大批的 PPP 项目进入执行阶段，上述问题开始日益显露并亟待解决。正是在此背景下，财政部于 2020 年 3 月 31 日正式印发《政府和社会资本合作（PPP）项目绩效管理操作指引》（财金〔2020〕13 号），规范 PPP 项目全生命周期绩效管理工作，提高公共服务供给质量和效率，保障合作各方合法权益。

二、核心内容

（一）规范 PPP 项目绩效管理的适用范围

根据《指引》规定概括可知，PPP 项目绩效管理是指作为管理主体的项目实施机构，在项目所属行业主管部门的指导下开展的，贯穿于项目全生命周期（包括准备阶段、采购阶段、执行阶段和移交完成后）的绩效目标和指标管理、绩效监控、绩效评价及结果应用等项目管理活动。

其中，《指引》第二条规定，“PPP 项目绩效管理是指在 PPP 项目全生命周期开展的绩效目标和指标管理、绩效监控、绩效评价及结果应用等项目管理活动”，这实际上就明确了 PPP 项目绩效管理的基本框架体系。笔者认为，目前我国大量 PPP 项目陆续进入运营期，其中绝大部分都涉及政府支付责任，根据按效付费的要求，财政部在《关于推进预算绩效管理的指导意见》中明确：逐步建立以绩效目标实现为导向，以绩效评价为手段，以结果应用为保障，以改进预算管理、优化资源配置、控制节约成本、提高公共产品质量和公共服务水平为目的，覆盖所有财政性资金，贯穿预算编制、执行、监督全过程的具有中国特色的预算绩效管理体系。那么PPP项目中的政府支出责任毫无疑问也应纳入财政年度预算和中长期规划。据此，《指引》第二条的规定与上述《指导意见》也就实现了体系上的对应与融洽。

（二）明确绩效目标与绩效指标体系

根据《指引》规定，PPP项目绩效目标指的是项目在一定期限内预期达到的产出和效果，而PPP项目绩效指标是“衡量绩效目标实现程度的工具”。一般意义上来讲，绩效目标是指给评估者和被评估者提供所需要的评价标准，以便客观地讨论、监督、衡量绩效。而绩效指标可以理解为对绩效项目的分解和细化。

在PPP项目中设置绩效目标和绩效指标，首先是根据PPP项目自身跨层级、多维度的模式特点所做出的合理考量：一是给予PPP项目质量以明确标准，确保有的放矢；二是量化被评价一方的实操义务，避免推诿责任；三是通过目标指标反映项目真实实施情况，保证公平公开。同时，也承接其他相关政策，主要是《中共中央　国务院关于全面实施预算绩效管理的意见》和财政部《项目支出绩效评价管理办法》、《政府和社会资本合作项目财政管理暂行办法》中关于绩效管理的规定，在原有框架内做到深化细化，保持一脉相承。

此外，《指引》还规定，“项目实施机构负责编制PPP项目绩效目标与绩效指标，报项目所属行业主管部门、财政部门审核”。基于PPP项目的绩效管理工作是由实施机构主导完成的，而绩效目标指标将直接影响评价结果，对各方利益产生影响，为了避免各方在项目合同履约过程中产生不必要的纠纷和矛盾，《指引》第十一条对项目各阶段的绩效目标指标管理提出了具体的要求，主要是准备阶段的绩效目标指标编制与审核、采购阶段的非实质性内容调整、执行阶段的特殊情况协商以及移交完成后的后评价。可以看出，PPP项目绩效目标管理并非一次性完成，而是处于动态变化过程之中，真正做到了贯穿于PPP项目全生命周期。

（三）强化PPP项目绩效监管

《指引》规定，“PPP项目绩效监控是对项目日常运行情况及年度绩效目标实现程度进行的跟踪、监测和管理，通常包括目标实现程度、目标保障措施、目标偏差和纠偏情况等”。《指引》第三章主要规定了绩效监控的主体、要求和通常程序，但对PPP项目绩效监控内容、监控依据以及监控方法等方面没有进行详细展开。关于这些内容，在符合《指引》和其他相关政策规定的前提下，应由各方根据具体 PPP 项目特点和要求，在 PPP 项目合同中予以约定。

（四）强化绩效评价与结果应用

《指引》规定，“项目实施机构应根据项目合同约定，在执行阶段结合年度绩效目标和指标体系开展 PPP 项目绩效评价。财政部门应会同相关主管部门、项目实施机构等在项目移交完成后开展 PPP 项目后评价”，并将 PPP 项目绩效评价结果作为按效付费、落实整改、监督问责的重要依据。其中关于按效付费的规定，“政府付费和可行性缺口补助项目，政府承担的年度运营补贴支出应与当年项目公司（社会资本）绩效评价结果完全挂钩”，“使用者付费项目，项目公司（社会资本）获得的项目收益应与当年项目公司（社会资本）绩效评价结果挂钩”，进一步推行落实了财政部《关于推进政府和社会资本合作规范发展的实施意见》“建立完全与项目产出绩效相挂钩的付费机制”的要求，进一步强化并规范了财政资金对项目建设的加力增效，有利于 PPP 模式机制体制优势的充分发挥。

三、主要评价

《指引》对 PPP 项目在全生命周期开展的绩效目标和指标管理、绩效监控、绩效评价及结果应用等项目管理活动进行了明确和规范。《指引》的出台对提高公共服务供给质量和效率，保障合作各方合法权益具有重要和积极的意义。

第二节　排水与污水处理行业法规政策解读

《关于完善长江经济带污水处理收费机制有关政策的指导意见》解读

一、出台背景

2018 年 4 月，习近平总书记在深入推动长江经济带发展座谈会上的讲话中指出，长江经济带的生态环境形势依然严峻，生态环境协同保护体制机制亟待建立健全。推动长江经济带发展必须从中华民族长远利益考虑，把修复长江生态环境摆在压倒性位置，共抓大保护、不搞大开发，努力把长江经济带建设成为生态更优美、交通更顺畅、经济更协调、市场更统一、机制更科学的黄金经济带，探索出一条生态优先、绿色发展的新路子。2020 年 4 月 7 日，多部委联合印发《关于完善长江经济带污水处理收费机制有关政策的指导意见》（发改价格〔2020〕561 号），以下简称《意见》，旨在加快完善长江经济带污水处理收费机制，合理制定和调整收费标准，更好地发挥价格杠杆作用，引导资源优化配置、实现生态环境成本内部化，倒逼生产方式转型和生活方式转变，助推高质量发展，形成共抓大保护的良好局面。

二、核心内容

《意见》共包括三个部分，首先明确了推动长江经济带污水处理收费机制改革的重要意义，其次具体部署了包括成本监审、征收力度、差别化收费等重点任务，最后提出了意见具体落实的一些保障措施。

（1）明确完善长江经济带污水处理收费机制的重要意义。《意见》指出，推动长江经济带发展是党中央做出的重大决策，是关系国家发展全局的重大发展战略，而污水处理是水污染防治的关键环节，是推动长江经济带生态优先、绿色发展的重要举措。完善长江经济带污水处理收费机制不仅对长江水质保护具有重要意义，对于流域间协调治理和全国污水处理也能够起到很好的示范引领效应，更好地促进绿色发展和生态文明建设。

（2）部署完善长江经济带污水处理收费机制的重点任务。按照“污染付费、公平负担、补偿成本、合理盈利”的原则，《意见》从完善长江经济带污水处理成本分担机制、激励约束机制和收费标准动态调整机制入手，推动健全相关配套政策，建立健全覆盖所有城镇、适应水污染防治和绿色发展要求的污水处理收费长效机制。

（3）形成合理的成本分担机制。《意见》要求严格开展污水处理成本监审调查，长江经济带 11 省市要根据形势发展，按照长江水污染防治目标要求，考虑污水排放标准提升和污泥无害化处置等成本合理增加因素，规范、细化成本构成和具体审核标准，明确职工薪酬、折旧费等重要指标参数，合理归集、分摊和核算成本，严格核减不应计入定价成本的费用，为科学定价提供依据。省级价格主管部门要立即部署辖区内各地市全面开展污水处理成本监审调查工作，加强统筹指导，力争于 2020 年 10 月底前，完成污水处理成本监审调查工作，并将结果上报国家发展和改革委员会（价格司）。

（4）推行污水处理收费激励约束机制。《意见》一方面要求健全污水处理费调整机制，根据成本监审调查情况，按照补偿污水处理和运行成本的原则，在综合考虑地方财力、社会承受能力的基础上，合理制定污水处理费标准。另一方面提出应加大污水处理费征收力度，长江经济带 11 省市所有城市、县城、建制镇均应具备污水处理能力，并按规定开征污水处理费，重点加强对自备水源用户管理，实行装表计量，确保污水处理费应收尽收。此外，《意见》还推行污水排放差别化收费，鼓励各地探索开展污水排放差别化收费机制，根据企业排放污水中主要污染物种类、浓度等指标，分类分档制定差别化收费标准，促进企业污水预处理和污染物减排。工业园区要率先推行差别化收费政策。鼓励各地对污水排放实行递增阶梯收费制度，生态环境敏感脆弱的地区以及污染排放超负荷地区可先行先试。

（5）完善污水处理费标准动态调整机制。为了使污水处理费与经济发展水平相适应，《意见》鼓励创新，积极探索科学征收污水处理费的标准。一是创新污水处理服务费形成机制，通过政府购买服务，以招标等市场化方式确定污水处理服务费水平，鼓励将项目打包并与污水服务单位签订合同，同时建立与处理水质、污染物削减量等服务内容挂钩的污水处理服务费奖惩机制。二是降低污水处理企业负担，污水处理厂可自愿选择执行峰谷分时电价或平段电价，支持污水处理企业参与电力市场化交易，鼓励污水处理企业综合利用场地空间，采用“自发自用、余量上网”模式建设光伏发电项目。三是探索促进污水收集效率提升新方式，加快补齐生活污水收集管网短板，强化管网运行维护，根据当地污水主要来源，采取针对性措施，切实提高城市生活污水集中收集率。鼓励各地结合推进厂网一体化污水处理运营模式，开展收费模式改革试点，创新体制机制，吸引社会资本进入，提高污水收集管网运行效率。

（6）完善长江经济带污水处理收费机制的保障措施。《意见》从政府职责、地方责任、群众利益和宣传指导四个方面阐述了政策实施的相关保障。首先强调进一步厘清政府和市场权责关系，污水处理收费必须专款专用，适当的政策倾斜和补贴是必要的。其次，应细化、实化具体工作方案，明确时间表和路线图，明晰分工，责任到人，确保任务落地，取得实效并接受社会监督。再次，要保障困难群众利益，妥善处理污水处理收费标准调整与保障经济困难家庭基本生活的关系，采取对困难家庭不提高或少提高收费标准，或者在提高收费标准时，通过相关救助和保障机制，确保困难群众基本生活不受影响。最后，需做好宣传引导，将宣传工作与政策制定放在同等重要位置，向社会解读征收和调整污水处理费对促进水资源节约集约利用和水污染防治的重要性，提高公众参与度，最大限度凝聚社会共识，逐步提升居民节约用水、生态环境保护和付费意识。

三、主要评价

长江是中华民族的母亲河，也是中华民族发展的重要支撑，《意见》的出台立足于习近平总书记在深入推动长江经济带发展座谈会上的讲话，是座谈会上的意见在现实中的具体落实。围绕污水处理收费机制的完善，《意见》贯穿污水处理收费标准制定的始终，从成本监审到征收力度，从动态调整到差别化收费，充分考虑了地方财力和社会承受力。尤其是在降低污水处理企业负担这一点，给予企业充分的自主权，能够有效激励企业减少污水处理设施的闲置率，提高其参与市场化的积极性。

此外，值得注意的是，《意见》多次强调了发挥市场的作用，鼓励通过政府购买、招标等市场化方式确定污水处理服务费水平，并鼓励开展收费模式改革试点，吸引社会资本的进入。这些都表明，政府在不断激活长江经济带污水处理的市场活力，企图摆脱污水处理企业久亏不盈的局面，同时也为改善污水处理设施超负荷运作的现状。《意见》中指出各地应结合当地情况制定合理的污水处理费标准，然而长江经济带所属省份横跨我国东、中、西部，地区之间无论是政府治理水平、经济发展力度还是污水处理基础设施建设之间都存在不小的差异，在实际执行过程中恐会有重重困难。

《城镇污水处理提质增效三年行动方案（2019—2021年）》解读

一、出台背景

2018年5月，第八次全国生态环境保护大会在北京召开，提出加大力度推进生态文明建设、解决生态环境问题，坚决打好污染防治攻坚战，推动中国生态文明建设迈上新台阶。为全面贯彻落实全国生态环境保护大会、中央经济工作会议精神和《政府工作报告》部署要求，加快补齐城镇污水收集和处理设施短板，尽快实现污水管网全覆盖、全收集、全处理，2019年4月29日，住房和城乡建设部、生态环境部、发展和改革委员会联合印发《城镇污水处理提质增效三年行动方案（2019—2021年）》（建城〔2019〕52号），以下简称《方案》，旨在经过3年努力，实现地级及以上城市建成区基本无生活污水直排口，基本消除城中村、老旧城区和城乡接合部生活污水收集处理设施空白区，基本消除黑臭水体，城市生活污水集中收集效能显著提高。

二、核心内容

《方案》共包括五个部分，明确了城镇污水处理提质增效的指导思想和基本原则，设立了未来3年城镇污水处理工作的具体目标，具体部署了包括设施改造、长效机制和激励政策三方面的任务，并通过组织领导和督促指导等方面，强化了城镇污水处理的责任落实。

（1）明确城镇污水处理提质增效的总体要求。《方案》提出了“立足民生，攻坚克难；落实责任，强化担当；系统谋划，近远结合；问题导向，突出重点；重在机制，政策引领”的原则，明确要求以系统提升城市生活污水收集效能为重点，优先补齐城中村、老旧城区和城乡接合部管网等设施短板，坚持因地制宜，重点突破，力争用3年时间，形成与推进实现污水管网全覆盖、全收集、全处理目标相适应的工作机制，调动企业和公众各方主体参与积极性，实现生态效益、经济效益和社会效益共赢。

（2）推进生活污水收集处理设施改造和建设。《方案》提出了生活污水收集和处理能力与服务片区人口、经济社会发展、水环境质量改善要求相匹配的具体要求，对人口密度过大的区域、城中村等，要严格控制人口和企事业单位入驻，避免因排水量激增导致现有污水收集处理设施超负荷，而人口少、相对分散或市政管网未覆盖的地区，因地制宜建设分散污水处理设施。此外，在推进生活污水收集处理设施改造和建设中还需加强监管，这一方面需要建立污水管网排查和周期性检测制度，依靠地理信息系统（GIS），实现管网信息化、账册化管理，并完善基于GIS系统的动态更新机制，逐步建立以5～10年为一个排查周期的长效机制和费用保障机制。另一方面要健全管网建设质量管控机制，按照质量终身责任追究要求，强化设计、施工、监理等行业信用体系建设，推行建筑市场主体黑名单制度。

（3）健全排水管理长效机制。为长久实现城镇污水处理提质增效，《方案》放眼未来，注重建立长效机制，以达到效能持续提升的效果。具体来说，一是健全污水接入服务和管理制度，建立健全生活污水应接尽接制度、“小散乱”规范管理制度以及市政管网私搭乱接溯源执法制度。二是规范工业企业排水管理，工业集聚区应当按规定建设污水集中处理设施，责任机构应加强监管，对企业排放的污染物进行评估，根据评估结果进行差异化处理。三是完善河湖水位与市政排口协调制度，合理控制河湖水体水位，防止河湖水倒灌进入市政排水系统。四是健全管网专业运行维护管理机制，积极推行“厂—网—河（湖）”一体化、专业化运行维护，保障污水收集处理设施的系统性和完整性。

（4）完善污水处理提质增效激励支持政策。为鼓励城镇污水处理提质增效各参与主体的积极性，《方案》从资金、收费机制、工程保障和社会监督四个方面提出了一系列支持政策。具体而言，一是加大资金投入，多渠道筹措资金，确保财政资金投入与三年行动任务相匹配，同时鼓励金融机构依法依规为污水处理提质增效项目提供融资支持，吸引社会资本参与设施投资、建设和运营。二是完善污水处理收费政策，建立动态调整机制，地方各级人民政府适时进行补偿并提升自备水污水处理费征缴率，通过政府购买服务方式向提供服务单位支付服务费，充分保障管网等收集设施运行维护资金。三是完善生活污水收集处理设施建设工程保障机制，妥善做好老旧设施拆除相关工作，优化项目审批流程，严格实行限时办结。四是鼓励公众参与，发挥社会监督作用，借助网站、新媒体、微信公众号等平台，为公众参与创造条件，保障公众知情权。

（5）强化污水处理提质增效责任落实。为顺利达到城镇污水提质增效的目标，《方案》将具体责任落到实处，从两方面进行了安排。一是加强组织领导，城市人民政府负总责，各省、自治区、直辖市人民政府因地制宜确定本地区各城市生活污水集中收集率、污水处理厂进水生化需氧量（BOD）浓度等工作目标，形成建设和改造等工作任务清单，并将本地区三年行动细化的工作目标于2019年5月底前向社会公布并报住房和城乡建设部、生态环境部、国家发展改革委备案。二是强化督促指导，省级住房和城乡建设、生态环境、发展改革部门要通过组织专题培训、典型示范等方式，加强对本行政区域城镇污水处理提质增效三年行动的实施指导。自2020年起，各省、自治区、直辖市要于每年2月底前向住房和城乡建设部、生态环境部、国家发展改革委报送上年度城镇污水处理提质增效三年行动实施进展情况。

三、主要评价

《方案》聚焦城镇污水处理提质增效的具体措施，明确了最近3年需要达到的具体目标，具有指导性的意义。方案围绕提质和增效这两个大目标，一方面提升优质生态产品供给能力，满足人民群众日益增长的优美生态环境需要，另一方面以系统提升城市生活污水收集效能为重点，特别是补齐城中村、老旧城区和城乡接合部管网等设施短板，为尽快实现污水管网全覆盖、全收集、全处理目标打下坚实基础。《方案》中既有现期污水处理设施的改造和建设要求，又有远期的排水管理长效机制改革；既有资金多渠道投入的激励机制，又有社会参与监督的制约机制，具有良好的平衡性。《方案》的出台与其他文件进行了良好的衔接，例如黑臭水体治理攻坚方案和污水处理收费机制的动态调整，在多项政策的共同作用下，《方案》的实施将更为顺利。

第三节　垃圾处理行业法规政策解读

《上海市生活垃圾管理条例》解读

一、出台背景

近年来，我国垃圾分类工作火热开展，全国各大城市垃圾分类政策密集出台。2019 年 1 月 31 日，上海市十五届人大二次会议第三次全体会议通过了《上海市生活垃圾管理条例》（以下简称《条例》），该《条例》于 2019 年 7 月 1 日正式实施，围绕生活垃圾管理制度的立法初衷，作为《条例》配套的规范性文件，该规定对生活垃圾分类管理的违法行为归类并进一步细化，对违法行为的界定、分类、处罚的适用情形做详细规定，有效监督指导全市城管执法部门办案，为推行垃圾分类管理制度提供法制保障。

二、核心内容

《上海市生活垃圾分类违法行为查处规定》共 18 条，概括地规定了城管执法人员在查处违反生活垃圾分类管理行为的适用范围、管理原则等，分为以下三个部分：

第一部分，阐明了规定出台的目的和适用范围。

第二部分，阐明了城管执法部门对违反生活垃圾分类管理违法行为的执法范围、处罚原则、责令改正、拒不改正适用情形等。主要有以下几个方面：

（1）城管执法部门可以依法实施行政处罚的十类生活垃圾分类管理违法行为；

（2）《责令改正通知书》应当载明的六类事项；

（3）拒不改正以及逾期不改正的适用情形；

（4）吊销生活垃圾经营服务许可证处罚决定的适用情形；

（5）市公共信用信息平台违法行为信息归集的适用情形。

第三部分，阐明了规定的解释部门和实施日期。

另外，《条例》将实行定时定点投放制度列入，经过了周密的论证，主要基于三方面考虑：一是定时定点投放在国外有成功经验。定时定点投放有利于进一步规范分类投放行为、明确追责不参与分类的投放人。在国外已是一项成熟做法，如日本、德国等国在制定相应的垃圾分类收运政策时，都明确了各类生活垃圾的具体投放时间及要求。二是本市定时定点投放有一定基础。本市于2017年下半年在部分小区开展试点，取得了分类质量提升和投放量明显减少的成效，试点工作也从最初的质疑到最终获得居民们的高度认可。三是定时定点投放有利于建立即时反馈的垃圾分类投放行为监督机制。

三、主要评价

《上海市生活垃圾管理条例》正式实施以来，垃圾分类日益深入人心，在行为、习惯和思想等方面为城市生态环境的现代化治理打下了较为稳固的基础。

（1）完善机制，发挥基层力量。上海市采取党建引领、制度保障、设施跟上、全区覆盖等方法，全面推进垃圾分类工作。充分发挥基层党组织作用，建立居民委员会、物业服务企业、业主委员会、居民自治“四位一体”的基层工作推进机制，通过党建联建、党员社区报到等形式，引导社区居民进行垃圾分类。

（2）提高重视，强化责任担当。生活垃圾分类，看似小事情，实则“大文明”。要进一步提高思想站位，强化责任担当。增强生活垃圾分类工作的行动自觉。垃圾分类是一件势在必行的事，必须更加积极地行动起来；是一件没有退路的事，必须更加主动地寻求作为；是一件引领时尚的事，必须更富创造性地探索实践。

（3）推动立法，加强法制化建设。上海市生活垃圾分类工作已经进入全面推行、依法治理阶段，垃圾分类离不开法律法规，离不开可操作的政策和完善的监管体系。上海市通过建立与垃圾分类参与者切身利益相挂钩的监管章程，可明晰垃圾的投放、收集、中转、运输、处理等各个环节的责任主体，以及相应的义务，多管齐下，形成以法治为基础，政府推动、全民参与、城乡统筹、因地制宜的垃圾分类制度。

《关于核减环境违法垃圾焚烧发电项目可再生能源电价附加补助资金的通知》解读①

一、出台背景

国家在可再生能源发展基金中专门设立了可再生能源电价附加补助资金（简称补贴资金），帮助可再生能源发电项目快速发展。但近年来，在行业发展的同时，部分项目在环境管理上的欠缺也带来了一些环境影响问题。垃圾焚烧发电项目是可再生能源发电项目中的重要组成部分，也是社会关注的焦点，核减环境违法垃圾焚烧发电项目的补贴资金，促进整个可再生能源发电项目的绿色发展，助力打好污染防治攻坚战。2020 年 6 月 30 日，财政部、生态环境部联合发布了《关于核减环境违法垃圾焚烧发电项目可再生能源电价附加补助资金的通知》（财建〔2020〕199 号，以下简称《通知》），《通知》自 2020 年 7 月 1 日起施行。

二、核心内容

《通知》主要涉及以下几点：

（1）垃圾焚烧发电项目应依法依规完成“装、树、联”后，方可纳入补贴清单范围。

（2）纳入补贴范围的垃圾焚烧发电项目，出现《管理规定》第十条、第十一条违法情形被处罚的，电网企业应核减其相应焚烧炉违法当日上网电量的补贴金额。

（3）垃圾焚烧发电项目篡改、伪造自动监测数据的，自公安、生态环境部门做出行政处罚决定或人民法院判决生效之日起，电网企业应将其移出可再生能源发电补贴清单。

（4）电网企业应将列入补贴清单的垃圾焚烧发电项目情况报送至当地生态环境部门，并按季度向其经营范围内相关生态环境部门申请垃圾焚烧发电项目行政处罚情况。

（5）生态环境部按季度将各地垃圾焚烧发电项目环境违法行为处罚情况函告

---

① 内容参考：生态资源部，《〈关于核减环境违法垃圾焚烧发电项目可再生能源电价附加补助资金的通知〉政策解读》，《北极星电力网新闻中心》，2020 年 7 月 3 日。

财政部。财政部将据此与各电网企业进行结算。

（6）各级财政、生态环境部门工作人员存在以权谋私、滥用职权、玩忽职守、徇私舞弊等违法违纪行为的，按照《中华人民共和国预算法》《中华人民共和国公务员法》《中华人民共和国监察法》《财政违法行为处罚处分条例》等国家有关规定追究相应责任；涉嫌犯罪的，移送司法机关处理。

三、主要评价

（1）严格管理，促进绿色发展。国家在可再生能源发展基金中专门设立了可再生能源电价附加补助资金（简称补贴资金），帮助可再生能源发电项目快速发展。但在行业发展的同时，部分项目在环境管理上的欠缺也带来了一些环境影响问题。垃圾焚烧发电项目是可再生能源发电项目中的重要组成部分，也是社会关注的焦点，核减环境违法垃圾焚烧发电项目的补贴资金，促进整个可再生能源发电项目的绿色发展，助力打好污染防治攻坚战，是制定《通知》的重要考虑。

（2）稳固技术，持续有效监测。执行政策已有相对成熟的技术基础。自动监测具有连续在线运行的优势，是监督企业排放行为的“前沿哨兵”。我国垃圾焚烧发电厂（简称垃圾焚烧厂）已经在2017年全部完成了“装、树、联”（即依法安装自动监测设备、在厂区门口树立电子显示屏、自动监测数据与生态环境部门联网），实现了行业自动监测的全覆盖，可对垃圾焚烧厂实现连续监管，这为该行业核减补贴资金政策的顺利执行提供了有效的技术支撑。

（3）依托规定，落实政策举措。财政部、国家发展改革委和国家能源局联合印发的《可再生能源电价附加资金管理办法》（财建〔2020〕5号）指出，对核查结果不合格的可再生能源发电项目，电网企业应暂停发放补贴。生态环境部印发的《生活垃圾焚烧发电厂自动监测数据应用管理规定》（生态环境部令第10号）指出，垃圾焚烧厂因污染物超标排放等环境违法行为被依法处罚的，应当依照国家有关规定，核减或者暂停拨付其国家可再生能源电价附加补贴资金。《通知》的出台，为上述文件规定的提供了落实的重要举措。

总之，核减环境违法垃圾焚烧发电项目的补贴资金，促进整个可再生能源发电项目的绿色发展，助力打好污染防治攻坚战。但《通知》中未考虑核减篡改、伪造自动监测数据违法行为发生时至做出行政处罚决定或法院判决生效之日期间的补贴资金，建议后续修改补充。

第四节　天然气行业法规政策解读

《关于规范城镇燃气工程安装收费的指导意见》解读

一、出台背景

城燃公司是连接气源与用户的重要枢纽，天然气销售和安装（一次性收费）是城燃公司的两大核心利润来源。在天然气体制改革"管住中间、放开两头"加速推进的背景下，规范城镇燃气工程安装收费是大势所趋。城镇燃气工程安装费多为各地历史沿袭而成，国家层面尚无政策约束。随着我国天然气市场发展，管道燃气日益普及，居民生活便利程度大大提高。但在燃气工程安装过程中，存在部分企业利用市场优势地位强制服务并收费、收费标准偏高，指定施工单位、限制竞争等问题，影响了市场秩序，加重了用户负担。2018 年下半年以来，市场对于工程安装费的讨论成为燃气行业的热点之一。2019 年 7 月 3 日，国家发展和改革委员会网站正式发布《关于规范城镇燃气工程安装收费的指导意见》（发改价格〔2019〕1131 号，以下简称《指导意见》）。

二、核心内容

《指导意见》要点主要在于促进构建燃气工程安装竞争性市场体系，确定城镇燃气工程安装收费标准，规范城镇燃气安装工程施工管理，加强信息公开，加强市场监管等方面。

（1）明确城镇燃气工程安装费定义及内涵。城镇燃气工程安装费是指为保障用户通气，相关企业提供建筑区划红线内燃气工程勘察、设计、施工、监理、验收等服务而收取的与工程建设相关的服务费和材料费等费用。燃气工程安装收费范围仅限于建筑区划红线内产权属于用户的资产，不得向红线外延伸。

（2）加快构建燃气工程安装竞争性市场体系。各地要加快建立完善公平开放的燃气工程安装市场，鼓励具备燃气工程安装施工能力的企业依法取得相应市政公用工程施工资质后参与市场竞争，鼓励具备安装资质的企业跨区域开展工程安装和改造业务，促进市场竞争。燃气企业不得滥用市场支配地位垄断经营范围内工程安装业务，或指定利益相关方从事燃气工程安装，妨碍市场公平竞争。

（3）合理确定城镇燃气工程安装收费标准。燃气工程安装竞争性市场体系尚未建立、收费标准纳入政府定价目录进行管理的地方，当地价格主管部门要建立健全监管机制，加强成本调查监审，对标行业先进水平，兼顾周边地区水平，合理确定收费标准，原则上成本利润率不得超过10%，现行收费标准偏高的要及时降低。同时，要创造条件加快建立完善燃气工程安装竞争性市场体系，充分发挥市场决定价格的作用。

（4）取消城镇燃气工程安装不合理收费。凡与建筑区划红线内燃气工程安装工程设计、施工等服务和材料不相关的收费，包括开口费、接口费、接入费、入网费、清管费、通气费、点火费等类似费用，涉及建筑区划红线外市政管网资产的增压费、增容费等，涉及市政管网到建筑区划红线连接的初装费、接驳费、开通费等费用，以及其他成本已纳入配气价格的表具更换等收费项目，一律不得收取，并不得变换名目另行收取费用。

（5）简化城镇居民新建住宅燃气工程安装等收费方式。与新建商品房配套建设规划红线范围内的燃气工程安装费用统一纳入商品房开发建设成本，房地产开发企业、燃气企业等不得另外向商品房买受人单独收取。燃气企业为排除用气安全隐患而开展的燃气表后至燃具前设施修理、材料更换等服务所需费用，纳入配气成本统筹考虑，不再另行收费。非居民用户燃气工程由城镇燃气企业或利益相关企业施工的，鼓励燃气企业结合用气量和用户协商收费优惠事宜，减轻用户负担。

（6）规范城镇燃气安装工程施工管理。燃气工程安装参建各方要认真做好工程施工、监理、验收等相关工作，确保燃气工程安装质量。鼓励各地住房和城乡建设部门制定当地燃气工程施工技术规范和标准，并明确工程建设管理、安全监督、事故赔偿等责任，落实参建各方质量安全主体责任，保障权责公平对等。施工企业要严格按照相关技术规范和标准施工，保障工程安装质量和供气安全。对施工质量不符合供气要求影响供气安全的，须按照地方住房和城乡建设部门要求进行整改，经整改仍不符合要求或多次出现施工质量问题的，可依法依规采取纳入企业失信记录、市场禁入等措施。

（7）推动信息公开强化社会监督。燃气工程安装收费标准由政府管理的，价格主管部门制定和调整收费标准，要通过门户网站等指定平台向社会公开价格水平和相关依据。燃气工程安装收费标准放开由市场竞争形成的，燃气工程安装企业要在显著位置标明收费标准和价格构成等依据，推进价格信息公开透明，接受用户咨询，强化社会监督。燃气工程安装企业不得收取未予标明的费用。

（8）加强市场监管规范市场秩序。市场监督管理部门要持续开展城镇燃气工程安装领域反垄断执法，严厉打击垄断协议和凭借市场支配地位垄断燃气工程安装市场或指定利益相关方进行施工等行为。各地市场监督管理部门要加强价格监管，对以供气安全等为由对非利益相关方施工并已验收合格的燃气工程另行加价的，以及对已经取消的收费项目变换名目另行收费的，依法进行查处。典型案件要通过新闻媒体公开曝光，并纳入企业失信记录。

三、主要评价

（一）《指导意见》重点在于规范，执行“因地制宜”

《指导意见》区分了两种市场体系，一种是未建立燃气工程安装竞争性市场的体系，另一种是已经建立竞争性市场的体系。对于未建立燃气工程安装竞争性市场的区域，初装费应纳入政府定价目录进行管理，由当地价格主管部门合理确定收费标准，原则上成本利润率不得超过10%，现行收费标准偏高的要及时降低。但该利润率较低，可能会增加燃气企业的资金压力。对于工程安装费的重点在于规范收费行为而非直接降低甚至取消工程安装费。对于工程安装费的规范包括：合理确定收费标准、取消重复及无关收费、简化收费方式等。由于各地经济、燃气渗透率等方面存在差异，且按照因地制宜原则执行。

（二）促进建立燃气工程安装竞争性市场体系

从《指导意见》可以看出，燃气工程安装竞争性市场体系是全面建立，完全开放。意见对于进入市场的燃气安装公司，提出的要求有两点，一是具备燃气工程安装施工能力，二是取得相应市政公用工程施工资质。在专业能力与安全问责的考量下，放开接驳工程竞争性市场体系不会带来城燃公司接驳工程市占率的大幅下行。首先，尽管城燃户内接驳环节一般属于低压管网，施工难度有限，但若施工单位专业能力不足或与城燃公司的高、中压管网衔接不畅，依然存在安全隐患。其次，就售气运维而言，运营方依然是具备特许经营权的城燃公司，如果因为第三方施工不当导致后续运营期发生问题，或将带来额外的沟通协调成本，问责不畅将影响用户用气。最后，10%的成本利润率本身并不足以吸引第三方施工企业通过价格竞争快速提升市场份额。因此，城市燃气公司在运营期的特许经营权意味着其在接驳安装施工阶段依然享有显著的市占率优势。

（三）成本利润率的规定有待进一步规范和细化

《指导意见》提出，对于燃气工程安装竞争性市场体系尚未建立、收费标准纳入政府定价目录进行管理的地方，城镇燃气工程安装收费标准“原则上成本利润率不得超过10%”。指导意见并未明确成本利润率的计算方法（如成本核算细则等）及政策执行进度，需要后期进一步完善细化。10%成本利润率中的成本指的是包含营业成本与期间费用的全成本。从会计准则的角度，监理、验收费用一般列入销售费用和管理费用。从业务逻辑的角度，为筹措材料、人工而垫付资金引发的财务费用，也应当归入工程造价的口径中一并计量。因此，政策中的成本基数理应是全成本，不应将城燃公司的接驳毛利率与10%的成本利润率进行简单对比。其次，10%的成本利润率中的成本指的是某一地区的市场平均成本，而非优质城燃公司的实际成本。

《关于推进矿产资源管理改革若干事项的意见（试行）》解读

一、出台背景

2019年12月31日，自然资源部下发《关于推进矿产资源管理改革若干事项的意见（试行）》（自然资规〔2019〕7号），以下简称《意见》。《意见》出台主要基于三方面考虑：一是贯彻落实党中央、国务院关于矿业权出让制度改革、石油天然气体制改革、统筹推进自然资源资产产权制度改革、加大油气勘探开发力度等决策部署，深化“放管服”改革，充分发挥市场配置资源的决定性作用和更好发挥政府作用；二是立足矿产资源勘查开采实际，为解决矿产资源管理中存在的突出问题，将实践中一些成熟、可行的经验提炼总结，上升到制度层面，为正常有序推进矿产资源管理工作提供政策保障；三是推进有关制度改革，先行先试，为矿产资源法修改积累重要实践经验。

二、核心内容

《意见》主要包括矿业权出让制度改革、油气勘查开采管理改革、储量管理改革三方面内容。

（1）矿业权出让制度改革方面。一是全面推进矿业权竞争性出让，明确除协议出让外，对其他矿业权以招标、拍卖、挂牌方式公开竞争出让。二是严格控制协议出让，稀土、放射性矿产勘查开采项目或国务院批准的重点建设项目，可以协议方式向特定主体出让，已设采矿权深部或上部的同类矿产，可以协议方式向同一主体出让。三是积极推进“净矿”出让，开展砂石土等直接出让采矿权的“净矿”出让，积极推进其他矿种的“净矿”出让，加强矿业权出让前期准备工作，依法依规避让生态保护红线等禁止限制勘查开采区，做好与用地、用海、用林、用草等审批事项的衔接，以便矿业权出让后，矿业权人正常开展勘查开采工作。四是实行同一矿种探矿权采矿权出让登记同级管理，解决同一矿种探矿权采矿权不同层级管理带来的问题，自然资源部负责石油、烃类天然气等 14 种重要战略性矿产的矿业权出让、登记；战略性矿产中大宗矿产通过矿产资源规划管控，由省级自然资源主管部门负责矿业权出让、登记。其他矿种由省级及以下自然资源主管部门负责。五是规范财政出资地质勘查工作。中央或地方财政出资勘查项目，不再新设置探矿权，凭项目任务书开展地质勘查工作。已设探矿权的，自然资源主管部门可以继续办理探矿权延续，完成规定的勘查工作后注销探矿权，由自然资源主管部门面对各类市场主体公开竞争出让矿业权。六是调整探矿权期限。根据矿产勘查工作技术规律，以出让方式设立的探矿权首次登记期限延长至 5 年，每次延续时间为 5 年。探矿权申请延续登记时应扣减首设面积的 25%。

（2）油气勘查开采管理改革方面。一是放开油气勘查开采。在中华人民共和国境内注册，净资产不低于 3 亿元人民币的内外资公司，均有资格按规定取得油气矿业权；二是实行油气探采合一制度。根据油气不同于非油气矿产的勘查开采技术特点，针对多年存在的问题，油气探矿权人发现可供开采的油气资源的，在报告有登记权限的自然资源主管部门后即可进行开采。进行开采的油气矿产资源探矿权人应当在 5 年内签订采矿权出让合同，依法办理采矿权登记。

（3）储量管理改革方面。一是改革矿产资源储量分类。简化矿产资源储量分类，固体矿产分为资源量和储量两类，资源量分为推断资源量、控制资源量和探明资源量三级，储量分为可信储量和证实储量两级。油气矿产分为资源量和地质储量两类，资源量不再分级，地质储量按地质可靠程度分为预测地质储量、控制地质储量和探明地质储量三级。二是简化归并评审备案和登记事项。取消登记环节和登记书，矿产资源储量登记书内容纳入评审备案管理，不再作为矿业权登记要件，将评审备案结果作为统计的依据。三是缩减政府直接评审备案范围。将原来 18 种评审备案情形减为 4 种，即只对探矿权转采矿权、采矿权变更矿种与范围、油气矿产在探采矿期间探明地质储量、其他矿产在采矿期间资源量发生重大变化的矿产资源储量，以及建设项目压覆重要矿产进行评审备案。

三、主要评价

（一）《改革意见》体现矿产资源管理重心整体下沉的特点

在《意见》中确定关于战略性矿产中大宗矿产由省级自然资源主管部门负责矿业权出让、登记和“地方自然资源主管部门协议出让矿业权须征求同级地方人民政府意见，需自然资源部协议出让的矿业权应先征求省级人民政府意见”等相关规定，这在很大程度上打破了多年来形成的中央集权、抓大放小的矿产资源集中统一管理格局，将一直由部门主管的矿业权审批权限在很大程度上转给了地方政府，导致地方被动扩权，这也是对地方治理能力的重大考验并加大了地方政府部门的责任。此外，对于地方政府甚至党委偏重于区域经济发展所做出的资源调控政策措施，在与国家法制要求和整体经济结构布局相悖时如何节制，将是中央主管部门需要研究解决的一个问题。

（二）加大了有些矿产安全稳定供应的难度

《意见》实际将战略性矿产中大宗矿产的管理权交由省级自然资源主管部门，地方政府往往侧重于当地经济发展而难以兼顾国家的全局性、持续性发展及其对资源的保障问题。而我国大量的大宗支柱性矿产品已严重依赖进口，在这种形势下下放矿业权审批，从长远看，可能加大此类矿产安全稳定供应的难度。

（三）矿业权审批登记的整体放宽加大了监督管理环节的压力

比如《意见》规定，“探矿权申请延续登记时应扣减首设勘查许可证载明面积（非油气已提交资源量的范围/油气已提交探明地质储量的范围除外，已设采矿权矿区范围垂直投影的上部或深部勘查除外）的25%，其中油气探矿权可扣减同一盆地的该探矿权人其他区块同等面积。”那么如何判定“已提交探明地质储量”，已提交的地质储量的真实性？油气实行探采合一，客观上会出现探采界限模糊的情况，由于探、采资质要求不同，也会加大监督管理的难度。此外，对于探矿权和采矿权延续取消矿产资源储量评审备案，在当前矿业市场诚信问题仍然突出，地质资料、勘查报告、评估报告等真实性大面积堪忧的情况下，对市场风险防控和实施有效监管，都是对管理能力的现实考验。全面推行招拍挂，由此导致已设采矿权毗邻的不宜单独设立矿权区域、符合整合条件的多个矿业权之间的空白区域的矿产地不能通过协议出让方式取得探矿权或者采矿权，作为最相近的变通方式，挂牌出让的压力和责任将明显加大。

（四）需要进一步细化配套政策措施

《意见》涉及矿产资源管理的体制、法制和机制，是对多年来固化的矿产资源管理格局的重大调整，必将对矿政管理、矿业市场和各类矿业企业以及行业协会产生重大影响，相关主体应当提前应对以更好地适应政策调整所带来的变化。部级管理部门将进行相应的职能机构调整并突出制度研究与法制建设任务；省及市县级管理部门将在加强矿管队伍建设的同时，通过强化事业单位职能保障和购买社会服务等方式实现质、量并增的业务支持；各类矿业企业及投资主体或是“几家欢喜几家愁”，期待各级相关主管部门之间尽快协调关系、形成顺畅的工作程序，央企宜放低身段、更好地适应与地方政府部门打交道的新要求；各大行业协会也因矿权管理等职能下沉而面临着实施行业管理、服务对象等重点工作向地方倾斜或者转移、工作思路与方式朝着更加适应矿业市场和企业需求的方向做必要调整。

第五节　电力行业法规政策解读

《国家能源局关于实施电力业务许可信用监管的通知》解读[①]

国家能源局2019年10月28日印发《国家能源局关于实施电力业务许可信用监管的通知》（以下简称《通知》）。《通知》根据国务院办公厅《关于加快推进社会信用体系建设构建以信用为基础的新型监管机制的指导意见》等文件的部署要求，深入贯彻“放管服”改革精神，从总体要求、信用分类、应用措施、工作要求等方面，对电力业务许可信用监管工作做了全面规定，为规范开展电力业务许可信用监管提供了制度支撑和政策依据，为深入推进能源行业信用体系建设提供了示范借鉴。

① 摘改自国家能源局官网。

一、出台背景

党中央、国务院高度重视信用监管工作。2014 年，国务院出台《社会信用体系建设规划纲要》，将信用监管体制基本健全作为 2020 年社会信用体系建设的一项主要目标。2019 年 6 月，国务院常务会议指出加强信用监管是基础，是健全市场体系的关键。信用监管，也在 2019 年被首次写入政府工作报告。2019 年 7 月，国务院办公厅印发《关于加快推进社会信用体系建设　构建以信用为基础的新型监管机制的指导意见》，进一步明确要求构建以信用为基础的，贯穿市场主体全生命周期，衔接事前、事中、事后全监管环节的新型监管机制。为深入贯彻落实党中央、国务院决策部署，切实提高监管的精准性和有效性，国家能源局在认真研究并广泛征求意见的基础上，决定出台《通知》，全面实施电力业务许可信用监管。

二、核心内容

（一）以电力业务许可为突破口，启动信用分类监管

电力业务许可包括电力业务许可证和承装（修、试）电力设施许可证，是派出能源监管机构负责具体颁发管理的行政许可。在电力业务许可监管率先实施信用分类监管，主要有两点考虑。一是行政许可既是政府的重要职能，也是信用体系建设的重点领域，且行政许可直接关系市场主体权益，实施信用监管更有利于“激励守信、惩戒失信”的作用发挥；二是行政许可涵盖事前、事中、事后全流程监管环节，先行实施信用监管更有利于全面探索实践，积累实际经验。下一步，我们将加强电力业务许可信用监管实施情况的跟踪指导，及时总结经验，再逐步推广到能源行业管理和监管的其他领域。

（二）立足工作实际，建立全流程闭环监管机制

为落实“建立健全贯穿市场主体全生命周期，衔接事前、事中、事后全监管环节的新型监管机制”的总体要求，《通知》在电力业务许可事前、事中、事后全过程，明确了对不同信用等级的监管对象可采取的差异化监管措施。在事前审批时，提出对信用良好的市场主体可采取简化证明材料、建立容缺受理机制、适当压缩办理时限等措施；在事中检查时，明确在“双随机、一公开”检查中设置差异化随机抽取比例、开展差异化自查等措施；在事后监管中，采取失信提示、

警示约谈、限期整改、列入重点关注名单和“黑名单”等措施。为了保证《通知》有效落实，我们还配套制定了《电力业务许可信用监管应用措施清单》和《承装（修、试）电力设施许可信用监管应用措施清单》等两项应用措施标准，进一步明确细化了分类监管措施。

（三）完善工作支撑，保障信用监管工作顺利推进

实施信用监管是一项综合工程，既要有政策依据、标准规范，也要有信息平台的数据支撑。《通知》指出要规范和加强信用分类等级、信用平台功能应用。为此，我们建立了电力行业市场主体信用监管评价指标体系，并依托能源行业信用信息平台，以信用平台归集共享的行政处罚、行政检查等信用信息为主要依据，由信用平台按照信用监管评价指标体系自动评价生成市场主体的信用等级，保证了信用等级评定科学规范和公开透明。市场主体信用分类分级，为监管部门实施差别化精准监管提供重要保障。通过能源行业信用信息平台，还可以实时查询信用状况、提示监管措施、抽取“双随机、一公开”检查对象。完善的系统功能，为信用监管提供了有力支撑。

（四）推动协同监管，构建共享共建共治的信用监管格局

跨地区、跨部门和全社会协同监管是信用监管的典型特征。《通知》指出，要按照“依法依规、分类有序、标准统一、协同共治”的原则实施电力业务许可信用监管，构建政府监管、行业自律、企业自治的协同共治模式。国家能源局将联合其他部门加强协同监管，充分发挥市场主体、行业组织和第三方信用服务机构在电力业务许可信用监管中的作用，构建以信用为基础的新型监管机制。对信用等级为失信、严重失信的监管对象，将联合其他部门实施协同监管，推动相关部门依法依规对“黑名单”主体采取联合惩戒措施，并且通报相关市场主体和行业组织，强化内部约束和管理。通过协同监管，形成全行业共同参与信用监管的强大合力。

三、主要评价

《通知》有利于深入推进能源行业信用体系建设，探索建立贯穿全过程的以信用为基础的新型监管机制。对全面规范应用信用等级及分类监管措施、优化电力业务许可事前审批、分类开展电力业务许可事中检查、规范实施电力业务许可事后监管、推动实施协同监管等方面做出了工作要求。同时，发布了电力业务许可信用监管应用措施清单。清单将行政许可类别分为发电类、输电类

和供电类。对日常监管和行政处罚时候信用监管做出了翔实而具体的规定。派出能源监管机构依据《电力业务许可信用监管应用措施清单》和《承装（修、试）电力设施许可信用监管应用措施清单》，实施差异化监管。对“信用良好”者实施信任监管，依法依规采取激励措施；对“守信”者实施正常监管，根据情况适当采取激励措施；对“失信”者实施重点监管，采取提高抽查频率、增加真实性核查等措施，加大监管力度；对“严重失信”者实施严格监管，依法采取相关限制措施。

《通知》的印发有利于建立健全贯穿事前、事中、事后全过程的电力业务许可信用监管机制，科学规范的信用等级评定与分类标准健全完备，对接联动、动态管理的平台系统顺畅运行，以信用为基础的新型监管机制全面发挥作用，“守信者无事不扰、失信者利剑高悬”的信用监管格局基本形成，电力业务许可监管水平大幅提升，监管对象诚信意识显著增加，公平竞争、诚实守信的市场环境和行业氛围持续优化。

《关于加快煤矿智能化发展的指导意见》解读①

2020年3月，国家发展改革委、能源局、应急部、煤监局、工信部、财政部、科技部、教育部8部委联合印发了《关于加快煤矿智能化发展的指导意见》（以下简称《指导意见》）。

一、出台背景

十九大报告提出，“加快建设制造强国，加快发展先进制造业，推动互联网、大数据、人工智能和实体经济深度融合”。十九届四中全会决定提出，“建立健全运用互联网、大数据、人工智能等技术手段进行行政管理的制度规则”。习近平总书记在2018年10月31日主持中共中央政治局第九次集体学习时，对“把握数字化、网络化、智能化融合发展契机”做出了重要论述。国家能源局认真学习贯彻习近平总书记的重要论述，深刻认识加快发展新一代人工智能的重大意义，紧密结合能源工作实际，深入推进新一代人工智能与能源发展及能源行业管理服务深度融合。

煤炭行业作为我国重要的传统能源行业，是我国国民经济的重要组成部分，其智能化建设直接关系我国国民经济和社会智能化的进程。煤矿智能化是煤炭工

① 摘改自国家能源局官网。

业高质量发展的核心技术支撑，将人工智能、工业物联网、云计算、大数据、机器人、智能装备等与现代煤炭开发利用深度融合，形成全面感知、实时互联、分析决策、自主学习、动态预测、协同控制的智能系统，实现煤矿开拓、采掘（剥）、运输、通风、洗选、安全保障、经营管理等过程的智能化运行，对于提升煤矿安全生产水平、保障煤炭稳定供应具有重要意义。

当前，地方政府和煤炭企业高度重视煤炭行业高质量发展，行业自动化、信息化水平不断提升，对通过智能化来提升煤矿安全也做了有益的尝试和探索，建成了一批无人开采工作面，一些省份还出台了有关煤矿智能化发展的指导文件，为推动煤矿智能化发展奠定了一定的基础，营造了良好氛围。但目前智能化建设工作存在研发滞后于企业发展需求、智能化建设技术标准与规范缺失、技术装备保障不足、研发平台不健全、高端人才匮乏等问题。为统一思想、凝聚共识，加快推动煤矿智能化发展，由国家发展改革委、能源局等 8 个部委联合印发《指导意见》。

二、核心内容

《指导意见》明确了煤矿智能化发展的 10 项主要任务：一是加强顶层设计，科学谋划煤矿智能化建设。研究制定煤矿智能化发展行动计划，鼓励地方政府研究制定煤矿智能化发展规划，支持煤炭企业制定和实施煤矿智能化发展方案。二是强化标准引领，提升煤矿智能化基础能力。加快基础性、关键技术标准和规范制修订，开展煤矿智能化标准体系建设专项工作。三是推进科技创新，提高智能化技术与装备水平。加强煤矿智能化基础理论研究，加强关键共性技术研发，推进国家级重点实验室等技术创新研发平台建设，加快智能工厂和数字化车间建设。四是加快生产煤矿智能化改造，提升新建煤矿智能化水平。对具备条件的生产煤矿进行智能优化提升，推行新建煤矿智能化设计，鼓励具有严重灾害威胁的矿井加快智能化建设。五是发挥示范带动作用，建设智能化示范煤矿。凝练出可复制的智能化开采模式、技术装备、管理经验等，并进行推广应用。六是实施绿色矿山建设，促进生态环境协调发展。坚持生态优先，推进煤炭清洁生产和利用，积极推进绿色矿山建设。七是推广新一代信息技术应用，分级建设智能化平台。探索建立国家级煤矿信息大数据平台，鼓励地方政府有关部门建设信息管理云平台，推进煤炭企业建立煤矿智能化大数据应用平台。八是探索服务新模式，持续延伸产业链。推动煤矿智能化技术开发和应用模式创新，打造煤矿智能装备和煤矿机器人研发制造新产业，建设具有影响力的智能装备和机器人产业基地。九是加快人才培养，提高人才队伍保障能力。支持和鼓励高校加强煤矿智能化相关学科专业建设，培育一批具备相关知识技能的复合型人才，创新煤矿智能化人才培养模式，共建示范性实习实践基地。十是加强国际合作，积极参与“一带一路”建设。开展跨领域、跨学科、跨专业协同合作，支持共建技术转移中心。加强与“一带一路”沿线国家能源发展战略对接，构建煤矿智能化技术交流平台。

《指导意见》提出了5个方面的保障措施：一是强化法律法规保障，深化标准化工作改革。加强部门协同，加快相关法律、法规、规章、标准和政策的制修订工作，健全煤矿智能化标准体系，推进我国煤矿智能化标准的国际化进程。二是加大政策支持力度，建立智能化发展长效机制。对验收通过的智能化示范煤矿，给予产能置换、矿井产能核增等方面的优先支持。对新建的智能化煤矿，在规划和年度计划中优先考虑。将煤矿相关智能化改造纳入煤矿安全技术改造范围，鼓励金融机构加大对智能化煤矿的支持力度，鼓励企业发起设立相关市场化基金。三是加强知识产权保护，增强核心技术可控能力。加强共性关键技术领域高质量、高价值专利培育和保护，鼓励构建煤矿智能化建设知识产权保护体系，鼓励和支持企业运用知识产权参与市场竞争，培育一批具备煤矿智能化知识产权优势的煤炭企业。四是凝聚各方共识，促进智能化跨界合作。在国家和省级有关部门指导下，以行业协会、研究机构、科技企业、设计院、高校、金融、装备厂商和煤炭企业等为主体，组建煤矿智能化创新联盟和区域性创新机构，充分发挥各自专业领域优势，实现协同创新、跨界融合发展，为煤矿智能化建设提供支撑。五是加强组织领导，形成智能化发展整体合力。建立煤矿智能化建设工作机制，地方政府有关部门要结合本地区实际情况出台落实意见。加强煤矿智能化发展相关政策的宣传和解读，宣传推广煤矿智能化发展的经验和成果，营造煤矿智能化发展的良好氛围。

三、主要评价

《指导意见》充分体现了以习近平新时代中国特色社会主义思想为指导，深入贯彻落实“四个革命、一个合作”能源安全新战略，坚持新发展理念，坚持以供给侧结构性改革为主线，坚持以科技创新为根本动力，推动智能化技术与煤炭产业融合发展，提升煤矿智能化水平，促进我国煤炭工业高质量发展。遵循坚持企业主导与政府引导、坚持立足当前与谋划长远、坚持自主创新与开放合作、坚持典型示范与分类推进等四项基本原则。涵盖了煤矿智能化发展的3个阶段性目标：即到2021年，建成多种类型、不同模式的智能化示范煤矿，初步形成煤矿开拓设计、地质保障、生产、安全等主要环节的信息化传输、自动化运行技术体系，基本实现掘进工作面减人提效、综采工作面内少人或无人操作、井下和露天煤矿固定岗位的无人值守与远程监控。到2025年，大型煤矿和灾害严重煤矿基本实现智能化，形成煤矿智能化建设技术规范与标准体系，实现开拓设计、地质保障、采掘（剥）、运输、通风、洗选物流等系统的智能化决策和自动化协同运行，井下重点岗位机器人作业，露天煤矿实现智能连续作业和无人化运输。到2035年，各类煤矿基本实现智能化，构建多产业链、多系统集成的煤矿智能化系统，建成智能感知、智能决策、自动执行的煤矿智能化体系。

《指导意见》是充分贯彻党中央国务院关于人工智能决策部署的重要文件，将有利于推动我国智能化技术与煤炭产业融合发展，提升煤矿智能化水平，促进我国煤炭工业高质量发展。

第六节　电信行业法规政策解读①

《携号转网服务管理规定》解读

一、出台背景

携号转网，可大致解释为：在无须变更手机号码的情况下，某一电信运营商的签约用户就能转而成为另外一家电信运营商旗下的用户，且可享受其提供的各类服务。从2010年开始，工业和信息化部就陆续在天津、海南、江西、湖北、云南等省市启动了携号转网的试点工作。然而，试点工作长期局限于上述5省市，并未能迅速在全国范围内得到推广。直至2017年，工信部在其印发的《信息通信行业发展规划（2016—2020年）》中明确提到了携号转网的战略实施计划，同时在“十三五”规划纲要文件中明确指出将在全国范围内推行携号转网服务。2019年3月5日，李克强总理在《政府工作报告》中明确提出要在全国实行携号转网。2019年11月27日，工信部召开携号转网启动仪式，即日起正式在全国实行携号转网服务。

为了贯彻落实《政府工作报告》中提到的上述任务，配合携号转网服务在全

① 本节由严华鸣博士撰写。

国范围的正式实施，工信部根据《中华人民共和国电信条例》和《电信服务规范》及相关法规和规章，于2019年11月11日正式发布了《携号转网服务管理规定》(以下简称《管理规定》)。该《管理规定》的出台，将有效地强化携号转网服务管理的规范性，进一步提升电信行业的服务质量。

二、核心内容

《管理规定》一共有15条，归纳其主要内容有如下四点：

(1) 明确携号转网服务的服务原则和服务要求。即电信业务经营者应当遵循方便用户、公平公正、诚实守信、协同配合的原则，要求建立健全服务体系，落实企业主体责任，为用户提供高质量的携号转网服务。

(2) 划定携号转网服务所适用的服务区域及号码段范围。《管理规定》规定携号转网服务是在同一本地网范围内，蜂窝移动通信用户变更签约的基础电信业务经营者而用户号码保持不变的一项服务，并且目前该服务面向的号码段用户范围不包括物联网用户。

(3) 明确电信管理机构、用户和电信业务经营者三方之间的权责关系。第一，电信管理机构依法依规负责对电信业务经营者提供的携号转网服务进行监督管理；第二，用户可以向电信业务经营者提出申请办理携号转网业务，但需要配合其依法开展身份信息一致性验证等相关工作；第三，电信业务经营者应当为用户提供便捷的携号转网服务，向其说明该服务的办理条件及流程并向社会公开。

(4) 规范电信业务经营者提供携号转网服务的服务理念和服务流程，并且列出了九种明令禁止的行为。《管理规定》要求电信业务经营者将携号转入用户视同为新入网用户，严格落实电话用户实名登记有关规定，并确保其在同等条件下享有同等权利；要求电信业务运营者通过适当方式明确告知用户办理携号转网服务可能面临的风险和损失，并获得其确认；要求电信业务经营者共同维护健康有序的市场环境，确保用户携号转网服务正常办理和携号转网后的通信服务质量。《管理规定》同时规定电信业务运营者在携号转网服务过程中不得有阻碍携号转网服务、干扰用户自由选择、运用技术手段故意降低通信服务质量、比较宣传、虚假宣传、欺骗误导用户、退网后继续占用号码等类似行为。

三、主要评价

该《管理规定》是因应携号转网服务在全国范围全面启动实施所推出的一部十分必要的配套法规。该规定的制定和实施严格按照中央的部署展开，通过规范携号转网服务，能够使申请办理携号转网的广大用户根据自身需求获得满意的服务，从而不断增强获得感，这充分体现了以人民为中心的思想。《管理规定》明确落实电信管理机构和电信行业经营者的主体责任，督促电信行业经营者根据该规定的各项要求进一步规范携号转网服务，制定相应的实施细则并在实施过程中不断进行优化和完善，从而有助于为用户提供更好的携号转网服务。

首先，对于用户而言，《管理规定》无疑是一部切实保障广大携号转网用户合法权益的重要法规。用户可以根据该规定向电信业务经营者提出申请，办理携号转网，电信业务经营者无正当理由不得以任何形式拒绝、阻碍或限制向用户提供携号转网服务。

其次，对于电信管理机构而言，《管理规定》的适时出台及时填补了携号转网服务相关监督管理缺乏相应管理法规支撑的空白。电信管理机构可以根据该规定依法依规加强携号转网服务的监督，特别是该规定列出了九种明令禁止的行为，将为电信管理机构在今后开展相关监督检查工作提供有力的依据。

最后，对于电信行业经营者而言，《管理规定》成为规范电信企业运营、引导电信企业切实满足广大用户实际需求的正确指引。该规定明确了电信行业经营者携号转网服务的服务原则和服务要求，规范了提供携号转网服务的服务理念和服务流程，有助于电信行业经营者规范开展携号转网相关的业务行为，从而有利于维护公平的市场环境，进一步提升行业服务水平，促进电信行业持续健康发展。

《关于加强呼叫中心业务管理的通知》解读

一、出台背景

多年来，骚扰电话的乱象成为社会关注的一大问题，许多人都有过接听骚扰电话的类似经历，这些骚扰电话不同程度地影响到了人们正常的工作和生活，人民群众对此反应强烈，社会各界要求彻底整治该乱象的呼声也很大。对此，工业和信息化部高度重视，近年来联合多个职能部门开展了多次整治骚扰电话的专项行动，并且就骚扰电话管控不利问题分别约谈了中国电信、中国移动和中国联通这三大运营商。2018 年 7 月，工信部联合最高人民法院、最高人民检察院等 13 个部门发布《综合整治骚扰电话专项行动方案》，开始在全国范围展开综合整治骚扰电话的专项行动，全面推动针对骚扰电话的整治步伐。2018 年 11 月，工信部又印发了《关于推进综合整治骚扰电话专项行动的工作方案》，要求全面加强通信资源管理，提升防范骚扰电话能力，规范电话营销行为。这一系列整治措施在一定程度上及时遏制了骚扰电话不断蔓延的趋势。据工信部2020年4月1日发布的电信服务有关情况显示，2019年第四季度12321网络不良与垃圾信息举报受理中心受理用户关于骚扰电话的举报投诉166419件，环比下降3.7%。

然而，近期出现了以“95”“96”号码段为代表的骚扰电话较为猖獗的状况，究其原因主要在于一些经营呼叫中心的企业出于自身利益考虑，漠视相关电信法规而疏于码号管理，给商业营销企业向用户拨打骚扰电话提供了可乘之机。对此，为了加强呼叫中心业务的管理，进一步强化骚扰电话的整治力度，保护广大用户的合法权益，依据《电信条例》《电信业务经营许可管理办法》《电信网码号资源管理办法》以及《电信业务分类目录（2015年版）》等相关规定，工信部于2020年6月8日正式下发了《关于加强呼叫中心业务管理的通知》（以下简称《通知》）。

二、核心内容

此次《通知》主要从加强准入管理、加强码号管理、加强接入管理、加强经营行为管理、明确业务范围、工作要求等六大方面入手，来规范和强化呼叫中心业务管理。

（1）加强准入管理。要求呼叫中心业务经营者必须取得经营许可，组建呼叫中心系统并按规定获得电信业务接入号码和语音中继线路资源，提供以接受用户主动呼入为主的信息咨询服务，如确有需要的，必须经用户同意后，方可提供即时回访和信息咨询等电话呼出服务，但不允许提供商业营销类电话呼出服务。要求电信管理机构对申请许可审批的呼叫中心业务经营者进行实地查验，对于不符合要求的依法不予受理或者不予行政许可，对于符合要求的企业必须提交骚扰电话禁呼承诺书。

（2）加强码号管理。要求呼叫中心电信业务接入号码原则上只开通呼入功能，对确需开通呼出功能的，企业须提交不违规呼出承诺书；在开通业务前，须按规定在“码号资源管理系统”如实备案接入的基础电信企业、使用用途、呼入呼出开通情况等电信业务接入号码相关信息，不得转让、出租或变相转让出租码号资源以及擅自违规使用码号资源。

（3）加强接入管理。第一，要求基础电信业务经营者在提供接入服务前，应当认真核验呼叫中心业务经营者是否取得了经营许可以及相关材料是否完备，并留存记录，同时明确了五种情况下禁止提供接入服务。第二，要求基础电信业务经营者按照电信网码号资源使用证书上注明的呼入呼出功能向呼叫中心业务经营者提供接入服务。第三，要求基础电信业务经营者严格落实真实主叫鉴权等要求，严禁为呼叫中心业务经营者违规更改、隐藏主叫号码等提供权限，确保电话溯源可查。

(4) 加强经营行为管理。要求呼叫中心业务经营者健全内部管控机制，建立技术手段，严格控制呼出，禁止拨打骚扰电话或为拨打骚扰电话提供便利；必须留存不少于30日的通话录音、相应的主被叫号码和拨打时间、用户同意的相关凭证等信息；必须使用合法合规的语音中继线路等资源提供服务，不得转租转售相关电信资源；不得违规更改、隐藏电信业务接入号码；必须保障回访用户的个人信息安全。

(5) 明确业务范围。明确仅提供呼叫中心系统和座席出租服务的也属于经营呼叫中心业务，要求其必须符合上述规定外，还要核实客户的语音中继线路和码号，并做好防范客户违规拨打骚扰电话的技术手段；明确自有客户服务、人力外包服务、技术服务等三种情况不属于经营呼叫中心业务；对于18个自由贸易试验区内申请在境内经营呼叫中心业务并符合告知承诺审批试点条件的，按照相关规定要求执行。

(6) 工作要求。第一，要求电信管理机构、基础电信业务经营者和呼叫中心业务经营者提高思想认识，坚决遏制呼叫中心拨打骚扰电话扰民这一问题；第二，要求呼叫中心业务经营者和基础电信业务经营者开展针对违规呼出、违规接入等的自查和自纠；第三，要求强化信用约束，电信管理机构要将那些因骚扰电话问题被有关政府部门通报、约谈、行政处罚的呼叫中心业务经营者，依法纳入电信业务经营不良和失信名单；第四，要求电信管理机构加强监督管理，加大对相关违规行为的依法处置力度。

三、主要评价

长期以来，如何彻底整治骚扰电话问题一直是社会关注的一个热点，虽然相关部门的整治行动不断，但是效果却难以满意，如果无法从源头上进行根治并对其黑色产业链加大整治力度，那么骚扰电话这种现象就会成为一种难以清除的“社会牛皮癣”。呼叫中心业务是产生骚扰电话问题的比较突出的一个环节，此次《通知》就是旨在规范和加强呼叫中心业务的管理，从而对骚扰电话问题从源头上进行切断并予以整治。

从内容上讲，该《通知》有针对性地重点围绕准入管理、码号管理、接入管理、经营行为管理、监督管理及惩治措施等几个关键环节展开。第一，加强电信管理机构的监督检查力度，严把准入关，强化对码号资源的管理，落实监督管理职责，依法惩治违规行为。第二，严格规范基础电信业务经营者的接入管理，强化责任意识，明确五种禁止提供接入服务的情况。第三，严格规范呼叫中心业务经营者的经营行为，完善内部管控机制，控制呼出服务，严禁拨打骚扰电话或为拨打骚扰电话提供便利，保障客户个人信息安全。

总之，本次《通知》对包括呼叫中心业务经营者、基础电信业务经营者以及电信管理机构在内的相关各方都有明确而具体的管理措施要求，目标明确、要求具体、措施全面，严格规范和切实强化了对呼叫中心业务的管理，使之逐渐规范化，有助于以呼叫中心业务这一环节为重要突破口来彻底解决困扰社会多年的骚扰电话问题。

第七节　铁路运输行业法规政策解读

《高速铁路安全防护管理办法》解读

一、出台背景及意义

《高速铁路工程安全防护管理办法》于2020年3月26日经交通运输部第10次部务会议通过，并经公安部、自然资源部、生态环境部、住房和城乡建设部、水利部、应急管理部同意，于2020年5月14日联合发布。《高速铁路工程安全防护管理办法》(交通运输部令2020年第8号)，以下简称《办法》，旨在加强高速铁路安全防护，防范铁路外部风险，保障高速铁路安全和畅通，维护人民生命财产安全，《办法》共六章四十八条，自2020年7月1日起施行。

自2008年京津城际铁路建成通车起，高速铁路在我国迅猛发展，至2019年底通车里程超过3.5万公里，高居世界第一。随着高铁路网的快速扩张、运输规模的持续扩大，技术装备的迭代升级，高铁安全工作面临的形势日趋严峻和复杂。安全是做好一切工作的前提和基础，是铁路发展必须坚守的底线。党中央、国务院高度重视铁路安全，习近平总书记等中央领导同志多次对铁路安全工作做出重要批示。为保障高速铁路安全和畅通，维护人民生命财产安全，发挥法治固根本、稳预期、利长远的保障作用，七部门联合印发了《办法》，切实完善高速铁路综合治理长效机制，形成综合施策、多方发力、齐抓共管、通力协作的高速铁路安全防护管理工作格局，为确保高速铁路安全提供制度遵循和法治保障。

二、主要内容及解读

《办法》共 6 章 48 条。从高铁线路安全防护、高铁设施安全防护、高铁运营安全防护以及高铁监督管理方面，织密高铁安全防护网络。

第一，建立政府部门依法监管、企业实施主动防范、社会力量共同参与的高铁安全防护责任体系。新形势下，高铁安全风险跨界性、关联性、复杂性不断增强，必须充分发挥社会主义制度的优越性，积极调动各方面资源、统筹各方面力量，努力形成综合施策、多方发力、齐抓共管、通力协作的高铁安全防护综合治理格局。从政府部门监管层面，《办法》第四条规定国家铁路局和地区铁路监督管理局分别负责全国和辖区内的高速铁路安全监管工作，健全安全防护标准、加强行政执法、协调相关单位消除安全隐患；第五条规定各级公安、自然资源、生态环境、住房和城乡建设、交通运输、水利、应急管理等部门和消防救援机构依照法定职责做好保障高速铁路安全的相关工作。从企业层面，《办法》第六条规定铁路运输、建设、设备制造维修等相关企业落实安全生产主体责任，做好高速铁路安全防护工作。从社会参与层面，《办法》第八条规定要落实“谁执法谁普法”的普法责任制，加强保障高速铁路安全有关法律法规、安全生产知识的宣传教育，增强安全防护意识，防范危害高速铁路安全的行为。第九条规定支持和鼓励社会力量积极参与高速铁路安全防护工作，对维护高速铁路安全做出突出贡献的单位或者个人，按照有关规定给予表彰奖励。

第二，建立协调配合、齐抓共管、联防联控的高铁沿线安全环境治理体系。高铁沿线经济社会活动频繁，违法占地、违法建设、违法经营等违法违规行为屡禁不止，安全隐患频现，风险防控难度不断加大。为此，《办法》第十条、第十一条规定铁路监管部门要协调相关部门以及高速铁路沿线人民政府构建综合治理体系，建立路地协商机制，加强联防联控，切实落实护路联防责任制，推进铁路沿线安全环境综合治理常态化、规范化、制度化。同时，《办法》第十二条、第十三条在《铁路安全管理条例》基础上，再次明确了落实铁路线路安全保护区的相关要求，禁止在高速铁路线路安全保护区内从事烧荒、放养牲畜、排污、倾倒垃圾等严重危及铁路运营安全的行为。针对高速铁路与其他设施相遇时的安全防护问题，《办法》第十四条至第十六条规定了双方协商一致的原则，并要采取相应的安全防护措施。《办法》第十七条至第二十四条还针对在高速铁路沿线从事露天采矿、采石、爆破、抽取地下水等影响高速铁路安全的行为，规定了相应的安全防护距离、防护要求及处置措施。

第三，建立技防、物防、人防相结合的高铁安全保障体系。高铁安全防护，关键在“防”。《办法》从多方面致力于强化高铁安全防护措施，建立技防、物防、人防相结合的高铁安全保障体系。高铁速度快，对运行环境要求较高，因此《办法》第二十六条规定高速铁路应当实行全封闭管理，并设置相应的封闭设施和警示标志。为保障重点区域的人员和设施设备安全，《办法》第二十七条要求车站广场、候车区、列车车厢等重要场所以及高速铁路桥梁、隧道等重点部位配备、安装监控系统；第三十条要求旅客聚集区等重点区域设置应急疏散逃生通道和指示标识等，以技术手段加强防范。为防止外来风险对高铁运行安全的冲击，《办法》第二十八条要求高速铁路沿线重点区段安装设置周界入侵报警系统，并加强对高速铁路线路的视频监控。《办法》第四十条要求相关单位在高铁建设前期加强自然灾害评估、预防工作，依法建立地质、气象灾害预警信息互联互通机制、及时进行预报预警，铁路运输企业针对灾害采取相应防范措施。《办法》第四十一条、第四十二条还从信息网络和消防等方面，要求铁路运输企业制定相关规章制度、操作规程、应急预案等。

第四，建立预防为主、依法管理、综合治理的高铁安全风险防控体系。高铁是铁路旅客运输的主渠道，高铁运营安全与广大人民群众的生命财产息息相关。《办法》坚持生命至上、安全第一的理念，始终把人民群众的安全放在重要位置，努力做到让广大人民群众享有更便捷的铁路运输，享有更安全的铁路服务，努力增强人民群众的获得感、幸福感、安全感。《办法》第三十五条强化了铁路旅客运输实名制管理要求，对不符合实名制相关要求的持票人，铁路运输企业有权拒绝其进站乘车，并报告公安机关。《办法》第三十六条、第三十七条明确由国家铁路局会同公安部规定禁止或限制携带的物品名录；由铁路运输企业在高铁车站、列车车厢等场所公布，以广播、视频等形式加强宣传，并依法对进站人员、物品进行安全检查。

《铁路机车车辆驾驶人员资格许可办法》解读

一、出台背景及意义

为适应我国铁路特别是高铁快速发展对铁路机车车辆驾驶人员资格许可工作的需要，交通运输部于 2019 年 12 月 2 日颁布了新修订的《铁路机车车辆驾驶人员资格许可办法》（交通运输部令 2019 年第 43 号，以下简称《办法》），于 2020 年 3 月 1 日起施行。

《办法》是按照国务院深化“放管服”改革有关要求，结合铁路快速发展需要，在原《铁路机车车辆驾驶人员资格许可办法》（交通运输部令 2013 年第 14 号）的基础上修订而成，增加了铁路机车车辆驾驶人员资格许可准入退出、工作职责、考试组织、信用管理、监督检查、处罚规定等有关内容，并补充了提高铁路机车车辆驾驶资格许可工作效能的有关要求，进一步规范了铁路机车车辆驾驶人员资格许可工作。

二、主要内容及解读

一是调整了驾驶资格人员申请的准驾类型。《办法》适应动车组的技术发展需要，对准驾的不同动力及不同分布方式的动车组类型予以了调整，将机车系列的准驾类别由原来的 6 种细化为 9 种，增加了动力分散型电力动车组、动力集中型内燃动车组、动力集中型电力动车组等 3 个动车组类型，同时对初次申请及增驾的条件相应做出调整，为企业拓宽动车组驾驶人员培养路径、缩短培养周期创造了条件。

二是强化了对铁路企业和驾驶人员的安全管理要求。《办法》明确了驾驶人员应当遵守铁路运输安全法律、法规，任何单位和个人不得强迫、指使、纵容驾驶人员违章驾驶；增加了不得驾驶铁路机车车辆的情形，规定涉毒人员、涉恐人员、饮酒等存在影响安全驾驶行为的人员不得驾驶铁路机车车辆，企业也不得安排具有这些情形的人员上车驾驶，并设定了相应罚则；细化了企业对驾驶人员的管理要求，从对驾驶人员加强培训、健康检查、背景审查等方面强化企业的安全主体责任，确保铁路运输安全。

三是增加了“互联网＋政务服务”的内容。为落实国务院深入推进“互联网＋政务服务”有关要求，《办法》增加了推进铁路机车车辆驾驶人员信息管理系统建设的有关内容，通过系统实现驾驶资格申请、考试、证件管理、监督检查等功能；申请人可以通过铁路机车车辆驾驶人员信息管理系统申请驾驶资格，国家铁路局为驾驶人员颁发实体驾驶证的同时，系统自动生成电子驾驶证，铁路监管部门查验驾驶资格时，电子驾驶证和实体驾驶证均可以作为验证依据。通过全流程一体化在线服务，提升了政府服务效率和水平，进一步为企业和人员提供了便利。

第八节　综合性法规政策列表

1. 住房和城乡建设部办公厅关于开展 2020 年度海绵城市建设评估工作的通

知（建办城函〔2020〕179号），2020年4月15日

2. 住房和城乡建设部办公厅关于印发《城市地下综合管廊建设规划技术导则》的通知（建办城函〔2019〕363号），2019年6月13日

3. 住房和城乡建设部办公厅关于印发《城市地下综合管廊建设规划技术导则》的通知（建办城函〔2019〕363号），2019年6月13日

4. 市场监管总局、住房和城乡建设部《关于加强民用“三表”管理的指导意见》（国市监计量〔2019〕6号），2019年1月3日

5. 国家发展改革委关于印发《价格认定复核办法》的通知（发改价格规〔2018〕1343号），2018年9月15日

6. 《关于推进政府购买服务第三方绩效评价工作的指导意见》（财综〔2018〕42号），2018年7月30日

7. 国家发展改革委　财政部关于印发《行政事业性收费标准管理办法》的通知（发改价格规〔2018〕988号），2018年6月29日

8. 国家发展改革委《关于创新和完善促进绿色发展价格机制的意见》（发改价格规〔2018〕943号），2018年6月21日

9. 国家发展改革委关于印发《必须招标的基础设施和公用事业项目范围规定》的通知（发改法规规〔2018〕843号），2018年6月6日

10. 《关于进一步加强政府和社会资本合作（PPP）示范项目规范管理的通知》（财金〔2018〕54号），2018年4月24日。

11. 《企业投资项目事中事后监管办法》（中华人民共和国国家发展和改革委员会令第14号），2018年1月4日

第九节　主要行业法规政策列表

供水行业法规政策列表

1. 住房和城乡建设部办公厅关于做好2020年全国城市节约用水宣传周工作的通知（建办城函〔2020〕164号），2020年4月9日

2. 住房和城乡建设部办公厅《关于做好2018年全国城市节约用水宣传周工作的通知》（建办城函〔2018〕207号）2018年4月20日

3. 住房和城乡建设部、国家发展改革委关于印发《国家节水型城市申报与

考核办法》和《国家节水型城市考核标准》的通知（建城〔2018〕25 号）2018 年 2 月 13 日

4. 住房和城乡建设部办公厅、国家发展改革委办公厅《关于 2017 年度国家节水型城市复查情况的通报》（建办城函〔2018〕31 号）2018 年 1 月 15 日

排水与污水处理行业法规政策列表

1. 住房和城乡建设部办公厅关于组织推荐全国农村生活污水治理示范县（市、区）的通知（建办村函〔2020〕392 号），2020 年 7 月 27 日

2. 交通运输部关于发布《排水沥青路面设计与施工技术规范》的公告（交通运输部公告 2020 年第 36 号），2020 年 7 月 2 日

3. 国家发展改革委《关于完善长江经济带污水处理收费机制有关政策的指导意见》（发改价格〔2020〕561 号），2020 年 4 月 7 日

4. 住房和城乡建设部关于印发《2020 年环保设施和城市污水垃圾处理设施向公众开放工作实施方案》的通知（环办宣教函〔2020〕132 号），2020 年 3 月 25 日

5. 国家发展改革委关于印发《排水设施建设中央预算内投资专项管理暂行办法》的通知（发改投资规〔2020〕528 号），2020 年 3 月 31 日

6. 住房和城乡建设部办公厅《关于做好 2020 年城市排水防涝工作的通知》（建办城函〔2020〕121 号），2020 年 3 月 17 日

7. 住房和城乡建设部《关于 2020 年全国城市排水防涝安全及重要易涝点整治责任人名单的通告》（建城函〔2020〕38 号），2020 年 3 月 5 日

8. 生态环境部《关于做好新型冠状病毒感染的肺炎疫情医疗污水和城镇污水监管工作的通知》（环办水体函〔2020〕52 号），2020 年 2 月 1 日

9. 关于发布《污水监测技术规范》等十一项国家环境保护标准的公告（公告 2019 年第 58 号），2019 年 12 月 25 日

10. 住房和城乡建设部村镇建设司《关于印发县域统筹推进农村生活污水治理案例的通知》（建村水函〔2019〕60 号），2019 年 9 月 16 日

11. 国家发展和改革委员会《关于进一步加快推进中西部地区城镇污水垃圾处理有关工作的通知》（发改环资〔2019〕1227 号），2019 年 7 月 13 日

12. 住房和城乡建设部关于发布国家标准《建筑给水排水设计标准》的公告（中华人民共和国住房和城乡建设部公告 2019 年第 171 号），2019 年 6 月 19 日

13. 财政部关于印发《城市管网及污水处理补助资金管理办法》的通知（财建〔2019〕288 号），2019 年 6 月 13 日

14. 住房和城乡建设部、生态环境部、发展改革委《关于印发城镇污水处理提质增效三年行动方案（2019—2021年）的通知》（建城〔2019〕52号），2019年4月29日

15. 住房和城乡建设部关于发布国家标准《农村生活污水处理工程技术标准》的公告（中华人民共和国住房和城乡建设部公告2019年第100号），2019年4月9日

16. 关于印发《2019年环保设施和城市污水垃圾处理设施向公众开放工作实施方案》的通知（环办宣教函〔2019〕333号），2019年3月29日

17. 住房和城乡建设部办公厅《关于做好2019年城市排水防涝工作的通知》（建办城函〔2019〕176号），2019年3月18日

18. 生态环境部《关于做好污水处理厂排污许可管理工作的通知》（环办环评〔2019〕22号），2019年3月18日

19. 住房和城乡建设部《关于公布2019年全国城市排水防涝安全及重要易涝点整治责任人名单的通告》（建城函〔2019〕37号），2019年3月1日

20. 国家发展改革委关于印发《城市排水防涝设施建设中央预算内投资专项管理暂行办法》的通知（发改投资规〔2019〕179号），2019年1月25日

垃圾处理行业法规政策列表

1. 国家发展改革委、生态环境部、工业和信息化部、住房和城乡建设部、农业农村部、商务部、文化和旅游部、市场监管总局、供销合作总社《关于进一步加强塑料污染治理的意见》（发改环资〔2020〕80号），2020年7月10日

2. 住房和城乡建设部《住房和城乡建设部关于推进建筑垃圾减量化的指导意见》（建质〔2020〕46号），2020年5月8日

3. 住房和城乡建设部《关于在全国地级及以上城市全面开展生活垃圾分类工作的通知》（建城〔2019〕56号），2019年4月26日

4. 生态环境部办公厅《2019年环保设施和城市污水垃圾处理设施向公众开放工作实施方案的通知》（环办宣教函〔2019〕333号），2019年3月29日

5. 国务院办公厅《关于印发"无废城市"建设试点工作方案的通知》（国办发〔2018〕128号），2018年12月29日

6. 住房和城乡建设部《关于发布行业产品标准〈有机垃圾生物处理机〉的公告》（住房和城乡建设部公告2018年第115号），2018年6月12日

7. 住房和城乡建设部、生态环境部、水利部、农业农村部《关于做好非正规垃圾堆放点排查和整治工作的通知》（建村〔2018〕52号），2018年6月1日

天然气行业法规政策列表

1. 国家发展改革委和市场监管总局联合发布《关于加强天然气输配价格监管的通知》（发改价格〔2020〕1044 号），2020 年 7 月 3 日

2. 自然资源部《关于推进矿产资源管理改革若干事项的意见（试行）》（自然资规〔2019〕7 号），2019 年 12 月 31 日

3. 国家发展和改革委员会《关于规范城镇燃气工程安装收费的指导意见》（发改价格〔2019〕1131 号），2019 年 7 月 3 日

4. 国家发展和改革委员会、商务部发布《外商投资准入特别管理措施（负面清单）（2019 年版）》，2019 年 6 月 30 日

5. 国家发展和改革委员会、国家能源局、国家住房建设部、国家市场监管总局联合发布关于印发《油气管网设施公平开放监管办法》的通知（发改能源规〔2019〕916 号），2019 年 5 月 24 日

6. 国务院《关于促进天然气协调稳定发展的若干意见》（国发〔2018〕31 号），2018 年 9 月 5 日

7. 国家发展和改革委员会《关于理顺居民用气门站价格的通知》（发改价格规〔2018〕794 号），2018 年 5 月 25 日

电力行业法规政策列表

1. 关于加强电力中长期交易监管的意见（国能发监管〔2019〕70 号），2019 年 9 月 4 日

2. 关于深化电力现货市场建设试点工作的意见（发改办能源规〔2019〕828 号），2019 年 7 月 31 日

3. 输配电定价成本监审办法（发改价格规〔2019〕897 号），2019 年 5 月 24 日

4. 电力安全监管约谈办法（国能发安全〔2018〕79 号），2018 年 11 月 28 日

5. 国家能源局关于加强电力行业网络安全工作的指导意见（国能发安全〔2018〕72 号），2018 年 9 月 13 日

6. 光伏扶贫电站管理办法（国能发新能〔2018〕29 号），2018 年 3 月 26 日

7. 增量配电业务配电区域划分实施办法（试行）（发改能源规〔2018〕424 号），2018 年 3 月 13 日

电信行业法规政策列表

1. 工业和信息化部关于加强呼叫中心业务管理的通知（工信部信管〔2020〕81号），2020年6月8日

2. 工业和信息化部关于深化信息通信领域“放管服”改革的通告（工信部政法函〔2020〕99号），2020年5月11日

3. 十二部门联合发布《网络安全审查办法》，2020年4月13日

4. 工业和信息化部关于推动5G加快发展的通知（工信部通信〔2020〕49号），2020年3月24日

5. 工业和信息化部办公厅关于印发《中小企业数字化赋能专项行动方案》的通知（工信厅企业〔2020〕10号），2020年3月18日

6. 工业和信息化部办公厅关于推动工业互联网加快发展的通知（工信厅信管〔2020〕8号），2020年3月6日

7. 工业和信息化部印发《关于有序推动工业通信业企业复工复产的指导意见》（工信部政法〔2020〕29号），2020年2月24日

8. 工业和信息化部办公厅关于做好宽带网络建设维护助力企业复工复产有关工作的通知（工信厅通信函〔2020〕25号），2020年2月19日

9. 工业和信息化部办公厅关于运用新一代信息技术支撑服务疫情防控和复工复产工作的通知（工信厅信发〔2020〕4号），2020年2月18日

10. 关于做好个人信息保护利用大数据支撑联防联控工作的通知（中央网络安全和信息化委员会办公室），2020年2月4日

11. 《网络信息内容生态治理规定》发布（国家互联网信息办公室令第5号），2019年12月15日

12. 关于促进“互联网+社会服务”发展的意见（发改高技〔2019〕1903号），2019年12月6日

13. 关于印发《App违法违规收集使用个人信息行为认定方法》的通知（国信办秘字〔2019〕191号），2019年11月28日

14. 工业和信息化部关于印发《携号转网服务管理规定》的通知（工信部信管〔2019〕242号），2019年11月11日

15. 国务院办公厅关于促进平台经济规范健康发展的指导意见（国办发〔2019〕38号），2019年8月1日

16. 十部门关于印发《加强工业互联网安全工作的指导意见》的通知（工信部联网安〔2019〕168号），2019年7月26日

铁路运输行业法规政策列表

1. 铁路机车车辆驾驶人员资格许可办法（交通运输部令〔2019〕43 号），2019 年 11 月 27 日

2. 高速铁路工程安全防护管理办法（交通运输部令〔2020〕8 号），2020 年 3 月 26 日

3. 交通运输部关于修改〈铁路机车车辆设计制造维修进口许可办法〉的决定（交通运输部令 2019 年第 3 号），2019 年 1 月 30 日

4. 关于加快推进铁路专用线建设的指导意见（发改基础〔2019〕1445 号），2019 年 9 月 1 日

5. 铁路建设工程质量安全监督机构和人员考核管理办法（国铁工程监〔2019〕13 号），2019 年 4 月 2 日

6. 国家铁路局关于印发《铁路行业统计规则》的通知（国铁综〔2019〕4 号），2019 年 4 月 1 日

7. 关于做好高速铁路基础设施运用状态检测监督检查工作的指导意见（国铁设备监〔2019〕8 号），2019 年 3 月 6 日

8. 交通运输部关于修改《铁路机车车辆设计制造维修进口许可办法》的决定（中华人民共和国交通运输部令 2019 年第 3 号），2019 年 3 月 1 日

9. 国家铁路局关于印发《铁路专用设备产品质量监督抽查计划管理办法》的通知（国铁设备监〔2018〕46 号），2018 年 12 月 5 日

10. 国家铁路局关于印发《铁路安全生产约谈实施办法（试行）》的通知（国铁安监〔2018〕84 号），2018 年 10 月 25 日

11. 国家铁路局关于印发《铁路运输基础设备生产企业审批实施细则》的通知（国铁设备监〔2018〕80 号），2018 年 10 月 18 日

12. 国家铁路局关于印发《铁路运输业信用管理暂行办法》的通知（国铁运输监〔2018〕79 号），2018 年 10 月 17 日

13. 交通运输部关于修改《铁路专用设备缺陷产品召回管理办法》的决定（交通运输部令 2018 年 18 号），2018 年 10 月 16 日

14. 高速铁路基础设施运用状态检测管理办法（中华人民共和国交通运输部令 2018 年第 19 号），2018 年 10 月 15 日

15. 国家铁路局关于印发《铁路行业统计调查制度》的通知（国铁综〔2018〕75 号），2018 年 10 月 9 日

16. 铁路工程建设项目招标投标管理办法（中华人民共和国交通运输部令

2018年第13号），2018年9月29日

17. 国家局关于印发《铁路机车无线电台执照核发管理暂行办法》的通知（国铁设备监〔2018〕57号），2018年8月13日

18. 铁路行业统计管理规定（中华人民共和国交通运输部令2018年第6号），2018年6月7日

第十章　公用事业典型案例分析

第一节　供水行业案例分析

案例一　常熟中法智能水务综合管理平台及数据决策分析[①]

一、案例简介

常熟中法水务服务人口 230 万、服务面积 1264 平方公里。通过升级现有系统、新建多种系统，对所有系统进行整合联网、信息共享的方式，实现供水生产、管网运行、客户服务、工程项目、应急处理等业务信息的自动化分析处理，打造物联网智能水务。通过实时数据采集平台，采用地理信息可视化方式，有机整合，形成“城市供水物联网”，以更加精细和动态的方式对整个供水系统的生产、管理和服务流程进行数字化管理。

二、案例亮点

利用移动 GIS、工作流、北斗定位等技术，充分结合业务流程，搭建实现基于 GIS 的抢维修系统和工程管理系统，采用以 BS 架构的管理端系统和手持端系统相结合的方式，对抢维修和工程管理进行全过程标准化管理，打通客服呼叫系统和外勤系统双向互通。通过搭建基于 GIS 的综合运营平台，综合展示管网安全一张图、管网漏损一张图、用户服务一张图、污水等多种专题图。并基于集成的各类数据实现管网运行监测、DMA 分析、水力模型、应急调度、客户服务、二次供水等辅助综合运营分析决策。通过管网模型和算法的优化提高分析效率。远传表统一平台、智能收集抄表、二次供水设备管理与巡检。超综合数据中心，大数据分析决策系统。

① 资料来自常熟中法水务有限公司。

三、效果评估

（1）为公司提供坚实、可靠的数据共享平台，为各部门提供完善的地理空间数据服务。既解决了管网数据动态更新问题，又节约了各部门在基础地理和专题数据采集方面重复投入的资金，节省费用大约 195 万元/年。

（2）有助于运营部门更好地进行管网管理。系统实现网格化动态分区压力管理，减少了自然爆管次数，使管网压力运行在最经济的工作区间，达到较好的能源管理效果。

（3）有效降低管网漏损。结合抢维修外勤业务系统，实时获取最新漏点情况，加快漏点修复，可有效降低管网漏损，节约大量水资源。

（4）有助于新装管道精确接水。在新装管道时，管网 GIS 系统提供直观的管网分布情况，并利用水力计算模型精确地计算出接水所需管径与管道走向，从而降低了接水费用，综合统计每年可节约生产成本 50 万元/年。

（5）有助于管道安装施工时准确开挖，减少资金浪费和设施维护。按每年新装 $DN100$ 以上管道 120 公里计算，可节约生产成本 15 万元/年，每年开挖节约维护成本 8 万元/年。

四、效益评价

1. 经济效益

每年可节约 253 万元的直接经济效益，每年减少约 200 万立方米水量的间接经济效益。

2. 社会效益

紧密结合供水管理的业务流程，实现公司各部门共享各类数据，及时有效地提供准确、可靠的数据，保障安全供水，并对突发性污染事件进行动态、可视化模拟预测，为事故应急处理提供决策支持，为规划、设计、调度和改扩建方案等多种应用提供合理的参考依据，从而提升供水企业运行效率和管理水平，提升用户满意度。系统建成后在多家同行供水企业推广应用。

3. 信息共享收益

在信息共享方面，通过搭建信息共享服务平台实现企业各部门之间、企业与企业之间、企业与政府之间的空间基础地理信息、管网信息、业务数据、监控数据的发布和共享。通过本项目也形成了多个系统运行管理制度，为系统管理职能的划分、权限管理、数据更新、安全管理等方面提供依据。

4. 数据处理收益

数据决策分析已完成6个板块的开发，涉及供水生产、客户服务、能源管理、水质管理、内部管理和IPO等，至今已完成报表270多张，能够在大屏、PC端和移动端随时随地地同步查阅数据。提供了统一的数据报表门户，进行报表统一访问和管理，实现各种业务主题分析、资料填报等。大幅减少各部门统计人员工作量，通过自动提取报表，废除了人工统计和纸质报表。各级管理人员能够及时掌握生产运行状况，解决了以往出现的数据收集不全或者系统反应延期滞后带来的问题，提高了数据化决策能力。

案例二　瀚蓝环境实现供水停水、调度及规划的智慧管理[①]

一、案例简介

瀚蓝环境已建成的供水相关信息系统有：OA、腾讯通RTX、瀚蓝+、营业收费系统、供水GIS、供水SCADA系统、供水热线系统、供水微观模型系统和支付宝、微信公众号服务缴费等。通过对供水管网运营的管理制度和流程进行适应性的调整和设置，将供水管网的业务运营（如停水管理、调度规划、巡检报修、客户服务、移动办公等）与已有的信息系统集成和串联起来，在信息系统建设投入未大规模增加的前提下，减轻了企业员工的劳动强度，提高了运营效率和劳动生产率。智慧水务系统应用的结果覆盖了佛山市南海区1073.82平方公里的范围，服务人口约300万，获得较好的经济效益和社会效益。

二、案例亮点

智慧停水管理：通过供水GIS，一个人，可完成停水方案制作。通过企业OA开发的停水业务审批流程，一个人，可发起停水业务审批。而借助于瀚蓝+的移动办公系统，各级管理人员和停水有关各方可实现流程的移动审批，时效性大为提高。通过供水GIS与营业收费系统和短信系统的接口，在完成停水方案制作的同时，一个人，可实现对受停水影响用户的即时短信通知。通过供水热线系统以及该系统和微信公众号接口、内网、外网调用，一个人，一次输入和发

① 资料来自瀚蓝环境股份有限公司。

布，可同时实现停水通知在微信公众号、企业内网、外网的发布。借助于 RTX 和瀚蓝+平台，一个人，可将停水工程的进度进行实时通报，并实现现场与各级管理人员的实时沟通及调度协调。

智慧管网调度及规划：通过供水管网微观模型与供水 GIS、营业收费系统和供水 SCADA 系统接口，提高了模型更新效率和准确性，在供水管网规划、供水调度方面发挥了越来越大的作用。

三、效果评估

1. 智慧停水管理

瀚蓝环境通过智慧水务建设和应用，不仅做到只需一个人就完成协调复杂、涉及面广的停水业务运营管理。同时，还保证了业务开展的时效性和标准化。在企业用人成本不断增长，社会对供水企业的停水服务要求越来越高的趋势下，瀚蓝环境停水管理的智慧系统应用，有很大的借鉴意义。

2. 智慧管网调度及规划

瀚蓝环境还将供水管网模型的应用与供水调度、供水规划业务开展联系起来。在企业每年的高峰期调度、大范围停水施工、重点供水规划中开展应用，在保障全区用水压力的同时，供水管网平均压力逐年下降，间接降低了供水能耗和管网漏耗。在近年佛山西站管道迁改，新桂城水厂 *DN*2000 和 *DN*1800 专用输水管调度、海八路—佛平路 *DN*1200 供水管道工程规划等业务中也发挥了重要作用。

四、效益评价

1. 智慧停水管理

通过智慧供水系统，瀚蓝环境只需一人可完成停水管理，大大节省了人力开支。社会效益方面，实现了停水业务管理流程化、规范化和标准化，降低了停水对用户的影响，用户满意度也逐年提高。

2. 智慧管网调度及规划

通过智慧供水系统，对管网调度不断进行相应优化调整，指导水厂运行及水压调节，使出厂水压及管网水压不断下降至最合理范围，下降幅度已有 13%，管网爆管数量已大幅度减少。南海第二水厂千吨水电耗相比以往未科学分析前下降 3～5 千瓦时，幅度约 1.2%。通过智慧供水系统进行管网规划设计进行评估，可根据企业实际情况分析各种管网设计方案，选取最优、最经济的方案。避免设计方案不合理造成的实施效果不佳或不能满足需求的情况。比如，从最优管径评估，原本设计需要敷设 *DN*1600 管道的工程，若改为 *DN*1400 即可完全满足需求，则整个工程可节省数十甚至上百万元。

3. 数据处理能力

瀚蓝环境供水 GIS 系统基于 ARCGIS 技术手段进行开发，采用“私有云”的方式提供软件服务。系统采用瘦客户端模式。供水 GIS 系统支持 100 个或以上的并发用户，且 50 个并发用户在线时，WEB 发布的实时画面的刷新时间不大于 1 秒；登录的时间、查询管网信息及属性数据的时间不大于 3 秒；进行供水管网信息系统下的业务要求操作，例如超过 6000 户的用户信息导出，响应时间不大于 30 秒。

第二节　排水与污水处理行业案例分析

案例　海口市美舍河黑臭治理与监管

一、美舍河黑臭治理的现状及背景

（一）美舍河简介

海口是海南省省会，国家“一带一路”倡议支点城市，北部湾城市群中心城市是海南省政治、经济、科技、文化中心和最大的交通枢纽。其陆地面积为 2284.49 平方公里，海域面积为 861.44 平方公里。海口空气质量常年位居全国重点区域和 74 个城市之首，被世界卫生组织选定为中国第一个“世界健康城市”试点地，曾荣膺“中国人居环境奖”。海口水资源总量为 19.07 亿立方米，美舍河是海口的母亲河，是海口市生态系统的一个关键性、基础性的廊道。它从上游的沙坡水库至入海口，全长 23.86 公里，流域面积为 50.16 平方公里。美舍河发源于海口市南部羊山地区，呈圆弧状流经永兴、城西、府城、白龙等 4 个乡镇及街道，在和平北路桥东侧流入海甸溪，最终从新港码头归入琼州海峡。其水源主要依靠沙坡水库的补水和水网动力的南渡江调水。

（二）美舍河治理的背景

从2010年开始，海口市原本茂密的红树林开始成片成片地受虫害肆虐。调查表明，海口市近年来水质污染严重，一种叫作团水虱的钻孔生物大面积爆发，侵蚀大片的红树林。海口水体污染事件引起了市民的惶恐和领导层的高度重视，为全面、彻底、有效地整治海口市水体污染，加大水污染防治力度，进一步提高水环境质量，海口市依据《水十条》和《海南省城镇内河（湖）水污染治理三年行动方案》的要求，结合当地实际，在2015年编制了《海口市城镇内河（湖）水污染 治理三年行动方案》，将美舍河纳入了需要治理的18个水体之一。

（三）美舍河水环境现状①

美舍河的上游沙坡水库位于海口市南部生态控制带范围内，水环境条件较好，除总氮指标外，其他水质指标可达到地表水类标准。沙坡水库末端至入海口为美舍河城区段，受污水直排和底泥污染影响，水环境质量较差，各项水质指标均为劣Ⅴ类，其中氨氮为15.2mg/L、溶解氧为0.87mg/L、COD为61.5mg/L，全河段被列为城市黑臭水体整治范围，主要存在以下四方面的问题。

1. 污水直排

海口市排水系统欠账问题严重，美舍河沿河排污口有130个，直排入河污水量约$5.0\times10^4m^3/d$。目前美舍河所在的主城区近$90km^2$范围内的生活污水全部排入城区最北侧的白沙门污水处理厂，该污水处理厂长期处于满负荷状态运行，主干管网近16.6km处于满管状态。海口污水管道及污水处理厂进水污染物浓度较低，近1/3的地下水、河水、海水等外来水倒灌入污水系统，清洁的水资源占用了污水管道和处理设施的空间，造成大量生活污水直排入河。美舍河城区段污水直排、管网混接错接等问题突出。上游沙坡水库至风翔桥段，周边为城郊村庄，未建设污水管道；中游段风翔桥段至流芳桥，周边为府城老城区，排水管道以合流管为主；下游流芳桥至长堤路入海口段，管网以分流制系统为主，但存在大量混接、错接的问题。

2. 底泥污染

由于美舍河沿线长期排污，加之河道局部水动力条件不足，造成中下游河段底泥沉积较为严重。经检测，中下游段底泥淤积深度达到1.0m，局部水动力条

① 王晨，李婧，赖文蔚，杨柳，胡筱．海口市美舍河水环境综合治理系统方案［J］．中国给水排水，2018，34(12)：24-30.

件不足区域淤泥深度达到 1.5m，且底泥有机质含量较高，黑臭现象严重。

3. 水生态脆弱

目前美舍河源头所在的南部生态控制带，蓝绿空间用地零散、不连贯，生态系统功能逐步减弱。上游沙坡水库汇水区存在部分地块开发和高速路建设，切断了局部汇水通道，缩小了原始的自然汇水分区，导致沙坡水库汇流量由 $3000\times10^4m^3/a$ 降至 $1500\times10^4m^3/a$，进而导致下游美舍河的生态补水量严重不足。城区河段渠化现象严重，滨河绿带建筑废渣堆弃，河道蓝绿空间的生态功能严重退化，基本丧失了自我净化和恢复能力。

4. 排水能力不足

海口市短时暴雨强度大，且受到潮水顶托影响，易产生内涝问题。美舍河河道断面尺寸按 20 年一遇标准设计，基本可满足排涝要求。但是，当下游段受潮水顶托影响时，排水能力不足，河边区域存在内涝风险。

二、美舍河黑臭治理

（一）治理目标及范围

针对美舍河目前存在的问题，海口市本着“科学系统、源头治理、综合施策、标本兼治”的整治原则，按照“一沟（河）一策”的思路，积极开展水环境整治。预期通过综合整治，使美舍河水质持续改善，2017 年底实现Ⅴ类水的环境目标，见表 10-1。

城镇内河（湖）水环境现状和治理目标①　　表 10-1

城镇内河（湖）水环境现状和治理目标									
所在市县	河流名称	监测断面	污染范围	汇入水体	水质状况	超标指标	污染原因	水质目标	完成时间
海口市	美舍河	美舍河3号桥	22.7公里	海甸溪	劣Ⅴ类	溶解氧、总磷	未清淤，沿途部分污水直接排入水体	Ⅴ类	2018 年底

为明确治理责任和目标，海口市将美舍河分段治理，其中美舍河 A 段（沙坡水库—丁村桥），龙华辖区。美舍河 B 段（丁村桥—国兴桥），琼山辖区。美舍河 C 段（国兴桥—长堤路），美兰辖区，具体每个河段的整治目标见表 10-2。

① 海南省人民政府关于印发海南省水污染防治行动计划实施方案的通知 111 号附件。

城镇黑臭水体整治目标表　　表 10-2

城镇黑臭水体整治目标表											
市县	所属流域	所属水体	断面名称	河段长度（公里）	汇入水体	经度	纬度	主要污染因子	水体黑臭原因	预计消除黑臭年度	备注
海口市	珠江流域	美舍河A段（沙坡水库至丁村桥）	迎宾大道	3.27	海甸溪	110.3401	19.9754	溶解氧，总磷	积淤严重，沿途部分污水直接排入水体	2017年	轻度黑臭
海口市	珠江流域	美舍河B段（国兴大道至丁村桥）	凤翔桥	7.4	海甸溪	110.3453	19.9804	溶解氧，总磷	积淤严重，沿途部分污水直接排入水体	2017年	轻度黑臭
海口市	珠江流域	美舍河C段（国兴大道至长堤路）	美舍河3号桥	4.2	海甸溪	110.3618	20.0294	溶解氧，总磷	积淤严重，沿途部分污水直接排入水体	2017年	轻度黑臭

（二）治理方案与措施

1. 专家咨询

为找出美舍河污染根源，海口市邀请中国城市规划设计研究院、北京土人景观设计研究院、中科院水生所等机构的一批专家组成的技术团队驻扎海口，找病因、开药方，并提出“问题在水里，根源在岸上，关键在排口，核心在管网”的治理思路。专家团队根据问题开出药方，提出采用“控源截污、内源治理、生态修复、景观提升”的多元系统水环境提升战略，立足打造贯穿城区南北的重要水生态景观廊道，以实现“水清、岸绿、景美、民乐”的综合治理目标，并对美舍河治理的工程建设任务提出了具体的治理方案，见表 10-3。

美舍河治理方案　　表 10-3

治理过程	牵头单位	配合单位	完成时限
推进上丹村污水泵站建设	市水务局	琼山区政府、市发展和改革委员会、市国土局	2016年12月31日前
开展美舍河清淤工作	市水务局	市生态环保局、市发展和改革委员会、市市政市容委、美兰区政府	2016年12月31日前

续表

治理过程	牵头单位	配合单位	完成时限
启动美舍河水体治理和运营管理 PPP 项目	市水务局（负责 PPP 项目的市场测试、方案的确定、招标、签约）；市生态环保局（负责水质的监测）；市财政局（负责付费）	市发展和改革委员会、市市政市容委、龙华区政府、美兰区政府、琼山区政府	2018 年 12 月 31 日前
行政管理保障措施	龙华区政府、琼山区政府、美兰区政府、市生态环保局	市市政市容委、市农业局、市水务局、市住建局	长期

2. 组织领导

长期以来，海口“九龙治水”多头管理，信息不畅，各自为战。为此，海口市委主要领导要求，美舍河综合治理，始终坚持“控制面源污染、截污纳管、分散处理、恢复水体自然状态”四步走的控源截污思路，并且担任总河长，主持推进水体治理工作，并多次夜间携带测量工具巡查美舍河治理情况。同时，由市领导共同组成治水领导小组，负责水体治理具体工作，并成立城镇内河（湖）水环境综合整治工作领导小组办公室，设立 10 个工作组配合协作具体事务，专门选派 16 名精干人员组成截污纳管工作组，负责抓好截污工作。另外，还建立“水体治理马上就办”微信群，及时推送控源截污动态信息，分管领导对信息平均批示时间不超过 10 分钟，做到及时报告、高效处置。

3. 控源截污

海口市在推进美舍河水环境综合治理过程中把控源截污作为关键环节。从 2017 年 2 月起，海口市政府相关部门和承担施工建设的企业针对美舍河沿岸的污水排放口进行了全面摸排。为全面彻底理清美舍河排水口情况，截污纳管组共排查美舍河沿岸管线长度 216.8 公里，调查总住户 109937 户、331633 人，检查了 4000 多口排水井，依靠人工摸排占九成以上。排查结果显示，美舍河沿岸排水口 339 个，每天直排美舍河的污水达 8 万吨。此外，相关工作人员还多次反复深入每个排污井口内部核查排水情况，甄别每个排污口和雨水口。

4. 严管重罚

打击偷排污水也是美舍河治理的一个工作重点。从 2017 年 3 月 14 日开始，海口市环保部门启动美舍河沿岸专项整治夜巡模式，优先采取行政执法手段治理排污口，重点打击违法偷排、直排污水的行为，期间多部门联合立案查处 33 起，处罚企业及个人 20 家，收取罚金 232.9 万元。严管重罚对其他企业起到震慑和教育作用，美舍河沿线偷排污水现象得到改善。

5. 技术治理

海口还采取技术手段量身制定截污纳管方案，将正常的雨污合流排放口列入远期雨污分流项目一并推进改造；在污水管网未覆盖且改造难度较大的城区，建设污水临时一体化设备或利用人工梯田湿地截污纳管；对现有污水处理能力饱和的新城区，系统性、科学化布局建设污水处理厂。

三、美舍河-沙坡水库 PPP 项目

（一）打包捆绑项目

根据《海南省城镇内河（湖）水污染治理三年行动方案》要求，海口市将海口水环境综合治理项目捆绑打包，共包括 31 个水体，其中有 18 个黑臭水体，分成 6 个子项目，采取“PPP（公私合营）＋EPC（总承包）＋跟踪审计＋全程监管”的模式引用社会资本，公开招标、按效付费。2016 年 4 月 18 日，海口市将项目公开招标对外招商，以 PPP 模式委托给第三方公司治理并长效运营，竞标标的为年度可用性服务费和运维服务费。经过激烈竞争，四家企业（联合体）分享了 6 个项目（中选情况见表 10-4）。

海口水环境综合治理项目承包公司　　表 10-4

项目编号	项目名称	中标社会资本
HKSHJ-01	海口市美舍河-沙坡水库水体水环境综合治理 PPP 项目	北京桑德环境工程有限公司 & 北京爱尔斯环保工程有限公司
HKSHJ-02	海口市五源河、工业水库等 3 个水体水环境综合治理 PPP 项目	北京桑德环境工程有限公司 & 北京爱尔斯环保工程有限公司
HKSHJ-03	海口市龙昆沟、东西湖等 11 个水体水环境综合治理 PPP 项目	深圳市铁汉生态环境股份有限公司 & 北京林大林业科技股份有限公司
HKSHJ-04	海口市响水河、红城湖等 4 个水体水环境综合治理 PPP 项目	深圳市铁汉生态环境股份有限公司 & 北京林大林业科技股份有限公司
HKSHJ-05	海口市鸭尾溪、东坡湖等 10 个水体水环境综合治理 PPP 项目	中国葛洲坝集团股份有限公司 & 深圳市水务技术服务有限公司
HKSHJ-06	海口市福创溪-大排沟水环境综合治理 PPP 项目	北京城市排水集团有限责任公司 & 博天环境集团股份有限公司

美舍河属于跨区水系标段，由海口市水务局作为业主，开展 PPP 工程项目公开招商，确定了中标项目公司为北京桑德联合体后，立即组织开展美舍河沿线排污口应急截污、河道内源污染清理、临时一体化污水设施处理等工作。

（二）水环境综合治理 PPP 项目

美舍河-沙坡水库水体水环境综合治理 PPP 项目是六个项目之一，由北京桑德环境有限公司联合体承包经营，预成交金额 69880000 元/年，其中可用性服务费 61880000 元/年，运营服务费 8000000 元/年。

水环境综合治理 PPP 项目范围和主要建设内容包括：

（1）美舍河流域治理范围：美舍河主干河道（沙坡水库坝下至海甸溪），以外源截污、清淤工程为主，内源整治为辅，同时配合湿地建设等工程。

（2）沙坡水库流域治理范围：沙坡水库水域范围，以外源截污为主，内源整治为辅，同时配合湿地建设、水生态修复、生态岸线建设等工程。

（三）项目实施过程及其创新点

1. 项目的实施过程

美舍河-沙坡水库水体水环境综合治理 PPP 项目从 2016 年 3 月开始启动，历时 2 个月，通过竞争性磋商的方式确定了中标企业，并于 2016 年 5 月正式签订 PPP 项目协议。具体的项目实施过程见表 10-5。

美舍河-沙坡水库水体水环境综合治理 PPP 项目实施过程　　表 10-5

<table>
<tr><th>时间起讫（2016 年）</th><th>工作内容</th><th>项目合作期限</th></tr>
<tr><td>3 月 17 日</td><td>聘请 PPP 专业机构</td><td rowspan="8">项目合作为 15 年零 7 个月（含建设期），自《PPP 项目协议》签字确认生效日起开始计算。建设期 18 个月（2016 年 6 月 1 日～2017 年 11 月 30 日），运营期 15 年（2017 年 1 月 1 日～2031 年 12 月 31 日）。PPP 项目期限届满后，项目公司将项目资产无偿转交给海口市政府</td></tr>
<tr><td>3 月 21 日—3 月 30 日</td><td>专业机构编制《PPP 实施方案》和《竞争性磋商文件》</td></tr>
<tr><td>3 月 31 日—4 月 5 日</td><td>市政府批准《PPP 实施方案》和《竞争性磋商文件》</td></tr>
<tr><td>4 月 6 日—4 月 26 日</td><td>社会资本编制《第一次响应文件》并提交</td></tr>
<tr><td>5 月 4 日—5 月 6 日</td><td>进行竞争性磋商，社会资本提交第二次报价评审确定预交社会资本</td></tr>
<tr><td>5 月 9 日—5 月 12 日</td><td>开展竞争性磋商结果确认谈判，直到就协议文本达到一致</td></tr>
<tr><td>5 月 15 日前</td><td>签署 PPP 项目协议</td></tr>
</table>

2. 项目的创新点

（1）采购前开展大规模的市场测试。2015 年 9 月，海口市水务局通过中国水网发布公告，广泛征询海口水环境综合治理的技术方案。结果有 41 家专业公司报名参加了现场踏勘，其中有 31 家企业提交了技术报告。随后市水务局邀请专业的技术团队对这些技术报告进行了研究、评价和评分。通过这次市场测试，市政府了解到有很多专业公司对项目有信心、有兴趣。而且前期的技术报告筛选，一定程度上弥补了前期数据缺失的不足。针对复杂的 PPP 项目，采购前的识别阶段，进行市场测试是比较重要的。特别是当政府对招商前景、技术和运维前景不是特别明朗的前提下，市场测试能够帮助政府方厘清很多问题，坚定信心。

（2）采购环节成立 PPP 项目领导小组。首先，成立了高规格的领导小组，建立强有力的工作班子。领导小组由市长亲自担任组长，常务副市长和两位分管市长任副组长。领导小组办公室则由发改、财政、审计、法制办、规划、土地、环保和水务等多个部门抽调专人参加，集中办公。其次，划分 6 个项目包，按统一的商务条件同时实施采购。因为有 31 个水体，情况特别复杂，如果做成一个项目包，预期几乎没有任何一家水务公司或者环境治理公司能够做好，因此招标方将项目划分为 6 个项目包，按统一的商务条件同时实施采购。6 个项目包的划分也是经过了科学的分析。31 个水体分布在海口的四个行政区和桂林洋开发区内，为便于项目征地拆迁和监管考核，原则上，每个区（含桂林洋开发区）负责实施本辖区内水体的治理工作，其中沙坡水库-美舍河水系跨三个区，则由市水务局作为实施机构。但考虑到区级水务行政管理部门专业人员的配备不足，缺少 PPP 方案设计和采购的经验，市政府提出 6 个项目包采取同样的商务条件，并由市政府统一决策组织，同时发布招商采购信息。其三，磋商和评审的规则设计的创新。海口市水环境综合治理 PPP 项目真正体现了重绩效、重技术的要求。在设计社会资本采购评审的打分表时，报价分仅占 30%，在同类项目中是较低的，体现了市政府并非主要要求“省钱”的意图，同时，技术标的打分比例则高达 40%，且“水污染治理技术”单项的分值为 20 分，突出了市政府希望找到最可靠、最科学的水污染防治工艺和技术的诉求。同时，为了确保评审委员有能力判别技术的先进性和可行性，6 个项目包的磋商小组成员中均包含 3 名技术专家，这些技术专家均由国内顶尖的专家组成，有深厚的专业素养和高度的责任心。

（3）借助专业机构协助政府开展监管。从工程技术方面，聘请了中国城市规划设计研究院为海口市水环境综合治理项目的技术服务机构，所有涉及项目的技术路径选择、工程量核定以及运营方案的评估，全部由技术团队来审定；从商务和法务方面，聘请了经验丰富的 PPP 咨询机构协助市、区水务局和环保局开展项目建设期的风险管理工作，以及根据实际情况对原来 PPP 项目协议进行修订；

从监管考核操作方面，则聘请有经验有资质的第三方检测机构开展水质监测和检测（已经拟订了相关的计划）。[1]

四、美舍河水质监管

1. 完善规章制度

海口市专门制定《海口市美舍河保护管理规定》和《海口市环境违法行为有奖举报试行办法》等配套的法律法规和规章制度，不仅出台一系列工作方案和考核办法明确各部门任务和职责，还明确指出“市、区人民政府应当建立美舍河保护管理执法信息公开制度，及时将美舍河保护管理的规划、治理、水污染防治、防洪排涝、重点工程项目建设以及违法行为等信息向社会公布，接受社会监督。”“沿河镇人民政府、街道办事处可以聘请义务监督员，从事美舍河保护管理的宣传教育、巡查、违法行为劝阻等工作。”充分借力河长制，主动公示城镇内河（湖）水环境质量监测结果。

2. 明确监管责任

海口市生态环保局将美舍河沿岸和上游的沙坡水库划为 8 个责任段，设立 18 块分片管理责任牌，分别标注责任段范围、责任领导、巡查人员、巡查事项、举报电话及监督电话。明确美舍河流域分段整治责任和对流域内污染源的监管责任。

3. 搭建“12345＋河长共治信息平台”，快速受理群众咨询和投诉

组织美舍河沿线的 8 个镇（街）社区干部、沿线居民、热心市民共 144 人成立美舍河保护志愿队伍，每天巡查美舍河沿线，劝导和制止各类非法捕捞、垂钓、破坏植物等行为，及时向有关部门反映污水溢流、企业偷排等行为。

海口市将控源截污作为美舍河综合治理的首要任务，狠抓严抓截污措施，建立“全民参与、责任明确、监管有力、奖惩分明”的美舍河精细化管理长效机制，做到任何一个排污口污水都不能直排河道，有效保障了美舍河的治理成效。

五、美舍河治理效果与经验

（一）美舍河治理效果

海口市美舍河沿线整治工作已取得明显效果，上游的凤翔湿地公园从市郊荒

---

① 《海口水环境综合治理 PPP 项目全解析》https：//mp. weixin. qq. com/s? _ biz = MjM5MjIxMzY0MQ%3D%3D&idx=3&mid=2650378435&sn=053bd54ec4721efb0f5da883411e5078.

地和垃圾堆放场变身为集湿地观光、市民休闲、科普教育、滨水游憩、生态保育，为一体的综合性生态公园。中下游的沿线绿化工作也对市民开放，营建以滨河休闲为特色，集湿地观光、市民休闲、科普教育、滨水游憩、生态保育，为一体的城市绿心。当前海口以内河湖整治为抓手，推进城市湿地修复。海口市有近海与海岸湿地、河流湿地、湖泊湿地、人工湿地等 4 个湿地类及 11 个湿地型，湿地率 12.7%，湿地保护率 55.53%。海口市编制并实施《海口市湿地保护修复三年行动计划（2017—2019 年）》《海口市湿地保护修复总体规划（2017—2025 年）》。2017 年 9 月，海口市获得了中国政府向《湿地公约》秘书处提交认证国际湿地城市遴选提名资格，成为全球首批入选国际湿地城市认证提名城市，被评选为“国家级水利景区”。至 2018 年 8 月，美舍河水质常态下达到Ⅴ类水及以上标准，超前完成考核目标，成为海口城市更新和生态修补的良好典范。

（二）美舍河治理经验

1. 领导人高度重视，各部门密切配合，高度协调

美舍河 30 年治理却始终治标不治本，能否治理好却关系到海口城市发展力量的积蓄。面对这样的“硬骨头”，海口市委市政府采用“多规合一”的策略，有序协调各部门职能，解决了规划的“打架”问题。主要领导人以身作则，带领工作人员多次夜间巡河，分级负责人建立“水体治理马上就办”的微信群，上下齐心，以此推动整个城市治理和更新。

2. 在治理过程中，注意整体，尊重自然

美舍河的治理遵循海绵城市建设六字口诀“渗、滞、蓄、净、用、排”，在治理过程中提出了总体思路“海绵调蓄、控源截污、分级净化、科学运营、循环利用、人水共融”，注重治理的彻底、成效的可持续、人水的合一。海口通过控源截流、内源整治、污水处理、海绵调蓄、严控排污口、打造美舍河湿地公园、生态修复等，推进污水处理工作。

3. 创新 PPP 模式管理机制，规范推进项目实施

美舍河的治理引入了 PPP 模式，把政府的工作职能从环境管理服务的提供者转变为服务的购买者和监管者，并且在项目实施过程中有很多创新性的做法。首先，业内类似项目，大多通过竞争性磋商，先选定社会资本，社会资本再通过公开招标的方式来选。但美舍河项目前期就采取了公开招标，程序上相对来说比较规范。其次，美舍河水环境治理项目中的回报机制，以及计费方式等都有创新。评审过程中，通过书面材料以及现场沟通会发现，项目对于包括灌溉用水以及公益性用水的定价相对来说是比较低的。充分利用市场和政策进行调节，既考虑了公益性，也用足了政策。最后，美舍河水环境治理项目的市场测试非常充

分，有助于政府深入了解市场动态。同时，社会资本充分利用这个渠道，表达自己的想法和判断，针对共性的问题，咨询机构和政府部门就能够充分重视并纳入考虑，这充分体现了对市场的尊重。

第三节 垃圾处理行业案例分析

案例一 陆丰东南电厂应急处置“医废”携手同心抗“疫”①

一、案例简介

（1）案例名称：陆丰东南电厂应急处置“医废”携手同心抗“疫”。

（2）项目地点：广东省汕尾市陆丰市南塘镇后西村。

（3）建设单位：陆丰粤丰环保电力有限公司。

（4）建设规模及投资情况：占地面积约 15.33 万平方米，一期处理规模为 1200 吨/日，总投资超 6 亿元。从建设初期，就设定严格的“三废”（即废水、废气及固体废物）排放标准。

二、案例特色

（一）采取的主要环境健康保护措施

在应急处置“医废”携手同心抗“疫”的过程中陆丰东南电厂采取了以下环境健康保护措施：一是“即到即焚烧处置，不在车间停留贮存。”医疗废物转运车进入卸料车间后，现场由身着防护服、手套、口罩、眼罩等防护物品的工人，从车上卸下经硬质纸箱打包的医疗废物，并投入预留的专门投料口，通过抓斗即时投入专用的 3 号炉焚烧，并对焚烧炉运行全程监控。二是为避免医疗废物接触贮坑底部渗滤液，卸料过程中，抓斗操作工人先将贮坑内生活垃圾推往医疗废物投料口一侧，卸料工直接将医疗废物投放在生活垃圾堆体上面。三是应急焚烧处

① 北极星垃圾发电网 http://huanbao.bjx.com.cn/news/20200728/1092505.shtml。

置医疗废物时，平常焚烧生活垃圾的温度一般控制在1000℃左右，焚烧医疗废物时炉温提高到了1100℃，确保充分燃烧处置。四是在人员健康防护方面，事先加强一线操作人员卫生防疫措施培训，卸料作业时禁止无关人员在场，操作人员必须采取穿戴防护服、手套、口罩等防护措施，每天工作完成后全面消毒、测量体温。

（二）及时启动应急预案应对紧急情况

2020年初，接到当地政府紧急通知后，陆丰东南电厂立即召回了全体休假员工，火速启动了一级响应程序，成立医疗废物应急处置小组，连夜研究医疗废物转运车进厂路线、投料区、焚烧温度控制、工作人员防护措施等，快速制定启动《陆丰粤丰环保电力有限公司传染病疫情管理应急预案》。陆丰东南电厂全员奋战在疫情防控的最前线，讲政治、顾大局，不计成本，确保了医疗废物得到及时、有序、高效、安全处置，为汕尾市疫情防控做出积极贡献。在时间紧、任务重、危险系数高的情况下，陆丰东南电厂坚持将严防控、保健康、稳生产放在首位。

（三）严格“三废”处置确保安全运行

陆丰东南电厂严格遵守“三废”（即废水、废气及固体废物）排放标准。废气处理方面，采用国内外成熟先进的机械炉排炉垃圾焚烧处理技术，每台焚烧炉配一套烟气净化系统，可同时满足脱氮、脱酸、除尘、去除重金属和二噁英的治理目的。具体做法是，在焚烧炉膛喷入尿素溶液以降低锅炉烟气中NO_x浓度，在脱酸塔中喷入石灰浆溶液来降低烟气中的酸性气体浓度，在水平烟道中喷入石灰干法，进一步降低烟气中的酸性气体浓度，最后通过布袋除尘器，将过滤掉烟气中99%以上的粉尘，符合排放标准的烟气通过引风机送至烟囱排放至大气。废水处理方面，电厂建设了一座高浓度污水处理站以及一座低浓度污水处理站，各类污水经相应的污水处理系统处理达标后全部回用，不外排。炉渣和飞灰等固废处置方面，则严格按照规范进行分类收集、贮存、转运。其中，炉渣外运至配套的炉渣综合利用项目进行处置利用，飞灰在厂内采用螯合剂进行稳定化处理后，送有资质的填埋场进行无害化处置。固体废物处理方面，平常焚烧生活垃圾的温度一般控制在1000℃左右，焚烧医疗废物时炉温提高到了1100℃，确保充分燃烧处置。

（四）“体验式”共建共享生态效益

2020年6月5日，在陆丰市（东南）生活垃圾焚烧发电厂环境教育基地进行“垃圾变废为宝的神奇之旅”云直播，通过现场参观、讲解、游戏互动体验、实物展示等体验方式，向观众生动展现了生活垃圾如何经过科学、无害化的工艺处理后变废为宝，转变为可利用的清洁能源和环保建筑材料的全过程。观看人数超过了 2.3 万人。这是一种创新的信息公开和宣传教育形式，能让更多人了解垃圾焚烧发电采用的清洁生产工艺和严格的污染物处置规范，消除群众对垃圾焚烧发电的污染隐忧。

三、成功经验

（一）严格操作，规范运营

新冠肺炎疫情特殊时期，陆丰东南电厂坚持“安全、环保”操作原则，各项环保排放标准均达到国家环保标准。在加工处理环节规范管理，保证过程监测的严密性，能够极大缓解城市垃圾处理的压力，是城市公共卫生事业的有力支撑。

（二）利用网络，宣传理念

通过“网络直播”，向观众生动展现了生活垃圾如何经过科学、无害化的工艺处理后变废为宝，转变为可利用的清洁能源和环保建筑材料的全过程。一座生活垃圾焚烧发电厂，每天与“垃圾”打着交道，却看不到烟尘、闻不到臭味、听不见噪声，颠覆了普通群众对垃圾焚烧发电厂的传统认知。

（三）产业闭合，循环发展

充分利用公司庞大的环卫一体化体系，加强垃圾的源头分类、收集；利用先进的垃圾处理技术进行科学、高效、规范的处理和销毁，强化和完善安全保障；结合园区化规划构建，保证再生资源、生活垃圾都得到妥善处置，防止二次污染，拉伸再生资源综合利用产业链，使其实现资源化利用。

案例二　宁波市厨余垃圾处理厂项目简析①

一、项目简介

宁波市厨余垃圾处理厂项目是世界银行贷款宁波市城镇生活废弃物收集循环

---

① 资料来源：中国固废网 http：//huanbao. bjx. com. cn/news/20180429/894963. shtml。

利用示范项目子项目，承担着宁波市推行生活垃圾分类投放、分类收运和分类处置体系的重要环节，同时也是实现分类后厨余垃圾减量化、资源化、无害化处理的重要保障。该 PPP 项目策划至今已经历了 2 年多的应用实践，厨余垃圾处理厂项目占地 115 亩，设计处理规模为 800 吨/日，分两期实施，总投资 37660 万元，其中一期处理规模 400 吨/日，投资 30066 万元，项目主要建设内容包括厨余垃圾预处理系统、厌氧发酵系统、除臭系统、污水处理系统、沼气提纯系统、市政配套设施及环保教育示范基地。

二、项目特色

本项目采用以政府购买服务为核心的 PPP 合作模式，政府买服务（厨余垃圾处理）所需资金列入年度财政预算和中长期财政规划。

（一）多处创新项目行政审批运行机制

鉴于国内尚无成熟稳定运行的厨余垃圾处理厂项目，按照传统政府投资项目做法在项目可行性研究和一次环评阶段确定工艺路线，无法最大限度确保项目成功。秉承专业人做专业事的指导思想，经过部门对接与协调同意项目可行性研究和一次环评审批阶段选用的工艺路线（允许后期调整）。社会资本按照项目建设内容、环保排放指标、产品资源化利用等边界条件确定技术方案和投标报价参加竞标，项目公司完成组建后实施机构和项目公司组成各方力量在项目总投入不变的前提下从建设设计、建筑节能、功能布局、土地综合利用等方面对中标方案进行优化，最终根据定稿的初步设计进行二次环评、办理项目核准，依据核准文件作为投资主体变更顺利办理了规划许可和施工许可等各类证件。

（二）公平竞争环境吸引众多优质资本

本项目采用三阶段招标也属国内首创，具体做法为：第一阶段招标采用技术方案征集和资格预审招标，17 家国内外环保领域知名企业报名，首创、中节能、桑德、蓝德、瀚蓝等 11 家社会资本参加投标，经评审 8 家单位入围第二阶段社会资本合作伙伴遴选招标；第二阶段招标通过整合优化 8 家入围单位技术方案，确定项目建设内容、环保排放指标、产品资源化利用等边界条件作为招标要求，4 家社会资本参加竞标，最终首创环保投资有限公司以一期项目总投资 30066 万元、厨余垃圾每吨处理单价 198 元中标。前两阶段所有投标单位对评标过程与评标结果均表示信服与接受，对于本项目两阶段评标体现的公开透明表示大加赞赏。根据宁波市政府与国家财政部、世界银行签订的法律协议，本项目第三阶段招标应用世界银行最低价评标法招标程序确定土建施工单位和设备供应商，在实施机构与项目公司的通力配合下，通过对招标文件的精准编制用最低的价格招到了满意的承包商和优质的产品，顺利实现多方共赢。

三、成功经验

（1）完善的体系架构保证工作落实。市政府授权市城管局作为本项目的实施机构，市生活垃圾分类管理中心作为本项目具体操作单位，具体负责各项工作落实。

（2）灵活的融资模式确保资金充裕。项目融资由中标的社会资本出资60%与宁波市政府指定的国有企业出资40%组建项目公司，项目公司注册资本要求占项目总投资的30%，项目公司承担厨余垃圾处理厂的设计、投资、融资、建设、运营和维护。

第四节　天然气行业案例分析

案例一　佛山陶瓷企业“煤改气”困境

一、案例背景

近些年，“煤改气”政策与陶瓷企业的发展如影随形。虽然在早几年，各地均已陆续实行“煤改气”计划，但实际进程均十分缓慢。气价上升、气源紧张、基础设施不完善等因素成为制约“煤改气”的发展瓶颈。2013年，中国政府首次提出“煤改气”工程，要求将燃煤锅炉改造为燃气锅炉，以减少大气污染，此后“煤改气”进入超快车道。许多地方“一哄而上”大规模推行“煤改气”，有的地方甚至粗暴地强迫企业“煤改气”。回顾近些年各陶瓷产区的“煤改气”之路，在反反复复、曲曲折折中艰难推进，“煤”与“气”的博弈、陶瓷企业与“燃气公司”的博弈时有发生。虽然不少产区均针对“煤改气”给出具体时限，但最终的结局是，绝大部分产区未能按时完成目标，或延后完成时间，或改气后“弃之不用”，这不仅造成了极大的资源浪费，也给涉及其中的陶瓷企业造成了巨大的损失。并且，因为气源不稳、气价高居不下等问题，不少完成“煤改气”的企业迫于经营压力，不得不“气改煤”。从国家层面看，在用能管理方面强调的是，避免去煤化政策“一刀切”。2020 年 7 月 28 日，国家发展和改革委员会发布《关于做好 2020 年降成本重点工作的通知》，其中提出，“避免和纠正‘一刀切’的去煤化政策。指导各地清理规范天然气管道收费，严格成本监审。指导各地根据需要，采取上下游联动方式，尽可能降低非居民用气成本。”

二、案例内容

根据《广东省打好污染物防治攻坚战三年行动计划（2018—2020 年）》、《佛山市建筑陶瓷行业清洁能源改造工作方案》要求，2020 年底前，佛山市所有陶瓷企业需完成“煤改气”工作。到 2020 年 6 月底，佛山市共有 217 条窑炉未完成天然气改造，其中禅城区 21 条、南海区 73 条、高明区 24 条、三水区 99 条，涉及陶瓷企业共 31 家。2020 年作为污染物防治攻坚战的最后一年，“煤改气”任务依然艰巨。根据要求，2020 年所有陶瓷企业窑炉需要完成天然气改造并通过验收，未能按时完成的，从 2021 年 1 月 1 日起一律做停产处理。

对陶瓷企业而言，煤改气有哪些益处？又存在哪些难处？“煤改气”的积极意义应当予以充分肯定，燃烧天然气后，二氧化硫、颗粒物均有下降。但短期内造成的企业生产成本增加也是不容忽视的问题。根据某地砖企业的访谈资料，目前，佛山陶瓷企业使用天然气价格为 2.5 元/立方米，政府补贴 0.1 元/立方米，实际成本为 2.4 元/立方米。生产一平方米瓷砖，使用水煤气的成本约 3.2 元，使用天然气的成本约 5 元。“目前的岩板生产使用天然气现有的价格还基本能承受，但常规的普通瓷砖，本身价格不高，利润薄，如使用天然气会带来很大的成本压力。”[①] 更令企业忧虑的是，煤改气需要更换相关设施，这样将面临暂时停产的困境，那么如何保障企业的连续生产？此外，天然气供给方面，能否有持续的保障？截至 2019 年 9 月，佛山有 254 条陶瓷生产线，如果全部改成天然气，每条生产线每天需要 4.5 万立方米天然气，整个行业每天增加 1143 万吨天然气。未来能否保证稳定供气至关重要。

为了解决佛山陶企煤改气过程中可能遇到的问题，根据最新的《佛山市推进建筑陶瓷行业清洁能源改造工作方案》（征求意见稿），为加快促进“煤改气”工作，市、区两级政府制定了一系列保障措施和扶持政策。

---

① 佛山陶企走访之一：企业煤改气，最大忧虑在成本增加，https：//www.sohu.com/a/411460762_161795。

一方面投入72亿元资金，加快13个天然气基础设施建设，计划完成120公里的天然气干线输送管道以及1500公里的天然气管网敷设。在保量供应的基础上，制定天然气价格机制，将终端用气价格控制在2.6元/立方米以下，进一步降低企业能源成本。

二是对年底前完成天然气改造并通过验收的生产线，予以100万元技改补贴，如能满足佛山市工业企业技术改造固定资产投资奖补政策，企业可以申请技术改造补贴。

三是允许具备条件的企业在符合相关规定的前提下，按照《城镇燃气技术规范》要求自建LNG点供设施。此外，允许企业保留原有的煤气发生炉作为应急备用设施，连接陶瓷生产线的输气管道需设置开关阀门并进行铅封，并对其相关用电开关进行铅封，特殊应急情况下需向属地政府报备审批方可启用。

三、案例分析

“煤改气”政策对企业来说有利有弊，要从实际出发，避免“一刀切”政策，同时要加快完善天然气供应的基础设施，多渠道促进天然气低成本供应，为陶瓷行业供给侧改革和企业发展提供支撑和保障。

（一）建立以管道天然气为主的多元化能源供应保障体系

要加快管道燃气基础设施建设，同时推进LNG点供等灵活快速的天然气供应渠道规范发展，以充分保障陶瓷企业能源需求。LNG点供和管道天然气相比具有“时间差”“价格差”和“政策差”等优势，建站时间迅速，价格相对较低，且满足“煤改气”等环保政策的需求。根据佛山市工业和信息化局发布的《关于陶瓷企业自建LNG点供设施规模条件的通知》，符合条件的陶瓷企业可以自建LNG点供设施。政府主管部门应该制定科学的指导政策，建立健全各项管理规章制度，让LNG点供、分布式能源项目等“活到阳光下”。让点供有法可依，有规可循。明确LNG点供的审批或备案流程，明确职能部门。实现有序监管，保障城市供气安全。

（二）助力陶瓷企业降低能源成本和转型升级

同样是陶瓷企业集聚地的福建晋江，在2014年到2019年的“煤改气”大潮下，晋江产区不少陶瓷企业轰然倒下，但在“煤改气”带来的成本压力倒逼下，晋江陶瓷在技术改造、新品开发、管理提升等方面发展迅猛，并逐步摸索出丰富的转型经验。随着晋江陶瓷企业高附加值产品比例的增加，大大缓解了天然气带来的成本压力。与此同时，不少陶瓷企业虽然因为“煤改气”生产成本提高了，但通过节能和改进生产工艺，逐步由低水平瓷砖生产企业向高科技建陶企业转型，生产环节的自动化和智能化程度大大提升。佛山政府相关部门通过限定最高气价、奖励企业引进高技术智能化生产线等手段促进企业提升产品档次，压缩淘汰落后产能，鼓励科技创新和新品研发，补齐产业发展短板，逐步改变产区内产品同质化较为严重的问题，通过“煤改气”等手段，倒逼企业走高端化、品牌化、绿色化发展之路。

（三）避免“煤改气”一刀切

首先，在当前国内外政治经济条件下，天然气运输和供应都存在一定的不确定性。2019 年我国天然气消费量达到 3100 亿立方米，同比增长约 10%，一旦到工业用气和民用气发生冲突时，国家会先保民用气，从而在现有的天然气规模下工业用气是难以满足需求的。目前，面对国际形势的不确定性、与美国的贸易经济摩擦等国际因素，我国天然气进口依存度已达 50%～65%，远超过安全警戒线 40%，后期 LNG 贸易存在一定的不确定性。其次，因地制宜执行“煤转气”政策，政府管理部门应实事求是，以科学的态度制定产业发展政策，宜煤则煤，宜气则气，做好天然气供应不足的准备，保留煤制气装置，同时呼吁企业加强创新及环保管理。

案例二　改革背景下城市燃气企业如何占领市场先机？

一、案例背景

按照天然气行业“管住中间、放开两头”的改革思路，国家油气管网公司于 2020 年 9 月底组建完成后，即完成了“管住中间”的改革目标。“放开两头”的政策方向亦确定，天然气上游和下游的准入门槛已基本放开。2019 版《外商投资准入特别管理措施》取消了 50 万人口以上城市燃气、热力管网须由中方控股的限制，意味着天然气行业下游市场全面开放，竞争激烈。始于 2004 年的城市燃气特许经营制度随之动摇，城市燃气公司面临更多的竞争，以及更严的监管。

二、案例内容

随着天然气市场化改革的推进，未来中国天然气市场将形成“X＋1＋X”的格局，上游将逐渐形成整体垄断背景下的局部多元化竞争，中游管网独立，下游城市燃气企业“划城而治”。对于下游城市燃气企业而言，上游三桶油向下游延展，而本身又面临“划城而治”带来的增长瓶颈。

一是市场拓展难度大。随着2017年“煤改气”加速，全国性龙头城市燃气企业不断抢占经营区内空白市场，从用气量和气化率来看，从省会城市及直辖市、重点地级市、县城到大工业园区，基本已被各大城市燃气企业瓜分完毕，只剩下乡镇等少量空白市场。同时，上游供气企业也开始凭借资源优势加速布局下游业务，城镇燃气行业竞争日趋激烈。

二是城市燃气企业收入和毛利均受到挤压。长期以来，燃气接驳费/工程安装费是城市燃气企业除燃气销售收入以外的第二大收入来源，接驳业务毛利率一般高于燃气销售，是城市燃气企业重要的利润组成部分。国家发展和改革委员会于2019年6月发布《关于规范城镇燃气工程安装收费的指导意见》，原则上将成本利润率控制在10%以内，取消城镇燃气工程安装不合理收费。大部分城市燃气企业的居民户均接驳费用均有所下调，其接驳业务收入占比和利润占比均呈下降趋势，企业盈利能力受到不同程度的影响，这意味着城市燃气企业开始进入业务结构优化调整阶段。在传统售气和接驳业务之外，城市燃气企业需要拓展能够支撑整体毛利率的其他业务，平滑接驳费下调带来的盈利波动。

三是天然气大用户直供放开将对城市燃气造成冲击。2017年发展和改革委员会出台了《加快推进天然气利用的意见》，强调“用户可自主选择资源方和供气路径，减少供气层级，降低用气成本”，成为大用户直供的标志性政策。虽然存在直供政策与城市燃气企业特许经营权相互冲突等争议，但在天然气市场化改革大环境下，降低天然气产业链各环节的供气成本是扩大天然气利用的途径之一，而大用户直供则成为推进天然气价格市场化的新动力。随着各地相关实施办法的落地，预计未来大用户直供规模将逐步扩大，城市燃气企业不得不面对与上游供气企业的直接竞争。城市燃气企业工业售气量占比普遍超过50%，上游大用户直供将对其运营造成冲击。

三、案例分析

城市燃气企业在天然气行业体制改革的大背景下，要积极整合上游资源、形成服务和价格优势、向综合能源服务商转型，争取抢占市场先机。

（一）整合上游油气资源，加强下游市场竞争力

城市燃气企业通过连接上游资源，提升下游市场议价能力，加强下游地位。

北京燃气2017年收购俄罗斯石油下属油气田公司20%股权，并合作在俄罗斯开发加气站业务。2018年申能通过竞标获取新疆油气探矿权，下游企业都在获取上游气源。广汇集团等一批民企也走到海外获取上游气源，加强下游市场地位。上游气源的探索客观上丰富了国内市场气源，这也推动了上游气源的多元化。2020年3月，国家发展和改革委员会发布新版《中央定价目录》，将门站价格移出国家定价的范畴，并将气源价格单列，可根据市场状况加以调整。这对位于第二梯队的城市燃气企业来说，更能够促进它们积极寻找海外便宜气源，单独向管道公司支付管输费后，就可以将资源引入到下游市场，有利于降低终端天然气价格。在2020年全球天然气价格持续走低的环境下，城市燃气企业如果能够优化组合接收站与气源资源，则可以提升气源供应能力的同时降低气源成本，天然气消费量下降和政府要求降低气价等因素带来的盈利压力将在一定程度上得以缓解。同时由于LNG市场价格波动性较大，国际市场上低价气源越来越多，城市燃气企业面临的风险也在增加，如何选择最合适的气源也成为一个问题，需要提升自身在货源、价格、汇率等多方面的风险承受能力。

（二）灵活运用政策，形成服务和价格竞争优势

虽然《加快推进天然气利用的意见》等一系列政策明确倡导工业大用户自主选择气源和供气路径，对特许经营权制度形成冲击，但管道燃气特许经营的垄断权利仍然受到《基础设施和公用事业特许经营权管理办法》以及众多省份燃气管理条例或办法的保护。城市燃气企业应在政策层面发力，打好“特许经营权”这张牌，充分发挥垄断优势。

城市燃气企业可以在一定程度上降低终端销售价格。城市燃气企业通过进口LNG降低气源采购成本，某种程度上在价格方面可以与上游供气企业展开竞争，实现“以价换量”。从长远发展来看，高质量的服务将是城市燃气企业形成竞争壁垒的举措之一。城市燃气企业应加快利用管道天然气核心主营业务形成的用户资源，发挥品牌、渠道和市场优势，努力为用户提供燃气具和安全产品销售、燃气保险、燃气设施委托保养、户内家装等增值服务，进而实现企业内部改革、市场开拓和效益创收的多赢局面。

（三）向综合能源服务商转型，带动用气量增长

综合能源服务是为满足终端客户的多元化能源生产与消费需求而产生的新型能源服务模式，包含综合能源的“供应”和“服务”两层含义。从国际能源企业的发展趋势来看，由单一能源供应企业向综合能源服务商转型是长期趋势，城市燃气企业拥有天然的管道优势与用户资源优势，可以考虑发展综合能源服务业

务，形成与传统燃气业务之间的协同效应，带动用气量增长，提高企业经营效益。综合能源服务已成为国际领先能源企业的重点发展方向之一。新奥是早期探索综合能源服务商转型的民营企业之一，虽然在整体收入比例上，与城镇燃气还有差距，但新奥能源的综合能源业务发展速度迅猛。2019 年上半年新奥能源包括蒸汽、冷、热、电等能源销售量大幅增长 92.1%，至 19.52 亿千瓦时，同时新签 106 个项目，签约规模达到 630 亿千瓦时，累计投运综合能源项目共 82 个，年能源需求量 78.97 亿千瓦时。

综合能源服务业务主要由技术驱动，国内城市燃气企业如果想要有序发展综合能源服务业务，未来需要着力提升技术实力，围绕客户需求，把技术与服务有机结合起来，运用大数据、5G 物联网等技术，为客户提供数据驱动的节能分析、能效诊断与提升等各类服务。另外，城市燃气企业可以考虑扩大特许经营的范围，增加能源供应种类，在经营区域内同时为客户提供气、热、电，即以特许经营的方式开展综合能源服务，从而进一步增强客户黏性，形成新的服务业务利润增长点。

第五节　电力行业案例分析

案例　四川水电消纳困境案例分析①

四川省是我国重要的水电基地，且正在打造国内重要的清洁能源基地。然而，作为清洁能源重要部分的水电，却面临难以消纳的困境，近年来四川水电弃水十分严重。

一、案例简介

四川省能源结构的特点：煤少、油缺、气丰、水能资源得天独厚。水能资源集中分布于川西南山地的大渡河、金沙江、雅砻江三大水系，是中国最大的水电开发和西电东送基地。在 20 世纪末 21 世纪初中央部署的西部大开发战略中，对西部包括四川在内的水能资源的开发是为了我国能源革命电力转变型的需要。根

① 刘丹青．四川省水电站弃水成因及应对分析［J］．产业创新研究，2019 年第 9 期。

据最新全国水力资源复查成果，四川省境内水力资源理论蕴藏量1万千瓦及以上河流共781条，加上各小流域水电蕴藏量，四川水力资源理论蕴藏量可达1.64亿千瓦左右，仅次于西藏，居全国第二位；技术可开发装机容量1.55亿千瓦（含界河电站3100万千瓦），年发电量7109亿千瓦时，位居全国第一。

由于四川电网水电比重大，江河来水周期性、季节性强，水电调节性能总体较差，具有多年调节性能的水电站仅占21%，导致水电群出力在年内分布极不均匀，丰枯期出力悬殊，枯期平均出力仅为丰期平均出力的三分之一，丰水期有大量水电富余，需要送出消纳，枯水期电力供应一直十分紧张，导致电力供应“丰余枯缺”结构性矛盾突出。水电大面积弃水不仅造成绿色、无碳、清洁、价廉的可再生能源的极大浪费，影响了发电企业的生产经营，也给我国节能减排和应对气候变化、实施“西电东送”能源革命战略带来不利影响。

与此同时，四川水电送出通道建设滞后。按照国家基本建设程序，电网企业需电站核准后才能启动送出工程可研、核准及建设，电站和送出工程核准难以同步。受国家对电源和电网项目实行分开核准政策的影响，水电送出工程普遍存在核准滞后情况，且四川水电都集中在川西、川北等崇山峻岭之中，输电线路建设受现场地形及气候条件影响，建设环境十分艰难，存在电站送出工程投产进度严重滞后于电站建设投产的情况。尤其是特高压直流工程跨区域建设周期长、难度大，无法满足水电加快开发的需要，致使电源、电网发展不协调。再加之省内用电负荷增速趋缓的影响，水电消纳和外送严重受限已成为当前及未来一段时间四川电网所面临的主要矛盾。

二、案例分析

四川省内人士呼吁，希望国家支持西南特高压电网建设。其中，充分利用原有雅安-武汉特高压项目前期取得的各项成果，建设雅安到重庆的交流特高压项目建设，解决四川弃水问题。同时，希望雅安砻江中游到华中的直流工程早日建成。加快西南特高压同步电网建设，构建水电资源调配的平台。但目前国家层面除了“西电东送”外，还应该有电网“南北互联”的战略。由于我国南方的水电非常丰富，北方有热电联产发电以及风电。所以冬天北方的电往南方送，夏天南方的电往北方送。但是现在的电网是南北两家，规划分开，影响弃水问题的解决。当然四川弃水问题受到众多错综复杂因素的影响，消纳困难可能只是其中的原因之一。

（一）受电力需求增长缓慢和调度政策滞后不匹配的影响

电力建设特别是水电建设周期长的特点要求电力发展必须适度超前于经济发

展。四川省作为国家“十二五”规划的重要能源基地，对目前四川水电站集中投产发电有战略统筹。但是受经济增速放缓影响，电力需求增长迅速下降，由“十二五”初的16.4%下降到3.4%，电力供需不能自我平衡。原本计划外销的华东、华中地区的目标地消纳负荷增长低于预期，外购电力意愿不强，加上送受电省区的利益博弈，迟迟难以确定输电通道的建设。四川是节能发电调度试点省，但仍以年度计划电量形式安排各类机组基础电量，水电机组电量安排不充分，火电基础电量一定程度挤占了水电空间。同时，由于没有制定出台有效的节能发电补偿办法，火电企业依靠政府计划给予的部分基础电量与水电进行替代交易获得经济补偿，未能完全体现市场机制下的优化和公平。

（二）电源消纳政策矛盾突出

为保障能源安全供应和可持续发展以及应对全球气候变化，我国已经把转变能源发展方式、调整能源结构、大力推动可再生能源的开发利用作为能源发展的战略举措。清洁、可再生能源（水能、风能、太阳能等非化石能源）将成为中国未来新能源开发利用的生力军。近年来，国家为扶持风电、光伏等非水可再生能源的发展，出台了一系列支持性文件，包括强制性配额制政策，这类保护性政策并未顾及区域能源结构差异。四川本就有大量的水电弃水，但在配额制度的要求下，还要去发展一定比例的非水可再生能源。据了解，目前四川境内仅凉山州经核准规划的风电和光伏发电产业就超过1000万千瓦。原来规划的省内和跨省外送电通道基本是为水电送出服务，并没有太多的富余空间用于接纳新能源发电，风电、光伏等新能源或将挤占原本有限的外送通道空间，并且进一步加大电力消纳的矛盾。另外，风电和光伏发电存在较强的随机性和间歇性，要保障其正常的生产，还需要利用水电为其承担调节任务，一方面加大了大型水电的调节压力，另一方面也导致了更多的弃水。此外，光伏、风电都有保障性政策支持，很多地方修建新能源在一定程度上都存在享受电价补贴的心态，这一方面导致可再生能源电价补贴缺口越来越大；另一方面也对水电等常规能源造成了极大的冲击，再加上市场需求力度不够，使得水电消纳陷入困境。

（三）网源发展不协调，外送通道不足，内部通道也受限

按照《四川省“十二五”能源发展规划》，我省“十二五”形成四回直流和六回交流水电外送通道，电力交换能力规划达到3160万千瓦，但规划的雅安至武汉特高压交流没有建设。随着2017年川渝第三通道（送电容量200万千瓦）的建成投产，四川形成的电力外送能力增加到3060万千瓦，但仍比“十二五”规划确定的外送通道能力少100万千瓦。四川电网“十二五”期间规划有多个

500 千伏电网项目，由于送出工程穿越环境敏感区域等，取得规划、环评、林业等手续时间长，严重影响了项目前进速度。四川投产的三回特高压直流线路形成了四川电网“强直弱交”。向家坝、溪洛渡、锦屏一二级电站这些国调机组有直接外送通道。丰水期，国家电网在进行调度过程中，为有效地满足特高压直流外送满负荷条件下四川电网的安全要求，对甘孜雅安区域的线路进行一定限制。四川电网为满足电网安全运行的相关要求，需要提高燃煤火电机组输出以实现调峰目的。这种条件下必然导致产生不合理的现象，即丰水期大量弃水，燃煤火电机组全负荷运行，这和四川统调水电机组弃水问题存在密切关系。

三、经验总结

导致四川水电大量弃水的成因较多，因此缓解措施需从多方面入手解决。2017 年 11 月 13 日国家发展改革委、国家能源局联合印发《解决弃水弃风弃光问题实施方案》，明确了未来解决弃电问题的工作思路。

（一）解决四川电网通道的建设

首先，应适当采取改进措施有效提升甘孜雅康、攀西甘南区域送电通道能力，在水电群丰水期电力多送入成都区域，为提高四川电网安全提供支持，同时也满足一定外送要求，大幅降低丰水期的火电机组输出容量，加强与国家电网（国家电力调度中心）的沟通衔接。进行调配时，综合分析四川雅康、攀西水电通道输电水平，对特高压直流外送方式适当限制，从而有效降低对这些区域电通道输电能力的限制，更好地满足资源利用相关要求。

其次，尽快建设雅安加强工程、康定至蜀都等的水电通道，使其输送价值及早地发挥出来。在此发展过程中，应该尽可能争取将四川省中长期目标电网规划纳入国家“十三五”电网规划。在此基础上建设阿坝—成都—乐山区域特高压交流环网，从而有效地解决目前水电送出时候的受阻问题，也满足电力调配要求，与此同时还可以同时输出大渡河双江口和雅砻江两河口电站的水电。在未来的发展过程中，应该尽早纳入四川特高压交流环网到国家“十三五”规划中，能对有效处理甘孜雅安水电群的弃水问题提供重要支持，同时也为成都、乐山、眉山和川南地区提供电力保障。

构建四川电网主网架要做到：一是满足四川电网安全可靠供电，围绕川渝负荷中心加强电网结构，为外送和接受省外电力提供网架支撑；二是满足雅砻江、金沙江下游二期、大渡河等大型水电基地特高压直流外送需要，建设坚强送端网络平台；三是满足四川中小水电汇集、接入和送出需要，建设省内西电东送通道，提高输电能力和走廊利用效率。

（二）外送通道的建设

与国家电网加强沟通，为第四回特高压项目的建设提供支持，尽早建成并实施“网对网”。与此同时还应结合四川已有统调电网水电机组富余电量有效消纳实际情况，合理安排核准开工时间，更好地满足电力调配要求。

送电通道进行交直流双修，才可以真正解决此方面的问题，尽早建设省内特高压交流环网和 500 千伏通道，积极促进跨省特高压直流通道建设。从各方面协调努力，从而有效解决四川水电弃水问题。

（三）深化电力市场改革

电力市场仍然采用十多年前确定的外送通道分配逻辑，由国家相关部门给国调水电下达刚性的通道使用计划，无异于为国调水电设置一道与市场隔离的防护墙，让其成为电改的“禁区”，加剧国调水电与省调水电的两极分化。

（四）结合水电建设进度安排新能源装机规模，避免可再生能源浪费

统筹协调四川清洁电源开发时序及规模，集中力量消化存量水电，优先建设具备综合优势的增量水电，结合水电站建设进度安排新能源装机规模，促进四川电力市场健康有序发展。

（五）优化清洁能源调度关系，优先消纳优势水电

水电与风电、光电同属可再生能源，可是相比之下，水电不但更符合“清洁、高效、安全、可持续”的要求，而且发电成本远低于风电、光电，不需要国家财政补贴。在水电弃水情况较为严重时期，存在较高的风电、光电利用小时数，既不公平也不合理。因此，电力调度部门在实际操作中，需合理协调各类清洁能源的调度关系，对具备综合优势的水电项目应合理优先消纳。

（六）把可再生能源纳入国家统筹消纳

四川是国家清洁能源基地、“西电东送”基地。我国能源资源配置不均导致负荷中心与能源供给中心相距甚远，这决定了西电东送的大格局客观上是改变不了的。那么就需要政府将四川水电纳入全国一次能源平衡，打破省际壁垒，统筹消纳。我们应站在全局并本着对历史负责的态度，共同推动外送通道建设，不能因局部利益成为历史和国家能源战略的绊脚石。

四川水电开发利用因为“弃水”情况产生了重大影响。其原因与水电集中投

产、电网建设滞后、电力需求不足、电力体制改革和地方利益等问题密切相关。为了使四川水电资源得到更充分的利用，有必要进一步推进电力体制改革，打破市场垄断，并重视电源电网规划，统筹电力送出，以此促进四川水电的有序健康发展，实现中国能源结构的绿色转型。

第六节 电信行业案例分析

案例 中国移动价格菜单的案例分析——以浙江杭州“5G智享套餐”为例

本部分将以中国移动公司近期在浙江杭州推出的“5G智享套餐”[①] 为例，基于经济学理论，对中国移动公司的定价形式进行分析。“5G智享套餐”共有7款套餐可供选择，具体内容可参见表10-6。每一款套餐中都涵盖了一定数量的上网流量、国内通话时长与国际通话时长，并包括一些其他附加服务。如果在一个月内超出套餐中限定的数量，则需单独计费。其中，国内通话按0.15元/分钟收费（主叫）；被叫，也就是接听免费。上网流量超出当月限额后，前3GB按照5元/GB收费，其后则按照3元/GB收费。当流量费用达到500元后需要重新开通，开通后仍按照3元/GB收费。以第1款套餐为例，当月内使用上网流量未超出30GB，国内通话未超过200分钟，国际通话未超过100分钟则仅需要支付128元。但如果超出了套餐限额，例如，当月共使用了40GB（假定通话时长等其他项目未超出）流量，则其总费用为：$128+(33-30)\times5+(40-33)\times3=164$（元）。

“5G智享套餐”价格菜单　　表10-6

编号	流量（GB）	国内通话时长（分钟）	国际长途时长（分钟）	其他附加服务1（会员权益）	其他附加服务2	其他附加服务3	其他附加服务4	价格（元）
1	30	200	100	6选1	5G优享		咪咕5G畅玩包，来电显示，咪咕爱看超级会员。5GPlus会员6折购	128

① 资料来源：中国移动官网（浙江杭州）—个人客户—移动商城—办套餐—5G智享套餐（个人版）。（网址：https://shop.10086.cn/goods/571_571_1077326_1058967.html）。

续表

编号	流量(GB)	国内通话时长(分钟)	国际长途时长(分钟)	其他附加服务1(会员权益)	其他附加服务2	其他附加服务3	其他附加服务4	价格(元)
2	40	300	200	6选1	5G优享		前三项相同。5GPlus会员6折购	158
3	60	500	300	6选1	5G优享	热线优先接入服务	前三项相同。5GPlus会员5折购	198
4	80	800	400	6选1	5G极速		前三项相同。5GPlus会员5折购	238
5	100	1000	600	6选2	5G极速	热线优先接入服务	前三项相同。5GPlus会员2折购。国际漫游流量放心用5天，每年转赠2次	298
6	150	1200	800	6选2	5G极速	热线优先接入服务	前三项相同。5GPlus会员免费。国际漫游流量放心用7天，每年转赠2次	398
7	300	3000	1000	6选2	5G极速	热线优先接入服务	前三项相同。5GPlus会员免费。国际漫游流量放心用10天，每年转赠3次	598

资料来源：中国移动官网（浙江杭州）—个人客户—移动商城—办套餐—5G智享套餐（个人版）。（网址：https：//shop. 10086. cn/goods/571 _ 571 _ 1077326 _ 1058967. html）。

最常见的商品定价形式为统一定价（uniform pricing）或线性定价（linear pricing），即单价（我单位商品的定价）不变，而消费者的总支出随购买数量而增加。设单价为 p，消费数量为 q，则总支出是关于消费数量的线性函数（斜率不变）：$T(q)=pq$。如果不属于上述这种情形，可以统称为非线性定价（nonlinear pricing）。显然，“5G智享套餐”要比线性定价复杂得多，属于非线性定价。从基本形式上看，“5G智享套餐”的定价方式至少涉及两部定价：多产品非线性定价（multiproduct nonlinear pricing）以及二级价格歧视（second discriminatory pricing）等多种基本定价形式。

一个常见的两部定价形式是缴纳一定费用（如特许费）可获得继续按数量购买该商品的权力，然后按照消费数量的增加线性付费。形如 $T(q)=A+pq$，这里 A 是特许费①。在“5G智享套餐”的定价中，无论选择7款套餐中的哪一款，

① 泰勒尔.《产业组织理论》，第3章“价格歧视”，中国人民大学出版社，1997。

均需按月缴纳固定的数额。但与上述这一两部定价的区别是，这个固定的数额里面本身包含了一部分可消费的数量，超出这个数量则需要按照统一的单价额外付费。在 Chao（2013）[1] 一文中，此种价格形式被称为三部定价（three-part tariff），其数学表达形式可概况为：

$$T(q)=\begin{cases}A, q\leqslant\bar{q}\\A+p(q-\bar{q}), q>\bar{q}\end{cases}$$

这里，A、$\bar{q}$、p 分别为固定费用（如套餐 1 中的 128 元），消费数量上限（如套餐 1 中对流量的上限规定是 30GB），以及超出限额后继续消费的单位价格。q 为消费者选择的消费总数量。

在"5G 智享套餐"中，超出固定费用所涵盖的消费量后，再增加消费量也不是按照某一个统一价格计算。例如，在套餐 1 中，当流量超过 30GB 后的 3 个 GB 按照单位价格 5 元计价，再超过（总量超过 33GB）则按照 3 元计价。总支出与流量数量的折线图（假定其他各项消费未超出限额）如图 10-1 所示。因此，上述数学表达式可继续修正为：

$$T(q)=\begin{cases}A, q\leqslant\bar{q}\\A+p_1(q-\bar{q}), \bar{q}<q\leqslant\bar{Q}\\A+p_1(\bar{Q}-\bar{q})+p_2(q-\bar{Q}), \bar{Q}<q\end{cases}$$

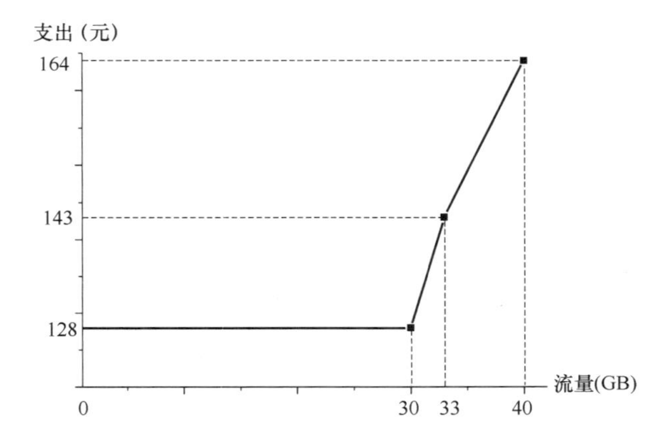

图 10-1　流量与支出关系图

这里，p_1（如 5 元/GB）为消费总量超出套餐所规定的限额 $\bar{q}$（如 30GB）后

---

[1] Chao, Y., "Strategic Effects of Three-part Tariffs under Oligopoly", International Economic Review, 2013, 54 (3), 977-1015.

的第一阶段的单价；p_2（如 3 元/GB）为消费总量超出第一阶段限额 $\overline{Q}$（如 33GB）后的第二阶段的单价。

在“5G 智享套餐”中，每一款套餐包含了流量、国内通话、国际通话以及其他附加服务等多种消费种类。据此，其定价形式可以概况为：

$$T(q_1,\cdots,q_n)=\begin{cases} A（当所有 q_1,\cdots,q_n 满足 q_1\leqslant\overline{q}_1,\cdots,q_n\leqslant\overline{q}_n 时）\\ A+\sum\limits_{i=1,对所有q_i>\overline{q}_l}^{n} p_i(q_i-\overline{q}_l)（当任何一个 q_i>\overline{q}_l 时）\end{cases}$$

上列数学表达式所代表的消费菜单中包含 n 个消费项目。当所有 n 个消费项目的消费数量均未超过各自所规定的上限时，仅需要支付固定费用 A。否则，对超出限额的消费项目，其超出部分将按照单价线性计费。最后，总费用将为：固定费用 A 与超出部分总额 $\sum\limits_{i=1}^{n} p_i(q_i-\overline{q}_l)$（仅对所有 $q_i>\overline{q}_l$ 的项目求和）之和。事实上，这里涉及多产品的非线性定价。Armstrong（1996、1999）[①][②] 针对垄断企业多产品非线性定价问题进行了相关理论研究。在后文的分析中，我们将借助于这两篇文献的理论成果对“5G 智享套餐”所涉及的多产品定价问题稍加分析。

任何一个消费者都可以根据自己的需要（收入和偏好）在“5G 智享套餐”7 个不同的菜单中选择，这种定价形式在经济学理论中被称为二级价格歧视[③]。最一般的价格菜单形式如：（1）数量-价格组合菜单，即给予不同的购买数量不同的单价或不同的总费用（如两部定价）；（2）质量-价格组合菜单，即给予不同质量档次的商品以不同价格。在二级价格歧视的经典文献中，Katz（1984）[④] 与 Stole（1995）[⑤] 分别讨论了垄断竞争市场结构与寡头竞争市场结构下，数量-价格组合菜单与质量-价格组合菜单的二级价格歧视竞争均衡。在“5G 智享套餐”的 7 个菜单内容中，除了消费数量限额不同外，还包括了不一样的附加服务。如套餐 3、5、6、7 分别提供了热线优先接入服务，其他套餐则无。这一点可以理解

① Armstrong，M.，Multiproduct Nonlinear Pricing，Econometrica，1996，64（1），51-75.

② Armstrong，M.，Price Discrimination by a Many-Product Firm，The Review Economic Studiers，1999，66（1），151-168.

③ 泰勒尔，《产业组织理论》，第 3 章“价格歧视”，中国人民大学出版社，1997。

④ Katz，M. L.，Price Discrimination and Monopolistic Competition，Econometrica，1984，52(6)，1453-1471.

⑤ Stole，L. A.，“Nonlinear Pricing and Oligopoly”，Journal of Economics and Management Strategy，1995，4(4)，529-562.

为，不同套餐提供了不同质量的商品。因此，“5G智享套餐”可以理解为既涉及数量又涉及质量的二级价格歧视，菜单形式可抽象为：数量+质量—价格组合。

根据上文提及的已有理论成果，对“5G智享套餐”价格菜单的观察可以从三个不同的理论视角入手。可以想象，我们将对“5G智享套餐”价格菜单这一现象做“切割”，以提取不同的“横截面”进行观察[①]。首先，如果抽象掉“多产品”和“消费者可以选择多种菜单组合”这两种因素的话，将十分接近一个单纯的三部定价问题。其次，如果忽略“三部定价”和“消费者可以选择多种菜单组合”，可以理解为一个多产品非线性定价问题。最后，忽略“三部定价”和“多产品”，则可以视为一个二级价格歧视问题。因此，我们可依据Chao（2013）（“三部定价”），Armstrong（1996、1999）（“多产品非线性定价”），Katz（1984），Stole（1995）（“二级价格歧视”）所提供的理论成果，对“5G智享套餐”略加以分析。需要说明的是，所有理论模型均是在一定的参数假设条件下构建。模型中的参数（或参数之间的关系）代表了关于消费者偏好、企业生产技术（如成本）、信息结构等的假设。我们所引用的这些文献的结论成立与否都将依赖于这些前提假设。篇幅所限，本文的分析并未一一阐明结论成立所需要的繁杂条件，有兴趣的读者可自行参阅。此外，在案例分析中所引用的上述文献，主要为我们的分析过程提供启发与洞见，并非这些结论的完美运用。

Chao（2013）在领导企业（leading firm）使用三部定价而跟随企业使用线性定价的竞争市场中发现，如果产品是同质（完全可替代）[②]的，则领导企业使用三部定价比两部定价和线性定价能获得更多的利润[③]，这或许可为中国移动公司使用三部定价的动因提供某种洞见[④]。

Armstrong（1996）认为，垄断企业针对多产品的非线性定价模式，将导致一部分低需求消费者被排除在市场之外[⑤]。如果我们假定中国移动有较强的市场

---

① 在理论研究中，为了获得清晰的洞见，往往对真实世界做大幅抽象。如同提取未知事物的不同横断面，逐一进行观察。通过已有理论成果去理解真实世界时，同样需要把真实世界“切片”以获得不同理论的解释。

② 原文献同时还重点考察了差异化产品市场，相关结论此处不再赘述。

③ 参见原文命题1和命题2。

④ Chao（2013）的主要博弈模型是，考虑（某产业的）上游存在两家制造企业，他们将商品销售给下游诸多的区域性垄断零售商（local monopoly retailers）。这两家上游制作企业，一家领导企业（leading firm）使用三部定价，而另一家企业使用线性定价。序贯决策：领导企业先行制定价格策略，跟随企业观察到其价格策略后再制定单一的批发价格，最后是零售商从两家企业处购买。Chao（2013）的一个主要研究背景是U. S. v. Microsoft Corp. 反垄断案。其主要的立足点在讨论三部定价在竞争中的策略效果（strategic effects）。其模型所产生的众多结论并不十分适合用来讨论我们所分析的电信市场。这里仅引用一个有趣的结论，或可为我们理解电信市场上的三部定价提供某种启发。

⑤ 参见原文命题1。

势力，在某些条件下，一定程度上或可近似于“垄断”市场结构，那么针对多产品的非线性定价形式可能导致一部分消费者不会购买任何商品。Armstrong（1999）提供了垄断企业针对多产品定价的最优策略。当消费者对这多个产品的偏好是独立的，则最优非线性定价形式是一个基于成本的两部定价，并可抽走所有消费者剩余。形如：$t(x)=A+\sum_{i=1}^{n}c_i x_i$，括号内的 x 是一个 n 维向量。当消费者关于这些商品的偏好是相关的，则企业的最优定价是一个关于两部定价的可选菜单，形如：$t(x)=\begin{cases} A_L+\sum_{i=1}^{n}c_i x_i \\ A_H+\sum_{i=1}^{n}mc_i x_i \end{cases}$。有意思的是，在“5G 智享套餐”中并未真正出现如 Armstrong（1999）所展示的完全的基于成本的两部定价。在固定资费内，消费者将享有一定的消费数额，而无论该数额是否完全消费，都需要付出这个固定数额。但如果一部分消费者超出了当月规定的限额，则增加的部分按照单位价格付费，如果再把此前消费的总额也看作按照单价计算的话，则可近似为一个两部定价。也就是说，对那部分超出“月租”的消费者来说，他们事实上可能接受了某种形式的两部定价。而在 Armstrong（1996）的理论模型中，企业的非线性定价策略被设为 $t(x)$，x 是一个 n 维向量，代表企业对 n 种商品的定价为一个关于向量 x 的抽象函数。因为定价策略是一个抽象函数，多产品的三部定价当然也可概况在这一形式下。并且，Armstrong（1996）的相关结论也可能更为一般。

Katz（1984）最主要的发现是，当市场中缺乏价格信息的那部分消费者（uninformed consumers）[①] 人数比较少的时候，统一定价比数量折扣的价格歧视更有效率（数量折扣价格歧视导致了更少的社会总剩余）。反之，当缺乏价格信息的那部分消费者比例比较大的时候，价格歧视比统一定价更有效率[②]。这一结论对我们所分析案例的启示是，当电信市场中的散客（消费数额小，且没有更多关于资费价格的信息）数量相对比较少的时候，实行价格-数量二级价格歧视策略可能降低资源配置效率；反之，当大户（更大的消费数额，且更容易获取资费价格信息）人数比例比较少的时候，价格歧视则可能提高效率。Stole（1995）

---

① 在 Katz（1984）一文中，所谓缺乏价格信息的消费者（uninformed consumers）指的是，完全不知道市场中的价格信息，故而只能随机选择一家商店购买，且购买数量较小。这部分消费者面对企业的数量-价格折扣歧视策略，将会支付更高的单价。相反，另一部分完全知情者（informed consumers）则充分了解市场中的所有价格信息，并且购买数量较大。故而能在价格歧视策略之下享受比较低的价格。造成这一现象的原因，如作者在文中所说，可能是购买数量更大的消费者更有动机花费代价去市场中搜寻信息。

② 参见原文命题 6。

在消费者偏好既有横向差异（品牌偏好差异），又有纵向差异（质量差异）的情形下，考察了竞争市场中如何设计出最优的价格-质量菜单（二级价格歧视）这一问题。Stole（1995）发现，当竞争加强时（进入门槛下降），质量均衡供给的“扭曲”会减少，并且均衡时的价格和质量的离散（dispersion）程度也会下降①。电信市场中的消费者（偏好），可能既存在横向差异，也存在纵向差异。前者如，不同消费者倾向于选择不同的电信运营商；后者如，不同消费者对商品质量提高所带来的边际效用评价有高低之分。当电信市场普遍采取二级价格歧视定价方式时，竞争的加强（如同一区域内电信运营商数目的增加）或许会改善质量供给的效率。

第七节 铁路运输行业案例分析

案例 瓮马铁路 PPP 项目

瓮马铁路是贵州省铁路网中的资源开发铁路，是首条采用 PPP 模式（即政府与社会资本合作模式）建设的自建自营地方铁路，服务铁路沿线工业园区大中型企业，为贵州省委、省政府重点打造瓮（安）福（泉）-磷煤电一体化千亿元级循环经济工业园区提供一条大能力便捷铁路运输通道，对促进地方社会经济又好又快发展具有重要意义。

一、项目基本情况

瓮马铁路是贵州省铁路规划网中的资源开发铁路，自既有沪昆线福泉站凯里端增设姜家坪车站引出，北至瓮安县城附近，拟按国铁Ⅱ级单线电气化货运专线建设，设计时速 120 公里。全线总长 72.595 公里，其中正线长 64.165 公里，改建既有沪昆右线 5.124 公里，新建姜家坪至福泉新货场联络线 1.876 公里；新建福泉新货场至福泉站联络线 1.43 公里。全线设有桥梁 13.13 公里/43 座，隧道 32.49 公里/28 座，桥隧总长 45.613 公里，桥隧比为 62.83%。全线设有姜家坪站、福泉东站、牛场站、平定营站、瓮安站等车站。

---

① 参见原文命题 6 和命题 8。

二、项目模式背景

根据贵州省2014年政府工作报告中提出的“在基础设施及公共服务领域推广政府和社会资本合作的PPP模式”和贵州省政府专题会议纪要明确由贵州铁投公司牵头，吸引社会资本参与，组建多元化的项目投资经营公司的要求，贵州铁投公司主动作为，积极与潜在社会投资人进行谈，与潜在投资人达成初步意向后，立即向省政府汇报，2015年6月19日，贵州省政府专题会议纪要明确瓮马铁路建设经营模式、项目出资额、项目特许经营期、社会资本收益、运营补贴等内容。

三、项目投资模式

在社会资本选择上，2015年8月，社会投资人联合体（由中铁二十局、中交路建、贵州桥梁和中铁二院组成的社会投资人联合体）由省铁建办通过公开招标方式选定，并签订投资协议，社会投资人出资比例为51%，政府出资人出资比例为49%。项目资本金为40%，剩余60%由项目公司采取股东共同提供担保方式进行融资解决。由中铁二十局牵头的社会投资人联合体与省市政府出资人代表共同组建项目公司来负责项目建设、运营管理工作，省铁建办与项目公司签订特许经营协议，社会资本联合体根据不同的股权比例、相应的资质和业绩直接承担项目勘察设计和施工，不再另行招标，项目涉及的监理、甲方提供物资和第三方咨询、检测等招标工作均有项目公司承担。在项目收益分配上，在30年特许经营期内，社会资本的资本金财务内部收益率未达到合理回报率时，社会资本全额享有项目公司未分配利润，政府出资人代表不参与分红；达到合理回报率的次年，社会投资人可以选择退出或继续参与项目经营，但需特许经营可行性评估协商后，与政府协商确定。在项目风险分担上，为保证政府和社会资本的双赢，按照“风险由最适宜的一方来承担”的原则，在政府和社会资本之间合理分配风险。其中，政策风险由政府分担，建设风险、技术风险、融资风险、运营管理风险、货运量波动风险由社会资本分担，利率风险、价格上涨风险和不可抗力产生的风险由双方共担。

四、项目建设管理

（1）明确各方工作内容。省铁建办作为项目实施机构，负责两评一案的评审及批复、与国铁接轨批复、社会投资人招标和重大事项协调等工作项目公司负责办理前置要件、资金筹措、征地拆迁、施工安全、质量、进度及运营管理等工作，股东会负责项目初步设计审批及章程约定的其他重大事项决策。股东单位负责融资担保，社会投资人股东对各自承担的勘察设计、施工任务承担安全质量责任。

（2）建立决策协调管理机制。严格按照《公司法》和《公司章程》明确的管理权责进行研究决策，充分维护股东权利，全面加强对瓮马铁路建设工作的指导和统筹协调，对存在的问题第一时间进行研究解决。

（3）全面加强现场管理。项目公司通过组织定期检查，及时梳理现场存在问题，制定可行措施，督促整改落实，确保项目安全、质量、进度等各项管理目标有序可控。一是加强安全质量管理，建立严格的管理制度，加强安全质量教育，加强隐患排查治理，保证安全投入，严格目标责任考核，严防事故发生。二是严格技术管理、严格执行变更管理办法，加强设计配合管理，认真开展现场核对，及时开展变更设计，确保施工正常推进，有效控制项目投资。三是加强生产进度管理，利用信息化手段，每周收集生产信息并及时进行进度分析，强化施工措施，加强指导和协调，有力促进项目进度有序推进。

五、项目运营管理

1. 运营价格及方案

为保证社会资本合理回报，本项目运营初期货物平均运价拟定于0.4～0.6元/(吨·公里)，运营过程中根据实际情况建立符合市场的价格机制，利用价格杠杆、量价互动等措施适时进行调整。项目公司委托铁科院、铁一院和中铁二十局根据目前运量、运价、运营方式分别编制运营方案，并结合市场运量和路局运营管理的方式进行比对分析，提出经济可行的最优方案，由股东会确定运营方式。

2. 推动运营谈判和市场拓展

积极与成都局签署运输管理、资产划分、收入清算等有关协议，厘清权责。同时与其下属站段签署车辆交接、机车检修等运营协议，为项目“短编、快进、快装、快卸、快排”创造条件，切实提升运输效率。积极与项目沿线生产、运输企业开展合作，特别是地方物流企业，充分发挥各自优势，解决铁路运输“最后一公里”瓶颈，提供优质的运输服务，激活铁路运输市场，努力增运增收，为项目提质增效创造条件。